"如果用一把尺子来量生命，整个生命够一是30厘米长，若原爆那天，我生命的29.9厘米都被摧毁了，最后1毫米……我找到了在这1毫米内活下去的力量。我认识到，我之所以能够生还下来，是因为得到了很多人的帮助，所以我不只是为自己活着，我现在还必须为其他人活着，尽管我活得很痛苦，却没有权利活下去，坚持活到生命的最后一刻。"

长崎
Nagasaki
Life After Nuclear War

核劫余生

[美]苏珊·萨德 著
康洁 译

上海社会科学院出版社

目 录

前　言　　　　　　　　　　　　*001*
关于日本人名和词汇的说明　　　　*001*

序　章　　　　　　　　　　　　*001*
第一章　汇　聚　　　　　　　　*009*
第二章　闪　光　　　　　　　　*052*
第三章　余　烬　　　　　　　　*084*
第四章　暴　露　　　　　　　　*126*
第五章　停　滞　　　　　　　　*173*
第六章　破　蛹　　　　　　　　*217*
第七章　余　生　　　　　　　　*271*
第八章　铭　记　　　　　　　　*317*
第九章　容　忍　　　　　　　　*367*

致　谢　　　　　　　　　　　　*406*
注　释　　　　　　　　　　　　*413*
资料来源　　　　　　　　　　　*521*

前 言

1986年的夏天，我接到一个紧急电话，让我临时给谷口稜晔（Taniguchi Sumiteru）当口译员，他是1945年长崎原爆的生还者。时年57岁的谷口到华盛顿巡回演说，前一天晚上，我参加了他的一场演讲，刚好见过他。在接下来的两天里，我和谷口待在一起的时间有20多个小时，在公共演讲和私人谈话中一边听他讲述他的故事，一边给他当口译。

多年前，作为一名获得奖学金的国际学生，我曾住在位于东京南部的横滨。当年16岁的我寄宿在一个传统的日本家庭，就读于邻近镰仓市（日本古都）的一所女子高中。对我来说，几乎一切都是陌生的，包括语言——虽然太平洋战争和原子弹轰炸就发生在30年前，但我对那些事情知之甚少。在那一年年末，我的日语能力大为提高，也融入了日本人的生活，在我们高中班级旅行的一次活动中，我第一次前往日本南部的长崎。在长崎原爆资料馆内，我和朋友们手挽着手站在一起（我们像兄弟姐妹一样），参观那些展出的照片和物品，被烧焦的成人和儿童的照片、原爆下破碎和熔化掉的家居物品。在一个

长　崎

玻璃的展盒中，一个头盔上还粘着被烧焦的头皮。

　　有关长崎的这段记忆一直伴随我到成年。然而，这次在华盛顿市中心附近，在一个灯光昏暗的教堂里，当听着谷口的演讲时，我意识到我仍然不甚了解太平洋战争的历史、原子弹的开发和使用，以及原爆给人们造成的苦难。

　　谷口穿着笔挺的灰色西装和白色衬衫，系一条深紫色的海军蓝条纹领带，在他的西服左翻领上，别着一枚胸针——红底上有一只白色羽鹤。他一头浓密的黑发整齐地梳向两侧。他个子不高（约1.68米），而且很瘦，他平静地讲述着他的故事，语速缓和，吐字清晰：在1945年8月9日上午11时2分，一枚钚弹从天而降，在长崎市①的一个地区（大约有3万居民）上方爆炸，16岁的谷口那时在长崎市的西北部，他穿着邮政制服，骑着自行车送邮件。"在爆炸的强光中，"他颤抖着讲道，"身后的一股冲击力将我从自行车上掀下来，摔在地面上。大地似乎在颤抖，就像地震一样。"他虽然在原爆点约1 600米外，但是由于原爆的热辐射，谷口的整个后背都被烧焦了。过了一会儿，他勉强抬起头来，发现刚才在路边玩耍的几个小孩子都死了。

　　在演讲的时候，谷口举起一张自己的照片（在原爆后5个月拍摄的），他当时正在长崎北部的一家医院接受长期治疗。

---

① 按照日本的行政区划，长崎县是一级行政区，下辖长崎市等。原爆事件发生的准确地点是长崎县的首府长崎市。（译者注，下同）

前言

在照片中，他肚子朝下俯卧，很衰弱。他的一只胳膊和整个后背（从脖子到臀部）的皮肤和皮下组织都被烧光了，只剩下裸露的肌肉，呈鲜红色。结束演讲的时候，谷口第一次与观众有了目光接触。"让长崎悲剧不再重演，"他呼吁，"我希望你们共同努力，建立一个没有核武器的世界。"

谷口的演讲结束后，我开车送他回住处，他暂住在华盛顿郊外的一所小房子里。我们一起坐在房前的门廊上，前走廊的灯光很暗，我们只能看到彼此的影子。我向谷口提了很多问题，问到他在原爆时以及原爆后的数周、数月、数年是怎么度过的。他递给我一小沓照片，类似于特写照片（我推测是医疗照片），照片上显示的是他的全身正面照、侧面照、背面照。谷口那时候大概40多岁，照片上的他只穿了件传统的日本男性内衣，全身其他部位裸露着。他的整个后背布满了橡胶状的瘢痕疙瘩。在他的前胸中间有一个大洞，那里的皮肉都烂掉了，这是他受伤后俯卧了4年所导致的。他告诉我，在那段时间，他痛得难以忍受，每天都央求护士让他死。我问谷口这段时期最重要的回忆是什么。"我活着，"他说，"而且已经活了这么久。活着既有悲伤，又有挣扎，但是我已经在生死边缘走过一遭了，我觉得自己现在还能活着就很快乐。"

在他离开华盛顿的时候，我感到自己渴望更充分地了解：谷口和其他生还者是如何生活的，如何面对剧烈的肉体痛苦和心理创伤，被核战争撕裂的个人生活历程是怎样的。他们经历了什么样的核辐射相关疾病，在原爆后的数周、数月、数年，他们的生存状况是怎样的？尽管我在日本生活过，并且曾就读于很好的公立高中和美国的大学，为什么我对原爆生还者缺乏具体的了解？为什么大多数美国人都不怎么了解原爆受害者在蘑菇云之下以及1945年以来的经历？

* * *

作为一种武器，美国对日本使用的原子弹在杀伤威力上（冲击波和热辐射瞬间造成大规模人员死亡）远超其他武器。超出任何人曾经经受过的大剂量的核辐射穿透人和动物的身体，造成体内细胞病变，导致个体死亡、生病或者患上严重影响生活的病症。在广岛和长崎原爆的瞬间及其后的5个月内，有超过20万人，包括男人、妇女和儿童，由于爆炸伤或者急性核辐射照射而死亡。在随后的几年，又有数十万人由于创伤烧伤和核辐射相关疾病而死亡。据估计，如今有192 000名被爆者（*hibakusha*，这一词汇专指那些原爆受害者）还活在世上。2015年8月，最年轻的被爆者（原爆时在母亲子宫内遭核辐射）也年满70岁了。

关于美国使用原子弹的决定，有很多广受好评的图书进行了论述，但是关于原爆生还者个人经历的图书并不多。约翰·赫西（John Hersey）在1946年所写的《广岛》(*Hiroshima*)，以及已出版的被爆者证言集几乎都是聚焦于原爆后短期内发生

前言

的事情；然而，关于原爆生还者的长期生活状况，在身体、情感和社会生活中所面临的严峻挑战，则很少有书籍提到。作为遭受原子弹轰炸的第二个城市，长崎的知名度比广岛差很多，广岛很快就成了日本遭受原子弹轰炸的著名标志。长崎受到的关注很少，以至于人们通常把广岛长崎原子弹爆炸表述为一次异常的事件，而事实上，这两个城市的原子弹爆炸在时间、地理和军事必要性的评估上都是有所不同的。

许多美国人对原子弹轰炸的认识存在偏差——这在很大程度上是因为，美国的高层官员断然否认全身遭受核辐射会对人体产生严重影响。在原爆之后的那几年，由于在日本的美国占领当局实行审查制度，关于原爆生还者的新闻报道、照片、科学研究和个人实录很少能公开发表，而在美国国内，这方面的报道也是被政府限制的。美国的官员们构建了一套有效但扭曲的说辞，以便向民众解释在广岛和长崎投下原子弹的决定。美国的公众很容易接受政府给出的简单信息，也就是原子弹轰炸对结束战争功不可没，保住了25万、50万或100万美国人的性命。在美国和日本交战的时期，两国的战时宣传都把敌人描绘为劣等人，由于日本偷袭珍珠港、虐待和杀害盟军战俘并屠杀亚洲平民，广大美国人对此感到很愤怒，美国公众对于日本被原子弹轰炸的一个常见的反应是"日本人是罪有应得"。所有这些因素都限制了美国人公开调查和理解原子弹对人们的真正影响——遭受原爆的几乎都是平民——他们经历了世界上第一次在战时使用的原子弹轰炸。

为了更深入地理解这些问题，为了更多地了解原爆生还者的个人经历，我在过去长达8年的时间里多次前往日本长崎。我多次深度采访谷口和其他4名被爆者——堂尾峰子（Dō-oh Mineko）、长野悦子（Nagano Estsuko）、和田浩一（Wada Kōichi）、吉田胜次（Yoshida Katsuji）——他们遭受原子弹轰炸时年仅十几岁。他们和他们的家人还向我提供了广泛的辅助材料，包括个人的回忆文章、书信、医疗记录和照片。5位生还者的故事既非凡又感人，这构成了本书的叙事主线，本书记述了原爆后的70年间，他们的生活、他们的家人和他们的周围所受到的影响。

我也采访了其他12名被爆者，其中有些人以前从来没有向其直系亲属以外的任何人讲述过他们的故事。我还采访了长崎的原子弹爆炸方面的专家，包括在原爆资料馆、医院、研究中心、图书馆和生还者团体工作的历史学家、医生、心理学家、社会工作者、教育家、研究人员。我查阅了大量的资料，包括300多位生还者在长崎原爆后所写的亲历实录，以及私人印刷的文件、文集，政府部门提供的资料，长崎遭受原爆之前和之后的数千张资料照片。

被爆者的历史是一段复杂和多层面的记录，生还者的生活中总是有很多波折。这几位生还者的余生曲折，他们的经历有时候也毫不相干，为了在叙述时比较有条理，我按时间顺序和

前 言

主题将本书分为9个章节，涵盖了从1945年到现在的事件。随着这5名被爆者的余生的展开，我还记述了原爆更广泛的医疗和社会影响，包括身体损伤和容貌被毁的鲜为人知的细节，与核辐射有关的急性和慢性疾病（没有医生知道该如何治疗），在多年住院和居家养伤期间的与社会完全隔绝，被爆者在核爆后试图重归正常生活时所面临的许多挑战。由于面对社会歧视，再加上担心后代遗传，每一名被爆者都要想好是否公开他们的被爆者身份，是否以及何时结婚或生育，是否以及何时打破沉默，将他们的原爆经历告诉家人、朋友、雇主或公众。他们的故事应该置于历史背景中介绍，包括第二次世界大战前、战争期间和战后的美日关系，以及战后日本的政治、社会和经济变革，而核辐射对人体健康影响的科学信息以及美国的审查和否认政策的证据仍在影响着公众舆论，并且阻碍人们对原爆事件的理解。除了谷口（在他50多岁的时候，我第一次遇到他），当我开始采访这些被爆者时，他们都已经七八十岁了，他们以老年人独特的视角向我讲述了余生的经历。

* * *

这本书的写作也面临着许多挑战，其中最重要的就是试图描述那么大规模的核毁灭和恐怖。我的写作方法就是尽量体现被爆者的个人经验和观点，使叙事的维度真实并可想象，同时提供背景介绍，阐明更大层面上的社会、政治和医疗问题。与包含个人叙事的任何历史记录一样，写这本书的过程中面临的另一个问题就是，个人记忆，尤其是创伤记忆固有的局限性和不可靠性。为了应对这个问题，我查阅了大量的资料，与被爆者的口述进行对比，以核实或补充他们个人记忆中的事件、地点和人物。此外，我是一个美国人，美国的文化不同于日本，而且在年龄上，我也与本书中的被爆者不是一代人，我想要避免对被爆者故事的潜在操纵和文化挪用，何况这些被爆者曾经遭受过美国的侵犯。为了应对这一挑战，我的写作方法是使用被爆者的原话和照片，尽可能准确地呈现他们的经历，我还引用了可以找到的最清晰的政治、军事和历史分析，以及相关的科研和医疗信息，以便把被爆者的经历和与之相关的更大历史框架衔接起来。

当和美国人谈论这本书时，我被问到的首要问题就是，美国使用原子弹轰炸日本这一决定的必要性和道德性。我发现很多人在这些问题上持有或是或非的观点。我们该问的一个关键的（很难的）问题是，我们美国人在第二次世界大战时如何定义——现在如何定义——正义的行动和胜利的代价，如果我们的军事决定（例如使用核武器）导致敌对国家的大量平民死伤，做出这种决定并接受其后果的标准是什么。很多学者已经分析和辩论了美国使用原子弹的动机，以及导致日本投降的多方面事件（包括原子弹爆炸）的相对影响。他们的研究为长崎事件提供了宝贵的政治和军事背景分析，并且引发人们思考

前言

当时美军所说的原子弹轰炸的军事必要性，特别是关于在长崎投下第二颗原子弹的必要性。他们没有对这些问题下简单的结论。

关于人们提出的原子弹轰炸必要性的问题，我建议他们阅读经历过原爆的那些人的故事，如果不了解这些，那么对于广岛和长崎原爆的军事、道德和存在主义问题的讨论就是不完整的。至少，如果我们支持在战时对平民造成巨大伤害的军事行动，我认为我们也必须愿意正视那些行动的后果。历史上唯一的亲历核爆及其后果的被爆者们已到了风烛残年，他们的记忆中有关于核爆毁灭性长期影响的鲜活证据。

* * *

大多数的被爆者都选择了沉默，从未公开或私下谈论过他们的原爆经历，即使对家人也不曾提及。他们的记忆太痛苦了，而且日本的传统文化（尤其是对于出生在20世纪初的那些人来说）避讳公开披露个人、家庭或社会生活中的困境。被爆者可能会受到歧视，这种风险至今仍然存在——最轻的歧视是，被爆者可能会遭受异样的眼光，最坏的情况是，他们的被爆者身份可能导致他们的儿孙在就业或婚姻上受到歧视。

少数的被爆者——包括谷口、堂尾、长野、和田、吉田——觉得有必要公开谈论他们的经历，虽然这需要他们重新回顾青少年时的那段恐怖记忆。为了替在原爆下的死难者发声,这5名被爆者在成年后一直致力于消除人们对核爆现实的无知,敦促拥有核武器的国家减少和消除其核武器储备,并且不惜一切代价,防止未来发生更严重的核恐怖事件。

长崎是历史上的第二个也是最后一个遭到原子弹轰炸的地方,在长崎原爆70周年之际,我希望这本书能够让公众了解这些被忽视的经历,能够有助于公众对原子弹轰炸(历史上最具争议的战时行为之一)的讨论和辩论。被爆者在蘑菇云下的经历可以使我们对核爆有真切的体会,而不只是泛泛而谈。"现在,关于原子弹轰炸,"长崎诗人尾山高见(Oyama Takami)写道,"不再那么抽象了。"

苏珊·索萨德(Susan Southard)

2015年7月

关于日本人名和词汇的说明

我在书中沿用了日本人名的表达方式——那就是，姓在前，名在后。例如，谷口稜晔的姓氏是谷口，因此我在书中称他为谷口。如果文中提到了被爆者的配偶，我就直接使用名字（而不是姓氏）来称呼，以便与被爆者区分开。这种直接使用名字称呼人的方式在日本并不常见。此外，长野悦子的婚前姓名是金泽悦子（Kanazawa Etsuko）。由于当她向我讲述她的经历时，她的姓氏是长野，为了叙事的连贯性，我在书中称她为长野，在叙述她结婚前的经历时也是如此。

书中的日语词都是采用斜体，除了那些已经融入英文词汇的。对于日语姓名或词汇，我在日语元音上加上长音符号，表示发音有一个长音，除非其在英语中的常用形式没有长音符号，或者日本作者在他们的名字或书名中不用长音符号。

序　章

九州岛是日本最南端的主要岛屿,与亚洲大陆的东海岸遥对,它邻近中国(距离上海约 800 公里)和韩国(与朝鲜半岛南部相距约 322 公里),在九州岛西海岸,有一条长而狭窄的海湾,深入陆地。这条海湾就是长崎湾,在海湾的尽头就是长崎港,在日本,长崎市是著名的港口城市,不仅有着自然的沿海美景,而且是日本最早的西方化城市。在第二次世界大战之前的 400 多年间,作为日本对外贸易的主要港口,长崎是日本受欧洲文化影响最深的城市。

在 16 世纪末之前,长崎是由农民和渔民组成的与世隔绝的、松散的封建村落,与日本幕府权力中心江户城(东京)几乎完全隔绝。然而,1571 年,探索这一海域的葡萄牙船只进入长崎港。然后,因其优越的地理位置(位于日本西海岸,靠近亚洲大陆),长崎港很快就名声远扬,越来越多的商船从欧洲和中国来到长崎,带来了日本当地从未见过的枪支、烟草、钟表、织物和香料。在随后的几十年,长崎港发展成为一个城市,人口增长到 1.5 万人,既是日本对外贸易的中心,又是日本早期现代化的前哨。欧洲人也把天主教传入日本，有一段时期，长崎不仅是在日本的天主教传教士的重要据点，而且是该地区最为多元化的城市——建有寺庙、神社和教堂，葡萄牙人、西班牙人、英国人、荷兰人、中国人及日本居民都可以在长崎安居乐业，他们可以自由信仰佛教、神道教或天主教。

然而，到了16世纪末期，控制着日本西部和南部并最终统一了日本的封建领主丰臣秀吉对天主教在日本社会的广泛传播感到担忧，他唯恐这将导致政治动荡，削弱统治者的权力。在一次镇压活动中，丰臣秀吉发起了残酷的全国性反天主教运动。教堂被拆毁，成千上万的天主教徒或是被驱逐，或是被监禁、被处决。在长崎，包括外国和日本传教士及其信徒在内的26人被公开示众，钉死在十字架上。日本当局修建了诸多的佛教寺庙和神社，包括长崎著名的镇西大社诹访神社，这既是为了重振传统宗教习俗，也是为了监视和迫害那些不参加寺庙和神社活动的人们。日本天主教徒奋起反击，天主教徒和非天主教徒之间的暴力冲突在日本此起彼伏。1635年，德川幕府切断了与葡萄牙和其他天主教国家的贸易关系，实施锁国政策。日本国民被禁止离开日本，外国人也被禁止进入日本。

长崎是一个例外。为了保留对外贸易的一部分经济利益，日本的统治者允许长崎继续与中国和荷兰进行贸易，荷兰商船之所以被允许进入长崎，是因为荷兰与日本签订了一系列协议，包括承诺不从事天主教活动。200多年来，长崎是日本对海外开放的唯一窗口。来自中国和荷兰的商船在长崎入港,长崎的人们也受到了亚洲和欧洲的艺术、建筑、科学和文学的影响。

19世纪初期至中期,俄国、法国、英国和美国开始向日本施压,逼迫日本放弃锁国政策。1853年,美国海军准将马休·佩里(Matthew Perry)率领舰队进入东京湾,迫使日本正式接受西方的要求,开国通商,建立外交关系。在随后的60年,伴随着快速工业化和政治转型,日本帝国扩张,这个小岛国开始追求在政治、经济和军事上与西方平等。日本历史上第一次成了中央集权制国家,以前有名无实的天皇现在成为日本的权力中心,加强了政府对新统一国家的权威。在崛起时期,日本的领导者建立起一个全国性的教育体系,并且推动民主改革,包括宗教自由、妇女权利和普选权。与此同时,日本开始颁布征兵令,建立天皇的军队。渐渐地,神道教成了日本的国家宗教,神职人员受政府支持,他们利用日本神道教的神话和传统,宣扬日本的种族例外主义,强制日本人在政治和社会生活中服从天皇。

为了获得军事和经济安全,日本效仿西方国家对东亚国家的殖民统治,通过与中国和俄国的短暂交战,获得了急需的煤、铁、橡胶和其他资源,日本的多山地形缺乏这些资源。到20世纪初,台湾沦为日本的殖民地,日本还攻占了中国东北和俄国北部岛屿，吞并了整个朝鲜半岛，抹杀朝鲜当地的语言和文化。在第一次世界大战期间，日本向协约国提供了船只和军用物资。战争结束时，作为亚洲第一个世界强国，日本成了五大国的一员，参加了在凡尔赛召开的战后和平会议。

　　长崎兴盛起来。为了适应增加的国际贸易，长崎港口进行了扩建。1855年还建成了长崎海军传习所，为近代日本海军的发展奠定了基础。两年后，长崎开设医学传习所，这是在日本传授西方医学的第一所学校。长崎解除了对荷兰人和中国人的居住限制，他们曾经被限制居住在长崎港附近的小岛屿，不久以后，他们以及在长崎的英国人、法国人、俄国人、美国人，都可以在长崎的任何地方自由居住。到了20世纪初，长崎建造了水坝和水库，以确保居民有充足的供水，扩大的铁路系统和国家公路使得长崎与日本各地的连接更紧密。长崎还加强了紧急防御军备，防御外敌入侵，特别是防御俄国。1889—1903年的14年间，长崎的人口几乎增加了3倍，从5.5万人增加到15万人，成为日本的第七大城市。在历经11代人的秘密信教之后，长崎的数千名天主教徒终于可以公开信教了。长崎建起了各种教堂，包括天主教教堂、圣公会教堂、长老会教堂，还建起了日本第一个犹太教堂和共济会馆。20世纪20年代早期，工人和教区居民志愿者一起建成了浦上天主堂，它是远东最大的天主教堂。随着三菱重工长崎造船所和机械制造厂的建立，长崎造船业繁荣昌盛，超越贸易，成了主导产业，长崎成为世

序章

长崎港及周围地区,1920年。西中町天主堂(Nishinaka-machi Catholic)在照片的前部。(时事新闻社[Topical Press Agency]/赫尔顿档案馆[Hulton Archive]/盖帝图像[Getty Images])

界上的第三大造船业城市。

* * *

1926年,在两次世界大战期间,25岁的迪宫裕仁(Hirohito Michinomiya)即位,成为日本天皇。按照日本古老的传统,每一位天皇即位时都有一个新的年号,裕仁天皇的统治时期为昭和时代(昭和,就是开明和平的意思)。然而,裕仁天皇在位的最初20年是绝对不和平的。关于天皇与日本军事扩张的关系,历史学家仍然有争论,但不容争辩的是,在裕仁天皇当政时期，日本军部是一个独特的、几乎专制的领导势力，有权力控制国家政策。为了避免日本公众反对日本的扩张政策（强行掠夺邻国资源和劳动力），极端民族主义领导者引入了国体论（kokutai）的概念——天皇统治为日本国家之根本，天皇及其统治大权神圣不可侵犯。爱国主义被重新定义为必须无条件地绝对效忠于天皇和国家，誓死效力。

日本国民开始生活在限制言论自由和个人权利的压迫政策下。日本的成年人和儿童都被要求摒弃所有的西方观念（例如民主和个人主义），并遵从皇道（kōdō），这是人们义不容辞的责任，应追求由国家定义的"美德"。日本国民接受的教育是，由于他们的神圣天皇的仁慈领导，日本具有独特的优势，能够以其优越的道德与权力统一和领导全亚洲乃至全世界。日本内务省和其他政府部门设立了特别警察，负责监控所有平民和军事人员的活动，质疑或反对国体是犯罪，最高可判处10年监禁。

日本开始军事扩张，将其帝国扩张到亚洲。在1905年战胜俄国之后，日本军队就开始驻扎在中国东北地区，后来，日本军队入侵中国东北，对其实行殖民统治。1933年，当国际联盟对日本在中国东北的行为表示谴责时，日本宣布退出国际联盟，这不仅因为对谴责不满，而且因为日本寻求与美国和其他西方国家在军事、政治和社会地位上的平等，而这种谴责使日本认为自己受到了这些国家的轻视。4年后，日本全面入侵中国，这是日本战略的一部分，要为其国内工业生产和继续在亚洲军事扩张获取所需的重要自然资源。随着日军空军实行的大规模轰炸行动，日军将领和士兵横扫上海、南京和中国其他城市，遭日军屠杀、残害和折磨的中国士兵和平民有数百万人之多。1940年，日军入侵法属印度支那，与德国和意大利签署了军事同盟条约，确保轴心国的合作，以便于日本继续扩张其军事、政治和经济边界。

在日本国内，军人控制的政府强行解散所有政治党派，成立了"大政翼赞会"（Imperial Rule Assistance Association）——政府控制着一切舆论。在日本的各个县、市、乡、村，每个町内会①都有若干个邻组（*tonarigumi*），每个邻组由5—10个家庭组成，邻组必须每个月召开一次会议，传达来自东京的消息，促进团结，统一思想，宣扬国体论和皇道。在日本各地的学校和町内会会议上，大人和孩子都被要求高喊各种口号，例如"一亿人一心"，"消除欲望，直至胜利"。

到了1941年，经过多年的入侵和占领中国大片地区及印度支那半岛之后，日本的财政和军事资源已近耗竭。由美国领导的国际禁运，即对日本实行石油、航空汽油和废金属等重要战略物资的禁运，使得日本的局势进一步恶化。从日本的角度来看，它有两个选择，结局都可能是其帝国的最终灭亡。第一

---

① 日本的町内会管理日本社区事务，一般为传统街坊的居民自治组织。

个选择：日本从中国和中南半岛撤军，以换取美国取消物资禁运——这是一个不可想象的选择，因为当时日本的野心是在政治、经济和军事上控制亚洲，在经济上脱离美国。第二个选择：攻取英国、荷兰、法国和美国在东南亚的殖民地，将那些地区丰富的石油、橡胶和矿产资源据为己有——这将不可避免地引发这些国家，特别是美国对日本的报复战争。

日本采纳了第二个选择——并且决定赶在美国的军事回击之前抢先攻击美国。日本当时面临着经济和军事动荡，政治辩论激烈，好战激情日益高涨，只重视服务于国家，不在乎个体生命的价值，1941 年 12 月 8 日（日本时间），日本袭击美国的夏威夷海军基地珍珠港。日本和美国及其盟国之间的战争开始了——这场战争迅速蔓延到整个西太平洋，最终导致日本的几乎每个城市都遭到轰炸和摧毁。

即使到了 1945 年夏天，长崎在很大程度上还没有遭到轰炸摧毁。

第一章 汇 聚

1945年8月9日,太阳升起之前,在距离海湾半英里的长崎丸山区,18岁的和田浩一穿上他的黑色毛料制服,戴上鸭嘴帽,关上他身后的木制滑动门,从他祖父母的房子中走出来。他通过狭长幽暗的街道,走在穿过旧城的熟悉的路线上,向北向东走了约3.22公里,他来到了萤茶屋(Hotarujaya)电车终点站,开始上早晨6点钟的早班,他是一名有轨电车司机。

即使在黎明的暗淡光线下,也可以看出这个城市的绿色植被很多。在树木和绿色枝叶的掩映下,那些木结构房屋聚集在被称为"町"(machi)的小街区。狭长的长崎湾被屏风般的群山所环绕,山上的树木郁郁葱葱。走在路上的和田穿过街边市场,看到那些一直关闭的店铺,他又一次想到自己长期以来的忍饥挨饿。在整个日本,水果和蔬菜都很缺乏,根本买不到肉,鱼也是很罕见的。大米的供应是严格的配给制,已经实行了很多年,最近降到了每人每月定量配给两杯大米。为了对抗饥饿,大多数家庭在自家房子后面的小片园地里种红薯——那天早晨,整个城市被雾气笼罩着,在暗淡的晨光中,各所学校

长崎

的校长和老师都已经到校了,他们在可开垦的每一块土地上种菜,一大早就忙着施肥、除草、收获土豆和少量的蔬菜。"我脑海里总是想着食物,"和田回忆道,"好想知道我能吃上饱饭的日子何时才会到来。"

到了萤茶屋电车终点站,和田把他的签名印章按在墨上,在签到簿上盖了一个章,以证明他到岗上班了,然后他与朋友和工友们一起排队,领取一个制动手柄,以及他当天驾驶的有轨电车的牌号。在 18 个月之前,日本政府部门给他分配了这份工作;他现在是被安排在这里工作的学生工人的一个领队。

1944 年 10 月,17 岁的和田浩一与其他学生工人在长崎有轨电车公司合影。和田在这张照片的左下方,戴着眼镜。两名学生的外套上配有条带,这意味着他们很快就会被派往战场。这两名学生都战死在了菲律宾。(和田浩一提供的照片)

010

第一章 汇聚

和田走到停车场，登上了派给他开的那辆有轨电车，安装上制动手柄。另一名年轻工人也登上了这辆车，他是售票员。和田虽然个子不高，但是身体强壮，他驾驶着有轨电车，开出了终点站，开往他日常驾驶路线的起始站思案桥（Shianbashi），这里离他的家很近，他早上就是从这里出来的。

长崎市是 L 形的城市，周围有两条河流（浦上川、中岛川）从北面和东面分别注入长崎湾。从位于 L 形拐角处的港口出发，较小的中岛川（L 形的横杠）向东流，途经一个山谷，那里有已经存在了数百年的长崎最古老的街区和政府机构。浦上川垂直由北向南流经浦上地区，这是一个狭窄的肥沃地区，集中着稻田和农田，1920 年，浦上地区被并入长崎市。在港口附近，长崎最高的一座山峰稻佐山俯瞰着山谷和长崎湾的造船厂。向西和向南可以看到蓝色的大海和天空，一望无际。

1945 年，长崎的街道还没有铺设好，建筑物很少超过 3 层楼高。长崎市有 24 万人，有轨电车在城市的路面轨道上行驶，沿途的电线杆上架着电缆，有轨电车的电线与电缆相连。长崎市有很多教堂，浦上天主堂的钟楼是最高的。在长崎市主要港口的北部和南部，有很多钢铁和武器制造厂，长崎市有两个战俘营——其中一个是在靠近长崎港出口的香烧岛（Koyagi Island），另一个在港口的北边，位于三菱重工长崎造船所幸町工厂的一个废弃纺纱厂内。

太阳从地平线上升起来的时候，和田驾驶着他的有轨电车，向北行驶，经过出岛（在日本长达200年的锁国时期，出岛是荷兰商馆所在地）。和田已经年满18岁了，他记得自己的童年时期，那时候日本还没有处于战争状态，他曾经与英国、中国、俄罗斯和美国的外交官的孩子们一起玩。"我觉得那些孩子们和我一样，"他记得，"有时候，我去他们家里玩，美国和英国的妈妈们会做蛋糕。中国的妈妈们会做美味的面点。但是俄国的妈妈们给我黑面包吃，"——他皱了皱眉，笑起来——"那不太好吃。"

在童年时期，和田与他的父母、祖父母和妹妹住在一起。他的父亲是一个银行职员，他经常和父亲一起去当地体育场看棒球比赛；每当东京队来长崎时，年幼的和田都非常兴奋，他喜欢看东京队的棒球明星——俄国人须田博（Victor Starffin）——以破纪录的速度投球。当他5岁时，他的父亲购买了一台收音机，在20世纪30年代的长崎，收音机是一件稀罕商品。由于长崎没有广播电台，他的父亲在一根高竹竿的顶部安装了天线，接收来自熊本的无线电波。天气和音乐节目时不时地偶有播出，但是体育节目的具体播出时间被刊登在报纸上，因此为了听棒球和相扑比赛的广播，邻居们会不请自来地聚在和田的家里。他的父母不喜欢家里聚那么多人，但是和田很高兴。"我记得最清楚的，"他说，"就是在1936年柏林奥运会时听广播，长崎的游泳运动员前畑秀子（Maehata Hideko）在200米蛙泳比赛中力拔头筹。她赢了的时候，每个人都在欢

第一章 汇 聚

呼和鼓掌！"

和田10岁时，他的母亲死于难产（新生儿也死了）。两年后，他的父亲死于结核病，由于缺乏抗生素和生活条件差，日本每年有14万人死于结核病。"他所能做的就是休息，"和田回忆道，"如果能得到药物治疗，他也许会活下来。"和田的祖父母担负起了照顾他和妹妹的责任，但是12岁的和田感到很难过：他的父母去世了，他的祖父母没有什么谋生手段，而和田年纪太小，没法找到一份工作。"因为我是个男孩，"他说，"我不能哭。"

和田父母去世的那段时间正赶上日本入侵中国，开始了长达数年的对其他国家的军事侵略。每个日本人的日常生活都被改变了。军国主义领导人推出了新的立法，允许政府控制和利用日本工业、媒体和人力劳动来辅助战争。在长崎和日本各地，军火和军需品工厂都在加快生产。汽油和皮革制品都是定量配给的，不久之后，日本对基本民生物资（木炭、鸡蛋、大米和土豆）实行严格的配给制度。广播电台进行政治宣传——强调日本的战时进展——为日本的战斗胜利欢庆，向日本民众宣传他们国家的至高无上，日本在天皇的统领下必将解放和保护整个亚洲。为了制止日本民众早先对民主原则的支持，因为这可能威胁到军国主义野心，政府强化军国主义思想灌输，进行社会管控，对个人行为严格管束。每个家庭都被要求挂上一张日本天皇和皇后的照片。小学改称国民学校，年幼的学生被教育要赞美他们国家在中国的军事成功，并且被要求写信鼓励日本士兵。在长崎，已经举办了几百年的中国文化节也被取消了，长崎站是众人聚集的地方，当年轻士兵被派往前线时，很多人在那里欢呼并挥舞旗帜。在严密的保护措施下，远离公众视线，三菱重工长崎造船所和机械厂的数千名工人建成了7万吨级的武藏号（Musashi）战列舰——当时是世界上最大的战列舰。

1941年8月，日本教育部门编写发行《臣民之道》(The Way of Subjects)，这是一个新的宣言，谴责西方在现代历史上统治世界，要求日本人民设想在仁慈天皇统治下的新的世界秩序。这个宣言将日本占据中国东北和侵略中国说成是基于日

长崎站，出入长崎，通往日本其他地方的火车枢纽，1930年。（美国陆军病理研究所 [U.S. Army Znstitute of Pathology]/ 长崎原爆资料馆提供）

第一章 汇聚

本道德原则恢复世界和平的重要步骤。日本人民还被要求肃清"邪恶的欧美思想",默许一个系统化的军国主义国家,通过放弃他们的个人需求和欲望来证明绝对效忠天皇。与此同时,日本拒不从中国撤军,即便他们已经感受到了美国主导的禁运石油和其他自然资源的措施所产生的影响——这个立场在日本受到很多人的支持,甚至据说一旦日本首相下令撤军,他就有可能遭到暗杀。

然而,日本人民可能没有想到,他们国家发动了下一步的战争。1941年12月8日(美国时间12月7日),日本首相东条英机发表广播讲话,宣布了震惊全国的消息,日本袭击珍珠港,发动了对美国及其盟国的战争。"胜利的关键在于必胜的信念,"他说,"日本皇纪2600年以来,我们的帝国从未失败过……让我们发誓,我们永远不会玷污日本帝国的辉煌历史。"

14岁的和田通过他父亲的收音机听到了这个广播。在他小时候,当日本入侵中国时,他梦想着一到年龄就去参军。然而,他母亲去世之前曾经告诉他,冲锋口号"Banzai!"(万岁!)——日本军队冲锋时大喊天皇陛下万岁——是错误的。当听到日本袭击珍珠港的消息时,他"有点儿怀疑日本是否真的是为了拯救全世界人民而战"。然而,那个时候,抗议是会受到严厉惩罚的,因此和田没有向任何人诉说他的疑虑。日本的军队在深入中国腹地作战的同时,大举入侵东南亚(美国、英国、法国、澳大利亚和荷兰控制的领土),与比它强大得多的那些国家作战，日本终将战败。

正如历史学家约翰·W. 道尔（John W. Dower）所说，那是一场"没有怜悯的战争"，在战争期间，美国和日本使用种族主义、非人性化的观念和语言攻击对方。在美国，《时代》杂志的一篇文章报道："普通的缺乏理性的日本人是愚昧无知的。也许他是有人性的。但没有什么……表明这一点。"在种族主义和政治恐慌的氛围下，大约12万日裔美国人和"敌侨"遭美国政府囚禁，他们被认为是潜在的破坏分子和间谍。在日本，美国和英国人被描绘成可怕的恶魔，"西方"的一切——包括文学、英语课、音乐和政治哲学——都被从日本的教育系统和社会上清除掉了。仅在长崎，估计就有20—30名外国修道士、修女和神父被怀疑为敌方间谍，因此被关进了长崎郊区的一座修道院。日本军队有意强化士兵的国家民族荣誉感：高呼口号"我们永远不会停止战斗，直到我们的敌人不存在了！"日本士兵被灌输了一种信念，即帝国的命运取决于每一场战斗。日军将士被禁止投降或成为俘虏，为了他们的家庭和国家的荣誉，宁可自杀，不能留下任何耻辱的痕迹。

日本民众的生活变得越来越艰苦和受到控制，日常生活只是围绕着服从管制和谋求生存。虽然政府把生产武器和战争物资的大订单给了日本的财阀（zaibatsu）——大私营企业集团，例如三菱重工和三井——但是大多数其他的商业行业和家庭企业受到管控，政府强制它们进行劳动和生产转向，服务于日本军队的巨大需求。长崎的很多男性工人由于政府关闭企业而失去工作，他们转而加入了三菱重工工厂的工人队伍，三菱重工的四大工厂（造船、电机、军械和钢铁）的工人占长崎市劳动人口的比例越来越大。日本平民的生活消费品越来越短缺，但是他们接受了越来越多的宣传教育，来自报纸和广播的信息以及教师和随处可见的军方人员都向人们宣传"奢侈品是敌人！""让我们再多送一架飞机到前线！"

日本和美国在煤炭和钢铁生产以及飞机、坦克和弹药的制造方面差距巨大，为了试图弥补这一差距，在战争期间，几乎每个日本人都被要求为战争尽一份力。起初，日本政府要求凡是不在军队服役的所有男人都必须劳动，包括体力劳动，以及从事与制造、通信和运输有关的工作，以支持政府的战争事务。后来，年轻的未婚女性、服刑的囚犯以及营养不良、身体虚弱、满身虱子的战俘也被分配了同样的任务。已婚妇女被要求尽量多生孩子，以增加日本的人口。被迫离乡背井的韩国和中国的男性劳动力在日本的矿山和工厂做苦工；1944年，至少有6万名韩国人和1000名中国人在长崎市及附近做苦工，他们居住在工地旁的简陋棚子里，每天只能吃上3顿稀粥。每个月的8日——被指定为纪念日本与美国及其盟国开战的"帝国诏令纪念日"（Imperial Edict Day）——日本政府有时候会给每个工人多发一个饭团，以激发他们的毅力。为了增强日本国内劳动力,"教育"被重新定义为包括劳动服务;起初,14岁以上的学生都被要求必须参加与食品和煤炭生产有关的兼职劳动项目。到了1944年,日本政府要求这些学生停止上课和兼职劳动,开始全时工作,为战争效力。10岁以上的孩子被动员起来,组成志愿劳动队。

日本民众还上交了服装、珠宝首饰、家用的一切金属器具,甚至金牙,以帮助政府组织战争。最主要的是,每一个符合条件的日本男人都必须服兵役,日本家庭必须心甘情愿地把父亲、儿子、祖父、叔叔及兄弟送上战场,亲人们往往一去不复返,最后收到的只是装在小木盒里的骨灰。在公开场合,他们不可以表现出任何悲伤或悔恨,当邻居们祝贺他们家的儿子或父亲光荣战死为国捐躯时,他们只能被动地接受这种祝贺。全国妇女组织的地方团体为海外的日本兵准备护理包,为奔赴战场的新兵缝制"千人针腰带",当作护身符。每户家庭都必须加入一个邻组,日本的军警(宪兵)通过邻组不仅能监视公众的顺从和反抗,而且能监视每个人私下是热情支持还是反对战争。仅在长崎就有273个邻组,每个邻组由5—10户家庭组成。对天皇的神圣、政府的政治野心或者日本的军事侵略提出质疑的少数异见人士会遭到囚禁和折磨,并且通常会被杀害。即使在工作场所,不服从主管也会招致极端的体罚。

最终,和田的欧美朋友们都被赶出了长崎,他又一次怀疑政府的意图。"我被告知,美国、英国和荷兰都是邪恶的,"他

第一章 汇 聚

回忆道,"我想知道那怎么可能,我知道的欧美家庭都很好,他们的父母都很和善。"和田也很清楚,尽管日本帝国自命不凡,他的生活正在变得越来越糟。他被要求停止上学,为战争效力,每天工作结束后得到的报酬就是一条面包;后来,作为一名学生工人,他当上了有轨电车司机,他的收入只相当于成年人工资的一半。和田的祖父母以超低价变卖了他们的和服和其他贵重物品。他总是很饿。当他的年长的朋友们应征入伍,被送往战场时,他和其他人都知道这些新兵可能回不来了,特别是战争的最后一年,许多新兵被"邀请"加入神风特攻队。"我觉得有些事情不对头,"和田回忆道。他后来希望自己能够公开反对战争。"但是,实话实说,我很害怕,"他说,"我怕会被杀了。"

随着他自己的应征年龄的临近,和田面临着一个重大的决定。他不仅反对战争,而且他知道,如果他走了,他的祖父母就老无所依了。为了逃兵役,他故意没有通过入伍前的体检。"我戴眼镜,这并不能自动取消资格,"他说,"但体检的时候,我假装近视得很厉害,几乎看不见。"和田被免除兵役,但即使他有医疗理由,仍然被贴上了反战学生的标签,经常被警察斥责、扇耳光、殴打。他顽强地活着,经常加班干活,他的工资翻了一番,这使他能够更好地照顾他的妹妹和祖父母,只要有时间,他就和朋友们聚一聚。"从我很小的时候,"他解释说,"我就有那么一股韧劲。我必须靠自己,无论事情多么艰难,无论事情多么困难，明天总是会到来的。如果明天很艰难，那也总会有下一天。"

在8月9日的早晨，和田驾驶着他的有轨电车，经过长崎站，驶入浦上地区。三菱重工的工厂位于浦上川的沿岸，浓密的白烟从三菱重工工厂的烟囱升起。在他的两侧，和田可以看到大片的房屋，成千上万的瓦屋顶的房子紧密搭建在一起。这一片的150多家商户，包括商店、药店、裁缝店、家具店现已关门歇业，或者被改作配给站。沿着石梯上山，可以见到更多已关门的商店和带有狭窄阳台的房屋。长崎医科大学及其附属医院位于东边低矮群山的山脚下。更北边，红砖的浦上天主堂及其双塔钟楼俯瞰着整个山谷。

早上8点，长崎的有轨电车就挤满了赶着去上班的成年人和学生工人。挤不上车的那些人就只能步行（通常要步行一个多小时），以便按时到岗上班。有些人逃掉工作，去山坡上寻找可食用的植物和野菜——冒着被惩罚的风险，可能会把他们的名字记录在他们工作场所的板报上，并将他们标为通敌者。当和田驾驶有轨电车穿过浦上地区时，他得到消息，在长崎其他地方的一辆有轨电车脱轨，因此他临时改变了行车路线。他还不知道这个事故将会救他一命。

＊ ＊ ＊

那天清晨，长崎的一个少女长野悦子，睡醒之后就和家人

第一章 汇 聚

一起做早操。"就是听着广播做体操,"她解释说,"我很讨厌做早操!即使在冬天,我的父亲也让我们打开窗户,做早操。"尽管他对子女要求严格,16岁的长野还是很喜欢和尊敬她的父亲,他个子不高,在战争开始时,他才40多岁,而现在已经超过了服兵役的年龄,在三菱重工电机厂工作。长野与母亲的关系不太亲密。"我的母亲有点儿以自我为中心,"她回忆说,"她总是对我和弟弟妹妹发火。"不过,长野觉得母亲手很巧,她母亲学会了如何做衣服,在战争期间,由于实行服装配给制,根本买不到做衣服的面料,她母亲把自己的和服拿出来,拆开缝线,给长野和妹妹训子(Kuniko)做衣服。"我的朋友们都认为我很幸运。"

长野关于战争之前的记忆主要是围绕着她的家人——父母和兄弟姐妹——他们居住在浦上地区的独栋住宅,就在长崎站北边。"我的哥哥很善良,"她说,"我是他的妹妹,我这么说有点儿怪,但是——他很英俊。我的那些女性朋友们会求我把她们介绍给他,她们到我家里来,没有特别的理由,只是为了看到他。"长野认为妹妹训子也很漂亮,长着一双大眼睛,皮肤白皙,不过她们姐妹俩经常吵架。在战争之前,她有时候会背着她的小弟弟诚治(Seiji,家里人都叫他Sei-chan),走到家附近的租书铺。"我可以站在那里看书,我妈妈不会说什么,因为我在照看弟弟,"她说。她家的院子里种了好多树(石榴树、无花果树、柑橘树、枇杷树),小弟弟诚治长大一些之后,

长崎

长野悦子，15岁，1944年。
（长野悦子提供的照片）

他和训子，还有长野经常爬到树上摘果子吃。"啊，"长野叹了口气，"真的太好吃了，我们都很开心。"

当太平洋战争开始时，长野刚满11岁，在接下来的两年，她和家人的生活更加艰难，她也目睹了长崎市的变化。1943年，盟军在太平洋开始全面反攻，并利用在中国的基地对日本的主要岛屿发动空袭，长崎市的官员们开始部署该市的第一个防御措施，防范盟军攻击。长崎市的10个地点（大多位于学校和其他公共建筑内）被选定为急救站。在以邻组为单位的防空演习期间，每个人都必须停下他们正在做的事情，正在睡觉的也要赶紧起来，到指定地点集合。不管男女老少，所有人都必须参与传递水桶、接力灭火和其他消防演习。在长崎市政厅附近和老城区，为了建防火通道和疏散路线，整片街区被夷为平地，学校被迫搬迁，无数家庭被迫搬走，搬到浦上地区或长崎市外的亲戚朋

第一章 汇聚

友家中。每户人家都被要求去除自家房屋的木质房顶，以便减缓可能的火灾。每户人家都必须全天候有人在家，以防止空袭时的火灾蔓延，通常是留一个女人在家，因为大多数男人都已应征入伍或者在外工作。

公司员工和民防队在大型工厂、办公楼、市属建筑、学校的下面挖地下防空洞。其他人在城市周围的山坡上挖了数百个原始的隧道状防空洞；有的防空洞可以容纳多达100人，然而很多防空洞一下雨就会漏水和积水。普通家庭也被要求在自家房屋下挖简易防空洞。"我们抬起榻榻米，在地下挖了一个

邻里居民聚集在一个神社的牌坊下，进行战时消防演习。1943年之后，为了防备空袭，长崎市的居民必须参加每月一次的消防演习。（摄影师未知/长崎促进和平基金会、原子弹爆炸照片和材料研究委员会提供的照片）

洞，那个洞的大小刚好可以容纳我们全家人蹲在里面，"长野回忆道，"我们把家里的贵重物品和食物装在油桶里，放入洞中，然后用一个门板盖上洞口，把水桶放在上面，以备火灾时使用。"

大多数学生工人要么在铁路车站工作，要么在位于长崎湾附近和浦上川沿岸的军工和造船厂工作。长野被分配到三菱重工飞机配件厂的生产线上，该厂建在一个大学的体育馆内，位于浦上地区以东，与她家隔着一座山。每天早晨，她从家里出来，乘坐有轨电车，到诹访神社前面的车站下车，然后向北步行约1.2公里，就到工厂了。在工厂里，干活时不能说话，她和成年工人一起操作车床。在下班之后，她几乎没有什么事情可做。"那时候不允许放电影，"她记得，"由于食品短缺，餐馆都关闭了。为了娱乐一下，我和朋友们相互给对方拍照，来回交换照片。我还是个孩子，还不能够很深入地思考战争形势。"

在1944年年底，长崎市遭到了第一次空袭，那时候美国刚开始测试在夜间使用燃烧弹轰炸日本城市。在长崎市，那次空袭几乎没能对城市造成什么破坏，只是导致26人受伤，13人死亡，这些人成了长崎市被炸死的第一批平民。到那年年末，美军攻下了关岛和其他的马里亚纳群岛，为攻击日本的主要岛屿提供了便利，美国开始大规模空袭，有针对性地轰炸日本的军事重地、工业重地、交通要道。美国轰炸机昼夜不停地

第一章 汇聚

从长崎上空飞过,前往日本各地的目标实施轰炸。

长崎市加紧防御空袭。为了加强全市的防御措施,市政领导下令增强防空旅、探照灯兵、雷达旅,修复山坡上因降雨而受损的防空洞,水桶水箱里装满水,确保紧急电话通信系统的畅通。在多层次的消防战略中,37支队伍近3 300名工人被分派到全市去组建紧急消防队,每支队伍都配有消防卡车,有的还带有汽油抽水泵。平民们也在进行传递水桶的灭火训练,随时做好准备。一旦发生空袭,辅警和消防队就会做好安排,他们负责指挥路上的行人和车辆交通,支持急救和防疫工作,妥善处理死难者遗体。

长崎市又增设了几个紧急救援站,安排了280名医护人员在那里负责执行该市的危机救援计划——尽管其中有些人是很年轻的医学院学生,他们尚未接受完整训练就提前获得了学位,以补充战时的医务人员队伍,因为很多医生都随军上前线了。长崎市区以及周边村庄的混凝土建筑物被确定为应急避难场所,服装、药品、大批量的食品例如大米、面条、酱油、炼乳、沙丁鱼干、盐、玉米、大豆等储备物资堆放在浦上天主堂和被认为可以免遭攻击的其他建筑物中。为了防止敌军找到潜在目标进行空袭,长崎市实施灯火管制,在天黑以后,普通人家禁止开灯,夜间赶工的工厂必须把窗户遮严实,不得漏出一点儿光亮。孩子们待在家里或防空洞里,静听或抬头观看从上空飞过的盟军飞机;有些孩子一听到飞机引擎的声音,就知道是哪种类型的飞机。

日本政府呼吁民众把孩子们疏散到城外的农村地区，为此，在1944年年底，长野的父母把训子（13岁）和诚治（9岁）送到了九州南部的鹿儿岛，长野的祖父母家在那里。长野的哥哥应征入伍了，在城外参加新兵集训，而长野作为学生工人必须在工厂上班，因此她只能待在长崎市，家里就剩下她和父母了。"在那之前，"她回忆道，"我们是一个普通的家庭。"

她觉得非常寂寞，1945年春天，长野恳求她的父母让训子和诚治回家。经过多次讨论，她的母亲终于答应了，同意让长野去鹿儿岛把弟弟妹妹接回来，但是她的母亲坚决地说，只有在他们愿意的情况下，她才可以把他们接回来。否则的话，长野的母亲明确表示，她不可以强行把他们接回来。

长野很痛快地答应了。她独自乘坐火车去鹿儿岛，当她到达那里时，她的弟弟妹妹坚持说他们已经在那里交了好朋友，目前还不想回家。长野用各种理由来劝他们回家，训子和诚治开始哭泣。"你不应该强迫他们，"长野的祖父母教训她。但长野不听，在训子和诚治放学时，她接到他们，带着他们乘火车回到长崎。

4个月后，8月9日的早晨，长野和她的家人已做完早操。那个时候，长崎市的人们都已经起床了，每个人都饥肠辘辘。各家的女人们（母亲、祖母、女儿）用能找到的各种食材，比如橡子、木糠、大豆粉、马铃薯茎、花生壳、南瓜煮粥做饭，

第一章 汇 聚

从野外捉到的各种虫子、啮齿类动物的肉和蛇是人们食物中仅有的蛋白质来源。有一个女孩子与长野的年龄差不多,特别瘦,她的朋友们都叫她"香柱"(*Senko*)。由于营养不良和睡眠不足,大多数人都显得很疲惫。

长崎市的高音喇叭和收音机里响起了空袭警报,人们按既定方案紧急疏散隐蔽。工厂暂停生产。医院的工作人员把病人们转移到防空洞或地下室。人们匆忙地拉上防空罩,父母们呼喊孩子们,让他们赶紧躲藏到家里房屋下的洞里,或者赶紧躲到附近的公共防空洞,几千人(包括长野和她的家人)挤在黑暗潮湿的洞穴中。每家都要留人,通常是母亲、阿姨或大姐留在家里准备灭火。

躲了很长时间之后,解除警报的声音响起。长野回到家里,她换上衣服准备去上班。她有一双新的白色跑鞋(配给制供应的),在1945年的夏天,那可算得上是一件宝贝。但是她不想把新鞋弄脏了,因此就选择了穿木屐。那一天,长崎市阳光明媚,她出门去上班了,她的弟弟妹妹和妈妈待在家里面。

* * *

堂尾峰子那年15岁,用她自己的话说,她是个有点儿野的孩子。她活泼好动并且争强好胜,她妈妈对此很担心,妈妈告诫堂尾,神在看着她,如果她在行为举止上表现得不像个女孩子,神就会生气。"但我看不到神,所以我想,神或许是不存在的,"堂尾解释说,"在日语中,我们用'*wanpaku*'这个词来形容顽皮淘气。那说的就是我。"

堂尾的家庭遵从日本传统的性别角色观念,男人和男孩子更受尊重和重视。她的父亲曾在中国东北当过兵,现在是三菱重工长崎造船所的高级职员。在家里,他是严厉的一家之长,要求孩子们绝对服从他,包括每天晚上学习两个小时。在晚餐时,房间的前面有一张单设的桌子,他独自在那里吃饭,即使在战时食物最匮乏的时期,他也能比家里的其他人多得到一份饭。堂尾认为男人很幸运。

而她的母亲则温柔有耐心,毫无怨言地服从丈夫。在战争期间,她母亲不化妆,用手帕把头发扎起来,素颜也很优雅漂亮。在实施严格的配给制政策前,为了补充家用,她还去卖鱼:她拉着两轮车去鱼类市场,采购一些鱼,装到车上,然后回家,把那些鱼分装好,放在两个篮子里。她把那两个篮子吊在一根扁担的两端,然后肩挑着扁担,走街串巷去卖鱼。在家里的7个孩子当中,堂尾排行老四,她遗传到母亲的美貌——大杏仁眼、光滑的皮肤、圆润的嘴唇。除了帮助照顾弟弟妹妹之外,她每天还要做两项家务活:从附近社区的水井提水回家,留作洗碗、洗澡、洗衣服之用;在晚上淘洗大米或其他谷物,为第二天煮饭做好准备。在冬天的夜晚,淘洗大米的时候,她的手指尖都快冻住了,但是堂尾坚持下来了,因为她的父亲严格规定:"不干活,就没饭吃。"

第一章 汇聚

堂尾和她的家人住在稻佐山,就在长崎港的西边。在孩童时期,她和朋友们一起玩捉迷藏、跳绳、用粉笔在石头上画画。在稻佐山小学就读的时候,堂尾每天都按时到校上学,没有请过一天假,学习成绩中等偏上。堂尾是个假小子,虽然她的父母和老师希望她成为一个文静的女孩子。她是躲避球(dodgeball)球队的队长,在校运会的赛跑比赛中,她多次荣获第一名或第二名,她甚至代表学校参加了全市的跑步比赛。在课间,她不和其他的女孩子一起玩,而是去操场上疯跑。

1941年12月,日本袭击珍珠港,堂尾的生活也发生了从未想到的变化。"所有的学生都聚集在学校的礼堂,"她回忆道,"我们朝着天皇的照片鞠躬,然后校长跟我们说,日本与德国和意大利结盟,我们与美国和英国的战争已经开始了。他说我们需要努力学习和强身健体……老师们表情凝重,看起来很紧张。"次年,为了安全起见,12岁的堂尾和家人搬到离海岸更远的一个农村地区,位于长崎市西北角。堂尾通过了琼浦女子高中(Keiho Girls' High School)的入学考试,从她家到学校需要步行两个小时。

在那里上学的第一年,学校的课程安排与往常一样,放学后,堂尾学习插花、茶道、日本筝、弓道。然而,渐渐地,在体育课上和放学后,学生们被要求在学校操场上种植土豆,课堂教学也变得越来越注重灌输军国主义思想。学生们被要求背诵《教育敕语》(Imperial Rescript on Education),绝对崇拜和忠诚于天皇及国家。"一旦缓急,"有一行文字是"则义勇奉公。"堂尾从没想过日本会战败。"我们被教导,日本是神造国家,"她回忆说,"正因为如此,日本肯定会赢得这场战争。"日本军人成为日本的精英阶层,堂尾和她的伙伴们都梦想着做军人的妻子。

1942年,堂尾的大哥收到了一张"红纸",这意味着他被征召去当兵。他那时23岁,像许多新兵一样,准备了自己的遗书,剪下一些指甲和头发,封存在一个信封里,如果他在战争中不幸身亡,那个信封就成了留给家人的纪念物。在他离开家上战场的那一天,堂尾的母亲很早就起床了,用她平时悄悄攒下的粮食制作了萩饼——甜甜的红豆泥裹着糯米团。"吃到饱为止,"她对儿子说。邻组的成员们都来向他道别;他们唱了一首爱国歌曲,堂尾的哥哥敬了个礼,告诉大家他将会努力,为了国家也为了这里的每个人。不久之后,她的二哥也被征召去当兵。两年后,堂尾的大哥在关岛附近的海战中身亡了。她的父亲乘坐火车去佐世保市(在长崎市以北约80公里)领取骨灰——但他收到的白盒子是空的,所以堂尾的父母就把他们儿子留下的指甲和头发放在那个盒子里,作为纪念。她的母亲哭了几个月。

1944年,14岁的堂尾刚开始憧憬未来,学校就停课了,学校要求她们全时工作,为战争效力。她和其他几千名学生工人被分配到三菱大桥军械厂,那里制造的空投鱼雷曾被用来袭击珍珠港。堂尾的工作是检查新造出来（刚下装配线）的鱼雷的螺栓。每月一次，学生们有一个返校日，他们被要求在军官的指挥下进行军训。堂尾少年时期仅存的一张照片就是在某个返校日由一位朋友给她拍的。为了看起来漂亮一些，堂尾没有按照规定穿校服，而是穿了休闲服——白色

堂尾峰子，14岁，1944年。
（冈田郁代［Okada Ikuyo］提供的照片）

棉衬衫搭配一条黑裙子。"我有时尚意识，"她耸耸肩。"我注重自己的形象。"

为了"打击日本人的士气"，1945年3月初，美国开始大规模使用燃烧弹轰炸日本城市。在接下来的4个月，东京、名古屋、大阪的大片工业区和居民区，以及日本几乎每一个主要城市均遭到轰炸，大量的平民在空袭中死亡、受伤、流离失所。

长崎市进入高度戒备状态，不遗余力地加固其空袭防御系统，在急救物资储备和紧急疏散地方面做好安排。公司员工和

学生工人把三菱重工的大型机械和精密仪器搬到了各所学校和地下防空洞，管理机构也搬迁到安全的地方。其他人在长崎市西北部的山坡上炸出并挖掘了6条平行的相互连接的隧道，三菱重工在那里建造了一个临时工厂，继续全天候生产鱼雷零件。在长崎市区，有一些人由于防火而被迫搬迁，还有一些人自愿撤离（儿童和老人、生病或怀孕的家庭成员），估计有5万人被转移到看起来较安全的浦上地区、附近岛屿或长崎以外的地区。许多小学的上课地点也搬到了神社、私人住宅和其他临时场所。

在长崎医科大学，学生们把各自的头盔和医疗用品放在书桌旁，受过急救培训的高中生和社区志愿者组成紧急救援队，随身携带急救包，里面装着过氧化氢、碘、绷带、剪刀、阿司匹林、纸巾、镊子和手帕。每个邻组都配备了一个小型手动泵、水箱、担架，以及一定数量的梯子（基于邻组的成员人数而定）。除了必须在自家房屋下挖地下防空洞之外，每个家庭都必须准备至少两个储水桶、一把锹、一把镐和灭火工具。一旦遇到轰炸，堂尾回忆道："我们学生们被告知应该这样做，跪下来，弯下腰，用拇指塞住自己的耳朵，用手指遮住自己的眼睛——防止耳膜被震坏，防止眼球被震出。我们一遍又一遍地这么练习。"

1945年4月，长崎市第二次遭受空袭轰炸，造成129人死亡。偶尔，美国飞机也会在接近长崎市时关闭发动机，在

第一章 汇 聚

港口上空低飞,用机枪扫射造船厂。其他的盟军飞机空投传单,警告说,长崎市就要被大火摧毁了,让人们赶快离开这个城市——不过,根据日本法律规定,民众不能阅读或讨论这些传单,而且除非立即把这些传单交给警察,否则他们会被逮捕。尽管日本的其他城市基本上都因空袭而被摧毁了,然而从春天到初夏,长崎市并没有怎么遭受到常规炸弹或燃烧弹的空袭。谣传很多——或者也许是抱有希望的猜测——美国人之所以不怎么轰炸长崎市,是因为长崎市有悠久的国际贸易历史、著名的美景、大量的天主教信徒,或者是因为长崎市有盟军战俘营。

那年春天,当德国和意大利(日本的盟国)投降的消息传到日本时,对于很多日本人来说,疲惫不堪的感觉取代了以前的民族主义狂热。持续的饥饿使得很多人不再害怕由于非法逃离城市而受到惩罚。结核病夺去了许多孩子和年轻人的生命,7岁以下的儿童患腹泻病后的死亡率很高,成千上万的人由于营养不良而患上了严重的脚气病。妇女和姑娘们穿着工作服和衣而睡,男人和男孩子们一天到晚包括睡觉时都穿着绑腿,因为空袭警报每夜都会响起,他们随时待命,准备应对突发事件。"我们没有时间去洗澡,"一个小伙子说,"所以我们身上满是跳蚤和虱子,很难清除掉。"日本的工业原料越来越少,运输系统也遭受到轰炸的破坏,这导致工厂的生产大幅缩减,但是成年工人和学生工人们(包括堂尾和长野)仍然被要求长时间上班，工作任务就是拆除建筑物和挖防空洞，或者只是静静地坐着，没活可干。小学生们在树林里采集松脂，以帮助为日本战斗机制造燃料。几乎有300万士兵和平民在战斗或者盟军对日本的空袭中丧生，超过日本人口的3%，普通家庭和工作单位的气氛都很沉重，人们等待着不断传来的士兵死亡的消息。

即使没有准确的媒体报道，大多数人都能猜想到，日军在太平洋战场上损失惨重，盟军的燃烧弹也给了日本沉重的打击，到了8月份，已经有64个日本城市因空袭被摧毁。根据后来的调查，在1945年7月，日本民众对其国家领导人的信任达到历史最低点，大多数日本人（占总人数的2/3）确信日本的失败是不可避免的。"尽管我们那时候还是孩子，我们都知道日本正在输掉战争，"长崎的一位男士回忆道，"傻瓜都能看出来。我们什么都缺。我们甚至连鞋都没有。我们怎么能赢得战争？"

日本内阁成员分为两派。一些成员在1944年春天就已经认识到了日本在战争中损失惨重，肯定会战败。然而右翼的、支持军方的内阁成员将之视为日本的终极战争，不惜以牺牲本国民众为代价。当盟军就要进攻日本本土时，内阁的两派还在激烈地争论日本投降的条件。按照日本宪法规定，如果内阁意见不统一，那就不能作任何决定，因此政府官员和日本民众都别无选择，只能加紧防御盟军的进攻。

第一章 汇聚

在军事部署上，日本政府把驻扎在中国东北和其他地区的一部分军队撤回到九州和本州岛（日本列岛中最大的岛屿）。在长崎市，官员们下令在附近岛屿的地堡中支起重型火炮，在通往长崎湾的水域中放置水雷。三菱重工长崎造船所的工人们建造了几种型号的特别攻击艇，包括大约600艘"震洋"艇（*shinyō*）——以三合板为船身的摩托艇，由单人驾驶，船体装有炸药，在长崎海岸和周围岛屿的浅湾隐蔽，由学徒兵操纵驶向敌方船只，以撞击方式引爆炸药，但在撞上敌船之前，学徒兵跳入海中。长崎还部署了大约100个"回天"鱼雷（*kaiten*）——由潜艇或舰搭载，单人操纵的一种自杀式鱼雷。

日本规定15—60岁的男子和17—40岁的女子必须服兵役，组成"国民义勇战斗队"，鼓励他们为天皇"玉碎"——在战斗中，宁可牺牲或自杀，也不要投降，以免令天皇蒙羞。与此同时，天皇的照片受到保护，学校里挂的天皇照片被取下来，收藏在防空洞或城市以外的其他地点。每个家庭都要在家门口放一个竹矛（竹制长柄直刺兵器），堂尾和她的同学们，以及数千名学生都参加了战斗训练，学习如何使用这种竹矛攻击敌方士兵，不过在某些人看来这很荒谬，因为他们知道在手持长矛接近敌军之前就会被击毙。

堂尾的家在离海岸约8公里的农村地区，她和家人躲过了空袭轰炸，在7月底和8月初，盟军又对长崎市进行了3次空袭，投下200多吨常规炸弹。三菱重工长崎造船所和川南造船厂被部分炸毁，几十座房屋被炸毁，三菱重工钢厂和长崎医科大学在空袭中轻微受损。200多人丧生，包括有一户人家被炸死在他们的房子里，一个防空洞塌了，躲在里面的12个人都死了，还有一个防空洞墙体被炸裂，大水倒灌，在里面的32个人都被淹死了。

在8月9日早上，堂尾穿上了她讨厌的战时服装——宽松的长裤、长袖工作服、分趾帆布鞋。她的上衣缝着一个标签，那上面有她的名字、地址和血型，她还戴着一个臂章，标有她的学校名称。她的胸前挎包里装有急救包和护耳棉兜帽，这个帽子可以防止空袭时的巨大爆炸声伤害耳朵，如果用水浸透，还可以防火。堂尾憧憬着战争结束后自己的未来。"我喜欢时尚，"她说。"那是我的梦想。"

* * *

无论是在日本还是美国，不为公众所知的是，在8月9日上午之前的几个月中，美国、苏联和日本进行了一系列秘密的政治斡旋和军事行动，目的是结束战争，并且实现各自认为的战后最优目标。20世纪40年代初，美国开始了"曼哈顿计划"，世界著名的科学家进行绝密奋战，旨在研制世界上第一颗原子弹——原子核在发生核裂变时，释放出巨大的能量，产生爆炸作用，爆炸力比常规武器要大得多。

在富兰克林·罗斯福总统于1945年4月逝世后不到两个

第一章 汇聚

星期,高级军事顾问首次向哈里·杜鲁门(他已经由副总统升任总统)汇报了曼哈顿计划,并且告诉杜鲁门,原子弹已经接近研制成功,在 8 月份就可以用于攻击日本。美国高级官员们简要讨论并最终否决了一些提议,例如发出一个正式警告,或者在荒无人烟的地区引爆一颗原子弹,以恐吓日本投降。他们的最终计划是,一旦准备好,就立即用原子弹轰炸日本。

那年春天,由美国军方人员和科学家组成一个小组,讨论确立原子弹轰炸目标的选定标准。该小组并没有优先考虑潜在目标城市的军事活动,两个主要的目标是,"在心理上给日本人最大的震撼",并且让原爆"展示其威力,当美国公布原子弹轰炸的消息时,世界上的其他国家都能认识到核武器的重要性"。对目标城市的选择标准包括城市的大小和位置(直径超过约 4.83 公里,从南太平洋的美国空军基地到目标城市的距离不超过 B-29 轰炸机约 2 414 公里的最大航程)、存在与战争相关的工厂并且其周围有工人居住区。由于美国投入了 20 亿美元研制原子弹,为了精确,应在目视确定目标(而不能仅依靠雷达)之后再投掷原子弹,因此要挑选一个能预测的晴朗天气的城市。为了评价原子弹的威力,需要选择还没有被燃烧弹炸毁的日本城市。最初的候选名单有 17 座城市,目标委员会选出了符合全部或大部分条件的 4 座城市:广岛、小仓、长崎、新潟。太平洋战略空军司令卡尔·斯帕茨(Carl A. Spaatz)将军告知美国战争部,长崎市中心附近有一处战俘营;但最终,长崎市仍然被列入了优先轰炸名单。

日本方面，裕仁天皇和外务大臣东乡茂德（Tōgō Shigenori）在6月和7月提出初步要求，希望苏联出面斡旋，争取比较体面的投降。美国知道日本正在与苏联进行沟通，但是由于日本同时还在准备防御盟军攻入九州岛，而且日本需要内阁意见统一，对于日本领导人是否就要实际上同意投降，美国的分析家仍有争论。日本还希望苏联继续保持中立——并不知道，苏联已经同意协助盟军攻击日本，苏联即将在8月初对日宣战。

同盟国领导人正准备在德国波茨坦开会，商讨对战后德国的处置，以及发公告促令日本投降，7月16日凌晨，在新墨西哥州阿拉莫戈多沙漠（Alamogordo），美国进行了第一次核试验，代号为"三位一体"（Trinity）。核爆瞬间产生了一个可怕的、巨大的火球，沙石被熔化成了玻璃状的坚硬物质，约16公里外的观察人员也能感到脸上很热，原爆释放了放射性碎片，证实了内爆式起爆的钚弹可以用来攻击日本。为了严格保密，不引起当地民众的关注，地方媒体与美国战时新闻检查局（Office of Censorship）合作，发布消息说爆炸是"由于一个偏远的弹药库发生了事故，没什么危害"。

10天后，美国、英国和中国于7月26日发表《波茨坦公告》，敦促日本必须立即无条件投降，日本军队必须被完全解除武装，日本投降后应由盟国派遣占领军，战犯必须严惩，废除日本帝国制度。"除此一途，"公告上写着，"日本即将迅速

第一章 汇聚

完全毁灭。"为了使日本早日投降，杜鲁门的某些顾问曾主张在公告中纳入保留天皇制的条文，但是并没有被采纳。公告也没有提到原子弹。

对于这个公告提出的要求，日本内阁无法达成一致意见，唯有"默杀"（mokusatsu）——在美国被认定为"沉默的蔑视"，尽管这个词也可以翻译为"不予评论"或"明智巧妙地保持缄默"。但日本拖延答复《波茨坦公告》并没有影响美国对日本使用原子弹的决定；也就是说，在《波茨坦公告》发表的前一天，杜鲁门已启动了对广岛进行原子弹轰炸的计划——时间定在8月初，"只要天气条件允许"。此后不到两个星期，在1945年8月6日上午8点15分，一枚绰号"小男孩"的铀弹在广岛市的岛医院（Shima Hospital）上空约580米处爆炸，爆炸当量相当于1.6万吨TNT炸药，市区被摧毁，造成大量的平民伤亡。从原爆当天到1945年年底，广岛市约有14万人丧生。

"这是有史以来最伟大的事情，"杜鲁门惊呼，当得到消息时，他正乘坐奥古斯塔号巡洋舰从德国回来。当天晚些时候，美国战争部长亨利·L.史汀生（Henry L. Stimson）代表总统发表了一份声明（在《波茨坦公告》之前就写好了），宣布广岛原爆事件，向美国公众介绍原子弹。"我们现在准备更快、更完全地摧毁日本的所有城市在地面上的每一个生产企业，"声明说，"我们将摧毁他们的码头、工厂和通信设施。这里不要有什么误解；我们将会彻底摧毁日本发动战争的能力。"

再一次，东京方面没有及时反应。在原爆当天，日本官员听说广岛遭受了某种新炸弹的袭击，当天晚上，日本同盟通信社报道了杜鲁门宣布已使用原子弹轰炸广岛。然而，在两天后，由日本科学家和军事专家组成的30人小组才抵达广岛，开始调查这次爆炸，他们又花了几天时间，科学证实了8月6日的武器确实是原子弹。他们的报告在8月11日送达东京。

然而，投掷更多的原子弹并不取决于日本的回应或者杜鲁门总统的进一步指示。杜鲁门总统的最初命令是"一旦准备好"原子弹就可以对日本使用——在8月8日，广岛原爆两天之后，第二颗原子弹装配完成。

* * *

广岛遭轰炸的消息在两天之后才传到长崎。8月8日，报纸的头条新闻通报："敌军在广岛投掷新型炸弹——造成相当大损害。"长崎的很多人并没有及时看到这个新闻，但是看到新闻的那些人都感到惊慌：那时，大多数人都知道，日本媒体总是轻描淡写盟军攻击对日本城市的影响，因此他们明白"相当大损害"这句话意味着发生了更糟糕的事情。

长崎的一些医学界人士也得知了广岛遭轰炸的消息，长崎医科大学校长角尾晋（Tsuno-o Susumu）乘火车从东京返回长崎时路过了广岛。8月8日，他一到达长崎，就赶紧召集

第一章 汇聚

医大的教职员工,描述了有关"强闪光……剧烈的爆炸……火球"的报道。他焦虑不安地向同事们讲述了所看到的爆炸后的废墟和被烧焦的人体,他警告说,长崎的防空洞可能无法提供足够的保护。医科大学的领导决定从 8 月 10 日开始停课。长崎市的报纸是由长崎新闻公司出版的,那天晚上,该公司的董事长西冈竹次郎(Nishioka Takejiro)冲进长崎县知事永野若松(Nagano Wakamatsu)的办公室,向他报告了自己亲眼所见的广岛遭轰炸后的详细情况,描述了不同于任何人以前所见的彻底的摧毁和非常惨重的伤亡,长崎县知事很震惊。永野知事希望还有时间设法保护长崎,他决定第二天早上与当地警察局长和行政官员召开会议,制定全市范围的疏散指令。

天宁岛(Tinian Island)是西太平洋北马里亚纳群岛的一个小岛,约 16 公里长、4.83 公里宽,位于塞班岛的西南部、关岛的北部。8 月 8 日夜晚,在天宁岛机场跑道旁的一个专门挖掘的混凝土坑里,世界上第一个钚弹已经准备好了。这颗原子弹代号"胖子"(Fat Man),长约 3.25 米,直径约 1.52 米,重约 4 545 公斤,这个代号非常形象。炸弹的中心是次临界的、浓缩钚-239,周围接上了 74 枚定时高能炸药,当炸药爆炸时,将钚压缩到临界质量而发生核爆。执行任务的美军士兵纷纷在原子弹的顶端、弹体和尾部签上他们的姓名和家乡,并且写下了简短的留言。"这是给你们的！"来自芝加哥的一名士兵写道。

夜晚11点，钚弹被一台液压器抬起，装进了博克斯卡号（Bockscar）B-29轰炸机的机舱，这个轰炸机是经过特别改装的。为了在目标城市上空成功投掷原子弹，美国陆军航空队第509综合组的成员已经接受了一年多的训练，现在，他们正在为投掷第二颗原子弹做最后的准备。博克斯卡号轰炸机和两架伴随飞机（负责在爆炸时观测和收集科学数据）的机组人员作了最后一次情况通报。半夜，当他们查看小仓和长崎（这次任务的首要目标和次要目标）的地图和航拍照片时，苏联对日本宣战，苏联的150万军队兵分三路，进攻被日本占领的中国东北。

将近凌晨4点（日本时间是凌晨3点），查尔斯·斯威尼（Charles Sweeney）少校在博克斯卡号轰炸机的飞行员座椅上坐好，启动引擎，飞机在跑道上加速滑行。机上乘载13名机组人员，载着7 000加仑的燃料，以及一枚钚弹，总重量超过77吨，博克斯卡号轰炸机从天宁岛机场起飞，上升爬高。两架伴随飞机也随之起飞。3架飞机均保持无线电静默，以防被发现，斯威尼等人驾驶着3架飞机开始了约2 414公里的飞行，在夜色中飞往日本南部。

长崎市的人们那个夜晚几乎没睡。夜晚11点以后，空袭

第一章 汇聚

警报响起——在家睡觉的市民都醒了，他们躲到自家房屋下面的简易防空洞里。在各个工厂、市政部门和岗楼值夜班的人们赶紧躲到附近山坡的防空洞里，在长崎市的医院和诊所，值夜班的医生护士和医务人员赶紧起床或离开他们的工作区，把病人们转移到地下室。

16岁的谷口稜晔在道之尾（Michino-o）邮局上夜班，他负责防范火灾，保护邮局的资料记录。谷口14岁时就成了一名学生工人，在邮局工作，收入虽然很少，但是对于他家来说很重要。他的母亲在他刚满1岁时就去世了，1930年，他的父亲前往被日本占领的中国东北，在那里当一名铁路工程师，留下谷口和他的哥哥姐姐，由他们的祖父母抚养。"我的父亲在1946年回来了，"谷口说，"我有16年没见过他。我有一张他的照片。他写信和寄钱回来，帮我的祖父母养活我们。"

在稻佐山的半山腰，他的祖父母家有一小块土地，他们在那块地上种了大豆、土豆、黄瓜、西瓜、菊花，谷口小时候就帮着家里种菜收菜，战争时期实行配给制，食物缺乏，自家种菜是很有必要的。他很听话，在家听祖父母的话，在学校遵守校规，听政府的话。"那时我还是个孩子，"他回忆道，"我认为成年人说的关于战争的话都是正确的：战争是正义的，日本并且只有日本是好的，而韩国人、中国人和美国人都是坏蛋。这些不是我的想法，"他澄清，"这些都是成年人跟我说的。当我长大了，我明白这些都是谎言。"

长 崎

谷口稜晔穿着邮局的制服,时年15岁,摄于1944年。(谷口稜晔提供的照片)

值完了8月8日晚上的夜班,谷口躺在邮局办公室的塌塌米上睡着了。第二天早上醒来,他计划下班休息几个小时,然后再回来上他的中班。然而,他的一个上司要求他替自己上早班,因此,谷口就把分配的邮件装在他的邮袋里,把邮袋挂在他的红色自行车上,然后就出发了。尽管他已经16岁了,但个子不高而且很单薄;他的脸很圆,没有棱角,看起来更像是12岁的小孩。骑车的时候,他的脚勉强够得到脚踏板。

上午9时45分,博克斯卡号轰炸机飞过太平洋,接近位于九州岛东北海岸的小仓,它旁边只有载着仪器的那架飞机;第三架飞机(拍摄原子弹爆炸的摄影观测机)不见踪影,没有按时抵达会合点。而小仓附近的八幡市在前一天遭受了美军燃烧弹轰炸,还在燃烧,当地的风向转变,小仓上空被云层和浓

第一章 汇聚

烟笼罩，他们的行动计划再次受挫。两架飞机的美国飞行员一边躲避地面防空炮火，一边躲避日本战斗机迎击，虽然在小仓上空来回飞了3次，斯威尼的机组成员还是看不到这个城市的轰炸目标，因此他们调转机头向西南方向飞去，飞了约240公里，抵达长崎市上空。时间是上午10点30分。

与此同时，在长崎以北约1 126公里的东京，最高战争指导会议的内阁"六巨头"——包括首相铃木贯太郎（Suzuki Kantarō）、外务大臣东乡茂德、海军大臣米内光政（Yonai Mitsumasa）、陆军大臣阿南惟几（Anami Korechika）、参谋总长梅津美治郎（Umezu Yoshijirō）、军令部长丰田副武（Toyoda Soemu）——正在召开会议，讨论苏联突然进攻中国东北的行动，并再次尝试就日本的投降条件达成一致意见。会议气氛沉闷。即使还不知道苏联进攻的规模，日本的六巨头很清楚，他们的军队无法有效地进行反击。日本曾希望苏联继续保持中立或者帮助日本获取更好的投降条件，苏联对日宣战也断了日本最后的希望。铃木首相在当天上午早些时候面见裕仁天皇，获准在会议上主张接受《波茨坦公告》的投降条件。考虑到日本严峻的国内形势和广岛遭受的轰炸，内阁中主张立即投降的那一派占了上风。

在长崎市内，那个上午不断响起不同级别的空袭警报，人们不停地往返于附近的防空洞。有些人被折腾烦了，他们感到如此疲惫和沮丧，以至于不再理会空袭警报，继续做他们正在

长崎

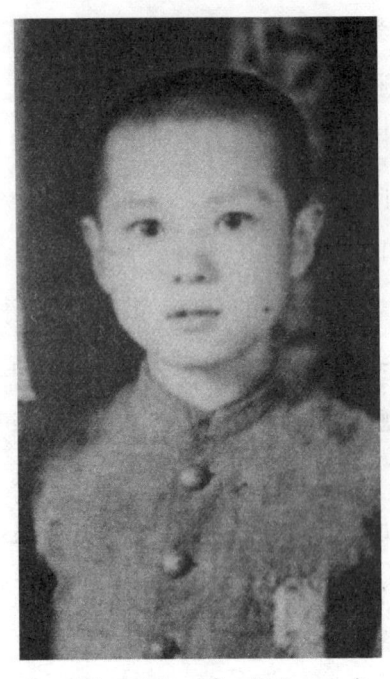

吉田胜次，时年10岁，摄于1942年。
（吉田直次［Yoshida Naoji］
提供的照片）

做的事情。13岁的吉田胜次和他的6个朋友从他们在山那边的家步行来到位于浦上地区的长崎县技术学校，吉田是该校造船专业的一名学生。听到空袭警报，他们试图躲进学校的一个防空洞，但发现那里已经挤满了教师和工作人员，没有更多的空间了。因此，他们跑到了树林里的一个防空洞，蜷起身子躲在里面。

"我们？"吉田说，"我们以为日本肯定会胜利。我们必须忍耐，直到我们取得胜利。当时就是这个情况。每个人都想去打仗。我们渴望上战场。我们从小学开始就受到那样的教育。我们被洗脑了，因此我们不认为有可能会战败。"他解释说，"天皇被认为是神的后裔。学校里悬挂着天皇的照片。当我们走进那个房间时，我们要鞠躬和致敬。这是日本的方式。"在过去的一年里，吉田没怎么上课，因为大部分课程都被取消了；他参加挖防空洞，进行传递水桶灭火训练，制作竹矛，参加演习，学习使用竹矛攻击敌人。

第一章 汇聚

浦上地区的东北部，在原爆之前，从吉田当时所在位置以南的山丘上俯视。在这张照片中，前面是一片稻田，在稻田后面可以看到日本运输省铁道总局的一列火车，正在从北（照片的左边）向南（照片的右边）行驶。浦上天主堂在照片上的中间偏后位置。（美国陆军病理研究所/长崎原爆资料馆提供的照片）

8月9日上午，防空警报解除后，吉田和他的朋友们（共7个人）都应该直接返回学校，但是他们一边慢悠悠地下山，一边想着是否逃课去游泳。浦上地区西边山丘脚下的路边有一口井，他们在那里停下来，喝了一些井水。

当时已是上午11点。长崎市区的人们都开始进行日常活动了：晾衣服，读报纸，在菜园里除草，看望生病的家庭成员，在山上找食物，在配给站排队，或者和邻居聊天。在浦上天主堂，24名教区居民和两名牧师在进行忏悔。一位母亲正在晾晒豆子，为圣母升天节（每年8月15日）的聚餐做准备。

047

一个小孩在自家的院门前玩耍。在广岛原爆中逃过一劫的共有9个长崎人,有几个人已经回到长崎市,其他几个人在那天上午乘火车刚抵达长崎市;有一个长崎人在广岛的住宅被炸毁了,他从房屋的废墟中找到妻子的遗骨,此时正走在长崎市的街道上,他带着一个盆(盆里装着妻子的骨灰),他准备把骨灰交给妻子的父母。

在长崎的中国和朝鲜劳工、战俘以及所有成年工人和学生工人都在各自的岗位上开始干活了;有些人在挖掘或修补防空洞,还有一些人在市政厅的窗户旁堆积沙袋,以防机枪炮火袭击。在三菱重工的运动场,为本土决战做准备的竹矛训练刚刚结束。有轨电车在城市中穿行,长崎医科大学又继续上课了。在长崎的各家医院,一个星期前在空袭中受伤的数百人仍在接受治疗。在浦上地区北部的结核病医院,由于空袭警报的影响,工作人员刚给病人们送来早餐。有一位医生曾在德国受过培训,他突然想起了《西线无战事》(*All Quiet on the Western Front*)。长崎县防空总部设在诹访神社附近的一个混凝土防空洞里,永野知事正在那里与长崎警察长官们开会,制订疏散计划。天气很热,太阳高照,蝉鸣声十分响亮,高调而有节奏。

在离地面约9 656米的高度,两架B-29轰炸机正在接近长崎。斯威尼少校和他的机组成员惊讶地发现:长崎市上空同样是云雾重重。他们面临一个严重的问题,斯威尼少校接到的指令是,只有在目视找到目标(城市的中心,长崎港以东)的情

第一章 汇聚

况下才能投弹。然而,现在,他们可能需要在长崎市上空来回飞几次才能看到投弹目标,但是这已不可能,因为飞机的燃料不多了;不仅是在起飞之前,储备油箱与主油箱间的转换泵出了故障,导致无法利用储备油箱中约 2 271 升(600 加仑)的燃料,而且在会合点和小仓上空盘旋时已消耗了太多的燃料。博克斯卡号轰炸机现有的燃料只够在长崎市上空飞一次,然后勉强可以维持到紧急迫降在冲绳岛上的美国空军基地。斯威尼和武器专家及海军指挥官弗雷德·阿什沃思(Fred Ashworth)知道,如果不把这枚原子弹投掷在日本,那就需要把它投掷在大海中,以防在飞机着陆时发生爆炸。明知违反命令,他们还是决定由目视投弹改为雷达投弹。

长崎市的空袭警报没有响起——可能是由于长崎市空袭防御人员没有及时观察到飞机,或者觉得只有两架飞机(而且飞得很高)不会造成立即的威胁。金比罗山(Mount Kompira)的防空人员终于看到那两架飞机时,年轻的士兵们跳进战壕,用武器瞄准他们,但是没有时间开炮;即使他们来得及开炮,他们的地面炮火可能也击不中美国飞机。几分钟前,一些市民从广播里听到一个简短的通告,据观测有两架 B-29 轰炸机正在向西飞行,已飞过岛原半岛(Shimabara Peninsula),当他们听说几架 B-29 轰炸机就要到了,或者仰望高空看到了那两架飞机时,他们高声呼喊着警告其他人,并且立即躲进防空洞,或者就地卧倒,再或者躲在床下或桌子下,无论他们是在家里、学校还是工作场所。一位医生正准备给一个气胸患者做治疗，他立即把患者身上的针拔掉，然后迅速躲了起来。然而，长崎市的大多数人都没有听到警告。

此时，两架飞机上的机组人员都戴上了电焊工护目镜，他们眼前很暗，几乎看不到自己的双手。克米特·比恩（Kermit Beahan）上尉是博克斯卡号轰炸机的投弹手，他激活了打开炸弹舱门的音信号，指示在30秒后投弹。然而5秒钟后，他注意到飞机下面的云层中有一个洞，通过目视确定了长崎市的目标。

"我看到了！我看到了！"他喊道。他投下了原子弹。在一秒钟内，载着仪器的那架飞机抛下了3个降落伞，每个降落伞上都带有金属罐（里面装着圆柱形的无线电探空仪），以测量爆炸压力，并将这些数据用无线电传回飞机。减轻了1万磅的负荷，博克斯卡号轰炸机瞬间急速上升，炸弹舱门已经关闭，斯威尼把飞机向左转了155度，迅速离开了即将爆炸的地方。

在长崎市内，18岁的和田到达位于旧城东边的萤茶屋电车终点站。公司主管正在严厉训斥那个造成有轨电车脱轨事故的司机。"我出去吃了点儿东西，"和田记得，"回来后就坐在一个长凳上，与我的朋友们讨论这个事故的原因。"

长野正在位于片渊町的三菱重工临时工厂上班，她的家在山的另一边。

谷口正在送邮件，他骑车穿过长崎西北角的山丘，那里有

第一章 汇 聚

一个住宅区。

16岁的堂尾回到了三菱大桥军械厂,正在工作站检查鱼雷,期盼着午饭时间的到来。

在浦上川西侧的一条路的旁边,吉田正在把一个桶放到井中,当他抬头望天时,与长崎市的其他人一样,他看到天空中有降落伞,正在从云层的裂隙向下降。

"我们那时候将之称为'落下伞'(*Rakka-san*),"就是降落伞,"我认为那只是普通的降落伞,或许空降兵正在跳伞。"

"嘿,看!有东西在落下来!"他向他的朋友们喊道。他们都抬起头,将手放在额头上,挡住阳光,以便能看清。

"降落伞飘下来,"他说。静静地,没有声音。

第二章 闪 光

这枚5吨重的钚弹以约每小时988公里的速度降落。47秒钟后，强大的内爆将钚装药（实际大小同柚子差不多）压缩到一个网球大小，几乎瞬间引发了核裂变的链式反应。原爆发生在有3万居民和工人的浦上地区上空约531米处，距离原定目标向北偏离了约2.4千米。上午11时2分，强闪光照亮了天空——越过群山，在约16公里外的大村海军医院（Ōmura Naval Hospital）都能看到那个强光——然后就是一个雷鸣般的爆炸，爆炸当量相当于2.1万吨的TNT炸药。整座城市都摇晃起来。

在原爆点，爆炸中心温度高于太阳中心温度，原爆冲击波的速度超过了声速。1/10毫秒后，原子弹的构成物质都被气化成为一种电离气体——产生一种强电磁波——爆炸时的火球中心温度达54万华氏度。在1秒钟内，炽热的火球从约15.9米扩大到约228.6米的最大直径——在3秒钟内，爆炸正下方的地面温度估计达到了5 400华氏度至7 200华氏度。在爆炸中心的正下方，红外热射线速度接近光速，瞬间使得人和动物的

第二章 闪 光

肌肉被烧焦碳化，内脏被气化。

原爆在长崎市上空形成约 3 219 米的滚滚烟尘，遮住了太阳，原爆的冲击波把浦上地区夷为平地。水平向的暴风（速度是五级飓风的 2.5 倍）横扫这个区域，摧毁了地面上的建筑物、树木、植物、动物以及成千上万的人。很多人被从他们所在的地方——防空洞、自家房屋、工厂、学校和医院病床——吹了出来，吹向四面八方；被冲撞到墙上；或者被压在倒塌的建筑物下面。在地里干活、正在乘坐有轨电车的、在城市配给站外面排队的户外的人们也被吹飞了，或者被下落的杂物击中，被抛到滚烫的地面上。一座铁桥被吹得向下游移动了约 71 厘米。在建筑物就要垮塌时，长崎医科大学医院的工作人员和患者从窗户向外跳，城山小学与原爆点相距约 800 米，在那里工作的高中女生们从 3 层楼跳了下来。

原爆的热熔化了铁和其他金属，烧焦了砖块和混凝土建筑，引燃了衣物，毁灭了植被，人们的面部和身体的外露部分遭受了严重而致命的灼伤。在距离原爆点约 1 600 米的地方，约 23 厘米厚的砖墙都被炸得开裂，玻璃被炸碎，高速飞溅的玻璃击中人们的胳膊、腿、背部和面部，通常会刺入他们的肌肉和器官。在距离原爆点约 3.22 公里的地方，数千人遭受热灼伤并且被困在倒塌的建筑物内。在距离原爆点更远的约 8 公里的地方，人们身上的衣服被木屑和玻璃碎片刺破，身体被割伤。距离原爆点约 17.7 公里远的那些地方的玻璃窗都被震碎了。人和动物都遭受到强烈的核辐射，辐射剂量远超以往任何时候。原爆火球向上升，将大量的灰尘和碎片吸起，形成蘑菇云的梗干部分。在震耳欲聋的爆炸声中，整个城市的建筑物都在晃动和坍塌。

"这一切都发生在一瞬间，"吉田回忆道。就在他刚看到约800米外的那个耀眼强光时，他就感到身体右侧有一股强大的力量，把他抛向空中。"空气很灼热，我蜷缩着，就像干烤鱿鱼一样。"那种感觉就像是梦境中的慢动作，他被抛到空中向后飞了约40米，经过了一片农田、一条马路和一个灌溉水渠，然后背朝下落在一片浅水稻田中。

在三菱大桥军械厂，堂尾一边用手擦着脸上的汗水，一边专心工作——突然——一个巨大的蓝白色闪光照进了大楼。片刻之后就听到了巨大的爆炸声。堂尾以为是在工厂里的一个鱼雷爆炸了，她迅速卧倒，用手臂保护头部，就在此时，工厂倒塌，她被压在了废墟下面。

在浦上地区西北角的山丘之间，谷口正在骑着自行车送邮件，他上身穿短袖衬衫，下身穿裤子，穿高帮鞋套，戴着帽子。突然一股强劲的热风从身后袭来，他被抛向空中，接着脸朝下摔在路面上。"天摇地晃，我紧贴地面，以免再被强风吹起来。"

长野正在厂里上班，她所在的飞机配件厂是由一个学校的体育馆改建成的，位于浦上地区以东，与原爆点相隔较远，中间还有一片树林。"突然闪起一片强光——爆炸声！"长野以为

第二章 闪 光

是一枚炸弹击中了她所在的工厂,她周围的窗户都被震掉了,她赶紧卧倒在地,用拇指塞住耳朵,用手指遮住眼睛,如平时训练的那样。她听到外面狂风大作,铁皮和破碎的瓦片被风吹起来,相互撞击发出很大的声音。

在原爆点东南方向约3.22公里处,和田与其他司机一起坐在萤茶屋电车终点站的休息厅,他们在讨论当天早些时候的电车脱轨事故。他看到电车的电缆在闪光。"强光照亮了整个长崎市,那个光太亮了,难以形容,"他说。爆炸的强烈冲击波使整个车站晃动起来。和田和他的朋友们赶紧躲到桌子或其他家具的下面。片刻之后,他觉得自己好像是飘在空中,然后又被摔在地上。一个重物砸在他的背上,他昏迷了。

蘑菇云仍在不断上升,在它的下方,长崎市的很大一部分已经不复存在了。整个城市已有数万人丧生或受伤。在萤茶屋电车终点站的休息厅,和田躺在地上,被掉下来的横梁压住了。长野蜷缩在飞机配件厂的地板上,她的嘴里充满了玻璃碎屑和灰尘。堂尾所在的三菱工厂倒塌了,她受伤了,被困在废墟中,周围烟雾弥漫。吉田躺在泥泞的稻田里,处于半昏迷状态,他的面部和身体的一部分被烧焦了。谷口趴在滚烫的路面上,他身边的自行车已严重损坏,他还没有觉察到他的后背被烧焦了,他睁了一下眼,看到他面前的一个小孩"被狂风卷走了,像一团灰尘一样"。

60秒过去了。

长 崎

* * *

巨大的、起伏的云柱在长崎上空升到约 11 265 米的高度。博克斯卡号轰炸机的副驾驶弗雷德里克·奥利维（Frederick Olivi）中尉将其描述为"一个巨大的、沸腾的大锅"。曼哈顿计划的官方记者威廉·L. 劳伦斯（William L. Laurence）乘坐载着仪器的那架飞机，目睹了原爆的蘑菇状烟云，将其比作

长崎上空升起的蘑菇云，直达约 1.22 万米的高空。（美国国家档案馆提供的照片）

第二章 闪 光

"一个活生生的新物种，在世人的面前骇然诞生"。轰炸机上的比恩上尉记得那个蘑菇状烟云"不断翻腾，闪烁着橙色光、红色光、绿色光……像地狱的画面"。

在长崎市以外很远的地方，许多人都看到了强烈的闪光，听到了震耳欲聋的爆炸声。他们从家里或工作单位冲出来，目睹了长崎市上空升起的蘑菇云。原爆点以北数公里之外，在大村湾（Ōmura Bay）的一个岛上，有一个工人目睹了蘑菇云，将其形容为"彩色的……在天空中，就像长长的火舌一样卷曲着"。在长崎市以东约8公里之外的谏早市（Isahaya），一个老奶奶担心"太阳会掉下来"，一个男孩子抓住了从天而降的一些灰烬和纸片，之后才意识到那些碎纸片是浦上地区居民的配给票证簿。在长崎市东南约6.44公里之外的唐八景山（Mount Tohakkei）山顶，一个男子正在往卡车上装木材，他抬头看见一个巨大的向上升的烟云，随着一次又一次的爆炸，烟云的颜色从白色变为黄色再变为红色，当他看到"如此壮观的景象，完全被惊呆了"。在长崎市周边的居民区，人们从窗口向外望或者走到门外，看到了在城市上空升起的蘑菇云，担心还会有第二次空袭，他们赶紧回到屋里或者躲到附近的防空洞。

在长崎市内，原子弹的致命爆炸悄然止息，整个城市一片昏暗，烟尘密布。在原爆点，大部分人都被烧成灰烬了，没被烧死的人也被烧得面目全非，动弹不得。在原爆点以外的区域，还活着的人们开始从废墟下面爬出来，尝试着站起来，他们惊恐地发现自己的城市已经被彻底摧毁了。原爆20分钟后，碳灰与放射性物质等通过沉降，形成了带有油性的黑雨，降落在位于浦上地区群山以东约3.22公里的西山町（Nishiyama-machi）。

在飞机配件厂，长野从地面上爬起来，颤抖着站起身，用手揉着眼睛，擦去灰尘，吐出嘴里和喉咙里的玻璃碎屑与尘土。在她周围，成年工人和学生工人们或是蜷缩着躺在地上，或是刚刚站起身，惊魂未定。长野睁开眼睛看了一下，她觉得在这里太危险了。她赶紧跑出去，躲到山上的防空洞里，那里面很拥挤，她蹲伏下来，等着接下来的轰炸。

"整个浦上地区都被摧毁了！"一名男工人向她喊道，"你家的房子或许也被烧毁了！"长野从防空洞里冲出来，赶忙向浦上地区跑去。在工厂附近，那一片居民区很昏暗、很寂静。大树断成两截，附近一处墓地的很多墓碑倒伏在地上，街上一片狼藉，到处都是碎瓦片和碎玻璃。小鸟倒在地上，抽搐着。然而，与她想象的相比，她附近的地区似乎受损并不严重，长野还没有望见浦上地区，她心想或许家人不会有事的。

长野匆匆穿过街道，走到西山町的南端，然后向东约1.6公里就是长崎站了，她在沿途看到了部分倒塌的木房子，人们正在逃离原爆区。沿着道路向西转弯，她看到了通往诹访神社的277级石梯，这个建于17世纪的神社，似乎并没有在爆炸中受损，她还看到了胜山小学以及紧邻的市政厅。45分钟后，长

第二章 闪 光

野终于绕过了挡在她与原爆点之间的那些山丘。在她前面,她看到长崎站的主楼已经倒塌了。当转身向右看时,她震惊地发现,她听到的关于浦上地区的传闻是真的。距爆炸不过一个小时,长崎市的北半部已经化为一片废墟,完全被黑烟笼罩了。那里的几十个街区已被夷为平地,只剩下了乱七八糟的电线,偶尔有一根烟囱孤零零地耸立着。长崎站附近的河岸边有几个大型工厂,那些钢架结构的厂房都被摧毁了,变成了一堆杂乱的扭曲钢架和木梁,而有轨电车的铁轨,正如一位生还者所说,"像软糖一样,扭曲变形。"方圆数公里,在一大片冒烟的废墟之下,所有的道路都消失了。到处都是被烧焦的遗骸。生还者跌跌撞撞地在废墟上穿行,痛苦地呻吟着,他们的皮肤被烧伤后大片剥脱,像破布一样悬垂下来。有些人一边逃离这个区域,一边尖声叫喊,"快跑!快逃!"一位母亲赤着脚,身上的衣服破烂不堪,她一边在废墟中奔跑,一边呼喊她的孩子。不过,大多数人都很沉默。有些人刚站起来就倒在地上死了。

长野的家就在约 800 米之外,朝西北方向,平常只需要步行 10 分钟就可到达。她朝着家的方向张望,她的母亲和弟弟妹妹所在的地方,但是那一片什么都没有——没有建筑物,没有树木,没有生命迹象。她焦急地四下张望,想要找到一条通向家的路,然而废墟中的火势在蔓延,从哪个方向都走不通。在长崎站前,长野惊慌失措,她独自一人,不知道接下来该做什么。

* * *

从浦上地区到长崎湾，面积约 7.73 平方公里（从东到西长约 1.6 公里，从北到南长约 4.83 公里）的区域已被夷为平地，长野当时就站在长崎湾附近。不同于广岛，长崎被原爆破坏的面积要小一些，因为浦上地区北部、东部和西部三面环山，山丘阻挡了原爆的冲击波、热辐射、核辐射。而且长崎湾位于原爆点以南约 2.41 公里，这也限制了原爆的破坏范围。

在广岛和长崎，原爆的杀伤破坏力与距离爆炸中心的远近有关，以原爆点为中心，形成一圈圈向外扩展的同心圆。在长崎原爆的第一个同心圆内——以爆炸点为中心，约 480 米半径范围内——几乎所有的建筑物都被摧毁了，丧生者的遗骸残缺不全，被烧得面目全非。据估计，有 90% 以上的死亡率。

由于城市和基础设施被毁，政府的调查工作在战争结束后才开始，因此关于原爆死伤的记录不全面，在原爆点，瞬间有数万人死亡，其中一些人的情况后来被记录下来了。原爆点的下方，在一个地下防空洞里有 43 个人，在长崎监狱浦上分狱有 134 名工作人员和囚犯，包括 40 多名中国人和朝鲜人，他们都遭受了致命的烧伤和冲击波导致的外伤。在原爆点以东的长崎医科大学，礼堂里的 314 名医生和医学院学生被炸死，在医科大学旁边的医院，估计有 200 名患者当场死亡。在原爆点以北的浦上天主堂，进行忏悔的 24 名教区居民和两名牧师死

第二章 闪 光

在倒塌的废墟中。在原爆点以西的城山小学，52名学生和老师当场死亡，在城山小学的那个街区，就读于该校的大约1400名儿童在家里或防空洞里死去。在原爆点的西南边，距离原爆点约531米的镇西中学，68名学生和老师被炸死。在浦上火车站里面，85名成人和青少年工人中大部分都死了。在原爆点的南边，第一个同心圆的范围之外，长崎市幸町的福冈14号战俘营至少有4名盟军战俘——3个荷兰人和1个英国人——在原爆瞬时死亡，还有4名荷兰战俘不到两个星期就死了。整个长崎的9000名日本军人中有150人丧生。

吉田、堂尾和谷口都是在原爆点以北。吉田站在一口井旁，他在原爆的第二个同心圆内（以爆炸点为中心，约965米半径范围内）。在这个距离内，原爆可以导致人的头颅和四肢与身体分离，眼珠和内脏爆裂。吉田所在的位置附近有一个池塘，由于原爆的热辐射，池塘里的水很烫，在旁边玩耍的几个孩子都被严重烫伤。原爆发生时，一个女人用手遮住自己的眼睛，当把手拿开后，她脸上的皮肤已经脱落，粘连在她的手掌上。大部分树木都被击倒或者折断了。大片的房屋、工厂和学校建筑物倒塌，数千人被压在废墟下面，还有数千人遭受了严重的灼伤。附近的房屋瓦片都被烧得"起泡"了。

像其他人一样，吉田在原爆时能否活下来，以及遭受的烧伤和核辐射的程度，都取决于他的具体位置，他是否脸朝着原爆的方向，他穿的是什么衣服，他与原爆的巨大破坏力之间是否有如建筑物、墙壁、树木，甚至岩石这样的阻隔物。吉田所在的位置是浦上地区的乡村，与原爆点相隔约800米，他脸朝着原爆的方向，他几乎直接暴露在原爆的冲击波和热辐射之下。"我被向后抛到了稻田里，对吧？过了一会儿，我恢复了意识，我感觉到那个稻田里的水很凉。我站起来，身上沾满了泥。"他手臂上的皮肤已经脱落，从他的指尖垂下来，他能感觉到胸部和腿部被烧伤，但是吉田还不知道自己的面部烧伤程度。"我身上血肉模糊，"他说。与在原爆中受伤的数千人一样，他完全呆住了。"我知道这听起来很奇怪，"他说，"但是我丝毫没有感觉到疼痛。我甚至忘了哭。"

原爆冲击波把吉田的朋友们抛向四方，他的6个朋友都没有当场死去，但是每个人身上都有严重的烧伤和创伤。过了一段时间，他们几个人聚集在一起，缓慢地走到浦上川的一条小支流，用河里的水冲洗他们身上的泥巴。他们一起躺在草地上，希望有人能找到他们。吉田的一个朋友递给他一块破碎的镜子，吉田照了照镜子，他无法理解他所看到的。"一切发生得太快，"他回忆道，"我只能说，我没有认出自己的脸。"

在田间干活的数百个人跌跌撞撞地走过来，他们呻吟着、哭泣着。有些人被炸得身体残缺，还有一些人被严重烧伤，尽管他们几乎都赤身裸体，吉田却辨别不出性别。他看到有一个人的眼珠被炸了出来，悬垂在脸上，眼眶是空的。每个人都口渴难耐，有些人在溪流边喝水，喝着喝着就死了。在战争期

第二章 闪 光

间,吉田的老师们错误地告诫学生们,在受伤的时候一定不要喝水,否则就会失血过多和死亡。虽然口渴难忍,极度脱水,但是吉田一整天都没有喝水。

一群中年妇女从山上走下来,吉田和他的朋友们从震惊中回过神来,这才意识到身体的疼痛和心理的恐惧。"我们还只是13岁的孩子,"他回忆说,"当我们听到那些妈妈们的哭声时,我们也跟着哭了起来,甚至比她们的哭声还大。"这几个男孩子站起身来,跟随妇女们下山,朝着市区的方向走。然而,刚走到浦上川,吉田就走不动了。周围很热,烟尘弥漫,他看到地上有很多死者的残骸,四肢被炸断,头颅被炸裂,脑浆迸出。还有一些死者完全被烧焦了——"已经变成了炭"。他回忆道。浦上川的河岸上到处都是死人,那些人极度口渴,挤在河边喝水,然后就死掉了——因为他们喝了河里的水,吉田暗自想。很多尸体漂浮在河面上,河水已经被血水染红了。

吉田开始感觉到他的脸和身体肿胀。当他低头看时,他看到稻田里的蚂蟥吸附在他裸露的双腿上。他和朋友们又跌跌撞撞地返回了那条小支流,洗掉了身上的蚂蟥,用那些还没有被烧焦的树叶遮住身上的伤口。附近找不到可以遮蔽阳光的地方,7个男孩子只好躲在河边高高的杂草中。吉田感到浑身疼痛难忍,到这时,他的脸已经肿得很厉害了,他几乎睁不开眼睛。"坚持住,好吗?"几个男孩子相互鼓励着。"要坚持下去——尽我们最大的努力活下去!"

堂尾的位置距离原爆点约 1 200 米——在第三个同心圆内。在这个距离内，房屋的粘土瓦起泡，后来经验证表明，这些瓦片在原爆中经受了 3 000 华氏度以上的高温，据估计，有 50%的死亡率。三菱大桥军械厂被毁，堂尾和数千人被压在了废墟中，有些人被抛出去很远，当恢复了意识时，他们发现自己被抛到了另一个厂区。然而，堂尾所在的厂区，那些重型设备、钢梁、混凝土墙和金属大柱子全都倒塌了，几乎每个人都被砸死了。

倒塌的厂房里一片寂静。过了一会儿，堂尾睁开眼睛，发

堂尾所在的三菱大桥军械厂被毁，照片上显示的是被毁的部分厂区，1945 年 10 月。（林重男［Hayashi Shigeo］拍摄的照片 / 长崎原爆资料馆提供的照片）

第二章 闪 光

现自己躺在厂房地面上,被困在废墟下。她从废墟中挣脱出来,站起身,当环顾四周时,她发现周围充满浓烟和灰尘,什么都看不清楚。"那种寂静吓坏我了。周围一个人都没有。"废墟中冒起了火苗,附近温度很高,堂尾想要寻找一个逃生的出口,但是并没有看到哪里有出口。"我不知道该怎么办!"她说,"我只知道如果留在那里,我就会死掉。我惊慌失措,继续寻找出口。我必须逃出去!我对自己说。我必须逃出去!如果我不逃出去,我就会被烧死!"

堂尾终于发现一个年长的男子,他正在浓烟密布的厂房废墟里前行。"他身上的衬衫和裤子都在冒烟,"堂尾回忆道。她尽量加快速度,向那个人走去,她一路上被各种东西绊倒,破碎的石棉瓦、断裂的铁架子、纵横交错的木梁,还有焦黑的不明物体,她后来才知道那些都是被烧焦的工友的遗骸。堂尾赶上了那个年长的男子,跟着他穿过冒烟的工厂废墟,她不断听到被压在废墟下的工友们的呻吟声,她终于走到了外面,她以为自己安全了。

然而,堂尾熟悉的城市已经不复存在。周围一片狼藉,地上满是玻璃碴、金属屑、扭曲的电线,还有许多被烧焦的尸体,有的面朝上,有的面朝下,就像是睡着了。从工厂的废墟中爬出来的工人有数百人,他们摇摇晃晃地在外面走着,身上的衣服被烧掉了,起泡的皮肤从身体上脱落;许多人向前伸出手臂——正如一个生还者所说,也许是为了避免胳膊和手上烧伤脱落的皮肤掉在地上。"他们看起来是灰色的,"另一个生还者回忆道,"不,甚至都不是灰色的,他们可以说是没有颜色的,全身都是灰,有两个孔是眼睛,一个短粗的鼻子,还有一个孔是嘴巴。"一个母亲抱着没有脑袋的婴儿,嚎啕大哭。

堂尾跌跌撞撞地走向主路,她遇到了刚从附近厂区跑出来的两名同学。当她的同学们看到她受伤的状况时都惊呆了,她没有搞明白她们惊讶表情的含义。3个女孩子手挽手,决定一起逃往山里——但是没过几分钟,堂尾就感觉浑身乏力,走不动了。在工厂大门外的地上,她蹲坐下来。"别为我担心,"她对朋友们说,敦促她们继续往前走,"我很快就会和你们碰面。"离开时,她们鼓励堂尾不要放弃,说她们会在山里等着她。

堂尾在碎石堆上休息,但是她很害怕,不敢在那里久留,她强迫自己站起来,朝着一个佛教寺庙的方向走去,她爬下路堤,走到铁路轨道旁。然而,她没有力气爬上对面的路堤。堂尾停下来,再次抬头向上看,她抓住了正上方露出的树根,使出全身的力气,拉着树根爬上了陡峭的斜坡。到了路堤顶部,她瘫倒在地上,她周围有数十人,那些人也都受伤了。

堂尾终于注意到伤势的严重:她的身体左侧被严重烧伤,右臂肘部露出来一根断骨,数百个玻璃碎片扎进了身体,把她扎得遍体鳞伤,鲜血顺着脖子流下来。她惊得都哭不出来了,她伸手去摸自己的后脑勺,摸到一个又宽又深的水平伤口,从

第二章 闪 光

一个耳朵延伸到另一个耳朵,伤口里有很多玻璃和木头碎屑。"爸爸!"她呼喊着,"快来!快来救救我!"她躺在路堤上,一架飞机从低空飞过——离得那么近,堂尾记得,她能看到飞行员。由于害怕机枪扫射,她爬向一棵倒下的树,躲藏在大树枝下面,那个飞机又一次从她头顶飞过。她躲在隐蔽处,极度口渴,她周围有很多陌生人,他们也都身受重伤——有些人沉默不语,还有一些人哭着呼唤亲人——堂尾感觉很孤单。

谷口的位置距离原爆点大约1.6公里,在第四个同心圆内,那一片是农村地区,周围都是稻田和菜地,他俯卧在马路上。他趴在那里,等待大地停止颤抖。过了一会儿,他抬起头来,发现刚才在路边玩耍的几个小孩子都死了,烧焦的尸体散布在他的周围。谷口害怕自己也会死在那里,他下决心要活下去。"我现在不能死,我现在不能死,"他对自己说,"我拒绝死亡。"

谷口努力站起来。他周围的房屋都被摧毁了,火焰从房屋废墟中冒出来。在他附近,一个妇女痛苦地躺在地上,她的头发被烧掉了,脸肿得很厉害。谷口看了一眼破损的自行车。他的邮袋敞开着,邮件散落了一地。迷迷糊糊地,他开始把散落在马路上的邮件捡起来,装进他的邮袋——这时候,他才注意到自己的伤势。他的右手被烧黑了。左臂从肩膀到指尖的皮肤全被烧掉了,成片地脱落下来。左腿也被严重烧伤。他感到后背不太对劲,有一种又滑又奇怪的感觉,他伸手向后摸,发现他的后背裸露,衬衣被烧掉了——当他把手抽回来时,手指上沾满了被烧掉的皮肤,又黑又黏糊,像油脂一样。"我没有感觉到任何疼痛,伤口也没有流血。"

顾不上管自行车和邮袋了,谷口摇摇晃晃地向前走,仿佛在梦游,他要去寻求帮助。向前走了一段路后,他经过三菱工厂的女职工宿舍,看到一些人躺在地上痛苦地挣扎着,她们的头发被烧掉了,脸和身体肿胀,有很多部位被烧焦了。又向前走了一段路,他进入三菱工厂的住吉山隧道,那里挤满了受伤的工人,他摸索着穿过又黑又窄的通道,他感到全身瘫软,倒在了一个工作台上。一个妇女给他一点儿水喝,并且向他道歉说没有更多的水了,因为城市的输水管道被摧毁了。她把悬在谷口胳膊上的脱落皮肤切掉,但是隧道里储存的药品全被用完了,在看到他的后背被烧焦,伤口上满是灰尘时,她只能把机油涂抹在他的伤口上,帮他缓解伤痛。

隧道里的人们担心还会有下一次空袭。大家都急着往山上逃,谷口也试图从桌子上起身,但是他双腿乏力,支撑不住。几个男人把他抬出来,抬到了一个山顶上,让他俯卧在那里,他周围躺着很多人,那些人也都身受重伤,他们哭喊着寻求帮助,讨水喝,咕哝着自己的姓名和地址,希望有人能给他们的家人捎个信,让家人知道他们身在何处、怎么死的。当时已过中午,谷口处于半昏迷状态,不能动弹,他脸朝下在那里趴

第二章 闪 光

着,一直到傍晚,原爆后的空气温度仍然很高,透过烟雾的烈日直接照射在他后背和胳膊的伤口上。

* * *

直到前一天晚上,长崎县知事永野若松才第一次听到广岛原爆的消息,在那之前,他对核武器的性质缺乏了解,所以一直觉得长崎的战时救援预案很充分。长崎医科大学是紧急医疗救护的主要场所,还有分散在全市的18个医院和医疗诊所作为辅助,可以为1240名患者提供门诊服务。如有必要,长崎医科大学及其医院的教职员工可以提供额外的医疗服务,医大的学生们可以提供基本的急救服务。大批药品和物资被安全储存在混凝土加固的仓库里。然而,事实上,即使长崎县知事得到了更多的信息,有更多的准备时间,那也没什么用;无论是长崎还是世界上的其他城市,都不可能建立起应对核武器攻击的充分的救援和救助方案。

当原爆发生时,长崎县知事刚刚召开了紧急疏散计划会议,他正在长崎县防空总部的一个混凝土防空洞里,是位于浦上地区东南部的山那边。长崎县知事听到地面人员的汇报:几个降落伞下降,紧接着强烈的闪光,极大的爆炸声。他的第一反应是,长崎市遭受了新型炸弹的轰炸,类似于广岛。然而,当跑到外面去查看时,他发现诹访神社附近街区的房子都基本完好,只是玻璃窗被震碎了。他向南边观望,看到中岛谷地和市中心都没有遭到多大破坏，不同于他所听到的广岛遭轰炸后完全被毁的情形。长崎的一些警察值班岗亭汇报说没有遭受多大损失，并无严重伤亡。基于这些早期的观察和受损情况的报告，长崎县知事得出结论，与广岛不同，在长崎投下的新型炸弹只是造成火灾，他看到了金比罗山上空升起的蘑菇云，但认为那是浓烟引起的。几分钟后，他给九州岛和日本西部的主要官员发送电报，汇报说长崎遭受的轰炸没有广岛那么严重，长崎市的建筑物没有遭受多大破坏，人员伤亡极少。

然而，长崎县知事很快意识到，他早期收到的警察值班岗亭报告都来自长崎市的郊区；他还没有收到来自长崎市北部地区的情况报告，"电话线都被毁了，"他后来解释说，"我们不知道在浦上地区有成千上万的人，包括很多警察丧生或受伤。"原爆后将近一个小时，他才得到消息，他痛苦地发现，长崎市的紧急医疗服务设施几乎都被原爆摧毁了：长崎医科大学及其医院被原爆摧毁，大量的医护人员和学生丧生。长崎市的紧急医疗服务主要设立在距离原爆点约800米的范围内，大多数医院、诊所、指定的救援站都被摧毁了，在那里的工作人员也都丧生了。采取疏散措施为时已晚，长崎县知事下令动员旧城的医护人员，让他们救助在原爆中受伤的人——但是他们也没什么办法，因为几乎所有的药品都已在原爆中被毁了。仅有的急救物品就是饮用水、南瓜汁、芝麻油、机油、消毒用的红药水、氧化锌软膏，偶尔能找到一罐凡士林，用来涂抹在伤者大

第二章 闪光

面积的烧伤创面上。有的母亲把食用油涂抹在孩子的烧伤创面上,有些男孩子解下身上的漂白棉腰布,用作绷带。

和田参与了长崎市的搜索和救援工作,他是第一批平民志愿者。最初,萤茶屋电车终点站倒塌的时候,他被砸晕了,当苏醒过来时,他发现自己脸朝下躺着,被横梁和废墟压住了。他大声呼救,终于有几名学生发现了他,把他从废墟下面拉了出来。和田只是受了轻微的划伤,并没有大碍。他坐在车站的废墟中,一个看上去5岁左右的小女孩摇摇晃晃地走了过来,坐在他面前哭泣。她的前额被烧得血肉模糊,脸上和身上都是血。"她的眼睛很大,"和田回忆道,"她什么都没说。"

他虽然仍感到虚弱和害怕,但还是把小女孩背起来,走出车站,把她送到附近的街区诊所。"当时大约是中午,"和田回忆说,"但是蘑菇云挡住了太阳,天色很暗,像晚上一样黑。"他附近的一切都变样了,周围的房屋都被毁了,空气中弥漫着烧焦的味道。他看到很多人从原爆区逃出来,默默地从他身边经过,但他们受了那么严重的伤,"看起来都没有人样了。"到了诊所,和田发现那里已经挤满了人,他只得拿起一块湿布,尽量把小女孩脸上和身上的血迹擦干净。过了一会儿,一位医生来给小女孩的伤口涂上红药水,用纱布绷带包扎她的前额,并且让和田把小女孩带到附近的一所小学,那里设有紧急救助站。和田再次背起小女孩,把她送到小学的体育场,那里已经挤满了在原爆中受伤和被烧伤的人。"我别无选择,只好把她放在那里，"他说。几天后，他又回到那个体育场，小女孩已不在那里了；和田猜测，她可能已经死了。

刚到下午，和田就返回了萤茶屋电车终点站，有轨电车公司的受伤司机和其他员工已经在那里汇聚了。关于浦上地区完全被毁的消息传来，作为公司的学生工人队长，和田立即开始清点人数。在总共60个学生工人当中，有12个人失踪。他打发女学生们回家，让她们赶快和家人一起逃到尽可能远的地方，然后，他和一群男学生开始寻找他们的朋友们。他一直惦记着，上午11点左右有3名司机（包括他的好朋友田中久雄［Tanaka Hisao］）正在驾驶有轨电车通过浦上地区，他试图推算出他们在爆炸发生时所在的位置，祈祷他们安全，他和同事们沿着有轨电车的轨道来到长崎站，但是那里的大火挡住了前行的道路，所以他们就转而加入了周围正在展开的早期救援工作。警察们忙着救助伤员，民防人员走街串巷，把受伤的人叫出家门，让他们去设立在小学的临时救助站，已经有数千名伤员和奄奄一息的人等在那里，医疗救援人员和平民志愿者尽力帮助那些伤员，然而他们并不知道正在治疗的烧伤是什么类型的，是何种炸弹造成的。和田他们使用木门做担架，把重伤员抬到临时急救站。他们帮助了很多重伤员，但是没有救活几个。

中午12点半，原爆点附近的大多数建筑，包括长崎医科

第二章 闪 光

大学都着火了,爆炸时引发的很多小火焰已汇成一片火海。浦上地区的一切都被摧毁了,要么在原爆时被炸毁,要么在原爆后的大火中被烧掉,火势迅速蔓延,向南推进到长崎县政府大楼、法院、海湾东侧的街区,这些地方都被烧毁了。在更远的地区,如树木和木结构房屋等易燃的东西吸收了原爆释放的热量,自发地燃烧起来。长崎市的官员们从来没见过这么严重的火灾和迅速蔓延的火势。黑烟弥漫整个城市,大火映红了天空,最早行动的消防队已经前往浦上地区,他们沿铁路轨道到了八千代町(Yachiyo-machi),那是原爆点最南端的街区。这些消防队员戴着头盔和防毒面罩,肩上背着水壶,腰上佩短刀,他们的装束与正在逃离原爆区的人们(被烧得几乎赤身裸体)形成鲜明对比。然而,火势太猛——消防卡车和设备被毁,缺水(输水管线受损,水管破裂或被烧化了)——消防人员控制不住火势。身体强壮的市民们赶到大火的边缘,传递水桶灭火,但是由于夏天的风很大,火灾旋风更猛烈了。午后不久,烈火不断蔓延,长崎市的每个生还者都心惊胆战。

从长崎站出发,长野沿着与浦上川平行的铁轨(已被火烧毁)向北走,想要绕过那片火海,找到一条通往她家的路。"地上到处都是尸体,"她回忆道,"很多尸体身首异处,在尸体旁边,奄奄一息的人哭喊着,'请救救我!'那些被烧焦的尸体已经僵硬了,有的尸体仰面朝天,双手举向天空,似乎在祈求救命。"在每一个路口,长野都发现回家的路被火封住了。经过稻佐桥时，她恰巧遇到了她的叔叔。他和长野的父亲都在位于造船厂附近的三菱重工电机厂上班；他正要跑回去寻找他的家人，离去之前，他让长野在原地等待，说她的父亲很快就会来这里。长野等待着，她向着南边的三菱重工电机厂张望，渴望在川流不息的人群中看到父亲。

突然间，她的父亲出现在面前。长舒一口气后，她开始哭泣并拥抱他。然而，时间紧迫，他们很快回到浦上川的西侧，路上有很多断掉的电线杆和供电线，他们小心翼翼地跨过那些障碍物，向着北边的下一座桥走去。三菱重工炼钢厂就在河对岸，由于原爆的强大冲击波，那个工厂高耸的烟囱被从中间折弯了。长野和父亲向北走，从原爆区逃出来的人们向南走，那些人都受了很重的伤，"他们的身体被大面积烧伤，并且肿胀起来，"长野回忆说，"几乎赤身裸体，只有一些破碎的衣服黏在伤口上。"有些人跌跌撞撞地来到长野和她父亲面前，乞求帮助，讨要一口水喝。"他们身上的伤那么重。但是——"长野回忆着，一边哽咽一边说，"我们没有办法帮助他们！如果带了一个水壶，我们至少可以给他们一点儿水喝！我们只能表示歉意——说很抱歉——这就是我们所能做的。一个接一个，我们眼睁睁地看着那些身受重伤的人们倒地而死。"

空气中弥漫着烧焦的气味、死亡的气味。正如吉田在更偏北的地方看到的，河岸上堆满了尸体。有些尸体漂浮在河流的水面下，"就像是泡在水盆里的土豆，"一个生还者回忆说，有

第二章 闪 光

的尸体脸朝下漂在河里，有的尸体头朝下沉入河底，只有双脚漂在河面上。在柳川桥（Yanagawa Bridge）附近，长野和她的父亲看到一匹死马，四蹄着地直立着，全身被烧黑了，它的头向上仰起。长野紧挽着父亲的手臂，从那匹死马旁边经过，他们过了桥，继续寻找回家的路——但是街区的每个路口都被大火封堵了。经过多次尝试之后，他们不情愿地转身往回走，又过了桥来到河的西岸，那里有一个防空洞。他们走进防空洞，相互依靠着坐在地上。他们只能等在那里，没有别的办法。

* * *

下午两点，原爆蘑菇云已经向东飘了约40公里，到了岛原半岛的衣笠山（Mount Kinugasa）上空。在长崎市，火灾蔓延，困在倒塌房屋下的那些人都被烧死了，三菱大桥军械厂的火药被引燃了，产生了另一次大爆炸，爆炸声回荡在整个谷地。进出市区的4条主要通道都挤满了人，茫然的生还者在废墟中徘徊，有些人正在匆忙撤离，市政工人们徒劳地抢修，试图恢复市区的供水供电。绝望的人们四处寻找失散的家人，当经过或跨过躺在地上的伤者或死者时，他们就鞠躬致敬。原爆点附近的地面仍然很热，从哪个方向都进不去，人们疯狂地在外围跑，希望能够绕道进去。有些人踩着河里的尸体，涉水穿过了浦上川，但是河对岸太热了，他们仍然寸步难行。

父母们在市区各处（学校、工厂、防空洞）寻找他们的孩子，但是由于面部烧伤和肿胀，很多孩子几乎无法辨认，有些父母通过看校服上的姓名标签才认出了自己的孩子。若是孩子安全回家，幸运的家人就充满了感激之情。一个母亲高兴得大喊大叫，因为她的女儿终于回到家里了，这一幕正好被一个宪兵看到，他大声斥责这个母亲："正是你们女人的这种柔情导致日本战败了！"

还能正常使用的火车车厢被调动起来，第一趟列车满载在原爆中受伤的人们离开了大桥地区，把他们送往长崎以外的医疗机构。很多人在路途中或抵达后不久就死了。与此同时，医疗救援和消防队从周边乡镇赶到长崎市。到了傍晚，地方海军官员也从长崎市以外的医院派医疗队来支援，但是由于各地不断响起空袭警报，而且通往长崎市的道路受到严重破坏，很多救援人员都来得比较晚。海军救援人员从北方乘火车来到长崎市，这里的恐怖景象令他们很震惊，城市里的人们爬向铁轨，向远处看，原爆后的城市一片火海——被烧焦的人体、食物和建筑物散发出可怕的气味。救援人员把受伤的人们抬上火车，将他们送往位于大村市（向北约16公里）、谏早市（东北方向约26公里）、佐世保市（西北方向约146公里）的海军医院，然而这些医院也难以应对一批批送来的数百名重伤员和严重烧伤的人。救援人员把伤员们送抵医院，不可能通知他们的家属，很多伤员孤单地死在医院，没有一个亲人知道他们在那里。

第二章 闪 光

吉田和他的朋友们斜靠在河堤上,他们用来遮盖伤口的树叶已经干裂脱落了,由于附近没有可以遮阳的建筑物或树木,他们身上的大片伤口就直接暴露于太阳光下。"没有词语可以形容那种疼痛是多么厉害,我真的以为自己要死了,"他回忆道,"毒辣辣的太阳直接照射在伤口上,比原爆更难以忍受。"当太阳终于落下西山时,这几个男孩子长舒了一口气,觉得自己终于得救了。

然而,吉田被烧伤的脸越肿越大。起初,他还可以用手指撑着睁开眼睛,但是没过几个小时,他的脸肿胀得更严重了,已经看不到任何东西了。每当他听到有人路过时,他就大声叫喊,向他们询问他家所在的诹访神社附近的情况,"那个街区被毁了吗?"他叫道,"那里的人们还平安吗?"受伤的路人们告诉他整个城市都被毁了。吉田陷入了昏迷。

"峰子!峰子!"堂尾的父亲在呼唤她。原爆后,堂尾一直没有回家,于是他出去寻找,他在三菱大桥军械厂周围搜寻并且尽可能地朝原爆点而去。在堂尾藏身于倒塌树干下的那个路堤上,地上躺着的人们都被烧得面目全非,堂尾的父亲觉得即使是自己的女儿在这里,他也很难认得出来。尽管如此,他还是大声叫着她的名字。那时,堂尾仍然在流血,并且已经陷入半昏迷,没听到她父亲的呼叫声。他回到家,向家人询问她那天穿的是什么衣服,然后又出门了,这一次,他希望通过衣服来辨认他的女儿。

过了一会儿,堂尾暂时苏醒,她从树干下张望,看到了她的一个同学,同学告诉她,她的父亲曾来到这里找她。她的位置太隐蔽了,她怕如果父亲再来这里寻找的话,发现不了她。她试图站起来,但是根本动不了。最终,堂尾发出了足够大的呼救声,引起了路过的一个年轻男人的注意,她请他帮帮忙,把她挪动到马路边的草地上。他把她放在马路边上,她周围既有死者也有伤者,那些受伤的人在痛苦地呻吟。另一个陌生人用蚊帐给她遮盖身体。

堂尾感到身上一阵剧痛,她很渴,喉咙干得难受,她真希望能有点儿水喝。"什么水都行,"她回忆说,"即使泥水也可以。"她颤抖着又一次伸手去触摸伤口,那个伤口黏糊糊的,特别深,她的第一个指关节都能完全伸到伤口里面去。堂尾又一次陷入了昏迷。这一次,她产生了幻觉,看到自己赤脚走在没有尽头的田埂上,周围是连片的明亮的油菜花。黄色和白色的各种蝴蝶飞过田野。"那是一个人迹罕至的世界,"她回忆说,"一个非常孤独、隔绝的世界。"梦境中,她坐在一块岩石上。在远处,一个穿着白色和服的老头向她招手,示意她近前来。当她就要走向他时,她被另一个声音惊醒,"不要睡觉!不要睡觉!"这是神的声音、造物主的声音,在召唤她从死亡的边缘回来,堂尾后来认为。

第二章 闪 光

堂尾的父亲又回到路堤上,打算从衣服特征上来寻找他的女儿。他一遍又一遍地叫着堂尾的名字。这一次,她听到他的呼叫声。她用尽力气回应——"在这里!"——她的声音刚好够大,他听到了。她的父亲和另外3个人用一个破的木门板做担架,抬着她走了约4公里,把她送到退休军医宫岛武(Miyajima Takeshi)家里,这位医生住在长崎市西北部,距离堂尾家很近,原爆15分钟后,这位医生和他的家人就开始在家里救治伤者。当堂尾被送来时,天已经黑了。医生家的院子里挤满了人,受伤的和垂死的人们躺在地上——盼望、祈祷并乞求帮助。

* * *

在下午7点12分,原爆8小时后,长崎的太阳落山了。市区北部的那片废墟上冒着火焰,原爆点附近的街区仍在燃烧着,困在房屋废墟下的人们已被大火吞噬。在临时救助站和安全地带,志愿者们发放当天的第一次救济食品——饭团、咸饼干和罐头肉——是由长崎外的志愿者妇女团体所准备的并且通过政府部门捐赠的。工作人员用喇叭宣布发放食物,但那时,大部分健全的人都逃跑了。燃烧的文件和纸张碎片被风吹起来,在城市上空飘着。在浦上地区北部,天主教教会孤儿院和女子学校已被彻底烧毁,在夜晚的时候,浦上天主堂的那片废墟又着火了,火柱冲天,照亮了夜空。

天太黑了，长崎市内外的大多数人不得不暂停寻找亲人，也有一些人拎着提灯继续寻找。一个年轻的父亲在他家的房子后面发现他的妻子；她被严重烧伤，身上覆盖着灰，她在呼唤孩子们的名字，但是孩子们再也没有被找到。在火场外的南瓜地里，有些人在那里睡觉，与受伤的和垂死的人们躺在一起。还有一些人不敢睡觉，他们害怕在昏睡中死去。一个年仅11岁的女孩躺在地上，挨着妈妈睡着了（除了她和妈妈之外，她家里的其他人都在原爆中丧生了），然而，当她半夜醒来时，发现妈妈已经死了。

到午夜时分，救援列车已经把大约3 500名伤员运送到长崎市以外的城市和乡镇，还有许多生还者步行或搭乘卡车到长崎市以外就医。医护人员和志愿者们组成队伍，彻夜救治伤员，但是医药用品很快就用光了。

在长崎市，还有数万人被困在倒塌的建筑物和废墟下，或者带伤躺在山坡上、铁轨旁、浦上川的岸边。盟军正在对日本全境进行心理战行动，这只能被解释为在时间上的非故意的错误，美国的几架B-29轰炸机正巧在那天夜里飞过长崎市，抛下了几千份传单，传单的内容是要求日本结束所有军事行动并且立即投降，警告长崎市民，长崎可能会遭受原子弹轰炸，敦促他们立刻撤离。长崎市的大多数生还者直到第二天或更久以后才看到这些传单，但是他们听到有几架敌机从上空飞过，还能动弹的伤员们挣扎着爬起来，赶紧躲到山顶的墓地里、桥梁

第二章 闪 光

下面或防空洞里,那里面非常拥挤,烧焦的伤口散发着恶臭,成群的蚊子乱飞,伤员们发出撕心裂肺的叫声,这一切都令人难以忍受。整个城市又闷热又嘈杂,不时响起爆炸声,大火噼里啪啦声,大人孩子们的呼喊声、哭声、安抚亲人的声音,这些混杂在一起,嵌入记忆,挥之不去。

原爆瞬间,吉田在一口井旁边看到了从云层中下来的降落伞,现在已到深夜,月亮挂在空中,他躺在地上,时而清醒时而昏迷。他的脸肿胀得像个气球,他的喉咙就像冒火一样,烧伤造成全身大面积皮肤脱落,他冷得发抖。吉田的6个朋友当中,田渊(Tabuchi)脸上的烧伤不太重,还可以睁开一只眼睛,他离开了朋友们,试图绕过山丘,连夜赶回家,他们的家都在西山附近的街区。

在稻佐桥附近,长野和她的父亲躲藏在一个拥挤的防空洞里。防空洞里没有电,也没有手电筒或蜡烛,他们在黑暗中坐着,惊恐地听着外面传来的阵阵爆炸声。他们周围的伤员们一个接一个地死去,还有一些伤员哭着讨水喝,或者咕哝着自己的名字和住址。

在宫岛医生家的院子里,数十名伤员在等待救治,宫岛医生首先救治堂尾,因为她的伤势很严重。借助于蜡烛的光亮,在没有麻醉剂的情况下,医生从她的头部和身体的伤口中取出了数以百计的玻璃碎片。"停!停!"堂尾尖叫着,疼得全身抖动。她的父母和另外两个成年人用力把她的胳膊和腿按在桌子上。"如果我们停止救治你，你就会死掉，"有人告诉她。但是堂尾不在乎，她一遍又一遍地尖叫着求医生停下来，让她死。医生坚持给她治疗。黎明前，她头旁的那个碗里已经盛满了带血的玻璃碎片。她的头被裹上绷带，她已衰弱到接近死亡。

那天晚上，和田步行穿过长崎湾东边冒着黑烟的街道，回到他家所在的丸山区，他看到他家的房屋虽有破损，但是基本完好。最让他高兴的是，他发现他的祖父母留下了一张字条，告诉他，他们和他妹妹还活着，已经逃往田上（Tagami）郊区。从他家后面的山坡上，他看到了市中心和北边浦上地区的熊熊大火。由于非常担心朋友们的安全，他又步行回到了萤茶屋电车终点站，在满地废墟的车站里，他和同事们席地而卧。火光照亮周边夜空，附近街区的人们仍在逃离原爆区。在逃离时，有些人没有带任何东西，还有一些人则在背上背着或者用手推车推着他们能够从家里救出来的任何财产。

从下午到晚上，谷口的祖父一直在寻找他的孙子，寻遍了四处起火的大街小巷，走到了原爆点附近的街区。然而，他并没有找到孙子。疲惫与恐惧交加，他在一块田地里躺下来睡着了，那里与谷口所在的山坡相距不到1.6公里，谷口躺在山坡上，周围有很多尸体。远处传来了救援列车驶过的声音。

"整个城市都在燃烧，"谷口回忆说，"就像午夜的太阳一样照亮了天空。"一架飞机从头顶飞过，用机枪扫射这个山坡。

第二章 闪 光

子弹打在谷口的脸旁边的一块岩石上,反弹进了灌木丛,但是谷口动弹不得,没法保护自己。

后半夜,下起了小雨。谷口脸朝下趴着,挪动不了身体,他注意到有一些竹子叶子低垂到地面,离他只有几厘米远。由于口渴难耐,他抬起头,尽量伸长脖子,费劲地吮吸着叶子上的雨滴,然后他又低下头,躺在那里,在黑暗中等待有人来救他。

第三章 余 烬

原子弹在浦上地区上空爆炸后大约30分钟，日本的最高战争指导会议就收到了关于长崎原爆的第一个消息，那是长崎县知事永野发来的一个电报，他最初认为长崎市没有遭受多大破坏，人员伤亡极少。会议成员正在激烈辩论关于广岛原爆的影响，苏联在前晚突然对日宣战，以及日本帝国的命运等问题。尤为重要的是，他们在争论是否以及在什么条件下投降，如何保护战后的天皇主权。长崎市正在燃烧，日本遭受了第二次原子弹轰炸，但是这个消息并没有明显影响到成员们的辩论，他们在辩论中没有进一步提及长崎原爆。

会议一直开到天黑，成员们在投降条件这个问题上仍然僵持不下。主和派包括首相铃木贯太郎、外务大臣东乡茂德和海军大臣米内光政，他们只提一个条件，即维护天皇制国体，而陆军大臣阿南惟几、参谋总长梅津美治郎、军令部长丰田副武还提出了3个附加条件——自主地解除武装，自行审判战犯，拒绝美军进驻日本本土。最终日本的内阁成员都参加了辩论。在长崎遭原爆的那天，最高战争指导会议的辩论持续到深夜，

第三章 余烬

但是依然没能达成一致意见。

到了晚上11点,"六巨头"和4位内阁成员被召集到皇宫内御文库地下室,那是天皇和皇后在战争结束之前的那几年的居住地。日本的内阁大臣们在一个闷热和阴沉的房间里等待,直到午夜前10分钟,裕仁天皇进入这个房间。在接下来的两个小时,每一位大臣都在天皇面前表明了自己对投降条件的立场。当他们说完之后,铃木首相站起来,请天皇圣裁。裕仁天皇说,日本投降的唯一条件是保留天皇统治大权,维护天皇制国体。不到一个小时,全体内阁成员一致表示服从裕仁天皇的圣裁。许多内阁成员抱头痛哭。

在8月10日的凌晨,日本政府要员立即起草了正式投降的文书,外务省将日本准备投降的消息传达给瑞士和瑞典的官员,并经过他们将电报送到中、苏、美、英4国政府,发起了日本与同盟国之间的第一次合法投降谈判。然而,由于外交电报发送的进程缓慢,将近15个小时之后,美国才正式收到日本的官方投降书。

那天上午(日本时间),杜鲁门总统向美国人民发表了广播讲话,报告了波茨坦会议的情况。他的讲话主要概述了第二次世界大战后欧洲的政治和经济框架。杜鲁门在讲话中只有一次提到广岛原爆,"第一颗原子弹扔在了军事基地广岛,因为我们希望尽最大可能避免平民的伤亡。"他还就美国对核武器的责任发表了一个简短的声明:"我们必须让美国成为核力量的受托人——防止滥用，使它为人类服务，"他说，"拥有核武器是一个巨大的责任。我们感谢上帝使我们（而不是我们的敌人）拥有核武器，我们祈求上帝，请他指导我们，以他的方式和为他的目的使用它。"第二次原子弹爆炸在24小时之前就已经发生了，但是杜鲁门在讲话中没有提到长崎。

当美国收到日本的正式投降提议时，海军部长詹姆斯·福莱斯特（James Forrestal）和战争部长亨利·L. 史汀生建议参加对日作战的空军和海军停止他们的军事行动。由于不确定日本与盟国能否就投降条件达成协议，杜鲁门拒绝了停止对日作战的建议。在接下来的5天，盟军和日军在太平洋继续交战，美国空军B-29轰炸机继续空袭日本的各个城市。杜鲁门同意暂时不对日本进行第三次原子弹袭击，除非与日本的投降谈判以失败告终。美国商务部长亨利·华莱士（Henry Wallace）指出，"杜鲁门说，再消灭10万人的想法太恐怖了。他不喜欢杀戮，正如他所说，'那些人还是孩子'。"——这句话与美国政府坚称的原子弹只轰炸日本的军事目标相矛盾。

* * *

8月9日夜晚，长崎市市长岗田重吉（Okada Jukichi）在浦上地区东边山丘的山顶上，惊恐地等待着山下的火势减弱。8月10日凌晨3点，他开始往山下走。在黑暗中，借着余烬的微光，他跌跌撞撞地穿过废墟和被烧焦的尸体，他家的房屋

第三章 余烬

距离原爆点只有五六十米,昨天还完好的房屋已经不见了。在那一片废墟中,冈田发疯似地寻找着妻儿,他的鞋底都被烧焦了,结果什么都没找到。他急忙赶到自家房屋下的防空洞,看到了至少10具尸体,他的一家人都死在了那里。他虽然很悲痛,但是头脑还清醒,他赶到隔壁的那栋房子,发现副市长家里的几口人也死了。

原爆区仍在冒烟,一天之前还是一片火海,没有人能进得去,冈田是最早进入那里的目击者之一。他身上都是黑色焦灰,他绕过浦上地区东南部的山丘,终于赶到了诹访神社附近的长崎县防空总部的防空洞。冈田市长向永野知事汇报了他所看到的一切,他估计死亡人数在5万左右——比永野知事想象的多得多。永野知事很震惊,他决定要求全市各个区的警察长官定时上报现场最新情况,他每隔半个小时向东京的日本内政部发一次电报,报告这种新型炸弹造成的破坏和人员伤亡的最新情况。

冈田在半夜进入原爆区寻找家人时,由3人组成的记录小分队——资深战地摄影师山端庸介(Yamahata Yōsuke)、作家东俊(Higashi Jun)、画家山田英二(Yamada Eiji)——到达了长崎市郊的道之尾站,这里位于原爆点以北约3.22公里。这个3人小组是由日本新闻和信息局(政府的军事宣传组织)派来的,其任务是把长崎原爆后的情况记录下来,用于反美宣传。由于长崎市的部分铁轨被毁,他们乘坐的火车只能开到比较接近长崎市的道之尾站。

乘坐了11个小时的火车之后,这些人在道之尾站下车的时候已是深夜,他们开始步行前往市区,去长崎市南部的军警总部报到。他们途中经过了一片山坡,谷口当时就躺在那附近。他们站在长崎市北部的一座小山顶上,看到了原爆后的浦上地区,那里有一些余烬还在燃烧,废墟上冒出滚滚黑烟。

"我们步入了这个恐怖之地,"东俊后来写道,"就好像是踏入另一个世界的一段旅程。"在月光下,借着零星的火光,他们找到了南北向穿过浦上地区的长崎市主路,那条路的路面几乎被灰烬瓦砾覆盖了。走在路上,周围冒着火光,空气越来越热。他们有时会被路上的尸体绊倒,他们看到很多人躺在路边讨水喝。一位母亲怀里抱着她死去的孩子,有些迷糊,有些困惑,呜咽着哭求帮助。他们也帮不上忙,只能说一些善意和鼓励的话。当一脚踩到"又软又有弹性"的东西上时,东俊低头一看,发现自己正踩在一匹马的尸体上,被吓了一跳——更可怕的是,有一个人突然从地下的洞里钻出来,抓住他的腿,乞求帮助,他被吓得魂飞魄散。

他们3个人走了两个小时,路过了吉田躺卧的那块田地,还路过了长野和她父亲所在的那个拥挤的防空洞,终于到达了军警总部,那个军警总部的建筑受到损害但并没有完全倒塌。报到之后,他们3个人走到附近的山上,等待天亮。

第三章 余烬

早上 5 点 42 分，太阳从地平线上升起，阳光穿透被烟雾笼罩的城市。在晨光下，隐藏在山上过夜的人们下山了，躲在防空洞里的人们也出来了，被原爆摧毁的长崎市逐渐展现在这几千人面前，也展现在山端庸介和他的同伴们面前。他们漫无目的地穿行在城市的废墟中，或者跌跌撞撞地逃离这片废墟。"甚至他们的眼睛都被烧伤了，"山端庸介回忆道，"眼睑外面又红又肿，就好像是眼皮被由内向外翻过来了，眼睛的边缘就像是鸡的脂肪那种黄色。由于眼睛看不见，他们向前伸着双臂，摸索着往前走。"山端庸介和他的同伴们开始向北行进，经过了倒塌的长崎站，进入了原爆后的浦上地区，山端庸介完全专注于他的拍摄任务，这里如一个生还者所说"就像是单色、无声的地狱。"

一堆废墟下面露出了一个人的大腿。一个大约 18 岁的女孩子站在一具遗骸旁边，凝视着远方。一个穿着和服的老妇人爬过废墟；她的身材很小，与身后倒塌的工厂残骸形成了某种对比。地上到处都是大人、孩子和婴儿的尸体，很多尸体都被烧焦了。有的尸体张着嘴，好像在喊救命，还有一些尸体保持着双臂张开的姿势，"想要抓住些什么，"东俊写道，"那是人们在火海中极度痛苦的最后挣扎。"一个男孩子，大约 10 岁，背着他的弟弟，他脸上有一道道的泪痕。他的弟弟用小肉手抓着他的胳膊，把小下巴紧贴在他的肩膀上，张大眼睛看着镜头，而小圆脸上满是血迹和尘土。

来自附近城镇、乡村的警察和救援队，与平民志愿者一起奋战，他们使用木门、木头板子和担架，从原爆区把伤员们抬出来。紧急救援人员使用手动工具，把市区的南北向主路清理出了一小部分。寻亲的人们从四面八方涌进长崎市，在被夷为平地的原爆区辨识家的方向。两个男人在一具被烧焦的女尸旁边大声争吵，这具女尸被发现时的位置是在他们两家的房子中间，两个男人都说那是自己的妻子。另一个男人从自家房屋的废墟下救出了怀孕的妻子，但是他刚把妻子抬到一个木板上，妻子就停止了呼吸。一个小女孩在自家房屋的灰烬中发现了妈妈的戒指，但是没有找到妈妈；另一个小女孩在自家房屋附近的路上发现了一具没有眼睛的尸体，根据尸体嘴里的一颗金牙，她认为那具尸体是她妈妈。一个16岁的男孩子跑回他家的那个街区，找到了他家倒塌的房子，从废墟中挖出了他的姐姐、祖父和叔叔的尸体。他从他姐姐的头发上取下一个玳瑁发夹，作为最后的纪念。原爆区的废墟还在冒烟，很多人在那里寻找亲人，焦土烧穿了他们的鞋底和鞋尖，灰烬烫伤了他们的双手。一个7岁的男孩子蹲在地上，他的哥哥和姐姐已被烧成一堆灰烬，他的眼泪滴落在那堆灰烬上。"眼泪落下的地方变成了黑点，"他回忆道，"那堆灰烬上很快就布满了黑点。"

长崎市旧城以及浦上地区的山丘那边受损较轻，街坊四邻们聚在一起谈论他们前一天的经历，当他们的家人平安回来时，他们多么开心，或者如果他们的家人在外面还没有回来，

第三章 余烬

他们多么提心吊胆。人们试图理解这次遭轰炸是怎么回事,一个谣言在长崎市流传开来,轰炸的预定目标是长崎监狱浦上分狱,那里与原爆点相距几百米。

吉田的家在诹访神社附近,他家的房子轻微受损,他的父母和家里的4个兄弟姐妹都平安,他一直没有回家,他的父母很担心他。在8月10日早上,田渊——吉田的那个伤势不重的朋友,他在前一天晚上离开吉田和其他几个朋友——的父母突然来到吉田的家里告诉他们,田渊在夜晚离开吉田和朋友们所在的河堤,走出浦上地区,翻山返回家中。田渊的父母赶紧给他们报信,跟他们说,至少直到昨天深夜,吉田还活着。吉田的父母从家里跑出来,到浦上地区寻找他。

那天早上,救援队的成员们发现了处于半昏迷状态的吉田,他们用一个木制担架把他抬到了设在防空洞里的临时救援站。吉田的脸和全身都被缠上了绷带,人们又把他抬到被毁的长崎商业学校的土操场上,伤员们并排躺在地上,那里已经有几百名伤员。听到飞机飞过的声音时,那些志愿者都逃到防空洞里,吉田躺在地上动不了,完全是暴露的。毒辣辣的太阳照下来,他记得,"就像是在受刑,被缓慢处死。"最终,他昏迷了。

吉田的父母赶往原爆点附近,沿途看到那么多的尸体,他们压住自己的震惊和绝望,踏着滚烫的废墟往前走。路过破裂的水管时,他们会停下来,在水流下冲一冲被烫伤的脚,缓解一下脚上的疼痛。他们终于赶到了吉田所在的那个被毁的学校，他们看到一排一排的伤员们躺在学校的操场上，那些伤员都被烧得满目全非，身上缠满绷带，根本分辨不出来谁是谁，许多伤员在痛苦地呻吟，呼唤着家人的名字。

"我的父母很焦急，"吉田说，"他们大声呼叫我的名字——'胜次！胜次！'——答应的声音很多，而且那些声音听起来都一样。'我们永远也无法找到他了！'我母亲跟我父亲说。'如果是这样的话，'他回答说，'那么我们就靠近他们的耳朵，轻声呼喊他的名字。'"他们经过几十个伤员的身边，在每个伤员的耳边轻声呼叫胜次的名字。当他们终于来到被烧伤的吉田身边时，他们一看就知道是他们的儿子。他们把他抬起来，放进一个小推车里，推着他走了约7公里的路，穿过还在冒烟的废墟，然后绕过山丘回到家中。他一路哭叫着，迷迷糊糊地自言自语，讨水喝，他说他感到太热了，他说他想妈妈。他昏迷了4个月，直到12月中旬才恢复意识。

到了中午，山端庸介、东俊和山田英二向北穿过浦上地区，经过浦上川沿岸，看到了三菱重工工厂被摧毁的钢铁残骸。天空万里无云，山端庸介拍摄了被夷为平地的浦上地区的全景。工厂的黑色大烟囱孤零零地高耸在那里，地面上腾起滚滚黑烟。大多数的电线杆子和树木都倒了，断成了碎块，只有少数还歪斜着立在那里，电线杆子的电线垂落在地上。在被毁的一个电车站台上,一位母亲和她的婴儿都被烧死了,两具烧焦的尸体靠在一起。在被毁的有轨电车车厢里,坐在座位上的乘客们都被烧焦了,他们的尸体仍然保持着爆炸瞬间的姿势。在浦上地区,还有很多大人孩子被困在废墟中,或者受了重伤,躺在地上动不了,他们呻吟着,哭叫着,哀求帮助,讨水喝。山端庸介后来反思了他那天的精神状态——他认为那是在极端惨烈情况下的不可原谅的漠然——坦言:"也许是因为太惨烈了,我没有回过神来。"

人们穿着校服或工作服,也有一些男人赤裸着上身,走着或骑自行车穿过废墟和灰烬,赶回家里或者赶往家人的工作单

1945年8月10日,在下午1—2点之间,原爆点附近的那片废墟。在照片左边,山田英二正在用画笔记录他面前的景象。在照片中间,可以看到一个防空洞的入口,在远处可以看到三菱重工工厂的烟囱。在照片最右侧,山坡上的镇西中学已是一片废墟。(山端庸介拍摄/山端胜吾[Yamahata Shōgo]提供的照片)

位。他们找到家人的尸体，把尸体临时埋葬在已成废墟的家中，或者在荒凉的田野堆起柴火，把尸体火化掉。浦上地区的山丘被烟雾笼罩，一些人向山里走去，带着大包小包，包袱布里包裹着他们从家里救出来的财产。在路上，有些人停下来，盯着地上的尸体，无法继续走下去了。还有一些人低头赶路或直视前方，他们面无表情，好像是处于恍惚状态——在日语中，这种状态被称为"无我梦中"（*mugamuchū*）。

在中午之前，山端庸介和他的同伴们到达了距离原爆点约1 200米的钱座町（Zenza-machi），长野的家就在那个街区。那天早上，她和父亲从防空洞里爬出来，跨过尸体，往家赶，"还有一些人，他们的鼻腔里有东西在慢慢地流下来"。当终于赶到自家所在的地方时，他们惊呆了，昨天还在的房子已经化为一片灰烬。长野的妈妈、妹妹训子和弟弟诚治都已不见踪影。长野在灰烬中看到了一具烧焦的尸体，她跑过去，哭喊道"妈妈！妈妈！"当她在尸体旁边哭泣时，她的一个童年伙伴出现了。

"悦子！"那个女孩子向长野喊道，"昨天我看到了你的弟弟诚治！他躺在一个防空洞附近。我很抱歉，我没能帮助他。"

长野和父亲赶紧跑去寻找，他们穿梭在废墟中，寻遍了附近的防空洞。"诚治！诚治！"他们呼喊着。在一个防空洞的入口，有一个全身几乎被烧焦的孩子躺在地上。那个孩子满脸水泡，脸肿得像个气球，眼睛肿得睁不开。他血肉模糊，血液和

第三章 余 烬

体液从皮肤剥落的部位渗出来。

"我们真怕他是我弟弟,"长野泪流满面地回忆道,"由于他的身长与我弟弟差不多,我们走到他身边。"

"'你是诚治?'我们问道。他看不到我们,但是他点了点头。尽管他点了点头——说出来很可怕——我们迫切希望他不是我弟弟,诚治或许没有伤成这样。因此我们又问了一遍:'你真的是诚治?'男孩再次点点头——是。"

男孩的校服前襟上缝有一个布标签,在破烂的校服上,那个标签上的字还很清楚。钱座小学,4年级;金泽诚治,9岁;B型血。长野悲痛欲绝。长野试图想象他昨天的经历,被烧成这样,又是独自一人,该有多么害怕。他心里在想什么?被烧得这么严重,他怎么到这个防空洞的?他是否在试图顽强地活着,直到有人来救他?他是否盼着妈妈快来?"我是说,他只有9岁,"长野回忆道,"我很心疼他,我忍不住哭了起来。"

长野的父亲决定把诚治送到附近的临时救援站。但是孩子的裤腿底部已经被烧掉了,当长野的父亲试图抱起儿子时,诚治腿上起泡的皮肤剥落了,粘在了父亲的手上。长野的父亲赶紧抽回手,冲了出去,留下长野单独守着诚治。"诚治,"她流着泪问道,"你知道妈妈和训子在哪里吗?"诚治轻轻地摇了摇头。"坚持!坚持住,好吗?"长野恳求道,"爸爸很快就会回来……"

长野的父亲带回了一扇门大小的木制百叶窗,是日本房屋玻璃窗上用来挡雨的那种百叶窗。他和长野轻轻地把诚治放在木板上，抬着去救援站。然而，在救援站，已经有几百名伤员和烧伤患者在排队等待救治。长野他们3人只好在烈日之下排队等待。由于附近没有树木遮荫也没有衣物可以盖在诚治身上，长野和她父亲紧挨着站在一起，用身体给诚治挡住炎炎烈日。终于轮到诚治了，救援人员所能做的就是在他身上涂抹治疗烧伤用的、白色的氧化锌软膏。"即使只是这样，"长野说，"我们还是多次向医生道谢。"长野认为，因为诚治已接受治疗，所以他会活下来的。

长野和父亲正在抬着诚治赶回防空洞，在路上突然遇到了长野的母亲和妹妹训子，她们两个人刚从金比罗山下来。她的母亲，又狂乱又疲惫，转向诚治，"完全崩溃了，哭得像个疯子，"长野回忆道，"扑在他身上，哭着说'对不起，诚治！对不起！你去哪儿了？对不起！对不起！'"

平静了一些之后，长野的母亲告诉他们前一天上午发生了什么。诚治没在家，到外面去捉蜻蜓了。强闪光之后，他们家的房屋一下子就塌了，长野的母亲和训子被压在下面。长野的母亲大喊救命，但没有人来。过了一些时候，她推开了压在身上的木柱子，从废墟中爬出来；然后，她抬起一个承重柱和一台缝纫机，把被压在下面的训子救了出来。异乎寻常地，两个人都没有受多大伤。环顾四周，整个街区都被夷为平地了，连一个人影都看不到，陷入一片死寂中。长野的母亲和妹妹从自

第三章 余 烬

家房子的废墟中走出来,到外面寻找诚治,但他却踪影全无。周围的大火迅速蔓延。长野的母亲极度矛盾,她觉得已经别无选择,只能与训子一起逃离。她们逃到了金比罗山的山顶上,在那里躲藏了一天一夜。

他们一家人终于在一起了,诚治躺在木板上,他们抬起木板,穿过废墟,来到附近的防空洞。午后的阳光很强,防空洞里面也很热。他们依偎在一起,陷入沉默,只有长野的母亲一直在呻吟和哭泣。

那天早上,永野知事翻过山,进入浦上地区,亲眼见到了约 3 219 米长、800 米宽的原爆区。他面前的场景太离奇了,无法想象,"那……真是惨不忍睹,太可怕了。"

根据日本的《战时伤亡护理法》(Wartime Casualties Care Law),战时平民伤亡的救援与救助,通过国家财政出资,但由县政府负责实施。这意味着,作为长崎县的行政长官,永野知事负责组织在长崎市的所有救援与救助工作,这是不可能完成的任务,不仅是因为平民伤亡人数太多了,而且是因为长崎市的政府机构、医院、诊所、医疗用品和食品供应、通信系统都被摧毁了,受过训练的大部分医务人员也都是非死即伤。数万名伤员在等待救治,但是长崎市只有不到 30 名医生(包括在职和退休的)存活下来,大部分医院被毁,整个城市总共只有 240 张病床能够收治病人。

那一天，救援与救助工作在混乱无序中展开了，参与救援的人包括来自长崎县和地方的数百名士兵、警察、消防员，以及民防和政府工作人员、教师们、町内会会长们，还有自发组织起来的成年人和儿童志愿者。他们组成救援队，从倒塌的建筑物下面救人，尽可能多救出一些人来。一个警察发现有200名女学生被埋在倒塌学校的废墟下，然而，还没等到救援人员赶来营救，她们中的大部分人就已经死了。救援队员们移开烧焦的尸体以寻找生还者，把伤员放到手推车上送到救援站，把死者运到火化地点。还有一些人在清理道路，清理有轨电车和铁路轨道，抢修通信系统，或者准备好成盆的饭团和超大桶水，送往设在废墟中的救助站。在某些救助站点，送去的食物都没人吃，或许是因为那一片的大多数人都伤得太重，走不到救助站，再或是能到达救助站的人们也没什么食欲。有些人走到水桶旁边，还没喝水或者刚喝了一口水就瘫倒在地。

九州的多个城市和军事基地已经派出医疗队，去支援长崎市。8月10日，长崎县卫生部门请求县内外的其他地区政府提供紧急医疗援助。在长崎市，没受伤的成年人和学生们也都行动起来，尽己所能帮助医疗救助。生还的医生和护士们自发组织起来，在废墟中设立简陋的临时救援点，有些没有墙或屋顶，位于旧城受损不严重的一些学校也成了临时救援站。那些救援站里已经聚集了数千名伤员。青少年学生们带着战时急救包，在废墟中寻找生还者，为其提供简单的医疗救助。参与救

第三章 余烬

援的每个人都被要求首先运送或救助有可能活下来的伤员，这就需要他们作出艰难和痛苦的选择，只帮助他们认为有可能活下来的伤员，任由其他的重伤员在等待中死去。

在浦上地区的东北角，距离原爆点约1.6公里的本原山（Motohara Hill）山顶上，浦上第一医院（First Urakami Hospital）是浦上地区仍然屹立的唯一的医疗机构，尽管大楼也着火了。浦上第一医院在战争之前是一座天主教修道院，但是在1941年，外国的天主教徒被驱逐了，日本的方济各会在那里建立了一个有70张病床的医院，专门收治结核病患者。当时，该院的院长是秋月辰一郎（Akizuki Tatsuichirō），他是一名29岁的医生，个子不高，他的两个姐妹都是因结核病而死的，他本人身体一直很弱，小时候患有慢性哮喘，青年时期患有结核病。秋月医生是该院唯一的非天主教徒，其他工作人员都是修道士、牧师、天主教护士。

秋月医生正在给一个患者治病时，原爆的冲击波使得整个医院摇晃起来，天花板往下掉，各种书本和设备砸在医护人员和患者们的身上。秋月医生赶紧躲到一张床的下面，他没有被砸伤。当医院的屋顶开始着火时，他和其他工作人员在这栋3层楼里跑上跑下，穿梭在走廊中，踩着碎玻璃和各种杂物，赶在大楼被火吞噬之前把70名患者都转移出来了。那天晚上，附近受伤的和烧伤的人也被转移到了这里，患者们痛苦地哭叫，而远处的浦上天主堂火光冲天。

被烧毁的浦上第一医院，该院专门收治结核病患者，秋月辰一郎医生在那里工作，摄于1945年秋。（美国战略轰炸调查团（USSBS）/长崎促进和平基金会、原爆照片和材料研究委员会提供的照片）

次日早晨，秋月医生的第一个念头是逃离。然而，护士们和厨房员工们已经在临时炉灶上准备了米饭和汤，秋月医生也打起精神，问候他的患者以及躺在医院空地上的数百名伤员。在上午的时候，秋月医生被一名员工带到一处地下隧道，该员工在原爆前几天一直在悄悄地把药品储存在那里。秋月医生欣喜若狂，因为他看到那两个大木箱里装满了纱布、绷带、药品——包括止痛药、抗菌药水和药膏。

秋月医生工作敬业，但是个急脾气——他的这两个特点在那一天都表现出来了。秋月医生和医护人员忙着救治数百名患者，他有时候好言安慰某些患者，有时候训斥那些伤势不重的

第三章 余烬

患者，让他们停止抱怨。木下（Kinoshita）是秋月医生的一名结核病患者，木下的脸、肩膀和胸部都被严重烧伤，痛得几乎无法呼吸。秋月医生用止痛膏给木下涂抹烧伤伤口，但是他知道木下不可能活下来。随后，木下被家人抬回家了，当天晚些时候，秋月医生去看望已接近死亡的木下。当他要返回医院时，太阳开始落山了，他刚从木下的家里出来，就听到了木下家人的哭泣声，他们哭叫着："耶稣！玛丽！约瑟！"

"我神情沮丧，"秋月医生回忆道，"在这个瞬变的世界，看到人类生存的悲伤和痛苦，我在精神上被压倒了，我觉得自己仿佛麻木了，死气沉沉的，像一个幽灵。"

在8月10日下午，山端庸介和同伴们到达了原爆点附近。那里的所有建筑物和树木都被毁了，整片地方被夷为平地，东俊回忆说，那里就好像是"被一个巨大的刷子抹去了"。一个男人在废墟上奔跑，他脚上的肉已经被烧焦了。一个妇女神情恍惚，她拿着一个桶，里面装着她女儿的头颅。山端庸介和同伴们神情麻木、身体疲惫，他们继续向北走，经过一个山丘（谷口还躺在那个山顶上），来到道之尾站，在车站的地面上，数百名伤员或躺或坐，等待乘火车去长崎市外的医院或救援站。每辆列车驶离车站时，一阵痛苦的呻吟声就会在车站里回荡。

在长崎市记录了10个小时之后，3人小组登上火车回到博

101

长崎

多（Hakata）。山端庸介拍了119张照片。冲洗之后，他准备把照片提交到日本新闻和信息局，交给他的上司——但是由于日本当时一片混乱，新闻和信息局没有立即向他要照片，山端庸介一直自己保管着，直到战争结束后。"在种种不幸的情况下，一件幸事是，"他后来说，"那些照片没有落入日本军方手中……被他们用作战争宣传，误导日本民众继续支持战争。"

原爆后第一天的太阳已经落山了。一些生还者已经安全返家与家人团聚了，还有一些生还者被好心的陌生人留宿。失踪者不计其数，他们的家人担心得睡不着觉。在浦上地区及其周边地区，数万人仍躺在废墟中，成群的蚊子在叮咬他们。防空

1945年8月10日，浦上地区主干道附近的原爆受害者，距离原爆点只有约800米。地上的床垫是救援人员从一个部分受损的旅馆里拿出来的。（山端庸介拍摄／山端胜吾提供的照片）

第三章 余烬

洞里人满为患,许多人挤坐在一起;在漆黑的救援站,室内的地面上和室外的空地上都躺满了伤员,每当一个伤员身体僵硬死亡之后,其尸体就会被抬走,那块地方就换上了另一名备受煎熬的伤员。原爆之后,很多人一直都还没有吃饭。

整个夜晚,每个人都在恐惧地听着上空飞过的飞机的轰鸣声。一个男子在废墟中徘徊,他在帮助那些生还者,用水润湿他们的嘴唇,用油和绷带处理他们的伤口。在秋月医生的医院里,两名结核病患者的父母来医院寻找,发现他们还活着,然后就把他们接回家了。秋月医生裹着毯子躺在地上,很羡慕来自大村市的医疗队,他们已经在那天晚上离开长崎市返回大村市了。一个男孩子听到山顶上传来的朝鲜人的号哭声,这是朝鲜文化中人们表达悲伤的一种仪式。

长野和她的家人彻夜难眠,一家人挤在钱座小学旁边的防空洞里,轻柔地哄着诚治,期盼他活下来。长野发现外面有一个破裂的水管,她用手接水,把水送到诚治的嘴边——但是他受伤太严重了以至于连水都喝不下去了。"即使有许多的巧合,一个接一个地促使我们一家人在那一天相聚,但是我们救不了他,"长野回忆道,"我们一家人在一起守了一夜。"

次日早晨,诚治死了。长野的家人把诚治的尸体带到一片被烧焦的平地上,已有 10 具尸体停放在那里。"我们收集了一些半烧焦的碎木头,把木头堆放在诚治的尸体上,"长野说,"在我们眼前——"她停顿了一下,仍然难以置信他们所要做的,"在我们眼前,我们4个人——母亲、父亲、妹妹和我——我们点燃了诚治的尸体,我们的血肉至亲。"长野的母亲在废墟中找了一个碗,把诚治的骨灰放在那个碗里。"我们没有布把碗包上,也没有手帕把碗盖上,"长野说,"所以,我母亲把盛着弟弟骨灰的碗搂在胸前,一只手放在碗顶上,抚摸着,一遍又一遍地轻声呼唤,叫弟弟的名字,向他道歉。她一直不肯把骨灰放下,即使在防空洞里也抱着那个碗。这就是我们那时候的情况,"长野回忆道,她的声音哽咽了,"我所感到的悲伤,真是无法用语言形容。"

* * *

在随后的5天里,数千人在废墟中默默地寻找亲人,他们估计出原爆时自己的亲人可能会在什么地方,家里、学校或工作场所,然后走到那里寻找他们的孩子、父母或兄弟姐妹。他们以桥梁或浦上天主堂和长崎医科大学的废墟为标志物,估算距离,试图找到他们被毁的房屋的地址。在某些情况下,有些人通过部分损坏的物件,如门柱、水泥水槽、炉灶或铸铁浴缸,而找到被毁的自家房屋。很多伤员被运送到了长崎市以外的地方,这造成了更多的混乱,他们的家人不知道到哪里去找他们。有些人在树上留下手写的条子,说明他们正在寻找的亲人是谁,如果他们的亲人被找到,在哪里可以联系到他们。在漆黑的防空洞里,有些人擦亮火柴,借着火柴的光,在遍地的

第三章 余　烬

尸体当中寻找亲人。一个男人通过牙齿的形状辨认出了他妻子的头颅。在一个校园里，满地都是赤裸和肿胀的尸体，一个10岁的女孩听到手表的滴答声，她正在那些尸体当中寻找她的母亲。寻亲的人们情不自禁地想起与亲人在一起的最后时刻——一个男孩子想起他的哥哥在原爆那天早晨向他借手表，一个妻子想起她在丈夫出门上班之前把帽子递给他，一个母亲想起她那天早晨跟孩子们说中午给他们做茄子吃。在原爆后，一个母亲每晚都不锁家门，等候她的儿子回家。

有些人幸运地找到了还活着的家人，当朋友们在路上相遇时，大家也都亲切地彼此打招呼。一个18岁的女孩受伤后昏迷不醒，人们以为她死了，就把她运出长崎市，丢弃在一堆尸体当中。两天后，一个老妇人路过那堆尸体，注意到那个女孩的脚在动。老妇人叫来了几个男人，在确定女孩还活着之后，他们把女孩送到了约4公里外的一家医院。次日早晨，女孩清醒过来，她发现自己全身缠满绷带，嘴里插着呼吸管。她后来回到了长崎市，与家人团聚了。还有一个奇迹团聚的例子，一个受伤的年轻女孩被抬上了救援火车，被送到了位于时津町（Togitsu）的救援站，那里有一个男人跟她说，他正要去长崎市，可以帮她带口信给家人。"请告诉我父亲的妹妹荒木静枝（Araki Shizue），告诉她久间尚子（Kyuma Hisako）在这里，"女孩平静地说，"她住在丸山町21号。"次日，那个女孩躺在救援站的地板上，她听到有人在说，"尚子在哪里？"她的父亲

105

来了,他先前还以为女儿死了,把一具尸体误当作他的女儿火化了。

连续两天,谷口的祖父一直在废墟中搜索,寻找他的孙子。谷口在原爆那天受伤后昏迷了,他脸朝下趴在住吉町的山坡上,次日早晨才清醒过来。他的后背和胳膊都被烧焦了,但他仍然感觉不到疼痛。抬头环顾四周时,他发现到处都是死尸。这个地区一片死寂。

谷口又饥又渴,想找点儿吃的或喝的,他看到山下有一个部分被毁的农舍。他抓住身旁的竹树树枝,试图把自己拉起来,但是他摔倒了,大腿被一根树枝刺伤。他很坚毅,跌跌撞撞地走出灌木丛,走下山坡,找到一桶水,他一口气就喝了大半,然后躺倒在树荫下。一个救援队从他旁边经过,但是他太虚弱了,没有力气呼叫,救援队员们继续往前走——可能认为他已经死了。

谷口又在山中独自过了一夜,在8月11日的早晨,另一个救援队从谷口旁边经过,一名救援队员用靴子轻轻推了他一下。虽然气若游丝,但是他还活着。救援队员们用一扇木门做担架,把他抬到了道之尾站,在那里,他吃了一些米饭,他两天以来第一次进食。谷口从自己的口袋里掏出一些信件,这是他在原爆当天正在投递的信件,他交给救援队,低声问他们是否可以把那些信件送到邮局。

那天下午,谷口在车站等待被送上火车疏散到长崎市以

第三章 余 烬

外,他俯卧在车站的地面上,他的祖父终于找到他了。他们一起乘火车到谏早市,那里距离长崎市约26公里。在谏早小学内,救援人员在木地板上铺了一张草席,谷口脸朝下趴在草席上。由于缺医少药,治疗不了那么严重的烧伤,他只能肚子朝下趴在那里,过了一星期,他后背被烧焦的肉开始腐烂和脱落。就是在那里,谷口记得,他第一次感觉到身上一阵阵的疼痛,他的伤口开始流血。

和田留在被夷为平地的长崎市,帮助救援,寻找他最要好的朋友田中和其他11名学生工人,他们在原爆当天驾驶有轨电车上路,至今下落不明。和田和他的朋友们对眼前恐怖的景象已经麻木了,他们沿着有轨电车线路,寻找那几个失踪的同事;最终,他们找到了两个同事的尸体,并且将尸体交给其家人。在一辆脱轨的有轨电车中,他们找到了一个无法辨识的司机的尸体,那个司机的手仍然握着电车的制动手柄。

然而,他们并没有找到17岁的田中。"他比我小1岁,活泼开朗,"和田回忆道,"他是我最要好的朋友,所以我特别担心他。"8月12日晚上,在电车终点站,和田正靠在墙边休息,当他抬起头时,看到田中的妈妈就在旁边站着。她告诉和田,她的儿子到家了。和田立即陪着她回家,她家就在附近,步行5分钟就到了;在路上,田中的妈妈告诉和田,她儿子在原爆时所在的具体位置——距离原爆点约1 200米。她说他被严重烧伤，用了3天时间才回到家里，那段路并不长，通常步行只需40分钟。"我认为在他心里，他很想回到妈妈身边，"和田说，"田中的父亲在战争中死了，他妈妈一直单身，只有他一个孩子。"

田中家的房屋也被毁了一半，他家里一片漆黑。在前门厅里，和田看到有一个人形的躯体躺在榻榻米垫子上。田中的妈妈递给和田一根蜡烛，他举着蜡烛，靠近那个躯体。近前一看，那个躯体并不像人，直到凑到跟前，和田才认出了他朋友的脸。

田中的脸颊上黏着个东西。"想都没想，"和田回忆说，"我伸手去擦——然后，我突然抽回手。"田中的眼球从眼眶中脱出。他的另一只眼睛完全碎掉了，他的嘴裂了个大口子，一直裂开到耳根。

"我觉得不可思议，伤得那么严重，还活着。"和田回忆道，"然后，田中说了一句话，给我留下了深刻的印象。'我什么都没有做，'田中低声说，片刻之后，他停止了呼吸。我想这句话的意思是'我没有做什么坏事，为什么我要以这种方式死去？'"

此时，其他的一些学生工人也来了。大家围在田中的尸体旁边，不知道接下来该怎么办。终于，一个男孩子向和田建议，搭建一个木柴堆，火化尸体。"可能是因为那时的情况，也可能是因为每个人都处于震惊状态，总之没人认为这个建议

第三章 余烬

有什么奇怪的。"和田回忆道。他们把田中的尸体抬到水库下方的一块空地上，从附近被毁房屋中收集了一些木柴，堆成一个木柴堆，把田中残缺不全的尸体放在木堆上。

没有人肯动手去点燃木柴。和田也极不情愿，但是作为学生工人的队长，他觉得自己有必要带头。和田点燃了火柴，用火焰点着田中的尸体，然后又点燃了木材堆的不同部分。火焰逐渐蔓延，吞没了田中的尸体。火烧了12个小时，和田和朋友们站在约3米远的地方，守候着，直到尸体被完全火化了。太阳已经落山。没有人哭泣。"我们处于一种超过悲伤或哀痛的状态，"和田回忆道，"实际上，我也说不清我们处于一种什么状态。"

* * *

在长崎市的两个战俘营，盟军战俘生还者的处境很快就发生了变化，这意味着转变即将到来。在原爆点的西南约1.6公里处，福冈14号战俘营有8名盟军战俘丧生，还有40多名战俘受伤。战俘们露宿在冒烟的废墟中，照顾着受伤的同伴，并且搭建了一个临时的铁皮顶的棚子，以免重伤员受到日晒。8月12日，战俘们被转移了，他们步行穿过被摧毁的长崎市，走了3个小时，来到长崎市以南约4公里的户町（Tomachi），那里有一个三菱重工工厂，位于长崎湾的东边，战俘们住进了三菱重工工厂的空宿舍里。宿舍里的居住条件比较好，床铺不

109

错，供水充足，伤员们也有绷带和药品可用。在长崎湾的香烧岛造船厂，长崎市第二个战俘营里的战俘们还像平常一样，听到起床号起床，搞个人卫生（除去虱子），吃配给的口粮（一小份米饭），被押到造船厂干活。然而，在8月13日，他们每人得到了半个腌牛肉罐头做晚餐，战俘营的司令官宣布，在接下来的3天里，他们不用去干活了。由于被切断了与外界的联系，战俘们不知道到底发生了什么事情，但是生活有所改善，两个战俘营的战俘们都满怀希望。

然而，对于长崎市的普通人来说，原爆后第一个星期的每一天都过得很艰难，充满了痛苦和恐慌，死亡无处不在。由于担心还会遭轰炸，长崎市的街道上满是逃难的人，他们要么试图逃到长崎市以外的亲戚家，要么试图到九州其他城市的医院去。还有些人，比如堂尾和吉田，他们受伤严重，意识迷离地躺在家里，他们的家或是在城市的边远处或是在西山街区，远离原爆中心。

但他们是幸运的，有些人会说——安全地待在家里，与家人在一起。原爆后的浦上地区已成一片灰色的废墟，数千人在废墟中艰难度日，那里没有房屋，也没有充足的食物、水、卫生设施和医药，他们无从得知到底发生了什么，为什么他们的家、街区、整个城市顷刻之间就被摧毁了。光着脚的小孩子们或是蹲坐在废墟中，或是在残骸和尸体之间徘徊，呼唤他们的妈妈和爸爸。有一个妇女在原爆后失去了丈夫，并且将要失去

第三章 余 烬

4个女儿和4岁的儿子,眼看着家人一个接一个地死去,她明白了,当她的某个孩子不再要水喝时,这意味着那个孩子已经死了。有一户人家,儿子的背部烧伤了,为了帮其缓解疼痛,他们削了黄瓜,在儿子的烧伤伤口上覆盖黄瓜皮,但是并没有奏效。有一个14岁的女孩子,她在妈妈的烧伤伤口上抹了一层泥,但是当泥干了,它就裂开了,使得伤口更加疼痛。有一些妇女流产或生下死胎。在伤员们的眼睛、嘴巴、鼻子、耳朵和每一个开放的伤口上,蝇蛆到处乱爬;有一些伤员伤势太重,无法挥动胳膊和手,他们试图通过扭动身体来驱赶蝇蛆。还有一些生还者,在天黑前躺在垂死的家人身旁睡觉,当他们一觉醒来,才发现家人已经死了。由于对周围的一切恐怖都麻木了,人们开始拿死亡开玩笑,例如,尸体的面部肿胀,看上去有点儿像西瓜,有些人说如果它真是西瓜该多好,他们就可以吃了。

有些人栖身在自家被毁的房屋下的地洞里,在战争期间,每家每户的房屋下都挖了地洞,作为紧急避难所。还有一些人,例如长野和她的家人栖身在防空洞里,那里面不断滴水,地面都被水淹了;有一个8口之家,他们只有一个榻榻米垫子,上面能躺4个人,他们轮流睡在上面。谁都不知道他们将如何生存。有些人栖身在临时棚子里,他们把木板或金属板子搭在树桩上,以遮挡阳光。有一些人伤得不重,还能行走,他们在废墟中寻找食物,或者在自家被毁的房屋中寻找一切可用之物：残破的衣服和内衣，部分烧毁的榻榻米垫子和床上用品，熔化的玻璃碎片、炊具和小镜子。有时还会发现烧得焦黄的图书、信件和家人的照片。在夜晚，大多数人都无法入眠，他们周围充斥着各种声音，尸体火化时的噼啪声，人们的哭声、呻吟声、呼救声，或者喃喃自语的声音。父母们抱着死去孩子的尸体或骨灰，低声念叨着"原谅我！请原谅我！"

从长崎市以外未遭原爆的地区，运来了大量的食物——主要是一桶一桶的饭团，由于夏天很热，通常情况下，这些饭团还没有被分发就已经馊了。在随后的日子里，也有一些罐头食品，包括牛肉和海藻被运送到长崎市。还有一些生还者从自家房屋的地洞里挖出了战时储备的应急物资——包括罐装牛奶、尿布、大米、盐、海藻、茶、豆腐干、鱿鱼干、酸梅、火柴。街坊邻居共享食物，帮助照顾婴幼儿，以及那些素不相识的伤员们。尽管如此，饥饿仍然是个大问题。有一些人从被烧焦的菜地里挖土豆，啃食生土豆。

天主教家庭通常是埋葬死亡的家人。"那是一个孤寂的埋葬仪式，"一个女人回忆起她和妹妹如何埋葬她们的母亲，"只有我们两个人，每当有飞机从头顶上飞过时，我们就搂抱着扑倒在地上。"一天又一天地，秋月医生看到有一个附近的人经常去山坡上的墓地，他肩上扛着一把锄头，挖坑埋葬相继死亡的亲人们，他的父亲、5个孩子和母亲都先后死去了。

大多数长崎人信仰佛教，由于原爆后尸体的数量太多了，

第三章 余 烬

人们日夜不停地对尸体进行火化，整个城市烟雾缭绕，缕缕青烟升向天空。大人孩子们眼神空洞地望着，当亲人们的尸体被完全焚烧之后，他们就把骨灰装在饼干罐或烧焦的锅里，或者用碎布或报纸把骨灰包起来。救援人员和盟军战俘也帮助把陌生人的尸体抬到火堆中，把20多具尸体放在一起焚烧，每天焚烧几百具尸体——尽管如此，废墟中仍然散布着数千具尸体。一群学生工人把汽油倒在他们的朋友们的尸体上，进行集体火化，他们的朋友们是在三菱重工电机厂一个宿舍楼里死去的，那个宿舍楼在原爆时倒塌了。失踪者的家人们从他们亲人之前生活或工作的地方挖些骨灰或者拣一块骨头，作为一种念想。

整个城市弥漫着一种瘆人的、死亡的气味。一个紧急救援医生把火化尸体的那股气味比作"鸡肉烧焦的气味"。其他人也感到空气中弥漫着令人作呕的气味，恶臭的气味从很多地方散发出来——漂在河里的肿胀的尸体；在废墟中腐烂的人和动物的尸体；在伤员的烧伤伤口上敷用的药膏；在炎热无风的夏日，由于多日不洗澡，生还者身上散发出浓浓的汗味，还有数以万计的伤员，他们行动不便，屎尿不能及时清理，那股味道也很重。"我们吃不下饭，"长野回忆道，"即使我们能领到饭团，由于周围弥漫的恶臭气味，我们在很长一段时间都吃不下饭。"

8月14日，在原爆发生了5天之后，2 500名志愿者和军事人员来增援，当时已有3 000多人在长崎市参与救援，包括警察、消防员、民防员、救援人员、三菱重工工厂的人员，以及帮助稳定城市秩序的学生志愿者。除了完全被摧毁的街区，长崎市的其他街区都恢复供电了，不过作为防御空袭的一种措施，还是会在夜间停电。为了恢复供水，工人们抢修市政供水干线和住宅区的供水支线。虽然长崎站这个建筑被摧毁了，但是长崎站的火车轨道已经抢修好了，进出长崎市的火车恢复运行了。工人们使用耙和铁锹等手动工具，清除了浦上地区南北向主路上的障碍，这是该地区唯一恢复通行的道路。长崎市的有轨电车则是在很长时间之后才恢复运营。

持续的医疗救助仍然是一个紧要问题。只有大约300人专门从事医疗救助工作，长崎市还在运转的医疗机构包括两家医院、日本红十字会的一个诊所和26个紧急救援站。长崎市的一所学校被指定为临时的传染病医院，专门收治已确诊的痢疾患者，长崎市有很多人患痢疾，由于痢疾的传染性极强，医疗专业人员和市领导都高度关注这种疾病。在长崎市以外，甚至长崎县以外，总共有10家医院和50多个临时分流站接收来自长崎市的伤员，据估计总共接收了1万至12 000名伤员，其中大多数伤员在到达后就死掉了。长崎市的志愿者从很远的医院带回一些医药物资，例如小包装的纱布和绷带、止痛药、抗菌消毒液、芝麻油、氧化锌粉末、碘酊。

长崎市最大的救援站设在新兴善小学（Shinkōzen Elementary

第三章　余　烬

School），3层混凝土结构的校舍只是窗户破碎了，其他方面没受多大破坏，这所小学坐落在长崎站以南，长崎湾以东，距离原爆点约2.9公里。当得知可以在这里看医生时，数百人聚集在这所小学外面，希望能得到帮助。在学校里面，每层楼的每间教室都挤满了伤员：每间教室里的伤员们都躺在地上，排成4排，每一排躺着15个伤员，前排伤员的脚能碰到后排伤员的头。每个房间里都充斥着难闻的气味，包括烧伤伤口散发出的气味、伤员的呕吐物和排泄物的气味。伤员们的伤口上爬满了蝇蛆。志愿者从长崎湾取来海水，把海水装在大油桶里，煮开放凉之后，装入喷壶，向伤员身上喷洒。一楼的3间教室被设为手术室，来自佐世保海军医院（Sasebo Naval Hospital）的三宅健次医生（Dr. Miake Kenji）在其中一间教室里给伤员们动手术。"大多数伤员都是严重烧伤，全身大面积烧伤，"他回忆说，"很多伤员缺胳膊少腿或者内脏在身体外面。我们给伤员做截肢和残端缝合以及腹部伤口缝合，但是上了手术台的所有伤员都死了，甚至没有人知道他们是谁。"死者的尸体被抬出去，迅速被火化掉，没有人记录被焚烧的尸体数目，也没有人记录死者的姓名。

　　在浦上第一医院，秋月医生和工作人员在被烧毁的大楼里找到一张桌子和椅子，他们把桌子和椅子摆放在医院的院子里，在周围的竹竿上悬挂一块大布，搭建起一个临时的诊疗室。日复一日，每天早上：消防员和志愿者将更多的伤员送过来，在医院的院子里找一块地方把伤员放下，然后把在夜间死去的伤员们的尸体抬出去火化。在浦上第一医院，病情不太重的结核病患者也参与了救援，但是该医院的医护人员为数不多，面对那么多的伤员，他们总也忙不完。

躺在地上等待救治的伤员们包括圣十字修道院经营的孤儿院的20多名年轻修女，还有长崎医科大学的很多男学生。在上午11点和下午5点，护士们为200多人分发食品，包括煮熟的米饭、南瓜汤或海藻汤、煮熟的南瓜片。由于医院外面的水井被毁，只剩下了院内的一口小水井，工作人员们限量用水。医院里有一些患者被家人接走了，但是总有更多的伤员前来寻求救治。偶尔会有一些医药用品被运送过来。伤员们躺在院子里，他们害怕遭到轰炸，他们感到陷入险境，完全不受保护，每当有飞机从长崎市上空飞过时，他们就发出尖叫和呻吟声。许多伤员是浦上天主堂的信众，他们不断地祈祷，压低了嗓音祈祷，"万福，玛利亚"或者"耶稣，玛利亚，约瑟，请为我们祈福"。一个小男孩在临死之前受洗加入了教会。数百名伤员躺在地上，大多数人都是一脸茫然，似乎在问，"我们以后怎么办？"

正如宫岛医生在原爆后的那天晚上救治堂尾一样，秋月医生使用钳子小心翼翼地取出嵌入伤员体内的玻璃碎片，使用消毒的针和线为伤员缝合伤口。对于伤员的大面积烧伤和创伤伤口，如果能找到药品，他就会使用油、氧化锌软膏、红汞、碘

第三章 余烬

酒和绷带为伤员处理伤口。但是每治疗一个伤员都需要花一定的时间，为每个伤员做完治疗之后，他总会发现还有 200 多个伤员等着救治。秋月医生从早上一醒来就开始救治伤员，忙碌一天，直到深夜才能躺下来睡几个小时，他应接不暇，感到沮丧和无助。他默默地诅咒这场战争，诅咒给人们带来这么多痛苦的日本政府，诅咒投下原子弹的美国。

在 8 月 11 日晚上，有人把一份《朝日新闻》递给秋月医生，自从原爆之后，秋月医生第一次通过读报获知外界的情况。借着烛光，他读了一篇由内务省发出的文章，大意是告诉读者关于"新型炸弹"，以及在受到炸弹攻击时如何保护自己。文章建议，在受到炸弹攻击时，人们赶紧找一个有顶的防空洞躲起来，如果找不到的话，那就用一条毯子或几层衣服把自己裹起来，记得把家里的所有灯火都熄灭，以防引发火灾。

秋月医生感到天旋地转的。他不知道日本媒体被禁止公布原子弹的真正威力，他几乎无法控制自己的怒火。"爆炸时的温度达几千摄氏度，转瞬之间，一切都会被烧毁或烧焦，裹上一条毯子或几层衣服有什么用？"他心里想，"成千上万的房屋瞬间爆燃，如果把厨房的火熄灭，然后再往外跑，我们还有逃生的机会吗？"然而，由于还有几百名伤员在等待他，因此他放下报纸，回到院子里去救治伤员，他的一名结核病患者在一旁帮忙，举着一根蜡烛，让他看清楚一些。在次日晚上 11 点，

长　崎

美国陆军航空军在浦上地区高空拍摄的鸟瞰图，分别拍摄于1945年8月7日（原爆两天前，上图）和1945年8月12日（原爆3天后，下图）。自北向南的浦上川（图片上显示的是自上而下）。图片中心是三菱重工运动场。在下图中，标号16的位置是城山小学，标号17（在图片的最右边）是长崎医科大学，标号18是镇西中学，标号20（在图片的右下方）是长崎医科大学医院。（美国战略轰炸调查团/长崎原爆资料馆提供的照片）

第三章 余 烬

秋月医生停止了工作,由于长时间地救治伤员,用钳子为伤员取出碎片,他的手都僵硬了,他躺在地上,把一条毯子拉过头顶,失声痛哭。

* * *

战争还没有结束,东京方面还要再拖延和抵抗几天。尽管日本天皇在8月9日晚上——原爆14个小时后——已经决定投降,但是在随后几天,主战派与主和派的关系更加紧张,而日本内阁需要达成一致意见才能作出投降决定。

8月12日,日本内阁开会,讨论美国对日本请降照会的复文。为了顾及日本最关注的问题,美国国务卿詹姆斯·伯恩斯(James Byrnes)起草了一个复文,在天皇的战后角色上故意模棱两可,同时谨慎地重申,美国仍然坚持要求日本无条件投降。然而,对于这个回复中的两个要求,日本政府高层争论不休,这又推迟了日本最终投降的时间。其中的第一个要求是"从投降那一刻起,天皇和日本政府统治国家的权力便应该归属于同盟国最高指挥官",另一个要求是"日本政府的最终形式将根据《波茨坦公告》按日本人民自由表达之愿望建立"。

日本内阁中的主战派坚决拒绝美国提出的要求,因为这没有充分保护天皇作为最高统治者的地位;主战派认为,这个要求危及天皇制国体,日本可能由此被毁灭。主战派仍然希望天皇改变决定,为了日本作为一个独立的在天皇统治下的国家之存在，即使冒着被摧毁的危险，也要允许日本军队战斗到底。事实上，一些青年军官正在密谋通过政变来推翻日本政府，他们认为，天皇决定投降是受到了操纵，投降有辱天皇的尊严，投降会把日本变成殖民地，而日本人将会沦为奴隶。

日本内阁的主和派认为美国的复文是可以接受的，并认为内阁应该服从天皇在8月9日作出的投降决定。他们认为，如果战争继续下去，日本作为一个国家就会被彻底摧毁，如果投降，这个国家至少有一些生存的机会。经过数小时的讨论之后，内阁的主战和主和两派又陷入僵局，激烈的争论持续到8月12日晚上，在8月13日又争论了一天。

8月14日早上，天皇把内阁大臣们召集到皇宫内御文库地下室。天皇再次打破僵局，宣布他决定向同盟国投降。天皇指出，他认为在盟军占领下日本可以维护国体，他不忍国民再经受苦难。他要求内阁全体成员"服从我的意志，接受盟军就投降问题的回复"。内阁大臣们再一次泣不成声。8月14日晚上11点，天皇签署了最后的投降书，经全体内阁成员付署，并准备好了《终战诏书》，由天皇亲自宣读并录音，次日通过电台广播。为了维护稳定，陆军大臣阿南惟几要求，陆军必须完全按照天皇的决定行动。下层军官们想要控制皇宫并阻止天皇宣布投降的尝试最终失败了。

与此同时，战争还在继续。苏军继续攻击在中国东北和库页岛的日军。盟军飞机继续使用常规炸弹和燃烧弹轰炸日本本

第三章 余 烬

土的军事基地、工业基地、主要的城市地区，由于还没有收到东京的回应，杜鲁门总统下令对日本发动更多攻击。8月14日，华盛顿政府收到了日本愿意向盟军投降的消息，此时，杜鲁门下达的攻击命令仍在实施：大约740架B-29轰炸机在特定目标投下炸弹，估计还有160多架飞机在日本的多个城市地区投下超过约5 443万吨的爆破炸弹和燃烧弹，造成了数千名日本人丧生。

在华盛顿，8月14日下午7点（日本时间是8月15日上午8点），杜鲁门总统举行记者招待会，宣布战争结束。那个房间里挤满了白宫记者和时任以及前任内阁成员。有200万人聚集在纽约的时代广场，还有几百万人聚集在美国各地的城市中心，欢庆战争结束，这场全球战争打了近4年，在世界上造成5 000万—7 000万人丧生。所有盟军军队已被要求暂停对日本的军事行动。

然而，日本的国民还不知道他们的国家已经投降了。那天早上7时21分，日本放送协会（NHK）电台的馆野守男（Tateno Morio）直接向全体国民发出了一条重要通知，告诉人们，天皇陛下将于当日正午亲自广播。除了天皇的家人和政府要员之外，大多数日本人还都从来没有听到过天皇的声音，天皇即将发表讲话的消息在日本各地传开了。关于天皇将要发表什么讲话，坊间谣言四起：有些人认为，天皇将宣布日本投降，但是也有很多人认为，天皇将号召全国更加支持战争，并

121

要求他的臣民准备为日本的荣誉献出生命。

中午时分，在日本各地的大街小巷，数百万人在收音机旁边收听了天皇的广播。在陆军总部，数百名军官穿着军礼服，恭敬而庄严地站着，等待收听天皇的广播。在太平洋地区的军事基地的日本士兵们也守在收音机旁边，等待收听广播。在东京的皇宫内御文库地下室，天皇也通过一台老式的美国无线电公司收音机，听到了自己的声音。

电台播放了日本国歌《君之代》之后，传送出天皇生硬而平静的声音。电台的广播声中略带杂音，天皇在讲话中使用了晦涩难懂的语言。有一些人记得在广播中听到了"朕"(chin)这个词——朕是天皇的专用词——由此，他们确认，他们听到的确实是天皇的声音。在讲话中，天皇为日本袭击珍珠港辩护，提到了美国使用"新的、极端残忍的炸弹"。天皇的讲话中，一次也没有提到"战败"或"投降"字眼，他只是说"战争的形势对日本不太有利"，他把日本的投降决定描述为英勇和人道之举——如仍继续作战，则不仅"导致我民族之灭亡"，且将"破坏人类之文明"。天皇劝导日本国民"忍其所难忍，耐其所难耐"并且"笃守道义，坚定志操"。

日本各地的反应是迅速、深刻而复杂的。在东京的陆军军官们痛哭流涕；在东京以及日本各地的民众都欢呼起来。有一小群人跪在皇宫前，向天皇鞠躬。铃木首相辞职了。日本的高官们疯狂地烧毁文件，以免在战争审判中被作为定罪的证据，

第三章 余 烬

高官们还销毁或散发了大量的食品和生活用品，那是他们在战争期间偷偷藏起来留作自用的。在西部方面军总部的福冈驻屯地，士兵们给战俘戴上手铐，蒙住眼睛，总共杀掉了17名盟军战俘。一些日本军官不肯承认战争结束，他们号召将士们一起歼灭敌人，但是他们的情绪冲动并没有酝酿成大规模的行动。8月17日，除了还没有收到投降消息的边远战区之外，日本帝国陆军和海军已停止所有军事行动。

大约350名军官，包括陆军大臣阿南惟几，因为自惭无能以致战败之罪而切腹自杀（用短剑剖开腹部的自杀仪式），切腹是武士道精神的一部分，武士道是日本以前的武士阶层的道德规范。在1948年10月前，又有近200名军官和士兵自杀，还有几名文官也自杀了。

然而，日本各地的很多人还没有完全理解天皇说了什么，他们通过听广播和看报纸上的解读，理解了天皇的讲话内容。当人们认识到日本已经投降了——在以前，日本士兵被禁止投降，日本国民若是有投降想法就会被视为叛国——他们相互拥抱，或者倒在地上，内心充满矛盾和痛苦。他们因为日本战败而伤心欲绝，因为大量日本士兵丧生而极端痛苦，因为战争苦难结束了而感到宽慰——他们还感到愤怒和困惑，因为政府一直在欺骗他们，因为失去了被灌输的"神圣"意志（日本人多年来一直被教育"为天皇而战"）而感到困惑。成千上万的日本家庭还感到庆幸，因为他们家的儿子或父亲就要从战场上归

123

来了，他们希望当兵的家人不要像被教导的那样，宁可自杀也不投降。

对于长崎市的很多生还者来说，他们清楚地记得在宣布投降时他们在什么地方。天主教徒们正在庆祝圣母升天节（每年8月15日），弥撒后聚餐，纪念圣母玛利亚蒙召升天。一位母亲正在城山町寻找她的女儿，她在一所未被摧毁的房屋外面收听了天皇的广播。当广播结束时，她静静地站着，茫然地望着周围的一片废墟，然后又开始继续寻找她的孩子。一个男人刚刚收集了木柴，正准备火化他妻子的尸体。他的3个幼子都在原爆中死了，他在原爆废墟中的一个榻榻米垫子上找到了受伤的妻子，他们襁褓中的儿子的尸体就在妻子旁边。在随后的几天里，他的妻子越来越衰弱，她的乳房涨奶疼痛，她恳求他吮吸她的乳房，以缓解她的疼痛。8月15日午后，他站立在临时搭建的火化台木堆旁，看着妻子的尸体火化，他附近的一所房子里有一台收音机，他听到广播里正在播放日本国歌。在长崎市以外的一所医院，一个15岁的女孩坐在医院的候诊室里，手里捧着一个仍有余温的骨灰缸，那里面装着她妹妹的骨灰，正在此时，她听到一个军官情绪激动地喊："日本投降了！我们被打败了！"

调来助医生（Dr. Shirabe Raisuke）是长崎医科大学的外科教授，当战争结束的消息传来时，他正走在外面的一条路上，他从附近居民那里听到了这个消息。他的长子诚一（Seiichi）

第三章 余 烬

在原爆中受重伤,那天晚些时候,诚一向他倾诉了自己对战争的憎恶之情,在此之前,谁都不敢表露出这种情绪。

秋月医生没有收音机,但当他听到日本投降的消息时,他哭了,不是因为他的国家投降了,而是因为战争的结束来得太迟了。

在投降的那一天,谷口、吉田和堂尾都没有及时得知消息。在部分被毁的自家房屋里,和田通过他父亲的收音机,收听了天皇的广播。虽然他不能完全理解天皇的讲话,但是他深深地松了口气,日本终于要和平了。然而,长野的经历更典型,也更接近于长崎市的许多生还者的反应。当天皇讲话的消息传遍长崎市时,长野和她的父母都在防空洞里。"生还者相拥而泣,"长野回忆道,"'为什么?'我们问,'为了试图赢得战争,我们付出了一切!我们的付出有什么意义?这么多人死亡。这么多房屋被毁。我们现在该怎么办?我们该怎么办?我们该怎么办?'"

第四章 暴　露

自从日本投降,各地就开始传谣言,说美军很快就会在日本海岸登陆。由于害怕敌军虐待平民,成千上万的日本人从沿海地区逃到内陆。长崎市的地方官员敦促妇女们离开这座城市,女护士们也可以向医院请假,暂时逃出长崎市。还有许多人家随身带上他们的贵重物品,带上尽可能多的食物,举家逃到山里躲起来。

堂尾的父母也认为他们一家人应该逃到山里去,但是由于堂尾伤得太重,不能和家里人一起逃,他们决定,她的父亲留下来照顾她。堂尾的母亲急忙收拾了包裹,带上一些饭团、几壶水,为她自己和3个孩子带上了几件换洗衣服。在离开之前,堂尾的父母把她抬起来——她躺在铺着垫子的担架上——放在房屋的天花板和屋顶之间的空隙里。当只有她和父亲留在家里时,在晚上,借着烛光,她可以看到父亲在下面。然而,每当看不到父亲时,她就感到非常孤独、非常害怕,不知道接下来会发生什么。堂尾一直藏身于椽子上,直到母亲和弟弟妹妹在3天后返回家中,那时这场恐慌开始平息。

第四章 暴 露

美军在日本投降后的那个星期没有到达长崎市，但是对于堂尾来说，她所担心的难以想象的未来在几个星期后突然变为现实，她的身体开始出现一系列新的、无法解释的症状：高热、腹泻、脱发，她的牙龈发炎，在她受伤的身体上，出现了大量的紫色斑点。在原爆后，一直为她做治疗的退休军医对她的父母说，她活不了几天了。他建议他们"给她做点儿好吃的，让她平静地离世"。

堂尾的父母希望能让女儿吃点儿米饭，但是他们没有大米。他们只好让她吃小红薯，那是他们在自家附近种植的。堂尾的口腔发炎了，她的母亲把红薯蒸熟并捣碎，一勺一勺地喂她，把红薯泥送入她的口腔深处，温柔地鼓励她吃下去。她后来得知，由于她家附近没有火化台，她的父亲曾收集了木柴，并保存了一些煤油，留作火化她的尸体之用。

由于闭门不出，堂尾不知道的是，在原爆后一个星期内，长崎市及周边地区有数千人也像她一样，开始出现各种症状——高热、头晕、食欲不振、恶心、头痛、腹泻、血便、流鼻血、全身疲乏无力。他们的头发大片地脱落，他们的烧伤伤口流出大量的脓液，他们的牙龈肿胀、感染、出血。与堂尾一样，他们的身体上出现了大量的紫色斑点——"紫色斑点起初是针眼大小，"一位医生回忆说，"但是几天内就增大到米粒大小或豌豆大小。"紫色斑点是皮下出血的征兆；注射的进针部位也会出现紫色斑点，还可能会感染，针孔不愈合。身体的其

127

他部位，包括大肠、食道、支气管通道、肺和子宫也可能会有严重感染。出现了最初症状之后，很多人在几天内就会变得神志不清，说胡话，在极度痛苦中死去；还有一些人病得很重，拖上几个星期，然后可能死去，也可能逐渐恢复健康。即使是在原爆中没有受外伤的那些人，也可能在随后几天就生病和死亡。即使是在原爆后进入原爆区的救援人员和受害者的家人，也可能会很快就身患重病。

长崎市被恐惧笼罩。当这种先出现各种症状，然后就会生病和死亡的状况变得清晰时，有些人每天早晨都要检查一下自己有没有出现掉头发的症状，看看自己是不是也快要生病和死了。由于人们相信这种病症是传染性的，长崎市以外的很多人家都把原爆受害者拒之门外，碰到从长崎市逃出来的饥饿的人们，长崎市周边的一些农民也拒绝给他们提供食物。

起初，秋月医生和其他医生们怀疑这种怪病可能是痢疾、霍乱，或者也可能是某种类型的肝病。另一些人认为这种怪病是炸弹释放的有毒气体造成的。然而，到了8月15日，日本科学家已证实长崎遭受了原子弹轰炸，医生们推断，在长崎市导致很多人死亡的这种怪病看似是传染病，但其实是与核辐射和核污染有关。这一发现有助于排除传染性疾病和其他病症，但并不能缓解人们的忧虑，因为人们认识到了令人困惑和可怕的真相——原子弹具有无形威力。长崎市的人们一个接一个地死去。秋月医生把这种情况比作14世纪欧洲黑死病的大流行。

第四章 暴 露

一家人围在火化台的火堆旁边，1945年9月中旬，距离原爆点约1 200米。（松本荣一［Matsumoto Eiichi］拍摄/《朝日新闻》通过盖帝图像获得的照片）

看着在医院院子里火化台上进行的火化，秋月医生思忖着，不知道自己是否也很快就会死去，自己的尸体也会在这里被火化。"生或死是运气的事、命运的事，被火化的那个人与火化那个人的医生之间的分界线是很小的。"

在8月底和9月初，长崎市出现了第二波核辐射疾病和死亡。在浦上第一医院，秋月医生和全体医护人员都出现了恶心、腹泻和疲劳等症状，他回忆道，"病倒之后，我觉得自己就像被人痛揍了一顿那样浑身难受。"

长崎医科大学医院的外科教授调来医生也生病了，他的大儿子诚一刚刚去世，在悲伤的同时，他还在忙着寻找小儿子浩

129

二（kōji）的遗骸，浩二是一名医学生，原爆时在长崎医科大学的教室里听课，后来一直都没有回家。调来医生的最初症状是疲劳，他觉得特别累，几乎什么都干不了，但是在当时的情况下，他仍然和妻子以及3个女儿一起走到长崎医科大学的废墟中，再一次去寻找小儿子的遗骸或骨灰。调来医生身材高大，皮肤黝黑，有一双深邃的眼睛，他困惑地凝视着长崎医科大学的那一片废墟。"几百只乌鸦在那片废墟上空飞翔，"他回忆道，"俯冲下来抢着分食死尸身上的肉。"调来医生和他的家人们在废墟中搜寻，他的小女儿发现了一条破烂的蓝色羊毛裤，这可以说是他儿子死亡的最终确认：腰带环上缝着调来助医生的侄子的名字，他的侄子在离开长崎去战场之前把那条裤子送给了他儿子以作留念。调来医生充满哀伤，和他的家人们从儿子被烧死的那片废墟中收集了一些骨灰，带上骨灰回家了。

几天后，调来医生病倒了。他的身上遍布着紫色的小斑点，正如他所看到的，他的病人们在临死之前也是全身布满紫色的小斑点。在接下来的几个星期，他很虚弱，转一转头的力气都没有，他白天和夜晚都充满焦虑，为家人们的未来担忧。然而，有一天，一名医学生来看望他，请他喝一种无毒酒精与糖水的混合饮料。调来医生起初不肯喝，但是后来抿了一小口。"入嘴之后，我觉得这味道好极了，"他回忆说，"我喝了一整杯，我的身体暖和起来了，我发现我在说话的时候不感到

第四章 暴　露

疲倦了。"他开始在进餐时喝少量葡萄酒，虽然不能肯定这是身体转好的原因，但他感觉身体开始强壮起来，他身上的紫色斑点也开始消退了。

虽然调来医生的身体仍然虚弱，他为儿子们的死亡而悲伤不已，也为长崎医科大学的未来感到忧虑，但他已经重新开始工作了，开始救治在原爆中受伤和遭受核辐射的人们。那年秋天，在由美国和日本的研究人员组成的一个联合小组的邀请下，调来医生主持了对 8 000 多名原爆受害者的伤情和死亡情况的详细调查。调来医生和他的团队，包括 50 名医学生，以及来自长崎医科大学和川棚共济医院（Kawatana Kyosai Hospital）的 10 名医生，在极端艰苦的条件下进行了几个月的调查，走访了新兴善町（Shinkōzen）和附近街区的原爆受害者，对他们进行当面访谈和身体检查，分类整理了他们的受伤、生病、死亡率以及与各种因素的相关性，包括与原爆点相距多远、是否有屏蔽物、是否得到救治、疏散情况、性别，还有就是原爆导致的多重伤害的程度。

9 月初，长崎县发布了一个公告——可能与美国报纸上报道的一位美国化学家的（不准确）评估有关——指出原子弹在浦上地区造成了对"所有生物体的毁灭性影响"，在以后 70 年，该地区将成为不毛之地，没有树木或植物能够生长。长崎市的官员们建议在浦上地区生活的人们全部搬迁。在原爆后，

131

有办法的人家早已逃离了,留在长崎市的人们面临着更大的恐慌,他们以为他们的城市即将消亡。与此同时,暴雨淹没了长崎市,降雨量超过30厘米,浦上地区洪水泛滥,估计有700多户人家仍住在废墟中,他们搭建的临时棚屋被大水冲走了,防空洞也被冲塌了。

当洪水退去,那些人家或者重新搭建了简陋的小棚屋,或者睡在火车站的地板上,或者居住在被烧毁的火车车厢里。日本军队已被解除武装,他们不再提供救援支持了,由长崎县政府提供的救援食品和物品也很难送达,因为公路仍然无法通行,有轨电车还没有恢复运营,很多受害者由于伤病缠身而去

山里町（Yamazato-machi）的原爆废墟,从原爆点（在右侧）通往浦上天主堂（在左侧,未显示在照片中）的那条路,1945年10月。（林重男拍摄/长崎原爆资料馆提供的照片）

不了分发站，无法领取救援食品。在长崎市的盟军战俘们现在可以收到美军飞机用降落伞投放的食品和医疗用品，除了他们之外，长崎市的人们都无法获得足够的食物。长崎市的供水系统还没有修好，人们通常需要走很长的路，才能找到有水的水井。一个8岁的男孩子喝了摆放在墓地中的花瓶里的水。为了取水，两个年轻的女孩子每天都要从一个学校操场（那里已变成火化场，遍地都是骨灰和人骨碎片）穿过。有些人在河里洗衣服，腐烂的无名尸体在他们旁边漂浮着。

第二波的核辐射疾病和死亡一直持续到10月初。和田也病了，他是在原爆后进入浦上地区和原爆点的，并且在那里待了很长时间，寻找他失踪的同事，火化尸体，清理有轨电车轨道上的石块和废墟，与他一起参与救援的很多人都病倒了，出现了核辐射相关的疾病症状。他开始便血和尿血，他的头发也开始脱落。"那个时候，我们没有洗发水；只有肥皂。我想或许脱发是用肥皂洗头所导致的，因此我就开始只用清水洗头。但是头发仍在不停地脱落。最终，我的头发掉光了，成了秃头。"

在少数几家医院，有一些核辐射疾病患者得到了治疗，用上了减轻体内出血和缓解疼痛的药物。但这是极为少见的情况。由于药物短缺，医生们和患者家属们都在使用自创的救治方法。为了救治核辐射疾病患者，一些医生采用的方法包括给患者输血，让患者吃新鲜的动物肝脏，以促进体内的白细胞生成，给患者输液补充大剂量的葡萄糖和维生素 B、C、K。秋月医生一直都对营养治疗学很感兴趣，他要求医护人员和患者遵循高盐、无糖的饮食法，以维持体内血细胞的健康——他认为这种饮食法促进了他自己和一些医护人员的康复。调来医生建议患者喝清酒。在长崎市外的农村地区，有一些医生建议患者在天然的矿泉温泉里泡一泡。在家里照顾核辐射疾病患者的母亲们和祖母们也是想尽办法，她们每天早晨让患者吃一个生鸡蛋，还要使用桑茶、墨鱼、中药熬制一种苦茶，让患者服用。和田的祖母坚持要他喝柿叶茶。"那个茶特别难喝，"他承认，"但是我的祖母一遍又一遍地跟我说，如果我不喝那个茶，我的病就不会好起来——于是我咬咬牙，坚持每天把茶喝下去。"照顾者也没有办法挽救核辐射患者的生命，握住即将死去的孩子的手，抚摸一下患者的后背或额头，说几句安慰的话，这通常就是他们所能做的一切。

有些人虽然还没有出现核辐射疾病的症状，但是他们生活在持续的焦虑中，他们不知道自己哪天就会病倒。浦上第一医院位于本原山山顶上，在秋月医生看来，核辐射疾病致人死亡有一个明确的地理路径：最先发病和死亡的那批人都是在原爆时躲在山脚下城西女子高中（Josei Girls' High School）的防空洞里，紧接着，住在山上的人们也开始出现核辐射疾病，发病的先后顺序与他们的住所距离原爆点的远近有关。过了一段时间，住在半山腰的那些人开始发病，住在他们上面的（更靠近

第四章 暴露

山顶）邻居把他们抬到了秋月医生那被烧毁的医院——随着时间的推移，住在更靠近山顶的那些人也开始出现了核辐射疾病的症状。"最开始是前川一家人，紧接着是松冈一家人，然后是山口一家人，他们都患上了核辐射疾病。"秋月医生回忆道，"我把这种疾病的蔓延方式称为'死亡的同心圆'。"山口先生是秋月医生的邻居，山口先生家里有13个人死于核辐射疾病。当他家里的某个人死了之后，山口先生就把尸体扛到墓地，挖坑埋葬，并请牧师祝祷。每次的安葬仪式结束后，他就返回家中照顾其余的家人，他的一大家子人都病倒了。"他们先后死去，一个接一个，"他跟秋月医生说，"等我死的时候，谁来为我请牧师呢？当我死后，谁来挖坑埋葬我呢？"

长崎市的医生们迫切想要弄明白并阻止这种神秘疾病的肆虐，但是他们没有设备和条件进行研究。然而，在位于长崎市东北方的大村市，在设备齐全的大村海军医院，时年25岁的盐月正雄（Shiotsuki Masao）医生正在那里接受培训，医院里每天都会有很多尸体被运送到埋葬场或火化场，他开始进行一项艰巨的研究，对尽可能多的尸体进行解剖。

3个星期前，在原爆的当天晚上，有758名受害者被送到该医院。其中100人还没到第二天早晨就死去了，在随后几天，该医院又收治了1 000多名受害者——其中大多数是由救援人员从长崎市运送过来的工厂工人、学生和家庭主妇。该医院狭小的两层建筑里,每一间病房都住满了患者——有时候,40名患者挤在一间病房里——他们都在原爆中遭受了严重的烧伤和创伤,伤口深及他们的内脏器官,盐月医生三天三夜没睡,忙着救治患者,尽管他只是一名正在接受培训的医生。当核辐射疾病的症状开始出现时,患者们就会迅速死亡,有时候,他所能做的就是走到已死亡的那些患者身边,一个接一个地开死亡证明。起初,患者们还不知道掉头发可能是死亡的一个前兆,盐月医生轻柔地用手抚摸患者脑袋上头发还没有掉光

大村海军医院是原爆后该地区仅存的一家设施完备的医院,位于长崎市以北约3.54公里,大量的原爆受害者被送到该院。该院的一名年轻医生盐月正雄在这里进行了最早期的对原爆死者的尸体解剖,以研究其死亡原因。(美国陆军病理研究所/长崎原爆资料馆提供的照片)

第四章 暴 露

的部位。"烧伤后通常会掉头发，"他用谎话安慰他们，"过几天就会好起来。"在他看来，这是他所能提供给患者的最人道的关怀，因为这些患者已经病入膏肓，但他们还不知道自己很快就会死亡。

盐月医生早在 8 月 13 日就开始进行研究，当时他还不知道轰炸长崎的炸弹的性质，也还不知道这些神秘症状是核辐射导致的。他刚开始的研究包括给患者拍照片，进行 X 射线检查，书写病历，详细记录患者们的病情进展情况，接受了何种治疗，以及最后是好转还是死亡了。他的患者们因全身暴露于核辐射而死亡，他在病历上写道："患者的心脏或循环系统没有受到明显的损伤，但在临死之前，患者的血压骤降。由于高热或全身衰弱，患者很容易并发肺炎。在此期间，患者的体温越来越高。在最后阶段，患者的体温达到最高点；然后突然体温下降，患者就死掉了。一些患者会出现严重的视力模糊，还有一些遭受了颅脑损伤。如果患者没有遭受颅脑损伤，那就不会出现意识模糊的情况。事实上，尽管高烧不退，他们大多是非常平静和清醒的。"

然而，对于盐月医生来说，外在的观察患者似乎还不够。为了克服自己的绝望和无助感，他开始执着于一个想法，对患者的尸体进行解剖，以观察和记录患者体内所受到的损伤。作为一名年轻医生，盐月医生觉得自己太缺乏医学经验，他还不能完全理解在尸体解剖中所看到的一切，但是他热切地希望，他留下来的尸检标本和书面记录可以为更有经验的医生提供宝贵信息，供以后分析搞清病因。

大村海军医院没有尸检室，盐月医生和一名男护工麻衣康正（Iyonaga Yasumasa）在该院的一间停尸房里设置了一个工作空间。"房间里又热又闷，"盐月医生回忆道，"房间里有一个带罩的灯泡，在昏暗的灯光下，我们把一具尸体抬到用棺材搭的桌子上，祈祷，然后就操起手术刀，进行尸检。体内组织遭受了多么可怕的损害！当解剖尸体时，我多少次都被惊得倒抽一口气或发出叹息。尸体内部的静脉血管严重破损破裂，血液渗出到体内的各种组织中。"

盐月医生对很多尸体做了解剖，有一些常见的发现，包括肺和肾脏的出血，肠系膜、脾脏和肾脏的外膜上有血栓形成。他在尸检中还观察到了脑内出血，大肠上有白色斑点，以及肝脏、脾脏、肺脏的破裂。患者死前的血液检查结果通常是，白细胞计数比正常低90%以上，血红细胞计数是正常水平的一半，血红蛋白显著降低。

"没有人知道这些神秘症状何时就会突然出现在谁的身上，致使其病入膏肓，"盐月医生写道。当他自己生病时，他的血液检查情况是，白细胞计数比正常低50%——他认为，这是他与遭受核辐射的人们接触过多所致。他使用葡萄糖和维生素注射液给自己做治疗，同时坚持工作，过了10天，他就恢复健康了，他将此归因于他的体力好并且治疗得早。他和麻衣康正

第四章 暴　露

一起解剖了很多尸体，他们从受到核辐射的尸体中取出脏器作为标本，将标本保存在装有甲醛溶液的玻璃罐中，那些玻璃罐就放在地上，后来，他们找了一个空着的小储藏室，在那里堆放了更多的标本罐。该院的一位领导认为，在日本遭受战败之辱的情况下，盐月医生的研究是没有必要的，因此，盐月医生就开始把那些标本罐藏在停尸房的木嵌板与外墙之间。"对于没有专业经验的人来说，"他解释道，"从尸体中取出的器官标本只不过是怪异的肉块。但对于我们来说，它们是一个可怕的悲剧的有力证据。"

在9月中旬，盐月医生从海军退役了，他被要求返乡回到东京。他最关心的是如何把标本罐保存好，可以想到，在他离开之后，那些标本罐就会被销毁。把标本寄回东京不是一个可行的办法，因为日本当时的邮政服务很混乱，那些标本很可能会被寄丢。他唯一的选择就是自己携带标本回家，在自己的包裹里塞入尽可能多的标本罐。他原来打算为了存活带上尽可能多的食物，因为东京大都被燃烧弹摧毁了。然而，盐月医生改变了主意，他用报纸、袋子或衣服把标本罐子裹好，放在随身的行李包裹中。与患者们告别之后，他把装满标本的行李包背在背上，又拎起几个包裹（装着他的个人物品和其他的一些标本），然后就动身回家了。

盐月医生乘坐的火车驶出了大村车站，那趟火车很拥挤，

长　崎

车厢里挤满了退役的日本士兵。他很幸运地抢到了一个座位，但是没过几个小时，一个士兵从他身边经过，在晃动的车厢中没站稳，正好踩在他的行李上。他行李中的甲醛溶液漏出来了，流淌到车厢的地板上，散发出刺鼻的气味。甲醛还刺激眼睛，人们的眼睛开始有烧灼感。当一些乘客情绪激动时，盐月医生解释了这种气味的来由，为此道歉，请求乘客们忍耐一下。但是车厢里混乱不堪。有一些士兵急了，要求他把行李从车窗扔出去。盐月医生坐在座位上，低头不语，他想要保住研究标本。有一位指挥官在早些时候和盐月医生说过话，那位指挥官突然站起来吼道："你们以为保存在甲醛溶液里的是什么？那是长崎市特殊爆炸中死难者的内脏器官。这位医生在继续他的研究，为那些受害者的安息祈祷。甲醛的气味很快就会消失，忍耐一下，等到气味消失了就没事了。"大家都安静下来，在随后的旅程中，盐月医生没有再遇到其他事件。

他乘坐了两天两夜的火车，终于到达了东京。到家后，他打开行李包，发现只有一个罐子被碰碎了。两天后，他重新把那些标本罐子装在包裹里，启程回母校，他曾经在东北大学（Tōhoku University）获得了医学学位。到了学校，他把那些标本平分给了病理科和外科部，"并且祈祷，"他后来写道，"这些医学数据有益于人类和平。"原爆以来，他第一次感到，战争终于结束了。

第四章 暴 露

* * *

在投放原子弹之前，美国科学家既没有研究日本人遭受大剂量核辐射之后可能会出现什么健康问题，也没有研究和开发针对急性辐射综合征的治疗方法。没有进行这些研究，并不是因为他们没有认识到核辐射对人体的危害。在20世纪20年代，国际X射线和镭保护委员会（International X-Ray and Radium Protection Committee）发布了世界上的第一个安全标准，既针对使用放射性物质的专业人员，也针对接受X射线检查的患者或身体局部接受放射治疗的癌症患者。到了20世纪40年代，在世界各地，已有很多科学家在研究小剂量的核辐射对人体器官、组织及细胞的潜在危害。在研制原子弹的过程中，美国的科学家也知道暴露于核辐射的危险，在曼哈顿计划的各个实验室，对于放射性物质的操作、卫生、通风，放射性监测程序都有严格的规范。在某种程度上，美国科学家和军方领导人也很清楚，原子弹爆炸时释放出强烈的核辐射，对人体的危害很大。在1945年5月的一份备忘录中，曼哈顿计划的科学负责人罗伯特·奥本海默医生（Dr.J.Robert Oppenheimer）写道："在爆炸的同时会释放出强烈的核辐射，如果附近人员没有采取屏蔽防护措施，在距离原爆点约1 600米半径的范围内，核辐射可能会致人受伤，在距离原爆点约965米半径的范围内，核辐射可能会致人死亡。"

然而，原子弹被研发出来，紧接着就被投放到广岛和长崎，研究人员并没有认真考虑瞬时暴露于大剂量的核辐射对人体的危害。"在洛斯阿拉莫斯（Los Alamos），设计和制造成功原子弹是研究人员的首要任务，"曼哈顿工程特区医务主任、放射学家和医生史丹佛·瓦伦（Stafford Warren）写道，"曼哈顿计划的科学家和工程师们都在忙着解决原子弹的设计和制造问题，你很难说服他们去考虑一下原子弹引爆后的核辐射问题。他们最关心的问题是，他们设计的几种类型的原子弹能否引爆成功，如果能够引爆成功的话，爆炸的威力有多大。"时间紧也是一个因素，当科学家在新墨西哥州沙漠成功试爆了钚弹之后，他们只有3个星期来准备在广岛投放原子弹，对于试爆后的核辐射问题，他们几乎没有时间来研究。由于没有实证研究，他们不知道原爆后的放射性物质将会波及多远的距离，虽然他们知道在日本投原子弹将会危及数以万计的平民，但是他们不知道核辐射将会对人体的内脏器官造成多大程度的损害。

在没有实证研究的情况下，美国科学家和军方领导人作出了推测。他们认为，原爆的冲击波和热辐射是极具杀伤力和破坏性的，而爆炸时的放射性物质将会随着蘑菇云上升。因此，在广岛和长崎投原子弹的飞行员都接受了训练，他们被要求在投弹后的一分钟之内驾驶飞机离开，以避免因为距离放射性云层太近而遭受核辐射。美国科学家还认为，对于原爆发生时的

第四章　暴　露

人们来说，即使遭受了致命剂量的全身核辐射（核辐射的致命剂量尚未经试验确定），在出现急性辐射综合征之前，他们就已经在原爆冲击波的作用下丧生了。

至于核辐射残留对人体的影响，美国科学家更是来不及研究，核辐射残留可能来自放射性落下灰（在一些科学家的预料之中），或者原爆区的土壤和废墟吸收的放射性物质（由于距离原爆点的高度，没有几个科学家预料到这一点）。对于原爆后的核辐射残留水平，曼哈顿计划的负责人莱斯利·格罗夫斯将军（General Leslie Groves）给出了相互矛盾的评估，他声称在原爆后 30 分钟内美军地面部队就可以安全地进入原爆区。然而，在原爆后，美军地面部队进驻广岛和长崎之前，格罗夫斯将军命令美国研究小组到这两个城市检测核辐射的水平，通过实地检测来验证他的推测。

美国科学家和军方领导人对于核辐射缺乏实证研究，又作出了严重错误的推测，而且他们想要维护美国的声誉，这促使他们激烈地反驳日本人所说的核辐射疾病：日本声称，原爆后的几个星期至几个月内，广岛和长崎的很多人都患上了核辐射疾病。在 8 月下旬，美国和世界各地的媒体都转载了日本媒体关于核辐射疾病的报道，格罗夫斯立即反驳，说这些报道是纯粹的政治宣传，未被美国的科学研究证实。由于美国和日本的战争刚结束，在战争期间，美国和日本都是利用媒体来传播敌人的负面形象，格罗夫斯有理由认为，日本媒体故意夸大了广

143

岛和长崎的原爆受害者的痛苦。然而，日本媒体关于核辐射疾病的报道是真实的——格罗夫斯并没有指出，日本人所说的辐射疾病和死亡之所以未被美国的科学研究证实，只是因为美国科学家还没有进行过此类研究。

即使在私下里，格罗夫斯也坚持自己的立场。曼哈顿计划的一个秘密研究基地位于田纳西州的橡树岭小镇，8月下旬，与橡树岭医院的临床医疗部主任进行电话交谈时，格罗夫斯坚持认为，日本的核辐射疾病报道是试图获得同情，广岛和长崎的死亡人数之所以不断上升，是因为救援人员在原爆后的几个星期不断地从废墟中发现更多尸体。8月21日，在洛斯阿拉莫斯国家实验室，物理学家哈里·达格利恩（Harry Daghlian）在有关钚制核心的一次事故中，意外地受到大剂量的核辐射。达格利恩患上了严重而痛苦的核辐射相关疾病，症状类似于广岛和长崎的原爆受害者，他在25天之后就去世了。尽管如此，无论是在公开场合还是在私下里，格罗夫斯的立场都没有改变。

在8月底和9月初，格罗夫斯以及美国的其他官员试图压制有关核辐射疾病的讨论——这种讨论会使人们质疑美国对日使用原子弹的道德性——他们坚持己见，认为美国使用原子弹是合法的，认为原子弹对于战争的结束起了决定性作用。格罗夫斯还把话题转向原子弹的科学研制，并强调日本的战时暴行。"原子弹不是一种不人道的武器，"他在《纽约时报》撰文

第四章 暴 露

声称,"对于怀疑这一点的任何人,我认为我们最好的答案是,我们没有发动战争,如果他们不喜欢我们结束战争的方式,记住谁发动了战争。"

9月2日,日本投降的签字仪式在停泊于东京湾的密苏里号战列舰上举行,在此之后,美国的媒体报道与长崎和广岛的实情更加脱节。摆脱了日本战时严格的新闻审查制度,日本媒体最初得到的消息是,道格拉斯·麦克阿瑟将军(General Douglas MacArthur)——担任驻日盟军总司令(SCAP),而这位美国驻日占领军的最高统帅——是新闻自由的热情倡导者。然而,麦克阿瑟将军抵达日本后,要求记者和媒体组织必须遵守严格的指令,特别是指出了不允许报道的内容——其中包括长崎和广岛的核辐射疾病的任何细节。在9月初,日本的两家大媒体因违规报道而被暂时封禁——其中的一家媒体发表文章痛斥了原子弹的惨绝人寰,并指出,如果没有原子弹的话,日本可能会赢得这场战争;另一家媒体发表了一位政治家的声明,称美国对日使用原子弹违反国际法,构成战争罪。作为回应,麦克阿瑟将军暂时封禁了这两家媒体。

9月18日,麦克阿瑟将军发布了盟军占领区的新闻规则,结束了战后日本新闻自由的最后希望。美国官员在战争结束前就制定了全面和严格的规则,要求日本的所有新闻报道必须"真实"——这被定义为不包含编辑评论的色彩,没有"对盟国的不真实或破坏性的批评",并且没有对美国占领军的不满。日本主要报纸和其他出版物都被置于事先审查制度之下,必须将所有文章和出版物的原件提交到占领军的审查办公室,批准后才能印刷出版。日本的图书、教科书、电影以及进出日本的邮件信函都受到严格审查和控制。此外,审查制度的存在也被禁止提及。关于原爆和核辐射疾病的所有媒体报道和公开讨论都突然停止了——记者们也不能公开说这是为什么。

在日本的外国记者也受到严格限制,只有在递交申请并获得盟军总部批准后才能进行采访。他们必须把自己所写的采访文章提交给驻日占领军审查员,经过批准后才能在媒体上发表。为了控制关于原爆的新闻报道,美国战争部在9月中旬组织一些记者去广岛和长崎采访,在那之后,外国记者只被允许在有陪同的情况下采访日本北部的战俘营。

两位记者——一位来自美国,一位来自澳大利亚——设法秘密地前往长崎和广岛,并且把所见所闻记录了下来。《芝加哥论坛报》(Chicago Tribune)的乔治·韦勒(George Weller)在9月初找到机会,驻日占领军的新闻办公室邀请一些记者去日本南部参观一个简易机场,那个简易机场被用来给在日本与关岛之间飞行的美国飞机补充燃料。乘飞机到达九州南端的小镇之后,韦勒甩掉了陪同人员,自行前往火车站。经过24个小时,换乘了多趟火车之后,他到达了长崎市的郊外。韦勒冒充美军上校,他来到长崎市的军部,那里的一位日本军官相信

第四章 暴 露

了他编的故事,立即给他提供住处、食物、一辆汽车,并且派了两名宪兵,负责把他每天写好的稿件送往东京。

在接下来的几个星期,韦勒在长崎市的废墟中走访,目睹了核辐射导致的严重疾病,他将之称为"X病"(Disease X)。他采访了长崎市的医生们,听他们从医学角度分析核辐射对人体不同器官的影响。他还探访了长崎市的两个战俘营,战俘们和他聊天,问他关于体育、世界新闻、美国流行男歌手法兰克·辛纳屈(Frank Sinatra)等方面的问题。每天晚上,借着灯光,韦勒在打字机上撰写稿件,把稿件装在印有"总审查员,美国占领军总部,东京"的信封里,然后请两名宪兵把稿件送交到东京。

韦勒从来没有收到回复。多年后,他才知道原因,麦克阿瑟的新闻审查员因为他违反规则而很气愤,他的那些稿件都被禁掉了。在抵达长崎市3个星期后,韦勒搭乘运送战俘的美国医疗船去了关岛。

他随身带着他撰写的所有稿件的打印副本,但是后来由于放错了地方,直到60年后,这些稿件才重见天日。

澳大利亚记者威尔弗莱德·伯切特(Wilfred Burchett)也设法避开麦克阿瑟的禁令,自行抵达日本南部。在美国战争部批准一些美国记者去广岛和长崎采访之前,伯切特已私自潜入广岛,他是在这座被摧毁的城市进行采访的第一个外国记者。伯切特发出的第一篇新闻报道包括对核辐射相关疾病和死亡的详细描述——格罗夫斯已经坚决否认了与此相关的信息。在一个日本人和一名澳大利亚记者的帮助下，他避开了在东京的美国占领军审查员，通过摩尔斯电码（Morse code）将稿件直接发送到伦敦。他的文章被刊登在英国《每日快报》(Daily Express)的头版，在世界各地广为传阅。

美国官员们被激怒了。托马斯·法雷尔将军（General Thomas Farrell）——格罗夫斯的副手、曼哈顿计划副总指挥——正在日本视察，以确保即将进入广岛和长崎的美国占领军的安全，伯切特在9月7日回到东京，参加了由法雷尔主持的一个新闻发布会。根据伯切特的记述，在新闻发布会上，法雷尔坚决驳斥了伯切特所说的核辐射污染，并且坚持认为，伯切特所看到的情况是原爆的冲击波和热辐射导致的人体损伤和烧伤。在激烈的争论中，伯切特说自己看到了核辐射效应的证据，例如在广岛市郊的一条小溪中，游进这条小溪的鱼儿都死了。法雷尔反驳说："我担心，你已经落入日本政治宣传的圈套了。"

接下来的一个星期，法雷尔将军带领曼哈顿计划的一个调查小组进入广岛和长崎，与日本的一些官员的评估相反，美国的科学家确认——在这两个城市的原爆点以及黑雨降落的区域，尽管核辐射程度高于正常值——核辐射程度已经足够低，美国占领军可以安全进入原爆区。科学家留下来作进一步的研

第四章 暴　露

究，与此同时，美国陆军、美国海军、美国战略轰炸调查团也都派出调查小组来到广岛和长崎，调查和记录原爆的冲击波、热辐射和核辐射的影响，为美国的核武器发展提供资料，这也有助于美国加强民防措施，防御潜在的核武器攻击。他们的所有调查研究结果都是美国的国家机密，禁止在日本发布。

日本的一些科学家在广岛和长崎开展独立的调查研究，美国占领军要求他们把所有研究成果都交给美国科学家，在某些情况下，他们被要求放弃独立的自主研究，接受美国调查小组的领导。某些日本研究者，包括调来医生能够静悄悄地继续关于原爆疾病和死亡率的研究，不过等到占领结束之后才能发表研究成果。在据为己有的政策下，美国的调查人员还控制了原爆受害者的医疗记录、尸检标本、血液样本和组织活检样本，并将其运到美国，供进一步分析之用。

美国的军事警察逮捕了日本电影公司的几位职员，他们当时正在长崎市拍摄影片，记录这个城市遭受的破坏和核辐射对生还者的影响。他们在广岛和长崎拍摄的所有胶片都被没收了，然而，当美国的调查人员认识到了这些黑白胶片的珍贵价值——不可能重复，"直到下次开战时才有可能再投另一颗原子弹"——他们命令日本的电影制作人完成拍摄与剪辑，然后把影片提交给美国。五角大楼的官员们在1946年观看了这部影片的试映，这部影片被禁止公映。

法雷尔发给格罗夫斯将军的调查报告以及美国的许多研究

149

都证实，原爆时的核辐射导致了可怕的疾病和死亡，但是当法雷尔回到美国，他与格罗夫斯等人坚持以前的观点，对早期核辐射和剩余核辐射导致的疾病和死亡轻描淡写。"日本人声称核辐射致人死亡，"格罗夫斯在《纽约时报》的文章中说，"如果这是真的，死于核辐射的人数也是很少的。"

格罗夫斯说长崎和广岛的剩余核辐射剂量是安全的，为了证明这一观点，格罗夫斯邀请一些记者到新墨西哥州阿拉莫戈多"三位一体"核试验场参观，见证现场监测的核辐射程度有多么低。然而，奇怪和矛盾的是，进入试验场之前，记者们被要求在鞋子外面套上白色帆布鞋套，"以避免地面上仍然存在的放射性物质黏在我们的鞋上"。格罗夫斯没有解释这种矛盾，而是再次强调了原爆的正当性，他对记者们说，"虽然原爆使很多人丧生，但也拯救了很多生命，特别是拯救了许多美国人的生命。"

9月15日，美国战争部向美国媒体发了机密备忘录，禁止公开报道原爆的辐射影响。备忘录中写道，为了保护原子弹的军事秘密，关于原子弹的所有报道——特别是包含科学或技术细节的报道——在发表之前必须得到战争部的批准。美国的媒体几乎都遵令行事，在关于原子弹的报道方面原样照登政府的新闻稿，既不质疑也不反对。

与日本的媒体审查相结合，在美国和日本，几乎所有关于原爆对人体影响的报道都销声匿迹了。1945年年底，格罗夫斯

第四章 暴　露

将军在美国参议院作证时说，大剂量核辐射导致的死亡"没有过度的痛苦"，而且是"一种非常愉快的死亡方式"。

　　　　　　　　＊　＊　＊

长野的妹妹训子，在9月10日死于核辐射病。她死时年仅13岁。

在8月15日，日本天皇宣布投降之后，长野的父亲决定带着家人回到他的家乡，位于岛原半岛的一个名为小滨（Obama）的小村庄。第二天早上，长野、训子和她们的父母一起从防空洞出来，穿过被摧毁的浦上地区，离开长崎市区。长野的母亲把盛着诚治骨灰的那个碗紧紧搂在胸前。在坑坑洼洼的道路上，沿着橘湾（Tachibana Bay）的边缘，他们默默地向东走了约34公里，然后又向南走了约23公里，终于到达了小滨村。"在路途上，我们或许曾停下来休息和睡觉，"长野说，"但我不记得了。那段日子太悲惨了，大家都无话可说。"

长野父亲的一位伯祖母收留了他们。他们一家人在一个小房子里安顿下来，训子仍然很害怕再次遭到原子弹轰炸，每当一架飞机从空中飞过，她就躲在被子下面，浑身颤抖，吓得大哭——虽然长野和家人都跟她说战争已经结束了，不会再有炸弹投下来了，但她还是很害怕。

在9月初，当核辐射疾病和死亡的恐怖故事从长崎市传来时，训子也生病了，身体上出现了核辐射疾病的症状。长野很

长　崎

悲伤，又很困惑。"原爆后，她似乎没有大碍，"她说，"在我们步行到小滨村的整个过程中，她一次都没有抱怨过——她没有说过她感到累或者身体不适之类的话——因此我从来没有想到过，就连做梦的时候都没想到过，她即将死去。但是不久之后，她的头发掉光了，牙龈流血，身体上出现了大量的紫色斑点。她发高烧，吐血，大便带血，浑身疼痛。"

"我祈求上帝救她，"她回忆道，"我祈祷上帝让我替她死。但她还是死了。她被病痛折磨了一个星期，然后就死了。"

对于诚治和训子的死，长野很自责。"我做了一件可怕的事，"她说，她的声音有些颤抖，"在那年年初，他们不愿意从我祖母

长野和她的家人，摄于1945年年初，在她的大哥离开家去服兵役之前。从左到右：长野的母亲、长野的大哥（站在后排）、诚治、长野的父亲、长野、训子。（长野悦子提供的照片）

第四章 暴 露

家里回来,但我还是把他们带回来了。我真的很想去死,"她回忆时禁不住落泪,"我仍然认为该死的是我,而不是他们。"

训子去世时,长野的大哥从驻地(大村陆军基地)回来了,她的祖父母从九州南部来到小滨村——他们一家人聚在一起,这在诚治去世时是不可能的。她的父母买了一个陶瓷骨灰罐盛放训子的骨灰,又买了一个陶瓷骨灰罐,把诚治的骨灰放进去了,给了他一个郑重的安息之所。她的母亲因为核辐射的相关症状而入院治疗,但不到一个月就康复了。多年来,长野还是无法理解或接受核辐射的选择特性:训子死得极为痛苦,而她的母亲——"在同一屋檐下,同一时间,像我妹妹一样的症状"——却活了50多年。

长野的父亲回到长崎市,继续在长崎湾南边的三菱重工电机厂上班。他住在男职工单身宿舍,每个月,当拿到微薄的薪水之后,他就回家探望一次。长野的母亲仍然很悲伤。她天天哭泣,几乎不和长野说话。在16岁时,长野失去了弟弟妹妹,她的家被毁了,她的母亲也不理她了。当她在小滨村开始新生活时,她感到自己挣扎在无尽的孤独和苦闷之中。

* * *

秋天到来,长崎市的天气凉爽了。先期到达的美军士兵清除了水雷(在战争最后一年,美军在长崎湾投放了水雷),美军的船只在9月中旬到达长崎,来疏散盟军战俘。战俘们从九

153

州各地的战俘营来到长崎市。"从浦上地区经过是很可怕的,"一名澳大利亚士兵回忆说,"一片死寂。没有一只鸟,甚至连一只蜥蜴都没有。在棕黑色土地上,没有树木,没有草,只有被摧毁的工厂的扭曲钢梁。"

战俘们来到长崎港,在登船前必须经过一系列检查:先吃点儿东西(咖啡和甜甜圈),然后洗澡、除虱、体检。如果战俘有严重受伤、营养不良或患有结核病、感染、溃疡和其他疾病,那么就会被送到"圣所号"(Sanctuary)和"避难所号"(Haven)医疗船上——停泊在长崎湾的两艘设备齐全的医疗船。体检合格的战俘们都会收到新的内衣、袜子、迷彩服和盥洗用品。他们吃上了数月或数年来的第一顿饱饭——炸鸡、意大利面条、玉米面包和蛋糕——然后和护士们一起跳舞,还有一个乐队演奏《两点钟跳》(Two O'Clock Jump)。看了一部电影之后,他们就在军船甲板上并排摆放的床铺上睡觉。在两个星期内,9 000多名战俘以及被扣押在九州的很多外国修道士、牧师、修女和传教士从长崎港乘船,去往分布在亚洲各地的盟军控制的港口,到了那里之后,他们再转乘轮船和飞机,回到各自的祖国。

9月23日,美国占领军抵达长崎市。船上的海军陆战队员全副武装,随身带着枪和刺刀,以应对日本人可能的抵抗。当船驶入长崎港时,他们感到这座城市的腐臭气味扑面而来。被废弃的日本船只停在长崎港,当他们从这些船只旁边驶过之

第四章 暴 露

后，他们看到前方就是被摧毁的三菱重工工厂的扭曲钢梁。鲁迪·鲍曼（Rudi Bohlmann）是来自美国南达科他州的一名士兵，他记得在长崎港看到了一些已经沦为孤儿的小男孩，他们帮着把船停靠在码头上，抢着吃美军士兵投给他们的苹果和橘子。"他们都快饿死了，身上长着疮，"他回忆道，"他们的眼睛里有眼屎，流着眼泪，他们的耳朵似乎也有分泌物在往下流。他们的嘴角都溃烂了。"

胜利者在他们从前的敌人的海岸登陆，他们没有遇到抵抗。从船上下来的第一批美军分成几个小队，乘坐每小时一班的卡车和吉普车，在长崎市转一圈。看到这一颗原子弹造成的可怕场景，他们都惊得目瞪口呆。浦上地区被夷为平地，尸体在火化台上燃烧，头骨和骨头堆积在地上，原爆受害者一脸茫然地在废墟中穿行——"似乎是无处可去，"来自美国内布拉斯加州（Nebraska）的一名水兵基思·林奇（Keith Lynch）回忆道，"漫无目的地走着。"到达长崎市的第二天，他在给父母的一封信中写道，他看到"那惨绝人寰的场景，如果我有幸有孩子的话，我希望他们永远不必看到、听到或想到。那场景太可怕了，再怎么想也觉得令人难以置信……我昨天看到的场景是无法用语言来描述的。你只有亲眼看过才知道，我希望以后的人们不会再面对这样的场景。"

长崎市的人们经历着疾病和死亡的煎熬，为生计发愁，他们没有心思去抵抗或者憎恨即将到来的美国士兵，尽管他们的

浦上地区的下城，向北望去，摄于1945年秋。在左边，顶部是三菱重工的茂里町工厂的废墟。（乔·奥唐纳［Joe O'Donnell］拍摄的照片 / 日本1945年，范德堡大学出版社［Vanderbilt University Press］，2005年）

国家曾经将美国士兵称为"美国鬼子"。很多人听从了官方警告，躲着美国士兵，避免与其接触，但在美国士兵到达长崎市的第一天，就有一些人站在道路的两旁，静静地看着美国士兵走过。在接下来的几个星期和几个月，有些人甚至开始希望他们的生活会有所改善。

战时日本政府向国民灌输，让日本人相信美军是暴力和残忍的，但是美国占领军在日本的表现并不是那样的。到日本之前，很多士兵已经简要学习了日本礼仪，以及地理、文化和基

本语言技能。在日本,许多孩子都被美国士兵迷住了,美国士兵和他们一起玩跳房子和传接球游戏,送给他们一些口香糖、巧克力、牛奶、异国风味的小零食,在战争结束后的几个月,日本当地很缺这些小食品。经常可以听到孩子们用简单的英文词与美国士兵说话,例如"hello"(你好)、"thank you"(谢谢)、"good morning"(早上好)、"please"(请),看到孩子们与美国士兵的快乐和安全的互动,日本的许多成年人也很快就不再那么焦虑了。在与长崎市的孩子们交往中,一些美国士兵也学会了简单的日语,当走在长崎市的街头时,他们就用简单的日语词例如"ohayō"(早上好)与人们打招呼。在长崎市,

一个年轻的聋哑人能够用简单手语与一些士兵交流。"我永远不会忘记原爆造成的毁灭性破坏，"他回忆道，"但是我对那些士兵没有怨恨。他们都很友好和善良。"

进入日本的占领军总人数超过 45 万，美国陆军第六军大约有 27 000 名士兵被派到长崎市。他们的第一个阶段是"确保投降"——"建立起对该地区的控制，确保遵守投降条件，彻底销毁日本的战争机器，使日本非军事化。"他们在出岛码头（Dejima Wharf）的海关楼（Custom House）以及港口东西两侧的其他位置设立了几个指挥所，在附近建立了一个师级医院和部队临时营舍，维护着遍布全市的占领军设施。在下一阶段，他们查封了长崎市的军事设施、武器储备、通信设备和建筑物料，这些东西要么被销毁，要么被留下来供占领军使用，或者转交给日本内务省，改作其他用途。美国的占领军取代了日本的军警，负责维护该地区的治安。

在长崎市，并不是每个人都喜欢美国占领军。秋月医生哀叹国家的主权丧失，他觉得日本"终于变成了美国的一个州"。其他一些人则是出于对原爆的愤怒和怨恨，因为美国在战争中向日本投了原子弹，所以他们对来自美国的士兵没有一点儿好感。"居住在原爆区的那些人的恐怖经历，即使和平的承诺也不能使之化解，"原爆时年仅 15 岁的服部美智惠（Hattori Michie）回忆道，"我们知道战争是可怕的，几乎没有规则，但是敌人对我们所做的，使用大规模杀伤性武器残害我们这些无辜的平民,这超出了一个文明国家的战争权限。"

少数士兵在日本礼仪上犯了一些错误,例如穿着鞋子进入榻榻米房间。美国占领军也做了很冒犯人的事情,包括把日本居民从长崎市南部的西式住宅驱逐出去,将那些房子留给美军官员作私人住宅,他们还接管了其他的一些建筑物,用作占领军办事处和兵营。他们在那年冬天又做了一件冒犯日本人的事情,美国海军第二陆战师那些吃饱喝足的士兵们组成两队在元旦那天举办足球比赛。有段时间,长崎市的老师和学生们都觉得几乎无法在学校大楼内工作和学习,因为他们的很多朋友和同事都是在这里去世的,而占领军士兵们却选择了"原爆第二运动场"(Atomic Athletic Field No. 2)来举办比赛,这里之前是长崎高中的运动场,现在供占领军使用。正是在那儿,5个多月前,成百上千的成年人和儿童成排地躺着,受了伤,痛苦地死去。吉田的父母就是在那里找到他的,他面部严重烧伤,肿得睁不开眼。为了准备比赛,美国士兵们用废木料搭建了球门柱和看台,军乐团在运动场上伴奏,占领军的数千名士兵聚在一起观看比赛。比赛当天,那所学校被震碎的窗户玻璃碎片仍然散落在运动场上。美国占领军把那场比赛称为"原爆超级碗"(Atom Bowl)。

美国士兵最冒犯日本人的行为是发生在浦上地区。尽管格罗夫斯将军和其他人多次否认在长崎市有达到危险程度的剩余核辐射,但是美国士兵被禁止进入原爆区。而事实上,"每个

159

士兵和他的兄弟都直奔原爆区，"一名士兵回忆道。美国士兵被禁止在原爆区收集纪念品，违反规定的士兵可能被军事法庭惩罚，但仍然有一些士兵在原爆废墟中翻来翻去，找一些物品留作纪念，作为战利品带回家。此外，美国占领军在浦上地区的西北角建了一个简易机场——别名"原爆场"（Atomic Field）——在建造过程中，他们使用推土机清理废墟，散落在废墟中的受害者尸骨也被压碎了。"在废墟下面仍然有很多尸体，"原爆时年仅15岁的内田司（Uchida Tsukasa）回忆道，"尽管如此，美国士兵开着推土机快速碾过废墟，毫无顾忌地从死者骨头上碾过，就像碾压沙土一样。他们把沙土倾倒在低

美国占领军把原爆废墟夷为平地，摄于1945年秋。（富重康夫［Tomishige Yasuo］拍摄/《朝日新闻》通过盖帝图像获得的照片）

第四章 暴 露

浦上地区，向南望去，摄于 1945 年秋。照片右下方被铲平的区域是由美国占领军建造的简易机场，别名"原爆场"。（乔·奥唐纳拍摄的照片 / 日本 1945 年，范德堡大学出版社，2005 年）

洼的地方，以拓宽机场的跑道。"林重男是由东京教育部派出的一位了不起的摄影师，当他试图拍摄美军推土机把受害者的尸体倒进沟里的照片时，一名美国军事警察持枪威胁他，不许他拍照。在这两起事件中，居住在该地区以及家人被埋在废墟中的人们只能站在旁边看着，既愤怒又无奈。

然而，令人安慰的是，美国政府以及国际红十字会和美国红十字会组织给长崎市的医院和诊所提供了急需的医药物资和支持。为了帮助稳定日本，防止内乱，美国占领日本的一个主要目标就是，控制住日本各地广泛蔓延的传染性疾病和死亡。在长崎市，美国占领军给医生提供了日本紧缺的青霉素和其他药物，患有天花、痢疾和伤寒等传染性疾病的患者有药可治了，医生还可以使用抗生素救治原爆生还者，治疗与核辐射相关的免疫系统受损和感染。占领军的赫伯特·霍恩（Herbert Horne）上校在长崎市主管医疗服务，在他的领导下，设在新兴善小学的临时医院被指定为收治原爆受害者的官方医院，附属于长崎医科大学。调来医生被任命为该医院的负责人。由于长崎市的医疗服务极度缺乏，为了缓解这种状况，霍恩上校还监督开设了一个有103张床位的医院和门诊部（设在当地未受损的日本陆军医院内），医院配备的病床、设备和物资有一部分是从长崎医科大学的废墟中捡来的，还有一部分是从国立大村医院（以前的大村海军医院）运来的。在1945年年底，该医院开放后的头两个星期就接诊了大约800名患者。

为战争中受伤的日本平民提供资金和物质支持的《战时伤亡护理法》已于10月份过期，这迫使每个家庭都必须自付医疗费用。因此，患有核辐射疾病和身体严重受伤的很多人——包括堂尾、吉田、谷口——只能待在家里由家人照顾，没有任何药物，恢复遥遥无期。堂尾被从死亡边缘拉了回来，她的父亲和其他家人或邻居每天都把她放在担架上，抬到宫岛医生家里，尽管已关闭了设在家里的临时医疗救助站，宫岛医生仍继续在家里给堂尾治病。然而，堂尾的头发掉光了，身上的伤口

第四章 暴 露

仍然没有愈合。她天天待在家里，独自躺在一个房间里，只有当父母进来照顾她时，她才不那么孤单。最难熬的是早上，她胳膊上的一个约7.6厘米长的伤口久不愈合，当她的父亲给她换纱布时，由于纱布黏到伤口上，伤口上的皮也会被撕下来。她的胳膊上有一处骨折，她的父亲经常给她进行手法复位，以避免骨折错位愈合。

吉田也是在家接受治疗。他的母亲日夜照顾他，他躺在家里昏迷不醒，伤口腐烂，散发出难闻的气味，他家旁边有一个寺庙，那里整天火化尸体，他家里弥漫着一股刺鼻的气味。他的母亲在家里的榻榻米房间铺上褥子，在褥子上铺报纸，再在报纸上放一层蜡纸，以免褥子被弄脏，因为他的面部和身体上的烧伤伤口一直在流脓。吉田躺在那上面，他的母亲给他挂上蚊帐，以防苍蝇侵扰。然而，无论她多么小心，当她钻进蚊帐照顾儿子时，难免会把苍蝇带进去。苍蝇在吉田的烧伤伤口上大量产卵。他的母亲试图用筷子去夹，但是苍蝇卵太小了，所以她就拿出一把剪刀，在火上烤热，用剪刀刮除他伤口上的苍蝇卵和到处乱爬的蝇蛆。尽管他仍然昏迷，他的母亲记得，给他处理伤口时，他痛得大声尖叫。"我能活下来，完全是由于母亲的悉心照料，"吉田说，"她不眠不休，她舍不得吃，把仅有的食物留给我。我的面部烧伤很严重，嘴巴张不开，因此母亲就用一根筷子喂我。她轻声安慰我，鼓励我吃饭。"

在初冬的某一天，设在新兴善小学的临时医院附属于长崎

长　崎

医科大学之后，吉田被抬到一辆医疗救援车上，送到该医院。在部分被毁的新兴善小学里，药品和医疗用品仍然是稀缺的，尽管美国已经捐助了一些药品。教室的地板上铺着榻榻米，患者一个挨一个地躺在上面，头盔被用作给患者送水的器皿。医务人员和志愿者用盐水冲洗患者的伤口——他们所用的海水不是从长崎湾取来的，他们担心长崎湾受到放射性物质和腐烂尸体的污染，而是取自长崎市西部山丘另一边的一个海湾。战争前后，在日本的病房里，家庭成员负责照料患者，他们给患者喂食喂水，在天冷的时候给患者加被子。吉田的母亲或父亲每

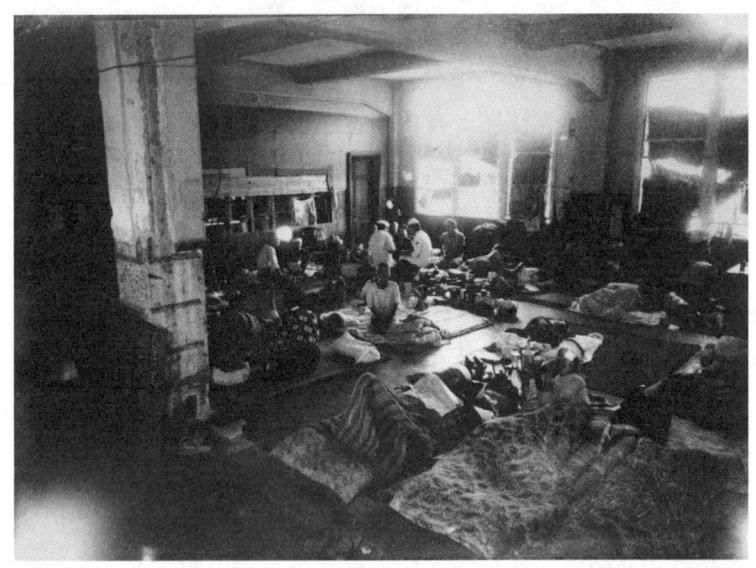

新兴善小学的教室，临时救援医院设立在部分被毁的学校里。患者躺在地板上铺的榻榻米垫子上，来自城外的志愿医务人员与长崎市生还的医生和护士一起救治患者。（小川寅彦［Ogawa Torahiko］拍摄／长崎原爆资料馆提供的照片）

第四章 暴 露

天都在病房陪着他,每当看到死亡患者的尸体被抬出医院,他的父母就担心他也会死去。

谷口已经在新兴善住院了。在原爆后的几个星期,他曾经被送到长崎市周边村庄的几个救援站,但是医生们也没有什么好办法,他们所能做的就是在他的大面积烧伤伤口上涂抹油和灰的混合物。在 9 月初,他的祖父和其他人把他放在三轮木制手推车上,推着他在坑洼不平的土路上走了约 10 公里,送他到新兴善住院。自从原爆以来,他第一次躺在了比较舒服的榻榻米垫子上,并且得到了较高水平的医疗救治。他接受的治疗包括输血、注射青霉素、吃生牛肝、喝柿叶茶,但是他的烧伤伤口仍然没怎么愈合。

美国海军陆战队中士乔·奥唐纳是一名年轻摄影师,他在 9 月 15 日来到新兴善,用相机记录了谷口的全身大面积烧伤。他来到长崎市是因为他当时正在日本进行为期 7 个月的拍摄,记录美国轰炸对于日本的影响,他在长崎市的街道上转悠了几个星期。奥唐纳使用黑白胶卷拍摄,拍完之后,他把黑白胶卷寄送到珍珠港冲洗,冲出来的照片被送到华盛顿。他随身带着两台相机,其中一台相机用来拍摄他想自己保留的照片,他在营房里搭了一个临时暗室,在那里冲洗照片。

在新兴善住院部,谷口侧身躺着,奥唐纳拍摄了他瘦弱的身体,以及他的后背、臀部、左臂上那些仍然处于急性期的烧伤伤口。"我挥动着一条手帕,赶走苍蝇,"奥唐纳回忆说,"然

165

长 崎

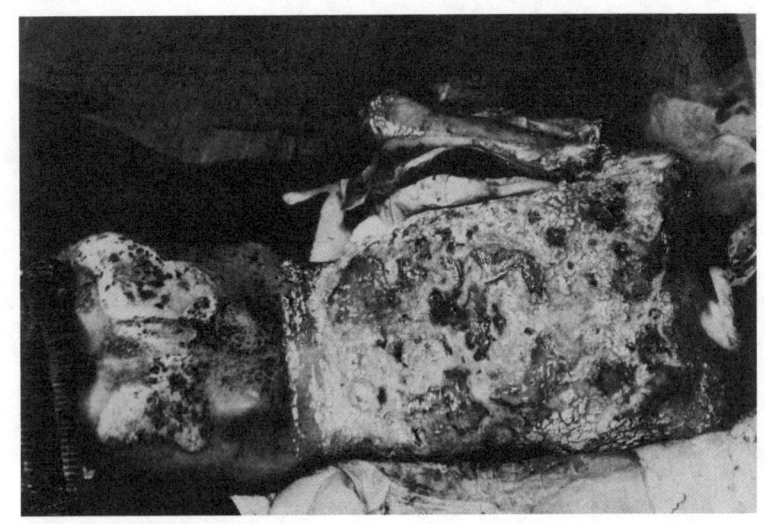

谷口稜晔被严重烧伤的后背,新兴善救援医院,1945年9月15日。(乔·奥唐纳拍摄的照片 / 日本1945年,范德堡大学出版社,2005年)

后轻轻擦去他伤口上的蝇蛆,我小心谨慎,避免用手直接触碰他伤口上的皮肤。那股气味让我感到难受,看到他受那么大的痛苦,我感到心痛,特别是因为他还那么年轻。我那时候就决定,不会再给被烧伤的受害者拍照片了,除非上级命令我那样做。"他在长崎市冲洗了300张照片,其中就包括谷口的照片,他把这些照片藏了起来,没有让美国军官知道,当他离开日本时,他把这些照片带走了。

在新兴善住院6个星期之后,医生们决定将谷口转移到长崎市以北约35公里的国立大村医院。在新兴善,虽然护士们每天都给谷口清理伤口,清除伤口上的脓液和腐肉,但是当他们把谷口从榻榻米垫子上抬走之后,他们发现垫子和下面的木地板都烂掉了，就在谷口躺卧的那个位置留下了一个直径约51厘米的黑洞。谷口的胸部有很多大口子，那是长期俯卧和褥疮感染导致的。在原爆过去了3个月之后，谷口到了国立大村医院，他终于得到了该地区所能提供的最好的医疗护理。12月，吉田也被转移到国立大村医院，他终于从昏迷中苏醒过来。他躺在谷口旁边的病床上，但直到多年之后他们才会再相遇。

在原爆发生后的3个月，即使在占领军的支持下，重建工作仍然很缓慢，部分原因是，由于大量的人员死亡和疏散，长崎市的人口在原爆后减少了一半，只有约14万人。留在长崎市的很多人或病或残，不能为重建工作出力，而且在经历了多年的战争苦难和生离死别之后，很多生还者都陷入了"虚脱"状态（kyodatsu）———一种非常绝望、失神、疲惫不堪的状态。在长崎市，2万多所住宅和工业用房被完全摧毁或部分摧毁，该市的行政体系和基础设施仍处于瘫痪状态，食物仍然紧缺，人们普遍营养不良。

然而，原爆后没过多久，长崎市已经开始重建。那年秋天，长崎市未被摧毁的住宅区已经恢复供电，甚至住在小木屋的一些家庭也接通了电线，每户人家还领到了一个灯泡。浦上地区那条长长的土路已被清理平整，路面上的障碍被铲除并清理到路旁。长崎市开始动工兴建332个临时房屋，选址在浦上

长崎

工人们准备在一个临时房屋的屋顶铺瓦,浦上地区,1946年。在新房屋后面可见三菱重工工厂的钢梁。渊小学(Fuchi Elementary School)的废墟位于右侧的山坡上。(山端庸介拍摄/山端胜吾提供的照片)

川的东边,就在长野家以前所住的地方的北侧。生还者组成基层小分队,帮助其他人,继续进行救援工作。

有一些学校在原爆中受损严重,教学楼只剩下了空架子,没法上课,但是在10月初,生还的管理人员和教师把学生们组织起来,有时候一个班只有15名学生,在校园的楼梯间或露天操场恢复上课,校园里仍然遍布着灰烬和死者的遗骨。还有一些学校组织学生在未受损的教学楼或当地神社恢复上课。有一所小学把上课地点定在了以前被用作临时武器工厂的一个建筑物内,事先组织老师和学生们把那里面的鱼雷搬出来。

恢复上课可以稳定人心,但未必使人快乐。丧父、丧母或父母双亡的学生不计其数,有些学生因遭受核辐射而掉光了头发,他们戴着头巾来上课。"他们在学校里相互鼓励,使大家振作起来,"一位老师回忆道。有一些大学也复课了,但是没有教材,食物也很缺乏,天气变冷了,学生们就裹着毯子学习。各个学校开始建立名册,登记在原爆中丧生的师生人数;仅在山里小学(Yamazato Elementary School)就有26名教师和管理人员丧生(原爆前的总人数是30人),还有1 000多名学生丧生。堂尾所在的学校的名册上,她被列为死难者,这是一个很容易出的差错,因为在原爆那天之后,学校里的人们都没有再见到过她。

生还的家庭成员和社区成员以各种方式纪念死难者,为他们的灵魂祈祷。浦上天主堂举行露天追思弥撒,悼念在原爆中丧生的8 500名天主教信徒。"死难者的亲属们排成排站立着,手持白色的十字架,总共8 000个十字架,"永井茅野(Nagai Kayano)回忆道,她那时还是个小女孩,在原爆中失去了母亲。她的父亲永井隆(Nagai Takashi)是长崎市的一名放射科医师和虔诚的天主教徒,他在追思仪式上发表讲话,他说长崎原爆是"上帝的旨意",为了结束这场战争,日本规模最大的天主教社区被选为"牺牲的羔羊"。在10月9日,原爆后两个月的那天,长崎市的一所天主教女子高中在校园里举行了小规模的追思会,悼念学校的200多名死难者。

在浦上地区,一些桶被放置在交叉路口,用于收集骨灰和

浦上天主堂的废墟,约在1947年。在照片中间是教堂前壁内墙的残骸和倒塌的两座钟楼之一的圆顶。(石田寿[Ishida Hisashi]拍摄/长崎原爆资料馆提供的照片)

骨头。一个小女孩和她的兄弟姐妹从河里"打捞"尸骨,然后把尸骨埋在树下。一位母亲到处寻找儿子,她在儿子就读的学校的废墟中收集了一些骨头,一个校服帽子的碎片,几个金色扣子(与她儿子校服上的扣子类似),并为他举行了一个简单的葬礼——尽管如此,每当听到脚步声,她都渴望一转身就能看到他真的回到家里了。和田也是,每当路过火化台或新发现的尸体,他就双手合拢,默念祈祷词。

11月25日,长崎市有轨电车公司恢复部分区间运营,这是一个值得庆祝的时刻。"我高兴极了!"和田回忆道,"总共7辆

第四章 暴 露

有轨电车重新开始上路,我驾驶的是第四辆车。当有轨电车开动起来,孩子们和大人们在我们的电车旁边奔跑着,兴奋地大叫。"和田还记得,一些渔民和农民在乘车时如果没有钱就会给他一些鱼和蔬菜。"每个人都很高兴,"和田说,"那时候,作为一名有轨电车司机,我感到很自豪。我真的感到又恢复了和平。"

* * *

长崎市用了5年时间来统计原爆造成的伤亡人数,这是几乎不可能完成的任务。长崎市的官员们没法搞清原爆前的准确人口数据,因为在原爆之前,一些老年人和儿童已经被疏散到长崎市以外,还有一些新兵应征入伍,长崎市有数千名中国劳工、朝鲜劳工、亚洲其他国家的劳工(他们被强征到日本做苦工),但是缺乏劳工档案。在原爆后,有数万人离开或返回长崎市。此外,由于人们都不太了解大剂量核辐射的影响,在原爆后的那段时间,很多死于核辐射的人可能被认为是因其他疾病而死,没有被上报为原爆造成的死亡。

为了尽可能得到可靠的数据,他们进行了漫长而艰辛的统计,得出了最终的数字。由于原爆后的几个月仍有数千人死亡,原爆导致的伤亡人数是统计到1945年12月31日:

死亡人数: 73 884
受伤人数: 74 909

由于家庭成员死亡或受伤、自家房屋和所在街区被毁、失去工作而受到影响（本人没有受伤或丧生）的人数：120 820

与长崎和广岛有关的一个新名词被创造出来：被爆者。被爆者是指直接受到原爆影响的人们：包括因原爆冲击波以及爆炸引发的火灾而死亡的人们，由于受伤或核辐射疾病而在稍后死亡的人们，在原爆中受伤或出现核辐射疾病之后生还的人们，在原爆后的几个星期进入长崎市的人们，或者由于其他原因而受到原爆影响的人们。对于生还者来说，被爆者这个词，就像遭受了原爆一样，将会成为一个身份标签，是其私人和公共身份的一个组成部分，并伴随其一生。

第五章 停　滞

　　1946年1月，美国军方的电影制片人和摄影师共11人来到长崎市，记录这座城市所遭受的破坏。他们是美国战略轰炸调查团派来的，评估美国对日本的常规轰炸和原子弹轰炸的成效，"为未来美国武装力量的发展作计划"。美国战略轰炸调查团在1945年秋进行了第一个阶段的调查，1 000多名军方专家和文职专家遍访日本各地以及日本以前的占领地，查阅幸存的日本档案，记录美国对日本的战略轰炸所造成的破坏，并采访了数以千计的日本人，包括日本前军事领导人、政府官员，以及很多平民。第二个阶段的调查是在日本的几个城市进行的，美国战略轰炸调查团的一个团队被派往长崎市，进一步记录该市遭受的破坏。

　　他们乘坐火车从北边进入长崎市，翻过了郁郁葱葱的山丘，然后就看到了一片荒芜的浦上地区。在原爆后的6个月里，浦上地区没有发生多少改变。这些美国人乘坐火车，向左边望去，他们看到了被夷为平地的浦上地区。放眼远眺，在长崎市东边山丘的边缘，他们看到了浦上天主堂和长崎医科大学的废墟。他们坐在火车上向右看，途经被毁的城山小学，还看到了浦上川沿岸的三菱重工工厂的扭曲钢梁和被摧毁的机器。他们的火车停在了一个小棚子中，那里就是长崎站。

接下来的几个星期，摄制组开始记录长崎市在原爆后遭受的破坏。"我没有任何准备，没有人告诉我在长崎市将会遇到什么，"美国陆军航空军少尉赫伯特·叙桑（Herbert Sussan）回忆道，"那里一片死寂……就像一个巨大的墓地。"叙桑的上司丹尼尔·麦戈文（Daniel McGovern）中尉说，他记得在火化台附近看到大量的骨头碎片，以及数百个儿童的头盖骨。在长崎市的救援站、医院、废墟中搭建的简陋小屋中，摄制组记录了身体虚弱的原爆生还者所承受的痛苦。有一些被爆者在拍摄时就死了。还有一些被爆者茫然地盯着摄像机镜头，慢慢地转过他们的脸和身体，展现出大面积烧伤和突起的瘢痕疙瘩。

1月31日，这个团队来到长崎市东北部乡村的国立大村医院，其病房有点儿像营房，有400多名伤员在这里住院，他们都是在原爆中受伤或被烧伤的生还者。走进一个病房时，他们看到了躺在床上的谷口，他的病床很低，紧贴着地面。谷口那时刚满17岁，但是由于骨架小并且是光头，他看起来比实际年龄小很多。

彼时，他俯卧在床已经6个月了。由于烧伤伤口久不愈合，他不仅忍受着持续的伤口疼痛，而且身体极度虚弱，患有慢性腹泻，食欲不振，脉搏微弱，周期性发热。他的胸部、左

第五章 停 滞

脸颊、右膝盖上的褥疮已经溃烂。他的血红细胞计数是正常水平的一半。医生给他的后背伤口敷用青霉素制剂和硼酸软膏，并给他输血，注射从葡萄中提取的葡萄糖、维生素C、维生素B。"他们也不知道怎么治疗我的病，"谷口回忆道。

当他们架起摄影灯准备拍摄时，谷口的呼吸很浅，脉搏跳动很快，他的后背和手臂上的烧伤伤口渗出脓液。"打开摄影灯时，我有点儿发抖，"叙桑回忆说，担心灯光的热会使谷口的烧伤伤口更加疼痛。然而，谷口记得，灯光的热使他感到很舒服，因为他躺在那里总是感到很冷，他的病房里没有供暖设施，那种简易病房是用薄木板搭成的，无法挡住冬天的严寒。

摄制组拍摄了3分钟的彩色无声影片，谷口全身赤裸躺在床上，穿着白大褂的3位医生正在给他处理伤口。一开始，摄像机的镜头对准了谷口的后背：从肩膀到腰部，他的后背皮开肉绽，血红色的组织在摄影灯下显得很亮。他的左臂很瘦弱，烧伤伤口是淡红色、半透明的。他的双侧臀部布满了烧伤水泡。医生们使用约31厘米长的镊子，剥开他伤口上浸着血液和脓液的薄纱布，然后用棉拭子轻轻擦拭他伤口上渗血流脓的区域。由于他的烧伤伤口上没有皮肤也没有结痂，即使是用棉拭子轻擦伤口，他也感到疼痛难忍。

摄像机的镜头转向他身体的另一侧。他俯卧着，下巴贴着床，脸部暴露在镜头前。谷口的眼睛闭着，有一小会儿，他脸上的表情很平静。他胸廓的起伏不明显，他的呼吸快而浅——

吸气—呼气—停顿、吸气—呼气—停顿。当医生把一块新纱布铺在他的后背伤口上时,他紧锁眉头,疼得龇牙咧嘴。过了一会儿,他的肌肉放松了,他脸上的表情恢复平静——没过多久,他又一次因疼痛而露出了扭曲的表情。

在摄像机被关掉的时候,拍摄的画面颤动了一下,美国的摄制组拍完后就走了。几个月后,调查团太平洋研究报告的所有电影胶片卷轴(大约27 000米的胶片),包括谷口的那段影片,被锁进箱子运送到美国,这些资料被视为机密,在超过25年的时间里都没有公开。

* * *

在原爆后的两年,成千上万的人离开或进入长崎市。战争期间,长崎市的一些平民家庭被强迫迁到中国东北,以支持日本的军事占领,战争结束后,这些平民——很多人营养不良,患有疥疮或结核病——重返长崎市,他们发现家里的住房被烧毁了,亲人们或死或伤,或者由于遭受核辐射而疾病缠身。还有几千名日本士兵和战俘从太平洋地区返回长崎市,有些人千里迢迢地把配给的口粮背回家,但是到家后发现家人都死光了。

几千名劳工离开了长崎市,他们大多不是日本人。来自朝鲜、中国大陆、中国台湾地区、亚洲其他国家和地区的被强迫到日本做苦工的人们终于可以回国了。美国占领军控制日本之

第五章 停　滞

后，很多美国士兵在长崎市汇集，然后从长崎港登船返回美国。对长崎市进行去军事化之后，驻扎在长崎市的美国海军第二陆战师（2nd Marine Division）大约2万名士兵在1946年年初就撤走了，第十陆战队（10th Marines）留在长崎市负责日常监视与侦察，妥善处置日本的战争物资。

很多被爆者也离开了长崎市，他们经过几天或几个星期的步行，来到乡村或远离长崎市的岛屿，寻找一处安身之地，希望能够生活得不那么艰辛。在离开长崎市的原爆废墟之后，有些人感到不那么悲伤了；还有一些人则在远方亲戚家里住不惯，看到别人家的生活并没有受到原爆的影响，他们更是觉得自己的处境很痛苦，很多人选择重返长崎市，与其他的原爆生还者同甘共苦。被爆者无家可归，他们住在简陋的棚屋里，睡在泥土地面上，或者睡在从废墟中捡来的榻榻米垫子上。棚屋里没有家具，每间棚屋里通常挤住着十四五个人。由于没有自来水，住在棚屋里的生还者就去山里拉泉水，还收集雨水，煮沸后饮用。棚屋里没有厕所，他们就在屋外的地上挖个坑，用木板盖上，当作简易厕所。棚屋里没有浴缸，他们就把水装在大铁桶里加热，站着洗澡。为了抵御冬天的寒风，他们就在身上裹上尽可能多的衣服和毯子（受捐物资），围在烧木头的火盆旁边，一家人挤在雨伞下面，挡住从临时棚子的顶部漏下来的雨雪冰雹。在漆黑的夜晚，走在废墟中，生还者的脚经常被扎破，因为地上到处都是玻璃碴、旧钉子、碎木片和碎瓦片。

在原爆点附近的废墟中生活的妇女和儿童,大约在1946年。他们睡在临时搭建的没有墙的小棚子里,在户外的简易炉灶上做饭。(美国海军陆战队/长崎促进和平基金会、原爆照片和材料研究委员会提供的照片)

老年人独自生活,无依无靠,也没有办法谋生,他们被称为"孤老"。彼时年仅16岁的内田司记得,一个无家可归的老妇人突然出现在他们家的棚屋门口。他母亲把她请进家门,让她在他们家里住下来。"有一天,"他回忆说,"那个老妇人从我们棚屋后面的废墟中收集了一些木炭,开始在土炉子里生火。我仔细一看,惊讶地发现那些木炭中含有烧焦的人骨碎片。某种程度上,我们那时候是生活在坟场中。我母亲说这是某种暗示,她一直照顾那个老妇人,直到老妇人去世。"

长崎市的社会服务机构还没有建立起来,许多孩子在原爆

第五章 停 滞

后失去了所有的亲人或者在当地没有亲人可以投靠，不得不流落街头。天主教的"圣母之骑士"（Seibo no Kishi）修道院的修道士收留了100多名孤儿，其他的一些组织，包括秋月医生所在的浦上第一医院，为孤儿们提供无偿诊疗服务。救援人员有时候也会收养身份不明的婴儿。然而，很多女孩子由于无家可归，就靠卖淫为生，在原爆后长达数月甚至数年的时间里，沦为孤儿的男孩子独自或结伴在这个地区流浪，栖身在火车站或桥下，他们沿街乞讨和偷窃，想方设法寻找食物，还要东躲西藏，因为铁路局和当地警察认为他们麻烦，到处驱赶他们。

在原爆废墟中，很多孕妇在家里分娩，得不到医生或助产士的帮助，孕妇们听到一种可怕的传言，由于她们腹中的胎儿遭受了核辐射，出生后很可能畸形。事实上，在子宫内遭受核辐射的胎儿死亡率会增高：在距离原爆点约400米范围内，当胎儿在子宫内遭受核辐射时，43%的妊娠都以自然流产、死胎或婴儿死亡而告终。即使活下来了，那些婴儿当中也有很多是体重不足的。由于食物缺乏，只有稀粥可喝，刚生完孩子的母亲们也在挣扎着活下去。有一个18岁的孕妇——原爆时已怀孕3个月，距离原爆点约800米——随后经历了高烧、呕吐、牙龈出血、身上出现紫色斑点、背部和双手发麻。在1945年年底，当她的身体状况开始好转时，她注意到腹中的胎儿不增长了。几个星期后，在一个寒冷的下雪天，她没破羊水，突然开始分娩，生下一个男婴，新生儿的皮肤特别干、特别皱。一

179

些新生儿的母亲没有奶水，配给供应的少量牛奶根本不够用，她们就求其他的新生儿母亲分些乳汁给她们的孩子。对她们的家庭来说，胎内被爆新生儿的降生标志着新生活的开始，但是她们还不知道，当婴儿逐渐长大之后，可能会表现出身体和精神残疾，这将会给她们的家庭带来更大的困难。

对于堂尾和长野来说，她们都还有家可归，有亲人的陪伴，家里还有一些钱，可以维持生计，度过战后危机。然而，由于受到原爆的影响，她们各自的人生都陷入了困境。堂尾在原爆时受伤，她的父亲一直在使用食用油和回收的纱布绷带给她护理伤口，她的后脑勺裂开了一道口子，手臂和腿上有烧伤伤口，身体其他部位还有多处伤口，是爆炸时刺入身体内的玻璃碎片被取出后留下的。每周一次，她的父母和亲戚朋友把她抬到宫岛医生家里，宫岛医生尽力给她治病。

他们的坚持得到了回报。1946年的春天，堂尾的核辐射疾病有所好转，她身上的伤口开始愈合，她能够起床站立、行走、去厕所、自己洗脸、用筷子吃饭。但是由于她的后背和胳膊中还残留有玻璃碎片，当她以某种方式活动身体时，她就会感到剧烈的疼痛。最重要的是，她脸上的烧伤伤口又红又肿，还在发炎，她的头发掉光了，还没有长出来。堂尾躲在家里闭门不出，她自惭形秽，除了最亲近的家人之外，她不愿意让任何人看到她脸上的伤和光秃秃的头。

第五章 停 滞

在岛原半岛附近的小滨村,长野和她母亲住在年迈的伯祖母家的一个小房子里。她哥哥离开家去日本的另一个县参加工作,她父亲在长崎市工作,有空的时候就会回家。长野白天在盐厂工作,晚上和周末在家帮忙做家务活。

她和母亲靠她自己和父亲的微薄工资过活,她的父母也很会勤俭持家。起初,她父亲从被摧毁的自家房屋下面的防空洞里挖出他们以前储存的食物,把这些食物从长崎市带回来;后来,他把以前房屋中的铸铁浴缸拉回来了,因为那个铸铁浴缸周围有混凝土浇筑,而且浴缸里装满了水,所以没有被大火烧毁。那时候,私人浴缸在日本还是个稀罕物,长野的父母决定凑合使用公共浴池,把他们的铸铁浴缸卖掉,换取了4草袋大米和4草袋大麦,这些粮食足够他们吃上几个月。她母亲有时候会卖掉少许粮食,用卖粮食的钱买一些鱼和蔬菜。当地的亲戚们也会给他们一些食物,因此他们一直都能吃饱饭。战争期间,为求妥善保管,她母亲把他们家的和服交给了长崎市以外的一位熟人,战争结束后,她母亲把和服要回来并且卖掉了,用换来的钱给家人添置衣服。

"我看到,母亲每天都在哭泣。但她从来没有对我说过,'诚治和训子之死是因为你把他们接回长崎市了。如果她这样说,我就可以向她道歉。'我会告诉她,我从来没有想到过可能遭受原子弹轰炸。"长野的母亲从来不提这件事。长野很想跟母亲好好谈谈,但是她有一种感觉,母亲不会接受她作出的

181

任何解释。更令她伤心的是,她得知母亲跟街坊四邻的女人们说,长野不是一个忠诚的孩子。"当听到这话时,我感到很伤心,"长野回忆道,"这就如同她告诉她们,'悦子杀死了他们。悦子杀死了诚治和训子。'邻居们对我怒目而视。女人们说我是不听话的坏孩子,因为我惹妈妈伤心哭泣。我觉得很压抑,难以忍受。"

长野想搬出去,她有几个好朋友在另一个县居住,她想去朋友那里住。但她母亲强烈反对这个想法,并告诉长野,如果搬走,她与父母的关系就断了。"由于她那样说,我就没有搬出去,"长野回忆说,"事情已然如此,我觉得我命里就该照顾我的父母。我认为我怎么做都逃不脱我的命运,因此我就放弃了离开家的想法,接受了现状。回头看,我想如果我搬走了,母亲一定会很孤单。即使她有很多抱怨,我认为,当我在家里时,她感到很安全。但我们之间总是有一种隔阂。"

战后几年,日本的经济很不稳定,除了在战争期间大发横财的富商和大亨之外,日本各地的大部分家庭都生活得非常艰难。1946年,商品批发价上涨超过500%,在随后的3年中,商品批发价节节攀升。由于粮食歉收,供销体系运转不灵,内部腐败,战后粮食进口的中断,而且不能再从其他亚洲国家攫取资源了,日本出现了严重的饥荒,人们普遍营养不良。成千上万的日本人饿死。即使有占领军提供的抗生素,在战争期间

第五章 停 滞

流行的各种传染病仍在日本肆虐：霍乱、天花、猩红热、流行性脑膜炎、脊髓灰质炎和其他传染病的报告病例总数为65万例，其中近10万人死亡。从战后至1951年，每年还有10万人死于结核病。在长崎市，一位结核病患者记得当时没有什么办法治疗结核病，只能靠服用维生素和卧床休息。

在被爆者当中，如长野的父亲这样幸运的人能够保住自己的工作，他们可以继续在三菱重工长崎造船所和其他工厂上班。三菱重工的另一个造船厂改为制造铸铁锅，该厂以前的一些工人可以继续留在厂里工作。还有一些人改行当教师或从事医疗辅助工作。

长崎市的一大部分工业能力都被摧毁了。两个主要的公用设施厂和一个铁路工厂被毁，三菱重工生产弹药、钢铁、电机和造船的4个大厂的很多厂房都被毁了。无数的企业和个人都一贫如洗，他们的金融资产和实物资产以及资产凭证都被彻底摧毁了。有一些企业没有被摧毁，还能开工生产，但即使是受原爆影响较小的企业，也很难正常运转，因为整个城市的经济、社会、通信和交通基础设施都处于瘫痪状态。

然而，还有数千人只能找到报酬很低的临时工作，例如在肉店或面包店打杂，在市内仅存的几家工厂、政府机关和企业当门卫或者打零工。还有一些人从事没有报酬的工作，以劳动换食物，另外一些人则离开了长崎市，到其他地方去找工作。在被爆者当中，有很多人由于身体太弱或病得太重而不能工作,还有一些人留在家里照顾患重病的家人。为了挣钱养家,堂尾的父亲每天进山砍树,然后把木头从山上拉到市区,卖掉换些小钱。由于日常生活用品的价格不断上涨,大部分人家都难以维持基本的生计。很多人一年四季都穿草凉鞋(用草绳编成的凉鞋),即使在下雨天和下雪天也是如此,一位生还者回忆道,她和她的兄弟姐妹们那时候总共只有一双鞋。还有一户人家,家里只剩下6个孩子,父母和其他的3个孩子在原爆中丧生了,年仅16岁的大哥参加工作,挣钱养活几个弟弟妹妹。

和田的战后工资收入也很少,不足以支撑他和妹妹以及祖父母的生活开销,他父亲生前在当地一家银行工作,留下了一些存款,可以帮助他们渡过难关。如同长野的母亲所做的那样,和田的祖父母也把他们家的和服卖掉了,用换来的钱购买大米和蔬菜。"当时,我们把这种谋生之道称为'竹笋式生活'。吃竹笋的时候,你必须剥掉笋的外皮,只留下里面的嫩芽。我们的生活也是如此——为了生存,我们必须舍弃我们的和服,卖掉我们的家当。只有两种人不挨饿,要么是以权谋私不道德的人,要么是在战争期间囤积食物的绝顶聪明的人。有道德的普通人不能做那种事。我们总是吃不上饱饭。"

"我也有不道德的时候,"和田承认,"有一天,当我在车上工作时,有人给了我一个饭团。我很快就吃掉了一半。说实话,我想把整个饭团都吃掉。然后我想到了我的祖父母——我的祖父已经71岁了,不能再工作了。当想到他们时,我就不吃了，省下来半个饭团。我把那半个饭团带回家，他们都非常高兴。但我确实吃了一半，我不应该那么做。"还有一次，和田从农田里偷土豆，当时就把生土豆吃下去了。"我必须吃点儿东西，"他说，"一些人死于饥饿，因为他们很诚实，不去做不道德的事。我没能做到那样诚实。"

和田也称赞了美国给长崎市的粮食援助，这是美国占领军的一部分工作，为了战后日本的稳定，防止疾病和内乱。此外，由美国的13个慈善机构组成的联合体——亚洲救援公认团体（Licensed Agencies for Relief in Asia，LARA），在战后的6年时间里，一直在向日本捐助食品、衣服和其他物资。"这个团体类似于如今的联合国教科文组织（UNESCO）或联合国儿童基金会（UNICEF），"和田解释说，他认为这个团体给日本的学校和家庭提供了必不可少的主食，包括奶粉、菠萝汁、面包和罐头食品。他们还捐助了衣服和日常用品，包括梳子、刷子、肥皂和牙膏。"由于他们的援助，很多孩子才活了过来。大家都不太知道美国曾经给我们的这些援助。当然，使用原子弹是不对的，"和田说，"但在当时，被爆者们痛恨对日使用原子弹的美国，却不知道他们吃的食物来自美国。"

然而，美国的援助并不能消除饥饿或稳定日本的经济。仅在1946年，定量供应的大米的价格翻了3番，鱼、酱油、味噌和面包等仍在实行严格的限量供应。日本各地兴起了露天黑市。在长崎市旧城入口处的思案桥附近，一个露天市场吸引了大量的饥饿市民，在一个个摊位上（用纸板箱搭起来的帐篷，地上铺着木板），摊贩们售卖大米、鱼、蔬菜、甜蛋糕和手卷烟。他们还售卖旧衣服，有些旧衣服是从死人身上扒下来的，以及从被弃的房屋废墟中捡来的废金属和木材。只要能够凑到钱，市民们就会从摊贩那里购买高价食品，以补充政府配给的口粮，让家人吃饱饭。日本战败后，战争老兵在日本不受待见，缺钱的日本政府也没有给他们发放补助，残疾老兵们聚集在市场附近，三五成群地卖艺（拉手风琴、唱战时军歌）乞讨。

没家或者没工作的被爆者也在想方设法地对抗饥饿，他们在自己的棚屋后面种植蔬菜、豆类和花生，在美军的垃圾堆里捡东西吃——从空的罐头瓶子里刮下残留的食物、从空的菠萝汁罐里挤出剩余的饮料。很多人到山里捡柴火和挖野菜，还有一些人吃野草、树根、橘子皮、南瓜叶和蚱蜢。一名被爆者回忆道，她的家人在饿极了的时候吃过狗肉。

长崎市的重建是缓慢推进的。尽管早期报告曾指出原爆区在70年内将会草木不生，但是在1946年春天，原爆区就有一些植物长出来——虽然在此后3—4年的时间内，那些植物在形态上有一些异常。1946年夏天，800多户住房接通燃气，三菱重工长崎造船所建成了"第一日新丸号"（Daiichi Nisshin Maru），这是其在原爆后建造的第一艘船。长崎市的旧城重建

第五章 停 滞

继续进行，与此同时，为了给被爆者和战争老兵提供居所，长崎市开始在原爆区外围修建更多的简易住房，每一套住房都有一个小厨房和卫生间。教区居民们清理了浦上天主堂的废墟，只留下外墙的一部分，他们在秋月医生的浦上第一医院的一间房子里举行弥撒。后来，他们在倒塌的老教堂南门附近搭建了临时的木制小教堂，由于没有足够的资金建屋顶，他们就在没有屋顶的临时教堂里做礼拜。在新兴善和附近的其他医院，长崎医科大学开始恢复授课。长崎市中心新建了一家影院，经常放映好莱坞电影。

长崎市的各所学校都逐渐开始在原址上课，但是很多学生由于受伤、生病、饥饿，或需要照顾家人而不能重新回来上学。在城山小学的部分被毁的3层混凝土结构教学楼内，有一些班级已经复课了，该校位于原爆点以西约400米处，在原爆时有52名学生工人和老师死亡。教室的墙壁仍然残破扭曲，

浦上地区的重建，从长崎医科大学医院被毁的阳台上拍摄的，大约在1948年。（富重康夫［Tomishige Yasuo］拍摄/《朝日新闻》通过盖帝图像获得的照片）

187

一位老师回忆道，有一次在上课的时候，老师和学生们从破碎的窗户向外望，望着原爆区的一大片废墟，大家都心神恍惚。

在原爆点以北约 800 米处，山里小学坐落在光秃秃的山坡上，周围有很多烧焦的木头、杂乱的铁丝电线、混凝土废墟，还有新长出来的野草。该校的教学楼是一个巨大的 U 形建筑，教学楼的内部结构都被烧毁了，教室之间和走廊之间均无墙壁相隔，教学楼最里面的房间见不到日光。在原爆前被疏散的一些学生又回到长崎市，他们的很多同学仍在受核辐射疾病的折磨，例如掉头发、牙龈出血、慢性疲劳。在恶劣的天气，由于教学楼透风漏雨，学校提前放学，学生们冒着风雨步行回家。

在 1946 年 3 月，山里小学和城山小学都为六年级的学生们举行了简朴的毕业典礼，象征性地结束了原爆之后 7 个月的生活。山里小学在原爆前大约有 1 600 名学生，原爆后只剩下了不到 300 名学生，毕业班有 75 名学生，其中 61 人经历了原爆。毕业典礼在一个简陋的房间里举行，插有一枝花的小花瓶是唯一的点缀，在简短的纪念仪式上，学生们合唱感谢和告别的歌曲，歌唱声不时被学生和老师的啜泣声打断。在城山小学——以前每年都有 300 多名学生毕业——原爆后的六年级毕业生只有 14 人。总共有 30 名学生、5 名老师和 3 名家长参加了毕业典礼。副校长发表讲话，他表扬学生们不畏艰难，努力克服原爆后的巨大挑战，他为在原爆中丧生的同学们、老师们、亲人们的灵魂祈祷，他祝毕业生们在未来的征程中一切顺利，在场的老师和同学们都泣不成声。

1946年7月，媒体广泛报道，美国进行了战后的第一次核试爆，地点在南太平洋的一个偏远岛屿，在随后几十年，这个地点成了美国进行核试验的两个试验场之一。1946年8月9日，在炎夏的清晨，悲伤的被爆者聚集在原爆点，纪念长崎原爆一周年。此外，在长崎医科大学的废墟中、在浦上川沿岸三菱重工被摧毁的工厂、在吉田家附近的诹访神社，也有一些人聚集并举行了简单的纪念仪式。

由于严重受伤和核辐射疾病，数万名生还者仍然饱受伤病的煎熬。还有一些人包括和田身体状况已显著好转。和田听祖母的话，坚持每天饮用柿叶茶；终于，他的牙龈不出血了，尿里也不带血了。然而，由于身体虚弱，他有时候仍然需要请病假，他的头发掉光之后还没有长出来。"我才19岁，我很尴尬，"他说。有时候，他觉得与其活着受苦还不如死了好。

然而，和田是一个性格坚毅的人，他认为这种性格的形成是由于他在幼年时就父母双亡，他觉得自己有责任挑起家庭的重担。他的祖母给他织了一个毛线帽子，他戴着这个帽子出门上班，驾驶着有轨电车穿行在城市中——从萤茶屋电车终点站出发，途径被毁的长崎县办公楼、倒塌的长崎站，然后沿着河岸向北进入被夷为平地的浦上地区。他开始注意到，与很多人相比，他遭受的苦难算是很小的。在原爆一周年的时候，和田下定决心不再谈论原爆，尽一切可能忘记他的原爆经历。

＊＊＊

在麦克阿瑟将军的领导下，1945年年底，美国占领军已经解散了日本的军队，解除了军国主义者和极端民族主义者在日本政府中的职务，神道教不再是国家宗教和民族主义的宣传工具，建立了一个庞大的由美军控制的监督机构，监督日本政府的所作所为。麦克阿瑟最有争议的占领政策可能就是保留了日本的天皇制，裕仁天皇仍是国家元首，这违背了同盟国的"无条件投降"的条款要求，不顾美国和盟国的许多领导人的呼吁，没有把裕仁天皇作为战犯来审判。麦克阿瑟认为，如果废除天皇在日本的文化和历史中的象征地位，那将会破坏日本的社会秩序，引发叛乱，不利于实现美国的占领目标，在麦克阿瑟的坚持下，天皇被保留下来。在接下来的几年里，裕仁天皇别无选择，只得允许占领军领导改变天皇对日本民众的关系——从受尊敬的神，在日本的圣战期间激发日本人民效忠天皇，转变成为和平主义者和虚位元首，"日本及人民团结的象征"。

麦克阿瑟的下一步行动是实现美国的占领目标，这个目标是有远见的也是家长制的，即将日本变成一个新的平等主义国家。历史学家约翰·道尔将之称为"自上而下的革命"，美国占领军在日本推行广泛的政治、经济、社会改革，有点类似于日本在20世纪20年代右翼军事极端分子上台之前的个人权利和公民权利运动。经济改革包括财阀解体——财阀是介入工业和金融业的大集团，在战前和战争期间控制着日本经济。农地改革要求少数大地主（占有日本90%的耕地）把土地转卖给原租佃农户，只允许大地主留下一小部分自用土地。新的工会法赋予工人组织权利、集体谈判权利和罢工权利。据估计，不到4年，56%的日本工人都是工会成员了。

日本的教育体系也被改革了。日本几所精英大学校名中的"帝国"两字被去掉，悬挂在学校、政府机关、公共建筑中的天皇照片被取下来了。就在6个月之前，老师们还被要求教育日本孩子誓死效忠天皇，而现在，他们被要求接受民主与和平主义的意识形态，他们的新课程安排包括引导学生反思一个问题，对于最终导致日本战败的民族主义军事运动，日本人民为什么没有进行批判性的思考和抵制。在公立学校实行男女同校，新的法律确保女性平等受教育的权利。新发行的教科书提倡个性、理性思考、社会平等之类的西方理念。

与此同时，麦克阿瑟和他的部下在日本实行保密和压迫性的政策，与他们声称要促进的民主价值观相悖。例如，在1946年年初，麦克阿瑟公布了日本的新宪法草案，他说这是依据日本国民的意志和愿望而制定的。实际上，日本的新宪法是由占领军民政局秘密起草的，仅用了一个星期的时间；对于日本通过新宪法和建立议会民主制，日本国民的意志没有起到任何作用，日本国民甚至都不怎么知道这回事，日本政府领导人看到美国人起草的新宪法后，只是稍微进行了一些修改。在一个奇特的矛盾中，新宪法以明文规定的形式确立了日本国民的人权和平等权，但是日本的社会和经济改革、个人自由、新的民主制度本身，实际上是由美国强加于日本的。

尽管日本新宪法保障言论自由，并且明文规定"任何审查制度都不应被保留"，占领军的民间审查部（Civil Censorship Detachment）继续对日本媒体施行严格的新闻审查。民间审查部的工作人员总共有8 700多人，包括美国人和日本人，其总部在东京，在日本北部和南部设有区域办公室，民间审查部检查广播和电视节目、电影、个人信件、电话和电报通信。从1945年到1949年，也就是从成立至关闭，民间审查部总共审查了大约1 500万页的印刷媒体（包括16 500份报纸、13 000种杂志、45 000本图书和小册子），以及无数的照片、政治广告和其他文件。审查的范围非常广，天皇崇拜和军国主义狂热是被禁止谈论的话题，除此之外，对美国及其盟国或占领军当局的任何直接或含沙射影的批评也是被禁止的，不得提及美国对日本各城市的燃烧弹轰炸所造成的破坏和人员伤亡。

在日本各地，电影院只能放映通过了审查、经过批准的电影；审查标准包括禁止挑战《波茨坦公告》，不得非议日本的投降条款或占领军宣布的目标。有关历史事件的纪录片都必须是"真实的"，何为真实则是由占领当局定义的。对媒体报道的限制还包括不得"过度渲染"日本的社会问题，包括饥饿问

第五章 停　滞

题、黑市活动、占领军与日本国民之间的生活水平差异、美国军人与日本妇女之间的结交或者由此而生出来的混血儿。关于美国在南太平洋进行核试验的报道也是被严格限制的。日本国民被禁止出国旅游，被禁止与日本境外的任何人联络，日本国民只能看到经过占领军批准的来自美国或盟国的媒体报道。和以前一样，关于审查政策的报道甚至暗示都是被严格禁止的，所以大多数日本人都不知道审查制度的存在。

审查的具体规则并没有直接提及广岛和长崎的原爆，但是民间审查部从印刷媒体、广播新闻、文学、电影、教科书等各种媒介上删除了与美国对日使用原子弹有关的大部分言论。尽管民间审查部有时候允许一些公开言论，例如评论美国对日使用原子弹的正当性或主张其必然性，但是很多话题依旧受到严格审查，这包括关于原爆的冲击波、热辐射、核辐射的技术细节，广岛和长崎受破坏的程度，原爆造成的伤亡人数，原爆生还者的个人证言，还有呈现了原爆生还者所受伤害和核辐射疾病的任何照片、电影片段或报道。甚至诸如"广岛和长崎原爆导致大量无辜的人丧生"之类的短句也会被禁掉。长崎市将每年8月9日的原爆纪念仪式更名为"恢复和平纪念日"，并称之为"文化节"，以避免冒犯美国官员，因为一些美国官员认为这种纪念仪式是日本的宣传工具，就是间接要求美国赎罪，不利于美国促进日本承认战争罪责的工作。

被爆者的一些作品躲过了占领军的审查，得以在广岛和长崎的当地媒体上发表，然而，原爆生还者写的很多书籍都被禁止出版，例如14岁的石田雅子（Ishida Masako）写成了一本小书《雅子没有死》（*Masako taorezu*），生动详细地描述了她在长崎原爆中的经历，但是这本书没有通过审查。民间审查部虽然认为这本书具有历史意义，但是担心这会"撕开战争的伤疤，重燃仇恨"，直指美国，相当于指控长崎原爆为反人类罪。

永井医生在1947年写成的《长崎钟声》（*The Bells of Nagasaki*）一书也被禁止出版，永井医生在书中记述了原爆后的个人经历，他是一名放射科医生，因长年暴露于辐射中而患上白血病，作为一名天主教徒，他的书中包含一个独特的观点，他认为长崎被拣选为牺牲祭坛，"成为第二次世界大战这场人类罪恶的赎罪地"。尽管他的一些观点强化了日本的战争罪责和忏悔概念，这也是占领军官员积极推动的，《长崎钟声》仍然被禁止出版，与石田雅子那本书被禁的原因类似。经过多次申诉，永井医生的书在两年后终于通过了审查，但是要求在这本书后面加上由美国军方官员写的一篇长文，它以文字和图片的形式描述了日军在1945年对马尼拉的全面破坏，详述了日军的罪行，包括残害、折磨、强奸、饿死或烧死大量无辜的妇女和儿童。具有讽刺意味的是，由于加了这篇长文，这本书同时包含美国对日使用原子弹与日本在菲律宾的暴行，很容易被理解为是要说这两者在道德上等同。

民间审查部的政策也阻碍了日本的数百名科学家和医生的

第五章 停 滞

研究工作，他们试图搞清原爆生还者所患疾病的性质，寻找有效的治疗方法。日本人必须获得占领军司令部的批准才能进行原爆相关的科学研究。此外，为了在日本维护"公共安宁"，确保只有美国掌握原子弹的相关知识，占领军要求日本人把所有研究成果译成英文，并提交给审查办公室，由审查人员评估，或者被运往美国进行额外的审查，通过审查的希望很渺茫。无论哪种情况，这些研究成果基本上不会被允许发表。

原爆相关的科学报告被禁止在日本发表，其中就包括原东京帝国大学在原爆后进行的大量的早期研究，调来医生在1945年对8 000多名被爆者的伤亡情况的详细调查。由于审查制度无处不在，医学期刊的编辑非常害怕，他们怕因为破坏规则而导致刊物被查封，以至于在1948年和1949年，发表出来的原爆相关科学报告的数目降到每年3篇。由于美国在1945年没收了日本研究团队采集的早期资料，包括原爆受害者和生还者的血液样本、组织活检样本、照片、调查问卷、医疗记录、尸检标本，日本的科学家和医生无法尽快开展研究来帮助被爆者。日本研究人员和生还者对残酷现实的不满情绪在后来进一步加剧，因为他们发现美国独占这些早期的临床样本——未经他们的同意——将之用于军事研究，以帮助保护美国人民，防御潜在的核武器攻击。即使在1949年，民间审查部关闭之后，在日本医学会议上，与原爆相关的研究工作仍然被禁止讨论，这种情况一直持续到1951年。

在东京大学举办的战后演讲会上，曾在大村海军医院研究被爆者的死因，对被爆者的尸体进行解剖并保留了尸检标本的盐月医生上台发言前收到了一张字条，警告他"谨慎发言，本富士警察署的一名警探就在会场上"。盐月正雄十分惊讶，他当时在从事另一个领域的医学研究，不知道从事核辐射疾病研究的日本医生和科学家仍在受到审查制度的限制。过了很多年之后，他们才完全搞清楚美国的政策，这些政策限制了关于原爆的公众对话，影响了日本医生们对核辐射疾病患者的治疗，被爆者也无从了解自身的病情，原爆生还者的痛苦不会被公开报道，因此几乎不为人所知。

在美国，关于日本原爆灾难的可怕真相继续被隐瞒，不为美国公众所知，与此同时，美国军方和政府的高层领导人开始进行新一轮的媒体宣传运动，指出对日使用核武器的正当性，促进公众对核武器发展的支持。社会活动家 A.J. 穆斯特（A.J.Muste）称之为"证明……暴行的逻辑"，在这场媒体宣传运动中，官员们继续否认大剂量核辐射对被爆者的影响，并且坚称，使用核武器有着绝对的军事必要性，原爆结束了战争，救了无数美国人的性命。为了避免美国民众反对原爆，美国官员多次发表讲话，激起民众对战时日本的仇恨和对日本人的种族歧视，以此表明使用核武器是打击野蛮敌人的正义之举。美国官员试图通过媒体宣传运动来影响美国公众的情绪，这种

第五章 停滞

做法的必要性可能并不大；因为在战后的几年，大多数美国人——即使是对原爆造成的大规模伤亡感到不安的那些人——都支持使用核武器，支持的理由包括对日本战争暴行的仇恨，当时美国社会普遍存在对日本人的种族歧视并庆幸战争终于结束了。

即便如此，为了避免公众对使用核武器的必要性和道德性提出质疑，避免公众反对美国正在蓬勃发展的核武器计划，美国官员继续限制美国媒体造访广岛和长崎。除了少数几篇报道之外，来自原爆城市的大多数新闻报道都是抽象的和非个人化的，侧重于城市的重建和从原爆废墟中重生，根据美国记者的描述，原爆受害者当中有很多人都希望与美国和解。在关于原爆的新闻报道中，记者通常都会提及政府加强民防的政策，呼吁国际社会控制核能，或者称赞美国的科学创造力和成就。蘑菇云的照片已经成为原爆的标志性形象，但并没有表现出那下面成千上万的人所遭受的苦难。

在那个年代，主流媒体的记者基本上不会对政府的观点提出质疑。然而，在1946年初，美国的全国性新闻媒体上出现了几篇文章，对美国正在蓬勃发展的核武器计划提出批评，分析了美国决定使用原子弹的伦理困境，引发了激烈的全国辩论。尽管美国当时并没有形成正式的反核运动，但是在那年夏天，媒体上出现了质疑对日使用原子弹的社论和评论，此外，探讨被爆者遭遇的书籍和文章也多了起来，这促使人们开始讨论广岛和长崎原爆的伦理困境。

1946年8月,《纽约客》杂志刊登了约翰·赫西的新作《广岛》,这篇文章长达68页,从6名生还者的视角记述了广岛原爆。约翰·赫西曾经是一名战地记者,普利策小说奖的获奖作家,他于1946年春天在广岛进行了3个星期的采访,写出了生动的纪实报道,形象地刻画了被爆者的家庭、工作、生活,引起了读者的共鸣,使读者更加了解广岛,更加同情被爆者。约翰·赫西在文章中详细描述了原爆瞬间致人死亡的惨状,以及核辐射造成的神秘疾病症状,他的文章在美国社会引起了强烈反响。那一期的《纽约客》杂志很快就销售一空,后来又多次重印,那篇文章被美国的50多家报纸以连载的形式全文刊登。阿尔伯特·爱因斯坦买走1 000份刊载《广岛》全文的那一期《纽约客》杂志。"每月一书俱乐部"(Book-of-the-Month Club)订购了几十万本《广岛》,免费提供给俱乐部的会员们,该俱乐部的主席哈里·谢尔曼(Harry Scherman)说:"我们认为,目前,这本书对人类的重要性远超任何其他作品。"美国广播公司电台(ABC Radio)在长篇连播节目中播送《广岛》全文,每次半个小时,连播了4个星期。《纽约客》杂志办公室收到了大量的信件、电报和明信片,大部分读者来信都表达了对那篇文章的赞许。在1946年10月底,艾尔弗雷德·A.克诺夫(Alfred A.Knopf)出版社将该作品以书的形式出版,《广岛》一书全球畅销,出版6个月就卖出了100万本。

第五章 停 滞

然而，在 3 年多的时间里，《广岛》一书被禁止在日本出版，当局担心约翰·赫西的描述会改变人们的看法，使人们认识到原爆的"过度残忍"。

约翰·赫西的文章发表后，紧接着又有两个重要人物发表看法，质疑美国使用原子弹的正当性，引发了进一步的争议。在 9 月中旬，关于海军事务的新闻发布会上，担任第三舰队司令的海军上将威廉·海尔赛（William F.Halsey）对记者说，用原子弹轰炸日本是个错误，因为投原子弹的那个时候，日本已经准备投降了。两天后，著名记者诺曼·卡森斯（Norman Cousins）在《星期六评论》(*Saturday Review*) 发表了一篇深刻的文章，让读者思考一系列紧迫的问题，揭开了关于原爆的未阐明的现实，以及美国核武器发展的影响。"我们是否知道，由于原爆，日本在以后几年将会有成千上万的人死于核辐射导致的癌症？"卡森斯问道，"我们是否知道，原子弹爆炸会释放出一种死亡射线，相比于核辐射对人体组织的损伤，原爆的冲击波和热辐射以及大火造成的破坏或许都是次要的。"

原爆的辩护者开始反击。他们担心，如果越来越多的美国人认为对日本使用原子弹是错误决定，公众的看法就会改变，可能会将原爆视为不道德甚至犯罪，这样的公众情绪将会破坏战后国际关系，不利于美国的核武器发展，美国政府和军方的一些官员也确实认为对日本使用原子弹是有必要的，他们认为有人在"扭曲历史"，因此需要立即制定方案来引导舆论。他们的方案是为原爆的必要性作辩护，压制反对意见。前战争部长亨利·L.史汀生的老朋友，美国最高法院大法官费利克斯·弗兰克福特（Felix Frankfurter）指出，他们的目的是让反核人士闭嘴，压制其"草率的多愁善感"。

他们的努力见效了。在1946年年末和1947年年初，美国政府高官发表了两篇文章，很有说服力地解释了原爆的"内幕"，从而有效地平息了公众的反对意见，转移了公众的关注焦点，避免人们过度关注原爆受害者的个人经历。第一篇文章是由麻省理工学院校长卡尔·康普顿（Karl T.Compton）撰写的，他是受人尊敬的物理学家，协助研发了原子弹。康普顿的文章发表在1946年12月的《大西洋月刊》（*Atlantic Monthly*），他将广岛和长崎原爆的死亡人数和损失相比于东京大轰炸。他在文章中指出，如果战争持续下去，进攻日本本土预计将造成更严重的伤亡，他声称，两枚原子弹拯救了"数十万甚至数百万人的生命，包括美国人和日本人"。根据大多数的历史记录，这些数字远远高于美军在原爆前的统计数字。康普顿没有提到原爆给人们带来的持续痛苦和核辐射的影响，他的文章结论是，对日使用原子弹是美国领导人能做的唯一合理的决定，美军接连投下两枚原子弹，在长崎投下原子弹一天之后，日本就决定投降了，这是原子弹结束战争的证据。《大西洋月刊》稍后刊发了杜鲁门总统的一封来信，他在信中表示支持康普顿的观点，认为康普顿的文章是"对形势的公正分析"。

第五章 停　滞

康普顿在《大西洋月刊》上的文章为稍后的另一篇文章打下了基础，前战争部长史汀生写了一篇长文，发表在1947年2月的《哈珀杂志》(Harper's Magazine)上，国务卿詹姆斯·伯恩斯希望这篇文章能够让反对在日本投原子弹的那些人"停止说废话"。在写作过程中，虽然有一些军事家和政治家提供帮助，但这篇文章是由史汀生写成的，由于史汀生本人的地位、声望、合理的沟通和论证方式，这篇文章成功地消除了公众对原爆的批评。

作为知道内情的权威人物，史汀生在文章中明确地告诉美国读者，美国的原子弹政策一直是很简单的："不遗余力"地确保尽早造出原子弹，以便缩短战争时间，尽量减少破坏，拯救美国人的生命。然而，与康普顿一样，史汀生也略去了很多关键的事实，如果给出了这些事实，美国读者就可以更全面地了解对日使用原子弹的决定中涉及的诸多复杂因素：他没有提到美国重要官员在起草《波茨坦公告》时曾讨论修改"无条件投降"的限制，他本人也曾认为这种修改会成为促使日本尽早投降的关键因素。他在文章中说，《波茨坦公告》已经给了日本充分的警告，但他没有指出，公告的措辞中并未提到原子弹。他说广岛和长崎原爆虽然造成了大量人员死亡，但是避免了进攻日本本土的高昂代价，可能拯救了100万美国人的生命——但他没有提到苏联宣布对日开战的影响，苏联参战将迫使日本两线作战，盟军会改变入侵日本的策略，在登陆日本本土作战之前，战争可能就结束了。史汀生指出广岛和长崎有军事目标，但他掩盖了一个明显的事实，每一枚原子弹都必将毁灭整个城市，不可能区分军事目标与平民聚集区。

史汀生声称，对日使用原子弹的决定是"最不可怕的"选项，取得了美国军方和政府官员想要的效果：盟军还没有进攻日本本土，日本就投降了。在文章的结尾，史汀生将美国的道德焦点转移到了美国的义务上，美国有义务保持对核技术、核武器开发和试验的国际控制，确保其他国家不能生产或使用核武器。史汀生坚称，核武器在美国手中，将会保证美国与世界的安全。

史汀生和他的合作者在写作过程中的内部备忘录和文件在数十年后才得以解密，历史学家由此获知了史汀生的巧妙论证过程，以及这篇文章含有的几处错误陈述和遗漏。当时，这篇文章在《哈珀杂志》发表后几个月内，美国的许多报纸和杂志全文转载或长篇引述了这一文章。凭借史汀生的权威和仔细论证，这篇文章对原爆进行了非凡的论述，具有很高的道德确信感，超越了所有关于原爆的其他文章，植根于美国人的认知和记忆中，形成了根深蒂固的真相：原子弹结束了战争，并拯救了100万美国人的生命。

美国政府为原爆辩护和消除反对意见的努力很有成效。媒体上不再报道关于原爆生还者的生活状况，由此引发的同情也消失了。尽管约翰·赫西的《广岛》很受欢迎，但是占领军的审查制度与美国政府的辩解和否认一起发挥作用，进一步阻碍了美国民众对广岛和长崎原爆情况的了解，人们既不了解原爆造成的巨大破坏和人员伤亡，也不了解核辐射不可预知的和可怕的后果。麦克乔治·邦迪（McGeorge Bundy）曾经在幕后帮助史汀生写成那篇文章，他还是史汀生自传的合著者，他在提到原爆反对者的时候说，"我认为我们应该被授予奖牌，我们让那些反对者闭嘴了。"

* * *

在得不到外界关注的情况下，被爆者进入了原爆后艰难生存的新阶段。在国立大村医院，谷口的胸部褥疮总也不愈合，褥疮伤口深及肋骨，透过伤口可以看到他的部分肋骨和跳动的心脏。"俯卧在床上，我的胸部伤口受压——疼痛难忍，"他说。谷口的身上不断出现新的褥疮，他的左下巴、双膝、双侧髋骨附近——与床面接触而受压的身体部位都出现了褥疮。谷口俯卧在床上，除了脖子和右臂之外，其他身体部位基本无法动弹，他的褥疮伤口不断有脓液流出，他的后背、胳膊和腿部的烧伤伤口肿胀流脓，他的伤口大面积腐烂，散发出腐臭的气味。谷口的红细胞计数特别低，他的脉搏很弱，经常发烧，而且经常出现体温过高的危险情况。当能吃下饭时，他也只能俯卧着吃饭。他吞咽困难，食物经常卡在喉咙里，不止一次，他被食物噎住而窒息。1946年，他的父亲在中国东北生活了16

年之后终于回来了。在谷口的病房里，父亲和儿子16年以来首次相见。谷口说他确实见到了父亲，除此之外他不愿多谈。短暂的相聚之后，他的父亲搬到了大阪，谷口的哥哥姐姐也在大阪居住。

每天早上，医生和护士们来看他的时候都很惊讶，发现他居然又活过了一天。他只想尽快死掉，因为他每天都疼得死去活来。一听到换药车靠近的声音，他就吓得哭起来，当护士揭开他后背的纱布时，他总是痛苦地尖叫，求护士让他死。"杀了我，杀了我，"他一遍又一遍地哭喊着，"让我死吧。"那段时间，他的亲人们经常去医院探望他，每次探望之后，他们就来到稻佐山的半山腰，聚集在他的祖父母家里，计划他的葬礼。"没人认为我能活下来，"他说，"我生命垂危，挣扎在死亡边缘，但是没有死掉……我居然活过来了。"

他的祖母在家里种地，他的祖父在医院里守着他，帮助医生和护士全天护理他。医生和护士每天在他的病历上书写简短的病情记录。"褥疮伤口干燥。体温升高又降低。低度贫血。伤口的某些部位开始长出皮肤，新生的皮肤就像小岛屿一样。脉搏微弱。褥疮很深能看到骨头。伤口分泌物略有增多。胃口很好。大便带血，四次。"他们使用常规剂量的维生素B和C、鱼肝油、青霉素软膏给他做治疗，但是他的病情未见明显好转。整个夏天，天气很炎热，谷口躺在蚊帐里，但是没能躲过苍蝇，仍有很多苍蝇钻进他的蚊帐里，在他的伤口上产卵。那

第五章 停 滞

些蝇蛆在他的身上乱爬，他身上总是有异样的感觉，但是又没有办法除掉蝇蛆。他曾经3次陷入昏迷。当清醒时，他就觉得内心充满了仇恨，他痛恨战争，怨恨所有的家长们，恨他们没有尽力防止战争。日复一日，他躺在病床上，凝视着窗外的一棵高大的柿子树，怀念童年，他悲伤地想，他可能永远都不会再感到快乐了。

吉田脸朝上躺着，他的病床就在谷口旁边，医生认为这两个男孩子都不可能活下来。吉田的父亲和祖母在那年都去世了，吉田的母亲和姐姐轮流在医院看护他。他现在可以睁开眼睛看东西了，但是他不能侧卧也不能俯卧，因为他的脸上有严重的烧伤。随着时间的推移，他的左脸和左半身的烧伤伤口开始愈合，但是他右脸上的烧伤伤口一直不愈合，并且感染了。在某一天，他烧伤后的右耳朵腐烂掉了，耳朵的位置只剩下了一个小孔，他仍然能听见声音。

医生们给他的右脸做植皮手术，共做了3次。第一次手术是在1946年年初进行的，医生把他左大腿的皮肤割下来，移植到他的右脸上。"我们以为手术成功了，"吉田回忆道，"但是后来，皮肤下面出现了感染，移植的皮肤随之脱落了。感染消退之后，我的右脸布满了硬疙瘩，像石膏一样硬。第二次手术之后又出现了同样的问题。我记得我当时疼痛难忍，我感觉快要疯了。"

他身上还能移植的皮肤不多了，只够再做一次植皮手术，医生又试了一次，他的伤口没有感染，皮肤移植成功了，他脸上的伤口逐渐愈合了。然而，他右脸上的皮肤没有汗腺，这个问题在夏天更严重，他的右脸很热，无法通过出汗来降温。

诺曼·卡森斯所言"原子弹爆炸会释放出一种死亡射线"和"核辐射对人体组织的损伤"不仅揭示了生还者在原爆时承受的苦难，而且预示了生还者会长期受到原爆相关疾病和死亡的困扰。数万名生还者遭受了原爆并经历了急性核辐射综合征，很多人在以后的十几年仍会受到各种疾病的困扰。他们会反复出现身体不适，皮肤上出现紫色斑点、内脏出血、发烧、腹泻、恶心、低血压、怕冷、血细胞计数偏低、由于吃不下饭而体重减轻——这些都是核辐射疾病的症状。核辐射还会损伤人体器官，导致严重的肝损害、内分泌疾病、血液病、皮肤病；中枢神经系统的损伤；过早衰老；生殖系统紊乱，造成完

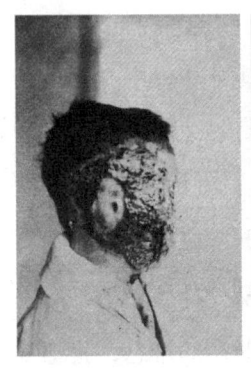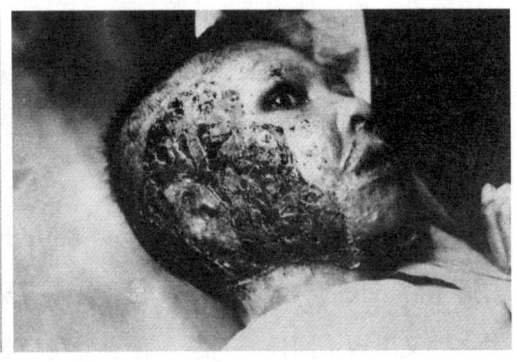

吉田胜次，14岁，皮肤移植手术之前和之后。（吉田直次提供的照片）

全不育或生育能力低下，流产或死胎；牙龈疾病；视力问题；查不出特定原因的剧烈疼痛和持续性咳嗽。核辐射还会伤及口腔，被爆者牙齿脱落，只剩下了牙槽骨。原爆生还者经常会突然出现头晕目眩、昏厥、突发意识丧失、极度疲乏。原爆生还者感到他们的身体从内到外都受到了严重损害。

除了核辐射相关疾病之外，被爆者还受到瘢痕疙瘩的困扰，被爆者的脸上、四肢、身体上的中重度烧伤部位会出现厚厚的橡胶状的瘢痕疙瘩——"就像熔岩一样，"一位医生回忆道。这种丑陋的疤痕组织通常会引起强烈的瘙痒、刺痛和一跳一跳地痛，当疤痕组织出现在肘部、肩膀或腿部关节时，身体活动就会受限。有一些生还者脸部出现瘢痕疙瘩，这导致他们张不开嘴，严重影响进食。医生试图通过手术切除瘢痕疙瘩，然后进行皮肤移植，但是成功率不高，因为疤痕组织还会再长出来。

很多生还者都感到身心俱疲，要么是由于身体上的慢性疼痛，要么是由于失去亲人的痛苦，或者需要长期照顾受伤和患病的家人，或者经济拮据，不得不借钱来支付医疗费用。被爆者承受着巨大的精神痛苦，他们感到自己与社会隔绝，由于容貌被毁而自惭形秽，或者由于没有能力挣钱养家而感到羞愧。他们感到自己体内被污染了，成天提心吊胆，不知道那看不见的、致命的核辐射将会怎样危害他们的身体。

在原爆后的头几年，被爆者还承受着精神创伤，就是精神病学家罗伯特·杰伊·利夫顿（Robert Jay Lifton）所说的"亲眼看到周围的大量人员突然死亡"。原爆造成长崎市 74 000 人丧生，在浦上地区，70% 的居民在原爆中丧生，在周边地区，40% 的居民在原爆中丧生。生还者受到内疚情绪的困扰，为了逃生，他们抛下了被压在废墟下或正在被大火吞噬的亲人——没能帮助大声呼救的亲人或陌生人，或者没能在他们临死之前给他们一口水喝。在清理废墟的过程中，在倒塌的房屋下面或楼梯间仍可见到一些尸体残骸。有些生还者从未放弃过寻找失散的家人，他们每天收听寻找离散家属（帮助失踪人员与家人重新团聚）的广播节目——但是大多数人不得不放弃，因为他们知道找到亲人的希望很渺茫。有些生还者为家人举行纪念仪式，虽然他们并未找到家人的遗体。有一位男性生还者，他的妻子和 3 个孩子都在原爆中丧生了，每当看到别人家的孩子时，他就感到万分悲痛。在原爆后长达一年的时间里，他每天都坐在大女儿的骨灰前，问自己为什么还活在世上。

　　占领军的两位官员也在尽力帮助长崎市的生还者，抚平他们的心理创伤。第一位官员是陆军中校维克托·德诺（Victor Delnore），他是一位老兵，曾因英勇而被授勋，他在 1946 年秋天担任长崎军政部（Nagasaki Military Government Team）司令官，第十陆战团的官兵在那时已经撤离了。占领军的长崎军政部是一个很小的行政机构，主要任务是监督长崎市的劳动条件，监视日本前政府和军方那些已下台或者被罢免的官员们，

第五章 停　滞

监督和培训日本的警察，让他们了解民主和日本的新宪法，监控长崎市的活动，维护公共安全。占领期间，除了少数几起美国士兵对日本平民的严重犯罪之外，在德诺的领导下，日本人与美军官兵之间几乎没有什么冲突，长崎军政部与长崎市政府的地方官员之间也保持了相互尊重和合作的关系。

但是德诺认为，他的职责不只是行政上的。"我必须帮助人们鼓起生活的勇气，"他说。在长崎市任职的4年期间，他经常去新兴善医院探望，当与患者交谈的时候，他跪在地上，俯身看着患者。他参加了一个特殊的纪念仪式，佛教僧侣们安放未能辨明身份的数千名原爆死者的骨灰。"我被深深地感动了，"他后来写道，"我不知道我究竟是为什么被感动了，可能是由于那个纪念仪式的奇异性，那么多妇女在哀悼死者，或者是由于看到1万个骨灰盒堆放在祭坛周围，其中盛放着无人认领和未能辨明身份的原爆死者的骨灰。"德诺还支持生还者讲述原爆经历，他曾经致函美国占领军审查员，建议出版石田雅子的《雅子没有死》一书："对于我们来说，正确认识到原子弹的意义，"他写道，"从成千上万的日本被爆者的经历来体会他们的感情，这样做在占领期间是有利的。"德诺在长崎市任职两年后，在原爆3周年的那天，他批准进行首次公开纪念活动。

温菲尔德·尼布洛（Winfield Niblo）是长崎军政部的首席教育官，他在长崎市引入了美国方块舞（square-dancing），作为一种健康娱乐的方式，试图让被爆者振作起来，重燃生活的希望。尼布洛来自美国科罗拉多州丹佛市，曾经在高中任教，担任过社会学教师、足球教练、方块舞指挥者，有一次，长崎县的体育教育长官邀请当地的日本体育教师到家里吃晚饭，尼布洛也应邀出席。晚饭后，教师们跳起了日本传统民间舞蹈，尼布洛也行动起来，教他们跳弗吉尼亚舞（美国乡村舞蹈）。教师们很快就学会了，从那时起，日本体育教师开始学习美国民间舞蹈，长崎市的各所学校都开设了舞蹈课。方块舞指挥者发出口令，"邻伴互转！""绕着舞伴起舞！"

最终，学习美国民间舞蹈在日本各地流行起来，占领军当局也很支持这种形式的体育教育，它可以促进西方认同的男女之间健康的社会交往。20世纪50年代初，东京设立了全国性的民间舞蹈培训课程，在日本各地，伴随着美国民间乐曲《棕色小壶》（Little Brown Jug）和《哦！苏珊娜》（Oh！Susanna），数千名日本人跳着快滑舞步，绕着舞伴起舞。后来，日本教育部邀请尼布洛帮助编写关于美国民间舞的教材。"跳舞的人是快乐的人，"他写道，"美国文化能给日本人带来一些快乐，美国也很快乐。"

尽管德诺和尼布洛在努力帮助被爆者，每一位被爆者还是需要以自己的方式应对精神创伤，找到活下去的动力。有些被爆者在原爆中失去了所有亲人，他们提醒自己活下去，因为如果自己不活下去，家人的坟墓就没人照看了。有些被爆者每天忙着照顾孩子或者照顾其他人，这是支撑他们活下去的唯一理由。还有一些被爆者通过酗酒来逃避现实，摆脱内心的疲惫、失落和羞耻。长崎市的天主教徒因为要遵守禁止自杀的宗教教义，所以必须想办法鼓起勇气活下去，正如一位生还者所说，"就是忍着吧"，继续活下去。

然而，在原爆后最开始的几年，有一些被爆者感到无法再忍受生活的苦难了，他们觉得除了自杀以外没有别的办法了。在国立大村医院后面的树林里，一名年轻女性因为面部严重烧伤而上吊自杀了。在新兴善救援医院，一名男子从高楼的窗户跳下去自杀了，他此前一直在医院里照顾患病的弟弟。一名年轻男子，家里有妻子儿女，由于病得太重无法工作，他多次试图上吊自杀，当他绝望的妻子要报警时，他恳求道，"让我死！我活得太痛苦了，无法再忍受了！"一个时年20岁的女孩子，双腿受伤导致的残疾使她无法工作，她曾3次试图通过过量服药的方法自杀。一个小男孩，他的腿上和脚上有瘢痕疙瘩，因为在学校里被嘲笑而试图服毒自杀，幸好他妈妈及时发现，才没有死。还有一位母亲，她几乎一半身体都被严重烧伤，她的4个儿子全在原爆中丧生了，由于承受不了精神和身体的双重痛苦，她从长崎医科大学医院被毁大楼的顶层跳下去自杀了。即使到了1952年，仍有一些人自杀，一位年轻的男子，他最好的朋友自杀了，他本人也由于容貌被毁而无法找到工作，在绝望之下，他爬到长崎市的一座山的山顶，用刀子割开自己的手腕，然后躺下来静待死亡来临；由于他的袖口比较紧，减缓了手腕伤口的血流速度，所以他幸运地没有死成。一个19岁的女孩子也选择了自杀，她妈妈10年前在原爆中丧生了，她自此以后一直体弱多病，在1955年的一天，她走到铁轨上，把自己的凉鞋和雨伞放在铁轨旁，当一列火车驶过来的时候，她卧倒在铁轨上自杀了。

长野也承受着巨大的精神痛苦和内疚自责，以至于她多次想要结束自己的生命。"真的，和我妈妈在一起，我每天都很痛苦，"她回忆说，"每当我问自己为什么我的弟弟和妹妹死了，我就特别难过，感到心被掏空了一样。但无论我感到多么内疚自责，他们都不可能死而复活了。"她听说她的祖父母也责怪她，她感到如此内疚，以至于她的祖父母去世时，她没有去参加他们的葬礼。"我认为如果我死了或许会更好，"她说，觉得自杀或许是向父母道歉的一种方式。"但我意识到，如果我死了，当我的父母年老时，就没有人照顾他们了。想到这一点时，我意识到我不能选择自杀。"

堂尾也差点儿自杀了。与很多年轻女性一样，由于面部受伤和长期受到核辐射疾病困扰，她一直躲在家里闭门不出，因为脸上的疤痕和脱发而自惭形秽。她脸上的皮肤破溃，就好像是她体内的毒素正在被释放出来。"我的脸上发痒，长了很多脓包，不断地流脓，"堂尾回忆说，"那个气味很恶心，就像臭

第五章 停滞

鱼一样。"她经常照镜子，盯着自己的脸，试图找到哪怕是一丁点儿的改善。但是她脸上的伤情几乎没有变化。她的头发总也长不出，她的头皮上长了一些软软的细毛，又薄又透明，以至于她看起来还是秃头，那些细毛不久之后也会脱落——然后再长出来再脱落。她既不知道核辐射疾病是怎么回事，也不知道为什么自己的病总也好不了。"我妈妈总是在给我洗头洗脸的时候哭泣，"堂尾回忆道，"她为我感到难过，并且给我做了一条黑色的围巾——黑色的是为了看起来更像头发。在我的青春期，我的头上总是裹着一条围巾。"当家里来客人时，她就躲在滑动门的后面，她真想死了算了。独自待在房间里，她感到内心充满怒火。为什么是我？为什么我的容貌被毁成这样——我什么都没有做！"我还有很多梦想，"她回忆道，"我希望一切事情还能回到以前的样子。"

有一天，堂尾一个人在家，她发现头顶上有一个拇指大小的粉红色的包块。"由于长期待在家里养病，我感到特别烦闷，特别绝望，我一点儿都不在乎自己了，"她回忆说，"如果我一直过这样的生活，还不如死了算了。"她拿起了缝纫剪刀，把自己头顶上的包块剪掉了。她的头上鲜血直流。当她的父母回到家里时，发现她满头是血，头上裹着一条血淋淋的毛巾，她被父母训了一顿。"我妈妈哭了，"堂尾回忆道，"她说她希望受伤的是她，而不是我，她希望能替我受苦。她把厨房里的刀和剪子都藏起来了。"

堂尾听说她的两个朋友已经死了,在原爆当天她们曾经一起逃跑,她开始问自己,为什么她能活下来——特别是带着这样一张"惨不忍睹的脸"。"我想知道上帝想要我怎么度过我的人生。这就是我想问的问题。上帝赋予我生命是为了什么?"

有一些被爆者顽强地活了下来,对于深埋心底的精神创伤,他们只能寻找方法去忍受。一些学校定期举行纪念仪式,纪念在原爆当天以及随后几年丧生的老师和同学们。在城山小学,老师们举行纪念仪式,纪念原爆时在校园里丧生的同事们,他们当时正在学校菜园里除草,还有未能辨明身份的原爆受害者,他们的骨灰被埋在学校操场。与三菱重工的生还者们一起,长崎县和长崎市政府对于在三菱重工的各个工厂死亡的被爆者人数进行了统计。纯心女子高中(Junshin Girl's High School)的工作人员整理了在原爆时或者原爆后由于受伤和核辐射疾病而死亡的214名女学生的完整名单。后来,该校把被埋在时津町(Togitsu)公共墓地的学生们的遗体挖出来并火化了,将一部分骨灰留给死亡学生的家属,然后把其余的骨灰埋在学校操场的纪念碑下面。

私人性的纪念活动通常发生在占领军审查员的视线之外。即使是在原爆区的简陋棚屋里,人们也会把装有亲人骨灰或者被认为是亲人骨灰的骨灰盒摆在家里,并且每天祈祷,祝愿亲人的灵魂安息。林津江(Hayashi Tsue)是一位母亲,她的

第五章 停 滞

女儿就读于城山小学,原爆时在学校里丧生,为了纪念她的女儿,也为了纪念她在寻找女儿的过程中遇到的所有死难者,她在校园里种下了许多的樱桃小树。由于在长崎市找不到合适的小树苗,一位花匠从长崎市西北部的另一个县拉来了一批树苗。小树渐渐长大,每年春天,林津江都去校园里静静地观看美丽的樱桃树,她安慰自己,想象着女儿的灵魂已经转化为樱桃树上的花了。

在长崎市的各个学校,老师引导学生们写作文,用文字记录他们在原爆后的生活:在永井医生的指导下,这些作文结集出版,书名是《蘑菇云笼罩的人生》(*Living Beneath the Atomic Cloud*)。辻本藤尾(Tsujimoto Fujio)是山里小学的四年级学生,他的父母和兄弟姐妹都在原爆中丧生了,他在作文中写道,他和 60 岁的祖母相依为命,居住在被毁的房屋原址上搭建的棚屋里。每天早上,他的祖母去教堂做弥撒,然后到浦上川岸边捡贝壳,把捡到的贝壳卖掉,换钱购买他们所需的食物。他写道,她总是拿着她的念珠,总是在祈祷。他的祖母告诉他,一切都好,这一切都是上帝的意愿。

但是辻本藤尾并不觉得一切都好,并不像他的祖母那样充满希望。他渴望以前的生活,他的祖母开了一家食品店,他的父亲是挖井人,他家里挺有钱的。"请把我以前的生活还给我……求求了,"他在作文中恳求道,"我想要我的母亲。我想要我的父亲。我想要我的兄弟。我想要我的姐妹……"

藤尾的母亲就是在他学校的操场上被火化的。他和朋友们一起在操场上跑闹和玩耍,有时候会突然回忆起那天的情景,他的同学们所走过的地方当时放着火化他母亲尸体的火化台,想到这时他感到怒火中烧。

"我走到那块地方……"他写道,"用手指抚摸那块土地。当你用一根竹棍在地上挖时,黑色的骨灰就会显露出来。如果我盯着这黑色的骨灰,我的脑海里就会浮现出我母亲的面容。"

第六章 破 蛹

随着岁月的流逝,长崎市的原爆浩劫已成往事,被爆者开始重建他们的城市、重建自我、重新生活。人们的日常生活仍然充满着矛盾和反差。在20世纪40年代末,配给的食物比以前多了一些,但还是很紧张。有一些被爆者找到了工作,能够挣到一点儿钱来补贴家用,尽管在那个时期,失业率和通货膨胀率都还在持续上升。新建的房屋解决了一部分人的住房需求,然而,即使到了1950年,只有5%的生还者能够申请到住房,成千上万的生还者仍居住在泥土地面的棚屋里,周围四处都是原爆废墟和灰烬。最骇人的是,对于在原爆中受伤的生还者来说,当他们的伤病逐渐好转时,核辐射相关疾病又开始出现,并且夺走了一些人的生命。对于很多人来说,生存仍然很艰难,几乎不可能作长远打算。在长崎市,经历了核劫的人们凭借着顽强的意志以及家庭和社会的帮助,身体和精神状况有所好转,他们的生活逐渐步入正轨。

在1946年年底,谷口能够活动小腿了。尽管仍然俯卧在床上,但他能够弯曲膝盖,抬起小腿,向各个方向活动,锻炼他的双膝关节。医生仍然用浸泡了青霉素药液的纱布湿敷他的背部和左臂的伤口,他身上的大面积烧伤伤口终于开始结痂,伤口边缘已开始长出嫩皮。他臀部的皮肤烧伤已基本愈合,他的血细胞计数也趋于正常了。

1947年年初的某一天,在医护人员的注视下,他把双腿挪动到了床边,抬起身子,17个月以来,他第一次能坐起来了。每个人都兴奋地鼓掌,这一刻真的来了,在一年前,谷口来住院的时候,谁都想不到他能恢复得这么好。

谷口一直都没有看自己后背的烧伤伤口,当他确信自己可能会逐渐康复的时候,他决定看看后背伤口的恢复情况。谷口脸朝下趴着,医生把一面大镜子拿到他的床边,放在他的头旁。谷口抬起头,照了一下镜子,他看到自己的后背、手臂和腿上有大面积的感染和烧伤疤痕。大家都说他的伤口愈合得不错,在照镜子之前,他想象的愈合状况远好于他实际看到的。在照完镜子之后,他低头趴在床上,感到特别失望。

很快,谷口终于站起来了。刚开始站立的时候,他感到头晕目眩,他的双脚也疼得很。休息一下之后,他又站了起来——靠着坚定的决心,他终于能够拄着拐杖行走了。"我那天真是无比快乐,"他回忆道,"那一刻,我觉得我重获新生了。"

吉田的左脸和左半身的烧伤伤口愈合得很好,他也终于能

第六章 破 蛹

够走路了。1947年1月,原爆后的第16个月,在他出院的那一天,医院的工作人员开车送他到大村火车站。当走进那个小小的候车室时,他听到人们发出惊呼声,交头接耳地评论他的脸,然后整个候车室一片寂静。每个人都盯着他看。在住院期间,吉田一直避免照镜子观察自己的脸,虽然他已经看惯了其他患者的烧伤和疤痕,但是他从来没有想过,医院外面的人们对他的脸部烧伤将会有何反应。他低下头,默默地走到候车室的角落里,蹲下身子哭了起来。

在火车上,他希望没人注意到他,但是每到一站地,上车和下车的人们都会盯着他看。他一直低头哭泣,火车驶过一个又一个村庄,然后越过山丘进入长崎市。他心里想,长崎市的人们或许已经习惯了像我这样的面部烧伤。但是在长崎市,看到他的人们也发出了惊呼声。"当我回想起来,"吉田说,"我都不敢相信,我带着那张惨不忍睹的脸,坐火车回到了长崎市。"

在接下来的两年里,吉田和他的母亲以及4个兄弟姐妹住在一起,他试图重建自己的生活。他的母亲帮他回忆起原爆后发生的事情——他在原爆时身受重伤、在家里昏迷的几个月,以及在大村海军医院住院的最初几个星期的情况。他得知,原爆时和他在一起的6个朋友都死了。

每周两次,吉田去附近的社区诊所换药,一位医生在他脸部的移植皮肤上涂抹药膏。然而,在两次换药的间隔期,他脸

219

上的药膏在绷带下黏结成块,硬得像石膏一样。"我每次去换药,"他回忆道,"医生就叫我往窗外看——然后他猛然撕下绷带。我脸上鲜血淋漓,疼痛难忍。"由于面部受伤,他的嘴只能张开一条缝,这导致他吃东西很困难。吉田感到身体侧面也很疼痛;他后来才发现,他的两根肋骨在原爆时断裂,并且一直都没有复位。此外,腿部的烧伤疤痕使他既不能盘腿坐,也不能正坐——日本的跪坐姿势,臀部放于脚踝,在许多场合都需要这种坐姿——由于他右手的皮下组织受到破坏,伤口表面愈合的皮肤又紧又干,一到冬天就会裂开。他的手指不能伸直,几乎缩成一个拳头,保持着他在原爆时的那个握拳姿势。为了通过锻炼来伸直手指,医生建议他找一个水桶,在桶里装满沙子,手掌向上,把那个桶的提手置于蜷曲的手指与手掌之间——然后提起水桶,由于水桶的重量,提手就会迫使他的手指伸开。"太疼了,"他皱着眉头回忆道,"我觉得我的手都快断了。"

然而,对于15岁的吉田来说,比任何困难都严重的是,他特别怕别人看到他脸部的烧伤和疤痕,因此他整天把自己关在家里。他甚至不肯和家人一起去公共浴堂洗澡。他的母亲在家门外摆放了一个金属浴盆,放在邻居们看不到的地方,以便他独自洗澡。即使在家里也躲不过别人的目光,有一次,社区居委会的一名妇女突然到他家里来,看到他脸部的烧伤和脖子上的疤痕,那个妇女显得很吃惊。吉田心里特别苦闷,他跟

第六章 破 蛹

母亲说,他的面部烧伤太骇人了,他宁愿死掉也不愿意这么活着。

由于需要去理发,吉田不得不走出家门。"那时,我已经太长时间没理发了,头发又长又乱,"他回忆道。虽然他家与理发店只相隔约46米的距离,但是他害怕步行去理发店,因此他的母亲请理发师抽空到家里来给他理发;理发师说,吉田可以一大早到理发店来,在早上开门营业前来理发。

理发师一边给他剪头一边和他聊天,问他面部烧伤的情况,吉田开始讲述自己的受伤经历,但被打断了——"哎呀!"理发师倒抽一口气。吉田抬头看了一眼,从面前的大镜子里,他吃惊地看到一位顾客正在走进理发店。那位顾客并没有注意到吉田,片刻间,吉田觉得也许自己是安全的。他再一次抬头看那个大镜子,他看到那位顾客正在盯着他。"我们的目光在镜子里相遇了,"吉田说,"那个人立刻就把目光转向别处了。不知道为什么,但在那一刻,我突然特别伤心。然后我就感到惊慌。理发师马上就能给我剪完头了,但我等不及了。"吉田哭着冲出理发店。理发师那天晚上去他家,给他剪完头发,但是吉田仍然感到很羞耻,在此后的几个月,他又拒绝走出家门了。

1949年3月20日,长崎原爆后的3年零7个月,谷口终于从国立大村医院出院了。尽管他仍然受到伤病的困扰,经常发烧、恶心、腹泻、全身乏力、伤口感染，但是他已经可以自如走动，不需要拄拐杖了。为了让他的左肘能活动自如，手臂能够更好地伸展，医生给他做了两次手术，但是这两次手术都不成功，因此他的肘部总是处于半弯曲状态，他的手臂举不到肩膀以上的高度。随着出院日期的临近，谷口感到忧心忡忡——他的伤口尚未完全愈合，他担心自己不能重返工作岗位，他担心别人看到他身上的疤痕，他怕受到歧视。"由于这些忧虑，我心里充满了悲伤和对战争的仇恨，"他回忆道，"在出院前的那几天，我每天晚上都到病房外面去哭泣。"

谷口是在1945年住进医院的，出院时，他已经20岁了，身高也增长了约31厘米。在出院那天，谷口穿上了借来的蓝色西装，用包袱布包起他的个人物品，他感谢了救治他的医生和护士们，医院的其他工作人员也来祝他好运，他向他们鞠躬道别。与吉田一样，谷口也是从大村火车站坐车回长崎市，由于他的疤痕主要是在身上，可以被衣服遮住，所以他在路途中比较顺利，没有人盯着他看。到了长崎站之后，谷口走到渡口，乘船经过长崎湾，到达稻佐山的山脚下，他爬上陡峭的山坡，回到他祖父母的家中，他的祖父母特意给他准备了好吃的饭菜，包括生鱼片、大豆、大米饭、日本清酒。

在家里待了不到两个星期，谷口就重新回到邮局上班了，他在邮局的上司和同事们也都是原爆生还者，他们欢迎他回来上班。谷口在邮局里的新工作是投送电报，他每天骑着一辆新

第六章 破 蛹

的红色自行车，在长崎市内投送电报。每个工作日都要上 8 个小时的班，下班后，他爬上山坡回到他祖父母的家中，他每天都累得精疲力竭。

谷口骑着自行车穿行在大街小巷，他看到了长崎市重建的迹象。电话通信系统已恢复到战前水平，位于旧城区和长崎站前面的一些零售商店已经重新开张。有轨电车现在可以从主站出发向北行驶，进入被夷为平地的浦上地区。在日本政府的大力扶持下，长崎市的原爆点附近兴建了数百套公共住宅。长崎市的各所学校也开始重建，在学校管理者、教师、学生和家长的共同努力下，教室里添置了新的课桌、椅子、柜子、鞋架、书架，正如一位教师所说："它们散发着新木材的清香气味。"在山里小学，校园外种着捐赠的树苗，小学生们——其中很多人因原爆而成为孤儿——清理了校园外的混凝土碎块和废墟，开辟出一块地方，在那里种植蔬菜和花卉。每天清晨和傍晚，教堂的钟声在整个城市上空飘荡。

长崎市新建公共住宅的分配采取抽签的方式，在原爆中住房被摧毁的生还者有优先权。长野的父亲每次都去抽签，直到终于抽中了一套 4 间排屋中的 1 个单间，位于城山町的平和通（Heiwa Doori）街道上。1948 年，长野和她的父母终于回长崎市定居了。他们住在约 15 平方米的单间里，那个房间包括一个泥土地面的小厨房，里面有一个烧柴的炉子。与长崎市的大多数人一样，他们也是去公共浴堂洗澡。

1949年是长崎市重建工作的转折点。虽然日本的经济仍未稳定下来，但是通货膨胀终于被控制住了，食品短缺也有所缓解。日本国会通过了《广岛和平纪念都市建设法》和《长崎国际文化都市建设法》，这两个法案为广岛和长崎确立了新的公共形象，为城市重建提供了额外的资金。在占领军的严格监督下，长崎港再次成为外贸开放港口。长崎军政部司令官维克多·德诺在那年离任了，留在长崎市的占领军人员为数很少——这是麦克阿瑟将军的政策的一部分，从"逐步放松管制"到实现日本完全自治的最终目标。占领军审查制度也基本上终止了，通俗文学出版商和医学期刊出版商都不再受到严格审查了，可以逐步出版与原爆相关的通俗文学作品和医学论文。石田雅子的书被允许出版了，永井隆的《长崎钟声》出版后，头6个月就售出了11万册。

长崎市是日本最大的天主教徒聚居地，在1949年举办了一场大规模的纪念活动，纪念西班牙传教士圣方济各·沙勿略（Saint Francis Xavier）在日本传教400周年，长崎市因为举办这次活动而短暂地被推至世界媒体的聚光灯下。在准备期间，长崎市进行了城市美化和改造。长崎站被重建了，城市主干道被拓宽了，长崎站东边的山上，就是1597年，26名天主教徒被钉在十字架殉道之地，修建了一座新公园。

在5月29日举办活动那天，日本以及世界各地的天主教徒和媒体记者都汇集到长崎市，自从原爆以来（那段时期有大

第六章 破 蛹

批救援人员和研究团队涌入），长崎市首次迎来了大批的客人。从南边的大浦天主堂（Ōura Church）出发，3位祭司走在队伍的前面，后面紧跟着儿童合唱团、铜管乐队、几百名修女、数千名日本天主教徒，每个人手里都握着念珠。数万人站在街道两旁观看并且参加了纪念活动，梵蒂冈代表在日本"26圣人殉教地"和浦上天主堂的废墟上主持了盛大的纪念活动。纪念活动举办完之后，国际媒体的报道也就随之结束了，长崎市复归平淡，人们继续努力重建家园。

* * *

对于长崎市的大约1万名天主教徒来说，精神领袖永井医生提供了关于命运和牺牲的启示，解决了他们存在的困惑，为城市所遭受的灾难、失去亲人和他们的生还赋予了精神意义。因长年从事放射性工作，永井医生在原爆前已经身患白血病，在1946年春天，他晕倒在长崎站附近，此后便一病不起。在原爆点附近的一个山坡上，浦上教会的教友们使用镀锡瓦楞板为永井医生和他的两个小孩子搭建了一个约4平方米的小屋。永井医生将这间小屋命名为"如己堂"——取自天主教中"爱人如己"的训诫。

永井医生将长崎原爆解释为一次洗礼——让日本和全世界洗净自身罪恶并重新开始的一种方式——这是上帝的旨意，长崎市的人们必须因为蒙拣选而感谢上帝。长崎市的天主教徒殉

225

教已有近400年的历史，永井医生认为，为了日本投降和世界和平，长崎浦上被选为"牺牲的羔羊"，但是他忽略了一个事实，长崎原爆的大多数死难者和生还者并不信仰天主教。他称赞天主教徒被爆者是上帝的忠实殉教者。"当我们在艰难中跋涉，又饥又渴、被嘲笑、被惩罚、被鞭打，汗流浃背、浑身是血，"他在《长崎钟声》一书中写道，"让我们记住，耶稣基督如何背着自己的十字架艰难走向各各他山。耶稣给我们勇气。"永井医生也公开谴责战争，谴责日本的军事侵略。"浦上地区的这个大洞不是原子弹炸的，"他在后来的一本书中写道，"是我们自己挖的，随着军事行军的节奏……谁把美丽的长崎市变成一堆灰烬？……是我们……忙于制造军舰和鱼雷的长崎市的人们。"他把原爆视为"对抗战争的疫苗"，他祈求和平，希望长崎原爆成为人类历史上战争的最后一幕。

卧病在床期间，永井医生写了15本书和许多文章，成了美军占领时期最著名的被爆者作家。他捐出了大部分稿费，用于种植树木，支持长崎市和浦上天主堂的重建，并且为原爆区的贫困儿童们建了一个图书室。日本各地的人们将他奉为"长崎圣人"，并认为他是伟大的精神导师。永井医生受到了日本首相的表扬，他被日本政府称为民族英雄，以表彰他为日本战后的物质和心灵重建所作出的贡献，日本裕仁天皇也亲自去拜访他。罗马教皇的两名特使也前来探望永井医生，其中一名特使带来了教皇庇护十二世（Pope Pius XII）所赠的玫瑰经念珠。

第六章 破 蛹

1950年,《长崎钟声》被改编成电影——为了通过占领军的审查,电影制片人删除了直接描写原爆这一惨剧的所有画面,只留下了长崎上空升起蘑菇云的画面,以及永井医生在自家房屋的废墟里找到妻子的念珠的一个场景。在日本全国上映后,《长崎钟声》的主题曲深受日本人喜爱,并且成了长崎市的非官方主题曲。尽管长崎市人口中天主教徒的比例并不大,但由于永井医生的作品,在日本公众的心目中,长崎市对原爆的反应就是祈祷,甚至是消极的——这不同于日本公众对广岛的看法,广岛原爆生还者是行动主义者,愿意公开表达对原爆的

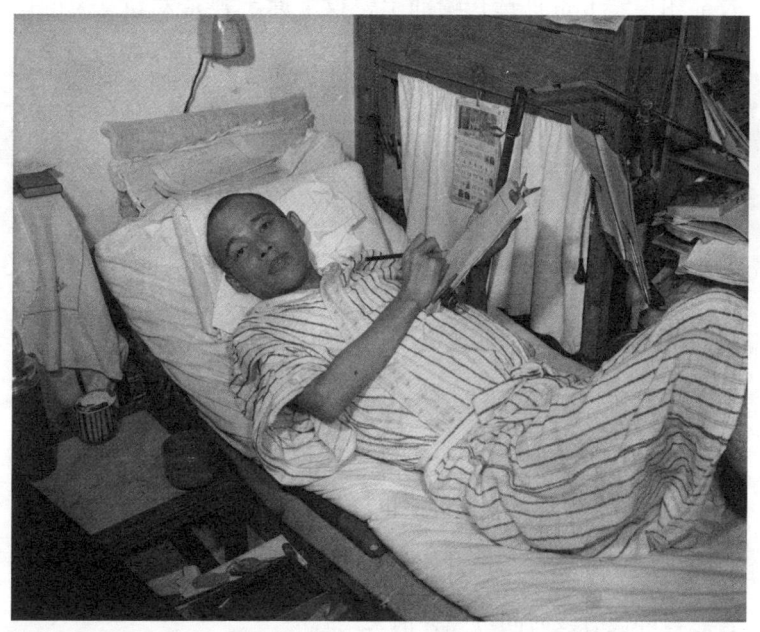

永井医生(41岁),身患白血病,在浦上教会的教友们为他搭建的小屋里,1949年8月。(贝特曼[Bettmann]/考比斯图片社[Corbis Images])

愤怒。

1951年5月1日，永井医生去世了，享年43岁。2万人参加了他的葬礼，浦上天主堂的里面以及周围的空地上都挤满了人。浦上天主堂的一个大钟被临时放置在教堂外的木制平台上，在永井医生的葬礼上，他的一位亲密朋友敲响了那个大钟。几天后，又有很多人来参加了永井医生的安葬仪式，他与爱妻绿（Midori）合葬在坂本国际墓地，该墓地位于浦上地区的山丘上。

永井医生影响了一代人，在长崎市的天主教徒当中，很多人都相信"上帝拣选长崎浦上，投下原子弹是爱和宽恕的试炼"，正如一位生还者所说的。另一位生还者说，"幸好原子弹落在了浦上，若是落在了没有信仰的人们的头上，他们背负不了这个重担。"永井医生也影响了非天主教徒的生活：在1978年，原爆已经过去了33年，一名日本男子跟天主教传教士保禄·葛林（Paul Glynn）说，他在一个公共图书馆偶然读到了永井医生的作品，从此改变了他的生活。他一直痛恨战时的日本领导人，也痛恨他的老师们，他们给人们洗脑，让人们相信日本是一个神圣的国家，永远不会被征服，他曾经痛苦地认为，"人类的努力和个人价值也许最终是毫无意义的"。读了永井医生的作品之后，他开始信天主教了，相信上帝"一直充满善意，即使有段时间可能会消失"。

第六章 破 蛹

但是也有一些人反对永井医生。秋月医生曾经是永井医生的一位学生，他和其他一些人都坚决反对永井医生的观点，他们认为永井医生的观点——长崎人作为牺牲的羔羊，这是上帝的旨意，为了恢复和平——忽视了原爆生还者的痛苦，为美国使用原子弹提供了合理性，让人们不反对核武器的存在。秋月医生从小就信仰佛教，他也读过《圣经》和其他宗教经典，他目睹了原爆后的惨状，不相信原爆是上帝的旨意和神圣计划。身高只有约1.55米的秋月医生，在浦上第一医院经常向遭原爆的修女们提出关于信仰的问题。"你们为什么要遭受这样的苦难？"他问道，"你们一生但行善事，为什么让你们这样的人来承受苦难？这是不对的！"天主教修女们坚定地回答，她们相信上帝，遵行上帝的旨意。但是秋月医生不那么认为。他谴责投下原子弹的美国人，他恨日本政府，因为它"固执地延续这场毫无意义的战争"。

虽然秋月医生对原爆及其残酷现实有着清醒的认识，但是他的观点并不能帮助找到更深层次的意义，亲历了原爆浩劫之后，他一直痛苦不堪。原爆后，他一直在医院里救治伤员和核辐射疾病患者，坚持了两年多之后，他感到身心俱疲，被强烈的焦虑感和空虚感困扰。有一天，站在医院大楼的窗口，望着不远处的原爆废墟，他决定离开这个城市，找回平静的生活，净化自己的内心，摆脱掉沉重的"战争受害者"心态。"为了救治原爆伤员，我舍弃了自己的一切，"他思索道，"但是，现在我该离开了。"

临行前,他去看望了以前的导师永井医生。在如己堂,秋月医生坐在榻榻米上,永井医生躺在另一张榻榻米上,由于身患白血病,他面色苍白,肚子胀得特别大。秋月医生跟永井医生说,他觉得心里"长满了杂草",再也不能忍受待在长崎了。"我要离开浦上,"他说,"我要净化自己的内心。"

1948年3月,32岁的秋月医生把自己的几件衣服和一些物品放在柳条篮里,然后就离开了浦上第一医院。他搭乘火车从长崎市出发,火车向东北方向行驶了约35公里,到达了一个名为"由江"的村庄,他高中时在这里学过农业。在多良岳(Mount Taradake)的山脚下,他在农场后面租了一个简陋的小屋,打算静心休养和写作,为改善身体状况而食用糙米、海藻和芝麻盐,替代传统药物。

起初,秋月医生的生活很平静,这里有绿色的山脉,空气很新鲜,阳光也非常充足。他开始遵行新的饮食方案,并记录这种饮食对健康的影响,他写了一篇长达30页的文章,题为《遍地是血的一个星期》(A Week Covered with Blood),记录了长崎原爆的恐怖,以及在原爆后的第一个星期,他和同事们勇敢地救治伤员的情景。但是不久之后,当村庄的人们发现他是一位医生时,他的生活就发生了意想不到的、非他所愿的变化。每天都会有生病的村民上门找他看病,尽管渴望静心休养,但是他不能把生病的村民拒之门外。来这里住的时候,他

第六章 破 蛹

带了一个听诊器，本来是用于听诊自己的心脏的，他现在用这个听诊器给村民们看病，他还带了一些常备药，他用这些药物给患有感冒或胃痛的村民治病。

村民们也很关心秋月医生，他们伐木取材，给他建了一个小房子和一间诊所，并且不顾他本人的反对坚持要他娶个好妻子。秋月医生仔细思考，他想到了村井寿贺子（Murai Sugako），这位年轻女子在原爆时帮他救治伤员，此后长期在他身边工作。秋月医生觉得，寿贺子可能会理解他的生活、思考、寻找意义的方式。

秋月医生邀请村井寿贺子到村庄来看看，他们两个人一起登上山顶，当他们站在山顶遥望有明海（Ariake Sea）的时候，她决定嫁给他。他们在长崎市举行了简单的结婚仪式，回到村庄之后，村民们又为他们举办了一次乡村婚礼。他们两个都是被爆者，很担心未来孩子的健康，不过寿贺子生下了一名健康女婴。

在由江村庄的 5 年期间，秋月医生的身体状况有所改善，他撰写并发表了关于原爆和食物替代疗法的一些文章——他还娶了妻子，添了一个女儿。只是他渴望平静的生活，但一直没能如愿。由于生活拮据，甚至挣的钱不足以维持生计，所以只有寿贺子在他们的家庭诊所忙里忙外，接待患者。他们很少有时间一起共进晚餐。秋月医生骑着自行车，奔波在稻田之间崎岖泥泞的小路上，去村民家里给村民看病，他有时候暗自抱

231

怨，他"大老远来到这里，并不是为了过这样的生活"。

在 1952 年的春天，秋月医生的慢性哮喘更加严重了，他在 9 年前得过一次结核病，现在又复发了。他觉得自己别无选择，只能和家人一起返回长崎市。本原山的浦上第一医院现在由美国圣方济各服务医院会（Saint Francis）经营，其总部设在美国伊利诺伊州斯普林菲尔德市。浦上第一医院已更名为圣方济各医院（St. Francis Hospital），经过重建并添置了新的医疗设备，成了设施齐备的结核病疗养院，该院现在更能承担起其建院之初的使命。秋月医生在接受治疗的同时，又开始在这家医院上班了。

一个不寻常的转变是，1953 年，秋月医生改信天主教了。他没有明说是什么促使他改变信仰；他后来提到，作为在天主教医院里工作的佛教徒，他感到很孤立，

秋月辰一郎医生，74 岁，在圣方济各医院，约 1990 年。（圣方济各医院提供的照片）

第六章 破 蛹

他周围的人们每天做弥撒,唱赞美诗,修女们为他祈祷,盼望他改信天主教,他还提到,他很佩服天主教徒朋友和同事们由信仰而生的力量。他也佩服他们在医院重建工作中体现出的奉献精神和自我牺牲精神——他们顾不上回家照顾生病和垂死的亲人,甚至在自己家的房屋重建之前,一直全力以赴地进行医院重建。然而,在转变信仰之后,他对天主教仍有一些矛盾看法。"如果原爆浩劫再临,原子弹再来炸我们,"他说,"耶稣会拯救我们吗?"

秋月医生继续寻找生存的更深层次的意义,并且寻找一种有效的方法帮助其他人进行心灵重建,他开始相信,作为个人和社会转变的一种方式,个人叙事有巨大的力量。在以后的40年里,他致力于行动主义,成为长崎市鼓励被爆者以书面和口头陈述的形式把原爆经历讲述出来的主要倡导者之一,这既有助于医治他们的心理创伤,也有助于加强国际上对核战争影响的理解,推动在全球各地消除核武器的事业。秋月医生由衷地相信,如果永井医生能够多活几年,他对原爆的看法和解释一定会随着时间的推移而有所改变,肯定会出现对核战争的明确谴责。

* * *

对于无数的被爆者来说,除了理解自己作为核爆炸生还者的新身份之外,他们还受到慢性病痛的折磨,身体上的外伤、烧伤、核辐射疾病无法痊愈。他们之所以康复缓慢，通常是因为遭受了大剂量的核辐射，核辐射破坏人体内的再生细胞，损伤身体的自然防御机制，从而影响了身体的自愈能力。很多人的术后伤口不愈合，而且并发感染。大量的被爆者——特别是在距离原爆点约2公里范围内遭受核辐射的那些人——出现了各种莫名其妙的症状，包括阵发性的眩晕、没精打采、麻木、疲乏无力。

被爆者还出现了其他的健康问题。白内障是眼睛晶状体发生混浊的疾病，原爆区的很多人都患上了白内障，以至于有一段时间，这种病被称为"原爆白内障"，这是核辐射损伤晶状体后表面的细胞所致。研究人员后来确定，生还者的白内障发病率和严重程度与其年龄以及所遭受的核辐射剂量有关。"小头畸形"是指一个孩子的头围相对于身体的比例显著低于正常平均值，患有小头畸形的孩子预期寿命会减短，大脑功能方面也很难趋于正常；距离原爆点约2公里的范围内，在子宫内遭受核辐射的胎儿降生之后，小头畸形的发病率为15%，比未受核辐射者高出4倍。原爆时在子宫内受到核辐射的胎儿，降生后还可能出现大脑缺陷，导致智力发育迟缓或发育障碍。大量的被爆者年纪轻轻就去世了——例如吉田的父亲死于1946年，长野的父亲死于1948年——死亡原因不是很确定，虽然他们的家人认为是死于核辐射导致的各种疾病，但无法证实。在长崎市，医生们也因为患者的高死亡率而感到震惊，但是他们仍

第六章 破 蛹

持谨慎态度,并未把生还者那些无法确诊的疾病和死亡归因于核辐射。

某些疾病可以被准确地归因于核辐射,起初是通过临床观察,后来是通过研究证实。经过一段潜伏期后,在1947年,医生们开始观察到,在被爆者当中,儿童和成年人的白血病发病率都有所增高——在随后的几年,白血病的发病率进一步增高。后来的研究证实,被爆者的白血病发病率高得惊人:因屏蔽物的情况而略有不同,平均而言,在距离原爆点约1.2公里的范围内,被爆者的白血病发病率是未受核辐射者的6倍,在距离原爆点约2.4公里的范围内,被爆者的白血病发病率是未受核辐射者的2倍。原爆对儿童的影响最严重,原爆时年龄在10岁以下的被爆者当中,其白血病的发病率比一般人群高18倍;原爆时年龄在10—19岁的被爆者当中,其白血病发病率比一般人群高8倍。原爆后的很多年,在生还者死亡之后,尸检报告仍能揭示出核辐射对体内器官的严重损伤。有一名年轻男子,在1945年时28岁,并且身体健康,经历了原爆之后,他经常生病,最终被确诊为白血病。他在1950年去世。医生给他做了尸检,尸检报告显示,他的内脏器官"呈黑色而且稀烂,像煤焦油"。

其他癌症,包括胃癌、食道癌、喉癌、结肠癌、肺癌、乳腺癌、甲状腺癌、子宫癌、卵巢癌、膀胱癌、唾液腺癌的发病率也增高了。后来,对被爆者病历记录的分析表明,在距离原爆点约1.2公里范围内遭受核辐射的那些人当中，其癌症发病率比未受核辐射者高出40%—50%。有些医生了解核辐射所致癌症的发病情况，但是占领军的审查制度不允许他们公开讨论这些病例，因此他们既恼火又愤怒。被爆者因病死亡后，他们的亲人和朋友们也感到既痛苦又愤怒。经历过原爆的人们对疾病和死亡的恐惧从来没有停止过。

被爆者们也在经受着残酷的个人压力和社会压力。正如长野和她母亲之间痛苦的感情疏离，责备和内疚笼罩着很多家庭。在学校里，身体健全的孩子们嘲笑身上有伤或者脱发的同学们，称他们是"独眼恶魔""鸡腿""秃子""怪物""原子弹""天妇罗"——最后一个是指日式料理中的油炸虾和蔬菜。小头畸形患儿受到歧视，要么被禁止入读小学，要么被禁止参加学校的体育活动和课外活动。由于对核辐射的影响缺乏明确的认识，各种谣言四起，说与被爆者的身体接触会使人患上核辐射疾病。

即使身体上没有受伤或生病的孩子们，在学校里也难免会遭受打击。在长崎市的一所小学里，有一天，一位老师在给二年级的孩子们上日本文学课，她让学生们阅读和讨论一篇很受欢迎的文章，关于5个孩子在父母的抚养和关爱下成长的故事。一个小女孩在课堂上举起了手。"这几个孩子真幸福，不是吗？"她问道，她的声音很忧郁。老师突然想起来，这个小女孩以及她班上的很多学生都在原爆中失去了父母，老师感叹

第六章 破 蛹

道，她是每天都和这些孩子们在一起的老师，竟然也会轻易忘记他们失去父母的痛苦。在那堂课上，有一些孩子目光避开黑板上写的"父亲""母亲"之类的字；另外一些孩子们咬着嘴唇，在本子上乱写，或茫然地望着窗外。

还有一些青少年，例如吉田，由于容貌被毁而变得特别敏感，特别在意别人的异样目光、厌恶表情、侮辱性言论，有些人整天待在家里，不敢出门。吉田说他之所以敢走出家门，是因为他母亲的爱。她有一天和他谈心，告诉他，她能理解他的感受——比他知道的还要多——她让他听她几句话。"你不能一辈子都待在家里，"她说，"我知道你不想出门，我知道这会令你难过。然而，你是否可以先试着来，在家门口和附近街区散散步？"

"不！"吉田冲着她喊。但是后来，他决定听从母亲的建议，去外面散步——先去距离他家只隔3栋房子的神社，他觉得在那里不会遇到很多人。"第一天，我走了约90米，"他回忆道，"第二天，约140米。每天多走一些路。"他注意避开孩子们，因为他们会目不转睛地盯着他。"我的脸太吓人了，但他们总是盯着我看。"令他感到崩溃的是，有一次，当他跟一个漂亮的小女孩打招呼时，她被吓哭了。有一天，当他走在路上时，迎面走来了一群中年妇女，他看见她们脸上表现出厌恶和反感之情，她们很快就扭头从他身边走过去了。吉田哭了起来，但继续向前走。他的脸上满是泪水，他低声对自己说，保持冷静。不要回头。不要回头!

  对于有工作能力的生还者来说,重新开始工作可以促使他们走出心理困境,然而,生还者要想找到一份全职工作,是特别困难的,部分原因在于全职工作很少,还有一部分原因在于雇主不愿意招聘原爆生还者,怕他们身体出问题。许多生还者只得放弃找全职工作,他们开始打零工,当渔民、农场雇工或建筑工人。在工作中或求职时,身体健全的被爆者开始向雇主隐瞒自己的被爆者身份——那些有工作的被爆者都特别努力,为了保住工作,他们在生病的时候也坚持上班。

  对于20岁的长野来说,找到工作有助于她摆脱在家里的孤独感,她的第一份工作是在商店里当店员。后来,她在长崎大学的设施部工作,担任办公助理。工作人员在小木屋里办公,设计重建长崎大学,长野的工作是沏茶倒水、整理文件、帮着干杂活。

  吉田已经年满18岁了,他感到自己必须挣钱养家了,冒着被嘲笑的风险,他出门找工作,起初在家门口的炉具店打零工。后来,他找到了一份全职工作,在一家小型食品批发公司的仓库里上班。第一年,他在仓库里工作,不直接与客户打交道,他可以在工作中练习打算盘,通过看每种食品的包装,学习汉字。然而,一年后,他被要求直接与客户打交道。当他看到客户盯着他的时候,他试图理解他们的感受——没有一张

第六章 破蛹

好看的脸,你就不能给别人留下良好的第一印象,他告诉自己——但是他感到每一天都难以忍受。"我诅咒战争和原子弹,"他说,"我的脸为什么会被严重烧伤?我为什么连保护自己的机会都没有?"

* * *

对于21岁的堂尾来说,她待在家里与外界隔绝的第五年,新的希望终于出现了。1951年,那个时节,她回忆道,"柿子

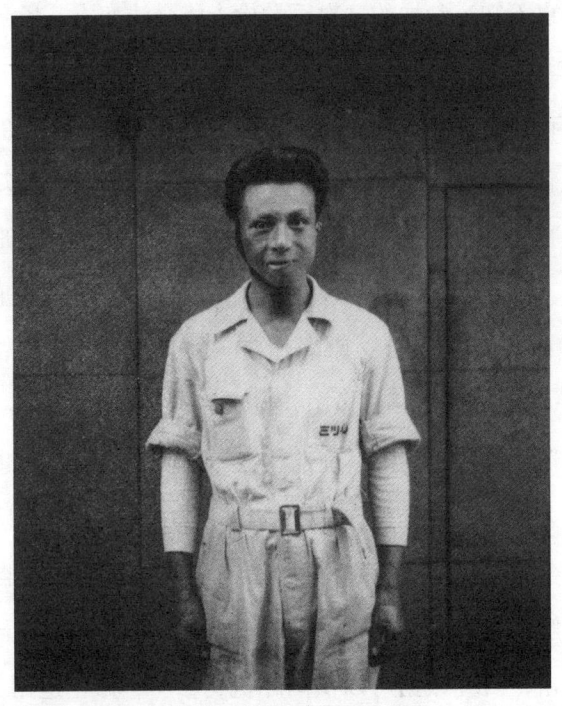

吉田胜次,19岁,身穿工作服,在食品批发公司工作,约1950年。(吉田直次提供的照片)

239

树的果实开始着色。"她的伤口仍没有完全愈合,她的头发还没有长出来——每隔一段时间,她的头上会长出一些短短的、软软的细毛,然后又脱落了。"我都想放弃了。就在那时,一辆外国汽车驶来,停在我们家门口。"

"'我来自 ABCC,我是来接你的,'那个人告诉我们。'请你配合我们的研究工作。'我上了汽车,以为他们能把我的病治好。"坐在行驶的汽车里,堂尾向车窗外望去,第一次看到了原爆后的长崎市。她还不知道将要接受的医学检查的根本目的,她也不知道参加的这次医学检查将会演变成一场激烈的国际争议。

5年前美国就开始对被爆者进行长期的科学和医学研究,抓住了这个重要的、唯一的机会——美国陆军医疗军团(Army Medical Corps)研究原子弹效应的一名高级研究员认为"在下一次世界大战爆发之前,不会再有这样的机会了"。为此,杜鲁门下令设立原爆伤害调查委员会(Atomic Bomb Casualty Commission,ABCC,以下简称调查委员会),负责对原爆生还者进行研究,以确定核辐射如何影响他们的健康。美国领导人预计,调查委员会的研究将会在军事、科学、监管等方面对美国有益处——有助于对目前正在开发的核武器的影响加深了解;有助于美国的民防措施规划,以防美国本土遭受核武器攻击;研究数据可以供国际机构参考,修正适用于医生、科学家、放射工作人员、患者的辐射剂量当量限度值。从这些预期目标可以看出，在原爆之前，美国科学家和军方官员对全身核辐射暴露的短期以及长期影响知之甚少，另一方面，这也预示了调查委员会在研究中丝毫不会顾及生还者的医疗需求。为了履行其使命，调查委员会的做法激怒了日本的被爆者、医生、研究人员，引发了长达几十年的激烈争论。

调查委员会与日本各方的紧张关系很早就出现了。理论上，调查委员会是建立在美国国家科学研究委员会与日本国立保健医疗科学院之间的合作基础上，但是事实上，调查委员会主要由美国政府各机构资助和控制，调查委员会在日本开展研究，而日本当时是在美国的军事占领之下。在战争期间，美日两国之间经常相互诋毁，因此在调查委员会成立之时，美国和日本的科学家都不信任彼此的职业操守，担心调查委员会的研究结果会牵扯上国家的偏见：美国人担心，日本人会出于政治目的而尽量夸大核辐射效应；日本人担心，美国人会为了自己国家的政治利益而尽量低估核辐射效应。对于在调查委员会工作的日本医生们来说，虽然他们很敬佩美国先进的科学方法，但是他们普遍感到不被尊重，美国医生瞧不起日本医生的医疗技能和评价研究的能力。在调查委员会工作的一位美国医生写道："如果那些日本人能够随便使用我们的数据，那么他们将会做什么，在调查委员会的许可下，他们将会发表什么，一想到这个问题，我就会做噩梦。"

同样是在调查委员会工作，美国医生比日本医生工资高，这加重了调查委员会内部的权力不平衡。调查委员会在日本各个城市设立了研究所,而且各研究所的主管一直是由美国的医生或科学家担任,这使得调查委员会的大多数工作人员必须在美国的领导下工作,包括日本的医生、护士、辅助人员,其中很多人是原爆生还者,由于原爆而家破人亡。为了防止其他国家搜集有关原子弹的技术信息,用来推进其本国的核武器计划,美国把调查委员会的所有研究数据、研究结果和样本都据为己有,但这种做法令日本人感到很气愤。即使在广岛和长崎,虽然那里的日本医生们每天都在救治被爆者,但是他们也无法获知调查委员会的重要发现。长崎医生西森一正(Nishimori Issei)回忆道:"在我们看来,调查委员会做研究的方式特别秘密。我们日本医生认为,这违背了常理。在开展医学研究的过程中,如果一位医生有了新发现,那就有义务将其公开,以造福人类健康。"

在长崎市,调查委员会的第一个研究所设在码头上的鱼市场,而患者们起初是在新兴善小学临时医院接受身体检查。在20世纪40年代末至50年代初的那个时期,数千名生还者都有和堂尾一样的经历,他们听到有人敲家门,调查委员会的一辆吉普车和工作人员等在门外,接他们去新兴善医院检查身体。为了识别并找到生还者,调查委员会使用了多种方法,例如参阅在战后进行的对被爆者的医学研究和非正式调查,与日

第六章 破　蛹

本当地的医生和科学家交谈，收集各家医院的病历记录，并争取当地警方的帮助。虽然调查委员会不归占领当局管理，但是在长崎市的战后环境下，一些生还者不敢拒绝参加调查委员会的研究，他们以为这是占领当局的工作，而调查委员会是美国军方的一个分支机构。在新兴善医院，生还者接受了身体检查，并且被要求回答一系列的问题，例如他们在原爆时的具体位置，距离原爆点有多远，面朝什么方向，在原爆后身体出现了哪些症状。按照日本礼尚往来的社会习俗，调查委员会的工作人员有时候会送给生还者一些小礼物，并且派车送他们回家。

"我们进入医院大楼里，"堂尾回忆道，"我被要求穿上白色病号服。他们没怎么询问我的病情——我觉得他们只是在观看我的伤口并且拍照。外国医生也在那里。"堂尾原来以为他们会给她治病——至少可以帮助她缓解疼痛——但是调查委员会的工作人员既没有给她治病，也没有提供情感上的支持。"我非常失望地回到家中，"她解释说，"我是一个年轻女孩，在那些男人面前，我赤裸着上半身，我的头发还没有长出来，但是我被要求摘掉头上的黑围巾。我感到很愤怒。"

并不只是堂尾有这样的感受。虽然占领军的审查制度压制了日本公众反对调查委员会的声音，但是在广岛和长崎高度敏感的医疗、政治和经济环境中，被爆者们对调查委员会的愤怒愈演愈烈。原爆已经过去了一段时间，作为人类历史上唯一一次核战争的受害者，他们开始了解自己的被爆者身份，正当此时，投原子弹的美国人又给他们强加了一个新身份，他们成了美国政府开展的研究的受试者。面对来自投原子弹国家的医生们，生还者很反感，不愿意被他们研究。调查委员会的一些研究方法让日本人觉得难以接受，例如堂尾等年轻人被要求裸露身体接受检查，抽取血液和收集精液样本，拍照记录生还者身体上的原爆伤害。调查委员会在一些其他方面的疏忽也让生还者感到不满：候诊室的地面是抛光的，穿着木屐的日本女人走在那种地面上很容易打滑；候诊室摆放的杂志都是英文的；调查委员会坚持让生还者在白天来进行身体检查，白天要上班的生还者只得请假来参加体检。对于许多生还者来说，仅"检查"这个词就令他们感到被物化了。

然而，生还者最大的抱怨是，调查委员会只检查而不治病。堂尾和其他被爆者不知道的是，调查委员会的使命是对生还者的核辐射相关疾病进行详细研究，并且有严格指示，不得为他们提供任何治疗。对于被爆者来说，在他们知道这个指示之后，他们感到更加被非人化，他们觉得自己就像豚鼠一样，被美国用于军事实验。有些人之所以反对调查委员会的不治疗政策，主要是因为日本战后缺乏药品和医疗设备，而调查委员会获得了数百万美元的研究经费。在美国，活动家诺曼·卡森斯对调查委员会的研究大加称赞，称其为优秀的和重要的，但他公开批评了调查委员会的不治疗政策，他觉得这种现象很奇

第六章 破 蛹

怪,"调查委员会可以花数千美元给一位核辐射疾病患者进行详细的身体检查,但是不会花一分钱给他治病"。

关于调查委员会的不治疗政策,美方用各种理由来搪塞。起初,官员们说,美国医生因为语言障碍而无法通过日本医师执照考试——但是在1951年,为调查委员会工作的医生当中,日本医生占70%,他们完全能够提供医疗服务。美方官员还声称,占领军的政策不允许美国医生向日本公民提供援助,让人们误以为调查委员会是归占领当局管理的。美方的理由还包括:医疗活动不属于调查委员会的学术研究范围;如果调查委员会为生还者提供治疗,那就会影响到当地的社区医生,剥夺了他们给社区中的被爆者治病的机会,日本许多医生认为这是无稽之谈;如果提供医疗服务的话,费用就太高了。与调查委员会本身的政策相左,美方官员还声称,对生还者健康状况的检查和诊断确实是第一步,以后会给他们治病的。即使到了1961年,美方仍坚持认为,若是给原爆生还者提供医疗服务,美国政府就必须也得给在战争期间受伤的每个日本人提供医疗服务,反过来说,对于在与日军的战斗中受伤的每个美国人,包括在珍珠港事件中受伤的美国人,日本政府也必须给他们提供医疗服务。虽然有这些理由,但是美方故意不区分日本战争的其他受害者与被爆者,而被爆者是调查委员会的长期科学研究(为美国军事目的)的受试者。

美方最根本的顾虑是,如果给被爆者提供医疗服务——即使是在研究他们的健康状况的同时，顺便给他们治病——可以被解释为美国就使用原子弹而赎罪的行为，美国政府从上到下都是明确拒绝为原爆赎罪的。美方坚守这一立场，尽管在战后欧洲，同样在盟军占领下，美国军方给以前的敌人提供医疗服务，没人认为这是美国要为他们的受伤负责或赎罪。这个问题如此敏感，调查委员会的主管们在招聘员工时，拒绝优先录用被爆者，以免被认为通过给他们优惠待遇而为原爆赎罪。

日本科学家以及被爆者当中的早期活动家也都把提供治疗等同于美国赎罪，被爆者被夹在了两国政府的极化立场之间，美方和日方都希望对方在道德、财政、医疗上为原爆负责任。这场国际拉锯战持续了很多年，被爆者继续在病痛中挣扎，通常死于核辐射所致疾病，无论是缺钱的日本政府，还是美国主导的调查委员会，都拒绝为被爆者提供经济或医疗上的救助。出于对患者的同情，在调查委员会工作的一些日本医生偶尔会不顾政策限制，悄悄地给患者治病，包括化疗和其他治疗，治疗地点要么是在调查委员会的诊所里，要么是在患者家里，当他们上门走访患者时，就可以为患者治疗一些简单病症，诊所的美国主管有时候会默许这种做法。

调查委员会对调查期间死亡的被爆者进行尸检，这进一步伤害了生还者的感情，他们越发觉得自己就像实验动物一样被用于科学研究。被爆者之所以感到愤怒，还因为在日本的家庭

第六章 破 蛹

和社会习俗中，尸检是一个很陌生的概念，日本人不愿意让死去的亲人被开膛破腹，而且调查委员会的工作人员解剖被爆者的尸体，其目的是为了美国的军事和民防研究，其他的原爆生还者并不会因这种研究而受益。调查委员会的死亡率检测关系网付费给长崎和广岛的医疗机构的日本医生，让他们尽快上报被爆者的死亡情况，以便调查委员会的人员（被反对者称为食腐尸的"秃鹰"）及时赶到死亡的生还者床边，请求家属同意对尸体进行解剖。有一些家庭会拒绝，另有一些家庭尽管不愿意但还是同意了，或许是因为经不住调查委员会人员的劝说，也许是因为他们觉得没有别的选择，再或者是因为他们希望搞清楚亲人的疾病和死亡原因。

到了20世纪50年代后期，在广岛和长崎这两个城市，每年总共会进行大约500例尸检。婴儿尸检标本一般被保存在长崎市，而大孩子和成人的尸体被解剖后，其体内脏器被取出来制成标本和组织切片，这些尸检标本很快就会被运送到美国。美国原子能委员会（Atomic Energy Commission，AEC）是战后设立的政府机构，目的是在研究和生产上对核武器以及原子能应用进行监督和控制，在原子能委员会的控制下，这些尸检标本被列为国家机密，由美国军方病理学研究所（Armed Forces Institute of Pathology，AFIP）的各部门进行交叉分类，以此来研究大剂量核辐射对人体的影响。经过了检查和记录之后，为了留着供后续研究，这些尸检标本和记录被保存在华盛

长崎

顿特区外的病理学研究所的圆拱形棚屋,后来又被转移到一个新的特别坚固的建筑里,这一建筑甚至可以抵御原子弹攻击。

在这种高度紧张的气氛下,调查委员会的长崎研究所迎来了第三任主管,时年33岁的儿科医生詹姆斯·山崎(James Yamazaki)。山崎是第二代日裔美国人,作为美国陆军的一名外科医生,当他在北欧战场随美国陆军作战时,他的家人被拘禁在战时重新安置局(War Relocation Authority)设在阿肯色州的杰罗姆营地。后来,他还曾在德国战俘营里待了6个月。战争结束后,他继续在美国接受医学训练,完成学业后,他被派往长崎市。

山崎医生去日本之前已经大概了解了他将要从事的工作任务,但是在1949年年底,当到了长崎市,他才真正认识到原爆的巨大破坏力和被爆者的苦难。他在三菱重工鱼雷制造厂的废墟中徘徊,从被夷为平地的原爆点附近走过,并且参观了浦上天

去北欧战场之前的詹姆斯·山崎医生,约1944年。(加利福尼亚大学洛杉矶分校亚美研究中心,"原子弹下的儿童"项目提供的照片)

第六章 破 蛹

主堂的废墟。"当然,这还缺少一个维度,"他后来写道,"我看到的只是原爆废墟,并没有看到原爆时的死难者、被烧得全身起水泡的生还者、疯狂逃跑的原爆受害者。"

山崎医生认识到,调查委员会与长崎市的医务工作者以及生还者之间互不信任,而且已经到了很严重的程度。山崎医生是调查委员会长崎研究所的唯一一名美国医生,尽管日语交流能力有限,他决定首先要与长崎市的医务工作者以及被爆者加强沟通,获得他们的信任。为此,在调查委员会诊所、实验室和办公室搬到一个新的地点之后,山崎医生与时任长崎医科大学医院院长的调来医生在工作中建立了良好的合作关系。由此,调查委员会与长崎医科大学之间建立了相互合作的关系,长崎市的医学生可以在调查委员会研究所实习,作为他们医学训练的一部分,山崎医生每周做一次讲座,介绍当前的美国医学临床实践。山崎医生非常尊重调来医生。"他的眼睛给我留下了深刻印象,"他写道,"……当他微笑或大笑时,眼角也皱起了细纹。他举止很温和,虽然他曾有过很惨痛的经历,他亲历了原爆,并且失去了亲人。"

作为调查委员会和长崎医科大学之间的沟通联络官,调来助医生带着山崎医生参观了长崎医科大学的原爆废墟,那里还没有重建,状况与4年前差不多。走在校园里,每经过一栋建筑时,调来医生就指给山崎医生看,跟他讲该建筑在原爆中受到了怎样的破坏,告诉他有多少名教师、护士、工作人员和学生（包括调来助医生的一个儿子）在原爆时当场丧生。在一栋被摧毁的实验楼里，两位医生站在残砖碎瓦上，透过破碎的窗户向外望，那里距离浦上地区的原爆点只有 800 米。

调来医生还为山崎医生以及调查委员会广岛研究所的美国医生们安排了一次"非同寻常的报告会"，请来了亲历长崎原爆并生还下来的医务工作者，请他们讲述自己的亲身经历。在一间破旧的教室里，长崎医科大学医院的 15 名生还者，包括医生、护士、后勤人员讲述了他们的亲身经历，以及在原爆后克服困难救治被爆者的情况。调来医生站在展示长崎市状况的图表和地图前面，详细介绍长崎市不同地区遭受原爆破坏的范围和程度。

几个星期后，调来医生交给山崎医生一篇研究论文，4 年前，在长崎医科大学的教师和学生们的帮助下，调来医生对 8 000 名生还者在原爆中遭受的急性伤害进行了调查研究，由于占领军的审查政策，这篇研究论文一直未能发表。对于占领军审查日本医学界关于原爆伤害的研究这一政策，山崎医生很难理解其理由、程度、影响。"他们在 1946 年就完成了这项研究，"他解释道，指的是调来医生的研究团队，"4 年后，他交给我这篇论文——这是我们团队看到的第一篇关于长崎原爆生还者的医学研究报告。"

日本医学界在原爆后 4 年期间进行的许多其他研究也同样被审查，山崎医生无法获知相关信息，后来他发现，即使

第六章 破 蛹

他——为美国效力的美国人，并且已经通过了美国原子能委员会的安全调查——也没有权限查看美国关于原爆伤害的一些早期研究。事实上，直到两年后，在他即将离开日本之前，他才知道这些早期研究的存在。这些研究报告，山崎医生回忆道，"本来可以对我们有极大帮助的……在我们设立研究项目，开展关于核辐射效应研究的那个时期。"

在长崎市任职期间，山崎医生管理着250名员工，主导一些研究项目，追踪研究原爆儿童和成年人的各方面健康状况，包括患癌、精神不振、视力变化、异常色素沉着、脱发、流行病变化、不育、寿命缩短。作为一名儿科医生，他特别关注涉及长崎市的婴儿和儿童的两项综合性研究——根据美国关于核辐射对植物幼苗和幼小动物的影响研究，据估计，婴儿和儿童是最容易受到核辐射影响的。第一项研究涉及在母亲子宫内遭核辐射的胎内被爆者，追踪其后续情况，包括在参加研究期间的胎儿死亡以及幼儿的死亡率。

山崎医生对失去孩子的家庭感到同情，他体会到，要求他们同意给孩子做尸检是一个敏感问题。他推出了一项新政策：调查委员会的工作人员不再直接去要求悲痛欲绝的父母同意给孩子做尸检，而是通过与失去孩子的人家相识的长崎市接生婆来帮助提出尸检请求。"在接生婆的耐心劝说和引导下，"山崎医生回忆道，"父母们通常能够理解尸体解剖的重要性。大多数父母都会同意给孩子做尸检。"

这项研究还记录了胎内被爆者在出生后的发育和健康状况。山崎医生在长崎任职期间，胎内被爆者都已经五六岁了，母亲们带着孩子来到调查委员会的诊所，她们向工作人员讲述原爆时的经历，在原爆中丧生的亲人，以及她们腹中胎儿的早产或难产。她们告诉调查委员会的工作人员，她们觉得自己的孩子在身体和智力发育上有些问题，她们对此感到困惑和焦虑，她们的孩子受到歧视和欺凌——特别是到了入学年龄之后，发育不正常的孩子就更有可能受到歧视。

山崎医生和他的同事们给这些孩子检查身体，发现有些孩子患有小头畸形、心脏疾病、大小便失禁、重度智力和发育障碍，山崎医生他们很谨慎，在未明确证实因果关系之前，他们没有把这些孩子们的病症归因于核辐射，因为其中的一些病症可能是由于与核辐射无关的因素。山崎医生回忆道，即便是在原爆五年后，许多母亲不仅根本不知道核辐射对她们孩子的潜在影响，而且还被一些专家告知，她们孩子的身体和智力发育不正常，"最有可能是原爆时的创伤、精神压力、孕期营养不良而导致的"。几年后，当她们认识到孩子的健康问题可能是由于原爆核辐射，她们很气愤地问医生为什么不早告诉她们。一位母亲为她的小儿子感到担忧，"我腹中的胎儿因原爆核辐射而受到伤害，这令我很愤怒"。

20世纪60年代，山崎医生已经离开日本很久以后，调查委员会在广岛和长崎进行的队列研究增加到3 600名儿童，其中一些是胎内被爆者，另一些是对照组。随着这些儿童的年龄增长，调查委员会的研究结果证实，胎内被爆者的大部分病症，包括经常出现的小头畸形和神经系统损伤都可以归因于核辐射。这项研究还表明，胎内被爆者所受核辐射伤害与怀孕时间有关。在妊娠 8—15 周遭受核辐射最容易导致孩子出现发育障碍，因为在这个妊娠阶段，胎儿的脑细胞更容易受到核辐射损伤。1972 年，长崎市的一个亚组研究报告表明，在妊娠的第 18 周之前遭受核辐射的胎儿出生后，9 个孩子中有 8 个（89%）被确诊为小头畸形——与之相比，在妊娠的后期遭受相同剂量核辐射的胎儿出生后，9 个孩子中有 2 个（22%）被确诊为小头畸形。调查委员会定期追踪这个队列研究中的儿童健康状况，直到他们年满 19 岁之后。在青少年时期，与对照组相比，胎内被爆者的身高、体重、头围和胸围数据仍然较低，智力测验的分数较低，出现智力障碍的可能性更大。

山崎医生的第二项主要研究涉及被爆二代（被爆者的下一代），是关于核辐射的代际影响，即核辐射能否引发遗传病。在山崎医生来到日本之前，这项研究就已经在广岛展开了，这项研究的第一步是为被爆者的新生儿登记。为此，调查委员会将其研究项目与日本战后食物配给系统（妊娠最后 20 周的妇女能得到额外配给的食物）相关联：也就是说，当她们到市办公室登记加入这个食物配给方案时，她们也会被引导去调查委员会登记怀孕情况。这种关联是非常成功的，在怀孕 5 个月以上的孕妇当中，有 90% 的人登记参加了调查委员会的研究。

在怀孕登记的过程中，调查委员会能够收集到关于孕妇一家人的个人信息和医疗情况，但是不会告知孕妇及其家人这项研究的目的，也不会提及核辐射的潜在遗传风险，尽管调查委员会认为这种遗传风险是有可能存在的。例如，在登记时的现场面访和调查问卷中，每一位孕妇都被要求提供她的生育史，包括堕胎、死产、流产的详细信息，以及她的预产期，帮助她生产的接生婆的名字。调查委员会还会问到孕妇及其丈夫的原爆经历，包括当时所在的位置，有没有屏蔽物，以及是否出现了核辐射疾病的症状。至于这些信息的具体用途——孕妇及其家人的信息将会被传送到美国，用于军事研究——调查委员会并没有告诉孕妇们。相反，每一位孕妇都收到了一本小册子，介绍了调查委员会的产后检查，并且强调，通过产后检查，她们就能够知道新生儿的"真实身体状况"，同时也能够"为医学研究作出重要贡献"。

调查委员会的历史学家 M. 苏珊·林迪（M.Susan Lindee）称"那是同类项目中规模最大的流行病学研究项目"，从 1948 年到 1954 年的 6 年间，在第一阶段，这项遗传学研究调查了近 77 000 名婴儿，他们都是被爆二代。为了及时给婴幼儿体检，调查委员会与长崎市大约 125 名接生婆加强联系，付钱给接生婆，让她们向调查委员会汇报接生的新生儿的情况，接生婆如果及时汇报了有健康问题的新生儿的情况，还能得到奖金。得知谁家生了孩子之后，调查委员会就会派出一名日本儿科医生和一名日本护士到产妇家里去，在接生婆的帮助下，他们给婴儿进行体检，并且询问在妊娠晚期和分娩期的一些具体问题，例如早产、出生缺陷或新生儿死亡。在离开时，调查委员会的工作人员还会送给产妇一块温和型洁面皂，给婴儿使用。

在山崎医生任职期间，调查委员会长崎研究所每个月都要给500—800名新生儿进行体检——平均每天要给21名新生儿进行体检。在婴儿出生后的第一年，调查委员会在参与此项研究的婴儿当中随机抽选20%的婴儿，让父母带着婴儿到调查委员会诊所进行随访检查，以确定是否有心脏问题和发育迟缓问题，此类问题在刚出生时不容易检查出来。这项研究获得了大量的新生儿体检资料，这些资料被认真整理、核实并输入到穿孔卡片进行数据处理。

对于这些孩子的父母来说，一方面，他们很感激调查委员会的工作人员给孩子做全面的身体检查，如果孩子有任何严重的健康问题的话，这种检查至少能及早做出诊断；另一方面，正如山崎医生观察到的，调查委员会的家访和随访检查给原爆生还者造成了困惑。"对于调查委员会的研究给生还者造成的恐惧，我们的工作人员确实没办法缓解，"他回忆道，"由于我们到生还者家里给每个新生儿进行常规检查，许多家庭第一次意识到生还者仍面临各种风险。我们也没有确定的答案，无法打消他们的疑虑。"山崎医生在1951年离开长崎市，回到美国。他认识到迫切需要进一步的研究，以充分理解瞬间的全身核辐射对人体健康的短期和长期影响。"核辐射的某些后果，"他写道，"可能是未知的，直到完成了对生还者整个一生的仔细观察，我们才可能知道。"

为了深入研究核辐射对被爆者的长期影响，调查委员会设计并实施了多项研究，其中很多延续至今。研究结果多年以后才得以发表，研究显示在大多数情况下，被爆者遭受的核辐射水平与其患病的严重程度以及此后的患癌概率直接相关。1958年，调查委员会开始进行"寿命研究"，研究被爆者一生中的患癌概率，记录他们的死亡原因，与未遭受核辐射的人群进行比较，以评估被爆者的患癌风险。最终，这个队列研究的参与者增至12万人，他们都是来自广岛和长崎的被爆者。小组研究还涉及核辐射对免疫系统的影响、基因分析、核辐射暴露导致人类疾病和死亡的生物学机制。有些人在发生原爆时还是孩子，成年后，这些被爆者不仅在身高和体重等指标上都显著偏低，而且就研究涉及的几乎每一种疾病而言，他们的患病风险都高于其他成年人。除了胎内被爆者人群研究，调查委员会还继续对被爆二代，也就是父母双方或一方是原爆生还者，进行终身追踪，研究核辐射对他们的潜在影响，结果显示，从出生到成年，这些孩子的健康并没有受到明显影响，但是科学家的这些结论是在进行了多年研究之后才得出的，那时这些孩子已

第六章 破 蛹

经成年了。

由于长崎和广岛有那么多的被爆者参与研究,这一研究才得以进行。尽管被爆者可能由于政治、文化、个人因素而对调查委员会的研究方法有意见。被爆者之所以选择参与调查委员会的研究,要么是因为就算不能得到治疗,也可以得到免费的体检和诊断,要么是因为崇拜美国的先进设备和科学方法,而且,随着时间的推移,调查委员会与日本的学术和医疗机构之间的关系也逐渐改善了。和田也参与了"寿命研究",他把这看作是为重要的医学进步作贡献的一种方式。许多被爆者通过参与研究找到了生存的一些意义,他们为人类掌握核辐射暴露的科学知识作出了贡献,他们希望这些知识有助于在世界废除核武器。

然而,像堂尾一样,许多被爆者仍然坚决反对调查委员会的研究。在第一次也是唯一一次去调查委员会的诊所之后,堂尾决定以后再也不去了,她选择放弃调查委员会提供的免费诊断或可能的尸检分析,因为她不想成为调查委员会的研究对象,不想让美国机构采集她的体检和病情资料。在以后的20多年间,调查委员会的工作人员多次打电话和写信问她近况如何,但她从来没有回应。直到多年后,她才告诉家人这么做的原因。"我之所以拒绝参与调查委员会的研究,是因为我受不了他们对待我的方式,"她解释道,"我感到自己就像实验动物一样,活着就是为了给他们做研究用——以我的自尊,我不会允许这种情况发生。"她还有一种恐惧,担心这种研究将会被利用,用于研发更强大的核武器。

* * *

在日本袭击珍珠港后,日本与同盟国宣布进入战争状态,这一战争状态直到10年后才正式结束,在1951年9月,日本、美国、其他46个同盟国的代表在美国旧金山签署了《对日和平条约》(Treaty of Peace with Japan)。这份和约在1952年4月生效后,美国正式结束对日本的军事占领。在长崎市,浦上天主堂举行了一次特殊的大礼弥撒,有3 000多人参加,以纪念他们国家的这一历史性转变。

与7年前战败投降时相比,日本在许多方面已经发生了巨大的改变。日本的新宪法只允许日本拥有自卫所需的武装力量。东京审判在1948年结束,7名日本甲级战犯被执行绞刑,包括东条英机,他曾出任日本首相,下令日本舰队攻击珍珠港。在较低级别的日本战犯中,大约有6 000名战犯被起诉,其中920人被处决,3 000多人被判入狱。作为维护日本战后稳定的一种手段,美国占领当局决定不追究天皇的战争责任,但是,天皇不再是神圣不可侵犯的,日本国民也不再是天皇的臣民。许多日本人包括被爆者都表示痛恨他们国家以前的军国主义行径,他们也不再相信以前被灌输的种族优越感。日本国民拥有了一个新的身份,他们是一个民主国家的公民,日本国民20年来首次摆脱了直接的军事管制。

在几乎完全与世界隔绝6年多之后,日本重新开放,国际新闻在日本不受限制了,日本公民和外国游客都可以自由出入日本。日本经济开始增长,在日本的许多地区,食物和衣服不再缺乏,价格也不贵。日本国旗(日章旗,旗帜中心为一个红色圆形代表太阳)又在日本上空飘扬起来。在恢复主权的同时,日本进入了一个新的历史阶段,成为一个西方化的资本主义国家。

占领时期已经结束了,但是美军并没有完全从日本撤走。到了1952年,苏联已经打破了美国在核武器上的垄断地位,随着美苏冷战的升级,同盟国阵营分裂为美苏两极。由于日本的新宪法禁止日本拥有军队,日本和美国签订第二个协议,明确了美国对日本的防卫义务。美国在日本本土驻军,在1950—1953年的朝鲜战争期间以及之后,美军利用日本提供的军事基地,在远东维持强大的军事存在,监控和遏制苏联等共产主义国家。在这个历史转折中,颇具讽刺意味的是,美国军方承担起对日本的防卫和保护工作。

所有的审查制度都被取消了,日本的科学家、研究机构和政府机构终于可以发表关于原爆伤害的研究报告了,这些研究是与调查委员会的研究同时进行的,但是一直被禁止发表。在占领时期结束后不久,日本的原爆伤害特别调查科学委员会发布了其研究的摘要报告(1951年发表)和1 600页的报告全文

（1953年发表），该研究始于1945年，日本的物理学家、工程师、医生在原爆后的几个月进行了详细的调查、研究与分析，在这个报告发表之后，日本的广大科研人员和医生才了解到这些重要的信息。然而，被禁多年之后，这份科学研究报告虽然发表了，但是对于原爆受害者来说，这些研究成果已经帮不上他们了。

在1952—1955年期间，关于原爆的60多种书籍和文章被发表，日本公众得以更深入地了解广岛和长崎在原爆中遭受的巨大破坏和伤害。公开出版物中包含由日本摄影师和制片人拍摄的极具震撼力的原爆照片，在占领期间，这些照片是被禁止的——对于日本民众来说，这些照片使他们消除了对原爆的模糊印象，直面核武器造成的恐怖现实。山端庸介出版了《长崎原爆记录写真》(*Atomized Nagasaki*)，其中包含他在原爆后第二天拍摄的一些照片。日本的国家红十字会在其东京本部举办了原爆物品展览。日本的一家媒体公司发布了两部关于原爆的纪录片，那是日本映画社（Nippon Eiga-sha）的制片人在1945年秋天拍摄的。在广岛原爆7周年纪念日，与《生活》(*Life*)杂志风格相近的《朝日画报》(*Asahi Graph*)杂志出版了一期特刊，专刊介绍了原子弹的研发和制造，还刊登了广岛和长崎原爆后城市被毁的照片，以及原爆受害者的伤情照片。这期特刊一上市就被抢购一空，后来又加印了4次，最终发行量达70万册，在日本和世界各地有数百万人阅读了这一期特刊。在同

第六章 破 蛹

一时期，一些其他关于原爆的书籍和杂志也相继在日本出版，由此，日本各地的人们更加同情被爆者，并形成了与广岛和长崎原爆有关的国家集体创伤记忆。

20世纪50年代初，美国原子能委员会发布了6卷本的报告《原子弹对人体健康的影响》(Medical Effects of Atomic Bombs)，这是在原爆后几个月由日本和美国的医生共同进行的调查研究，包括原爆核辐射对几千名生还者的急性效应研究。然而，除了原子能委员会和相关机构的人员之外，其他人员都无法获知这些研究结果，山崎医生也是直到1956年才看到这些研究报告。在原爆后长达7年的时间里，美国公众不了解原爆的影响，直到1952年9月，美国《生活》杂志刊登了一些被爆者的照片。这篇7页的特写文章包含山端庸介拍摄的10张照片，其中有一张照片是，由于原爆的冲击力，一辆有轨电车上的人们被抛甩到沟里。长崎原爆的那一部分还包括作家东俊的回忆文字，他写道，在黎明前微弱的光线下，他一脚踩到了烧焦的尸体上，并且听到有人向他呼救的声音。

关于广岛和长崎原爆的照片在全美首次公开了，这可谓是历史性的，但是在东京，盐月医生感到非常愤怒，他觉得美国的一些媒体表现得很无知、很愚蠢，美国公众既不知道在遭受核攻击时如何保护自身安全，也不知道在爆炸后能获得什么样的医疗救助。"有一天，我正在翻阅一本美国流行杂志，"他在1952年写道，"我看到一张照片，照片中一位患者躺在病床上，身上盖着干净的白被单，正在接受输液治疗，一位医生和一位护士都穿着干净的工作服，站在患者的床边。"那篇文章的标题为《对原爆受害者的医疗救治》，盐月医生回忆道，叙述了最好的医疗机构可以为原爆受害者提供的不同种类的医疗救治，"这么不切实际的文章，难道不是胡说八道吗？"他抱怨道，"在原爆后被摧毁的城市，上哪儿去找有这么柔软床垫的一张病床，上哪儿去找这么健康的医生来救治患者，上哪儿去找这么善良和美丽的护士？哪里能找到保存完好的药品、绷带、灭菌注射器？"

这张照片以及盐月医生的反应表明了一个事实，尽管约翰·赫西的《广岛》和美国《生活》杂志的特写文章都描述了原爆造成的巨大破坏和人员伤亡，但是美国的审查政策和否认态度很成功，大部分美国人既不了解原子弹的难以想象的破坏力，也不了解全身暴露于大剂量核辐射的可怕后果。在此期间，苏联打破了美国的核垄断，随着冷战的加剧，美国力图推动原子能的国际控制，以确保其他国家和平利用核能——与此同时，美国拨款 30 亿美元，以提高美国的核武器生产能力。世界上多个国家都在进行核武器的生产和试验：到了 1955 年年底，美国已经储备了 3 057 枚核弹，进行了 66 次核试验，苏联大约拥有 200 枚核弹，进行了 24 次核试验，英国已研制成 10 枚核弹，进行了 3 次核试验。这些核武器的威力更强大，平均而言，其威力比投在长崎的原子弹强大 48 倍。

第六章 破 蛹

即便是被爆者的苦难经历在美国传播开时,杜鲁门总统也从未在公开场合承认全身暴露于核辐射的影响或是对平民使用原子弹表示后悔。然而,1950 年 11 月 30 日,杜鲁门参加记者招待会,有人问他,美国是否考虑对朝鲜实施核打击以结束朝鲜战争。杜鲁门回答:"我们一直在积极考虑使用原子弹。我不希望看到使用原子弹。它是一种可怕的武器,不应该用来对付无辜的男人、妇女和儿童,他们和军事侵略无关。一旦使用原子弹,这种情况就无法避免了。"

* * *

"眨眼之间,"长崎原爆的一位生还者写道,"10 年过去了。"长崎这座城市以及居民们挺过了漫长的战争时期,经历了原爆,在原爆中失去了亲人、朋友、家园,熬过了缺乏食物和生活必需品的艰难时期,忍受了美国占领时期的审查制度和与世界隔绝,由于在原爆中受伤和遭受核辐射,被爆者多年来饱受病痛折磨。到了 1955 年,长崎市的战后经济高速增长,这主要是由于来自美国的大批订单,三菱重工和其他公司生产船舶、军用物资和其他产品,以供美军在朝鲜战场作战,爆发战争的朝鲜半岛与长崎相距 270 公里,隔着对马海峡和朝鲜海峡。由于经济增长,越来越多的非被爆者来长崎市定居,长崎市的人口数量已恢复到原爆前的水平。

在受原爆影响较小的旧城区,商业和日常生活已经基本正

263

长 崎

长崎港和周边地区,原爆后(1945 年)和重建后(1954 年)。西中町天主堂在照片的前部,三菱重工长崎造船所在照片的右上方,长崎湾的对岸。在上面那张照片中,中间偏左的位置是新兴善小学。在下面那张照片中,中间偏左的那个大建筑物是长崎市政厅。(小川寅彦[Ogawa Torahiko]拍摄/长崎原爆资料馆提供的照片)

第六章 破 蛹

常化了。有 3 家电影院专门放映好莱坞电影，经常放映西部片和惊险片。浦上地区也在重建，一排排新建的房屋整齐地坐落在新铺的道路两旁，社区内的商店也开业了。重建并重新命名的长崎大学医学院及其附属医院最终还是建在了原址上，医院拥有先进的医疗设备和护理水平，设在新兴善小学的临时医院终于关闭了。有轨电车线路已可以通达长崎市的大部分地区。饥饿和贫困问题已经得到缓解，大部分人都不需要再为吃穿发愁了。

然而，对于被爆者来说，原爆时的情景历历在目，他们始终记得被烧伤者的皮肤大面积剥落，重伤员发出微弱的呼救声，大量的尸体被放在火葬用的柴堆上焚烧，整个城市弥漫着死亡的气息。虽然大多数被爆者保持沉默，把悲伤埋在心里，但是仍然有一些被爆者组成民间团体，纪念长崎原爆死难者。在市政府的组织下，长崎市原爆记录保存委员会开始收集原爆物品和信息资料，为长崎原爆资料馆的建成开放做准备，长崎市每年都会在原爆纪念日举行原爆死难者悼念仪式暨和平祈愿仪式。自从 1954 年以来，每年都是由长崎市市长在纪念仪式上宣读"长崎和平宣言"。

在原爆点位置，1945 年在废墟上竖起了一个小圆柱标志，现如今那里竖起了一个高大的木制纪念柱，建在一个大土堆上，后面栽种了很多小树。柱子的侧面刻着很大的日本汉字，标明那里就是原爆点。纪念柱的前面设有长椅，游客们可以坐在长椅上休息；纪念柱的旁边有一个大木牌，那上面有关于原爆的英文和日文介绍。

在原爆点附近，长野与她的母亲和哥哥一起建了一个很小的家庭墓地，把诚治、训子和她父亲的骨灰安放在那里。和田开始筹划建一个墓碑，纪念在原爆中丧生的12名学生工人以及110名有轨电车司机和售票员——"以安慰亡灵，"他说。为此，和田和他的朋友们列出了死难者名单，记下来每一位死难者的姓名和生平。如果哪位死难者尚有亲人在世，和田就会尽力查找他们当前的住址，每逢周末，当不上班时，他就去日本各地寻访死难者的亲属。"我曾经到过大阪、关西、冲绳岛，去看望死难者的亲属，询问他们在失去儿子或女儿之后的生活情况。"大约有1/3的人家会把他拒之门外，他们不愿意提及原爆和在原爆中丧生的亲人。然而，其他人家会把他请进家门，向他询问关于他们的儿子或女儿在原爆时丧生的具体情况。和田用了10多年的时间才寻访完这些死难者的亲属，并且把每一次交谈的详细记录都整理出来了。

原爆10周年之际，长崎市的人们举行了各种纪念活动。在原爆点旁边的山丘上，约152米的高度，新建的6层楼高的长崎国际文化会馆开馆，会馆的第五层是原爆资料室，展示与原爆有关的资料和个人物品。在开馆的那一年，有22万人前来参观展览。长崎和平祈念像坐落在原爆点以北的一块高地上——尽管有一些被爆者反对使用捐赠资金建这个雕像，他们

第六章 破蛹

认为这笔钱更应该被用于为生还者提供医疗服务。和平祈念像是由长崎出身的著名雕塑家北村西望（Kitamura Seibō）制作的，该雕像高约 10 米，底部有约 4 米高的石头台座。和平祈念像是一个巨大的男子坐姿雕像，他的脸朝向原子弹落下的原爆点，他的右臂高举，指向原子弹在空中爆炸的地方，他的左臂平伸，象征着和平，他的双眼微闭，象征着为原爆死难者祈福。

8 月 9 日上午，人群聚集在和平祈念像的前面，参加长崎市举办的原爆 10 周年纪念仪式。长崎市市长和其他政要发表讲话，纪念原爆死难者并呼吁和平，他们在和平祈念像前献花。一架飞机在上方盘旋，抛下鲜花来纪念死难者。一群被爆者孤儿站在和平祈念像的前面，在上午 11 时 2 分——10 年前，原子弹爆炸的那一刻——每个孩子都把手里捧着的鸽子放飞了。那天晚上，烟花照亮夜空，孩子们拿着纸灯笼，排成一队走向浦上川。他们把纸灯笼系在薄木板上，把纸灯笼和薄木板放在小船上，小船漂浮在浦上川的水面上，他们用绳子牵拉小船沿着岸边行走，那些灯笼在浦上川的水面上形成了闪烁的光带。

长崎市的面貌已经焕然一新了，然而，原爆的遗迹仍然清晰可见。在原爆点附近的土丘上，靠近和平祈念像的地方，浦上监狱的石头地基凸出地面，显出被摧毁的每栋房屋的地基形状。在浦上地区的东北角，被摧毁的浦上天主堂的石柱仍然屹立着。在原爆点南边不远的山丘上,原爆后残留下来的只有一根立柱的鸟居①仍然竖立在石梯的顶部,另一根起支撑作用的立柱被卷走已经10年了,那鸟居指引着人们走向绿树成荫的、很清静的山王神社。

* * *

在长崎市进行重建和纪念原爆时,堂尾也不再整天躲在家里了。自从受伤之后,年复一年,她总是独自坐在房间里,一遍又一遍地问自己,她应该如何度过自己的余生。原爆后的第八年,她终于想明白了,她决定越过自己的原爆经历,找到适合自己的人生道路。

虽然她身上的伤口已经愈合了,嵌入体内的玻璃碎片所致的疼痛也有所缓解,但是她的头发还没有重新长出来。她渴望过正常的生活,为了避免秃头的尴尬,当走出家门时,她就戴上母亲给她做的黑色头巾。与吉田一样,她起初就是在家门口转悠,在她家附近的街区散步。后来,她听说人们称她为"头戴三角形布的女孩"。

堂尾的父亲说,为了让她有能力养活自己,过上好的生活,她应该去裁缝学校上学。堂尾开始去离家更远的地方,往返于家和学校之间。有一天,在回家的路上,堂尾看到一个

---

① 鸟居,是类似牌坊的日本神社附属建筑。

第六章 破 蛹

疲惫的中年女人,那个女人坐在草垫子上,背上还背着一个小孩。"你能施舍给我一点儿东西吗?"那个女人乞求道,"什么东西都行。"

堂尾扔了一些硬币到那个女人的乞讨盒子里,听到硬币落在空盒子里的声音,她顿时觉得很伤感。堂尾心里想,那个女人曾经有过什么样的生活?她的丈夫呢?在战争中或在原爆中丧生了?在她回家的路上,她想着像那个女人一样的生活会是什么样子,她意识到让自己有独立生活能力的必要性。她很快找到一份兼职工作,在餐馆厨房当帮工,制作章鱼烧——烤章鱼丸子。几个月后,她被一家化妆品公司聘用,成为该公司在长崎市分公司的员工。

自从原爆以来,堂尾第一次感到自己又有活力了,她开始为自己的未来设想。她决定,她要度过真实和充实的一生——为了她自己,也为了在原爆中丧生的朋友们。堂尾重拾对时尚的热爱,但是她把精力放在化妆品上,以便帮助脸部被烧伤和留有疤痕的年轻女性被爆者。

她想要走出自己的舒适区,把自己的潜力发挥出来。她想要离开她的家乡,到一个更大的城市去生活。身为未婚的日本年轻女性,她作出了一个很罕见的选择,她请求调动到设在东京的公司总部——"时尚之都,"她说,"新奇的地方。"她的请求被批准了,但是她的父母坚决反对她出远门。"你的身体受过伤,"他们说,"在某时,你可能会再次病倒。我们可以预见到，你在那里生活会很艰难。"堂尾很生气，她又一次反抗，她告诉父母，就算与他们的愿望背道而驰，她仍然坚持去东京。调到东京之前，她在长崎市租了一个居所，练习独自生活，她在化妆品公司的长崎市分店工作，有时还打零工赚钱。1955年，她的头发长出来了，她终于可以摘掉她头上的黑色头巾了。

她自由了。离开长崎市的那一天，时年26岁的堂尾把衣物塞进两个包袱里，与她的家人道别，然后登上了去东京的火车。经过一天半的火车旅程，她到达了东京。她的目标是努力过好自己的余生。"我觉得我已经死过一次了，所以如果我这次的努力没有成功，我也不会失去什么。"堂尾坐在缓慢行驶的、燃煤的火车车厢里，随着火车驶出长崎市，她的童年和她的原爆经历都消失在远方了。"去东京是我人生中真正的起跑线，"她说，"我打赌我会赢的。"

第七章 余 生

　　为了当上长崎市的巴士导游，时年 21 岁的水田尚子（Mizuta Hisako）努力学习，完成了培训。并且在 20 名申请者中脱颖而出，成为被雇用的 7 人之一。在 20 世纪 50 年代末，日本经济很繁荣，推动整个国家走出了战后的崩溃时期。由于对外贸易的增长和造船业的蓬勃发展，长崎市的地方经济发展很快。市中心地区有很多国际酒店和餐厅，招牌上一般都有日语和英语名称。稻佐山上耸立着高高的电视塔，新建的 8 层或 9 层高的公寓和办公楼点缀着这座城市。原爆伤害调查委员会的遗传学家威廉姆·斯格尔（William J.Schull）回忆道，在冬季"长崎市的主要购物区很热闹，扬声器里不断播放圣诞颂歌，在两个大的百货公司，圣诞老人和小精灵助手的形象很常见"。

　　长崎市逐步变成了一个现代化的大都市，其旅游业也迅速发展，成为一个新兴产业。在原爆点北边，长崎和平公园的周边摆放着世界各国捐赠的和平纪念碑，和平公园里有一个铜管乐队，在那里迎接游客。在和平祈念像的附近，有一个很受欢迎的商店，名为"被爆者的店"，在原爆中受伤残疾的生还者负责经营这家商店，出售原爆纪念品，以及手工制作的圣母玛利亚娃娃，还出售日本拉面和饮料。

尚子的工作制服已经发下来了。在她准备上岗之前，城市交通厅的一位上司来找她，建议她与一个名叫和田的男士见面，那个男士供职于同一机构的有轨电车公司。上司也找到和田，"和田先生，"那位上司说"尚子是一个好姑娘。你想不想娶她？"尚子告诉那位上司，她刚参加工作，现在还不想结婚，但是上司坚持认为，她至少应该与那个人见一次面。

在日本，按照社会传统，男大当婚女大当嫁，对于年轻女性或年轻男性来说，婚姻是人生的一个重要里程碑。大多数结婚对象都是通过相亲觅得的，相亲指未婚的男女双方之间的正式见面，通常是在双方父母的陪同下。婚姻介绍人通常是一位年长的亲戚、工作单位的年长同事或者双方家庭社会关系网中的一位长者，介绍人对男女双方知根知底，并且能够评价双方是否适合成为婚姻伴侣。男女双方的家庭根据各种标准，包括社会地位、相貌、经济能力、健康状况、生养健康孩子的能力，来决定是否同意一门婚事。

被爆者——即使他们有经济和社会地位，并且没有明显的外伤或疾病——通常都不容易找到对象，因为人们普遍惧怕核辐射相关疾病，担心核辐射对下一代的遗传影响。"那时候谣言四起，说被爆者是严重疾病的携带者，"和田回忆道，"或者，如果两个原爆生还者结婚，他们就会生下有残疾的孩子。"

第七章 余 生

因此，很多被爆者选择了隐瞒，他们不仅在结婚前隐瞒了自己的被爆者身份；有些人在结婚后也会继续隐瞒。有一位妇女，在结婚后一直隐瞒自己过去的经历，只要一收到政府部门寄来的与她的被爆者身份有关的信函，她就立即将其销毁。还有一位妇女，她被迫打掉腹中的胎儿并且与丈夫离婚，因为她的丈夫和婆家人发现了她的被爆者身份。

和田和尚子曾经碰过面，但是从未说过话，他们在一家中国餐馆正式见面。他们两个谁都没提自己的被爆者身份。自1946年以来，和田从未对任何人讲过他的原爆经历，他当然不想在第一次见面的时候冒险提这个话题；他已经30岁了，他想找到对象并且尽快结婚，以使他的祖父母能够抱上曾孙。

尚子还不想结婚。她并不讨厌和

和田浩一，时年30岁，摄于1957年，在他结婚的那一天，穿着传统的婚礼和服。（和田浩一提供的照片）

田，但是在当时，通常而言，年轻女性结婚后就不工作了，尚子不想在还没有正式上岗之前就辞去她的新工作。然而，她的姑姑坚持让她答应和田的求婚，嫁给他。"女人总是要嫁人的，"她告诉尚子，她的意思是，对于一个女人来说，最好是在被求婚的时候答应嫁人。在遭轰炸之后，尚子一家人得到了姑姑的照顾，姑姑在家里说话是很有分量的。"由于这是我姑姑的命令，"尚子解释说，"我只好结婚。"

和田和尚子或许已经猜到了，但是直到结婚之后，才肯定地知道他们两个都是被爆者。尚子家里有5个孩子，她排行老三，在1945年，她是钱座小学的三年级学生。她的父亲上战场了。在长崎市遭受的一次常规轰炸中，她的母亲和哥哥受重伤，她们一家人搬离了位于浦上地区的住所，搬到长崎市的郊外，住在她姑姑家里。几个星期后，原爆发生了，尚子家在浦上地区的住所被摧毁了。原爆时，她在学校里，距离原爆点只有约1.6公里，她正好躲在防空洞里，因此没有受伤。然而，她的姐姐当时正在往市区走，在原爆的一瞬间，全身都被烧伤了。在此后10天，尚子和她的家人住在一个防空洞里，照顾着全身缠满绷带的姐姐，后来，她和家人离开了长崎市，搬到九州北部，住在亲戚家里。同年9月，她的父亲从战场上回来，她和家人回到长崎市，重建自家房屋，但他们很穷，以至于在很长一段时间，她家的房子都没有屋顶。

和田和尚子在1957年新婚之后，尚子很快就怀孕了——

第七章 余 生

她高兴地称她的第一个孩子为"蜜月宝宝"。在那时，被爆者担惊受怕，因为有很多谣言以及不准确的媒体报道，说父母遭受核辐射可能对后代有遗传性影响，或者生下畸形儿。无论原爆伤害调查委员会的工作人员如何明确地告知被爆者，他们遭受的核辐射不会对后代有明显的遗传性影响，年轻的被爆者夫妇以及他们的家人总是很担心。尚子第一次去做产检的时候，一位医生告诉她，由于她与和田都是被爆者，他们最好别生孩子。那位有些误导的医生警告他们说，他们有可能会生下畸形儿。"那些话，"和田回忆道，"刺伤了我妻子的心。"

他们去请教另一位医生，该医生在长崎大学附属医院工作，他做过关于原爆对人体影响的研究。虽然他没有否认之前那位医生的说法，但是他告诉和田和尚子，即使他们的孩子生下来有健康问题，他们照样能够把孩子养育好。和田和尚子很感激医生，但仍然有些担心，当他们的女儿顺利降生，并且没有任何健康问题时，他们终于松了一口气。随后几年，他们又生了两个健康的女儿。

和田和尚子与和田的老祖母一起搬到新房子居住，他们的住所位于浦上地区西北的山脚下。和田当了几年司机，驾驶有轨电车，然后被调到公司的行政管理办公室工作，他的职位逐渐高升，从管理员升为科长，后来升任部门负责人。他在周末抽出很多时间，筹划为在原爆中丧生的同事们建一个墓碑。

但是他很少谈到原子弹。"当你谈到原子弹，那就会勾起许多回忆,"他说,"即使对我的孩子们,我也从未谈起原子弹。"

"我敢肯定他们知道,"尚子补充道,"虽然我们没有直接告诉他们。"

"我并不只是不谈论原爆,"和田强调。"我不想谈论,我不谈论只是因为我不想。"

* * *

和田结婚的时候,长野已经结婚7年了。1949年,当她年满20岁时,她就开始考虑结婚了,但是每当她把自己心仪的男人带回家见她母亲时,她母亲就表示反对。"无论我跟谁谈恋爱,她都强烈反对,"长野回忆道,"后来我才知道,她永远不会接受我喜欢的人。"由于长野总是感到很内疚,她认为应该听命于母亲,无论她自己的感情如何。长野的母亲想让长野与表哥结婚,那位表哥也是个被爆者。

"他是我表哥,是收养关系上的,与我没有血缘关系,"长野解释道,"我母亲跟我说,我应该嫁给他,因为他很不幸,他的家人都在原爆中丧生了。我真的不想同意,我反抗了——我离家出走,去谏早市的朋友家住了一夜,我没有告诉母亲我在哪里。那时还没有手机,甚至连电话都没有,我母亲到我每一位朋友的家里去找我,找了一夜。"当长野回到家,意识到

第七章 余 生

她的母亲有多担心时，她决定再也不做那样的事了。

1950年，时年21岁的长野嫁给了她的表哥。虽然她和丈夫之间没有浪漫的爱情，但她还是想办法让自己对他有好感，因为她知道他们还要生养孩子。在婚后的最初几年，长野的丈夫搬到她家里，与她和母亲同住在城山町的那个小房子里。她家的房子原本是公共住宅，后来，长崎市把这些公共住宅的所有权转让给了被爆者住户，她母亲现在是房主了。几年之后，长野和丈夫有了自己的住所，他们搬到一个约14平方米的单间里，与母亲的住所在同一条街上。

长野结婚后就不再工作了。1951年，她生下了第一个孩子，是个儿子，在随后10年里，她又生了两个女儿。"我们很幸运，"她说，"3个孩子都很健康。"但是由于谣言一直在流传，说被爆者的子女会有严重的健康问题，长野——与长崎市的许多母亲一样——经常带着她的孩子们去检查身体，对于孩子们的每一次感冒、发烧或者生病，她都特别在意，保持高度警觉。随着家庭人口的增多，长野和丈夫在他们那所小房子的底层外接了几个房间，在房顶又盖了一层。他们在那里住了18年，直到儿子参加高考之后，他们才搬家。

婚后，长野和丈夫几乎从未谈起过他们的原爆经历。"那段经历太令人痛苦了，"她解释道，她的声音低沉而平静，"我们不想谈及原爆经历，因为如果谈到这个话题，我们就会失声痛哭。"1972年，他们结婚后的第22年，她的丈夫终于谈起了他的原爆经历。在长野哥哥的一周忌（*isshūki*）——去世一周年的纪念日——丈夫告诉她，在原爆那天早晨，他父亲在三菱大桥军械厂上完夜班，回到家里——他家与城山小学隔着一条马路，距离原爆点约 536 米。父亲吃了早饭，然后与他的妻子和小儿子一起在家里休息。那天上午，长野的丈夫在三菱大桥军械厂（鱼雷分厂）上班，他父亲刚从那里下夜班——原爆时，堂尾也正在那个鱼雷分厂上班。他所在的那个工作区当时有 26 名工人，只有他一个人活下来了，可能是因为他及时躲到了一张桌子下面。

"我丈夫告诉我，在他家被烧毁的房屋地板上，他找到了他的父亲、母亲、弟弟的骨灰，他们当时正在那里睡觉。"长野回忆道。他一直都没有找到他姐姐的遗骸，因为不知道她具体是在长崎市的哪个地方丧生的。当他向长野讲述了他的原爆经历之后，他们两个人就没有再谈起过原爆了。就像无数的其他被爆者一样，他们过着一种分裂的人生：从表面上看，他们正常地工作、结婚、生儿育女。而在内心深处，与原爆有关的记忆刻骨铭心，他们保持着沉默，为的是控制住自己内疚和悲伤的情绪。这种分裂的人生使他们能够继续生活下去，度过自己的余生。

* * *

作为一名被爆者，谷口不能接受这种分裂的人生。从表面上看，他是一个努力工作的、英俊的年轻人，然而，由于在原

第七章　余　生

爆中受重伤，他的身体上留下了大片的疤痕，虽然他身上的衣服可以遮住，但是疤痕所致的疼痛一直在折磨着他。虽然他表面上保持着沉默，但是他内心的愤怒（针对日本和美国）与日俱增。20世纪50年代初，当他正在试图过上表面看似正常的生活时，一场新兴的反核运动就要到来了，他通过投身于这场运动，把自己的原爆经历与日常生活整合起来了。

他起先只是和要好的同事们讲述他的原爆经历、他受伤后在医院里度过的3年半时光、他目前的健康状况。不过，他总是用衣服遮住身上的疤痕。即使在炎热的夏天，他也总是穿着长袖衬衫，以便遮住胳膊上的疤痕，当他去海里游泳时，他也穿着一件衬衫，不仅是为了保护他受伤的皮肤，避免被太阳照射，而且是为了避免被人注视。"我不想让人们看到我身上的疤痕，"他回忆道，"我不希望人们目瞪口呆地盯着我。"

然而，有一天，在公司组织的郊游和游泳活动中，一个年轻的同事劝谷口脱掉衬衫——不必担心别人怎么看，因为大家都已经知道他的伤情了。此时正值反核运动早期，谷口决定脱掉衬衫，让他的同事及其家属看一看他后背和胳膊上大片凸起的红色疤痕、他的畸形胸廓上又长又深的伤疤。"我觉得有点儿尴尬，因此我用毛巾稍微遮住自己的身体。我希望人们能明白为什么我的身体上有这么触目惊心的疤痕。我希望他们对战争和原爆有更深刻的认知。"

谷口当时并不知道，他想让人们更加了解原爆的愿望很快

279

就能实现了。不到一年，美国在核试验中试爆了世界上的第一颗实用型氢弹——这一事件将引发国际公愤，日本民众发起了消除核武器的首次全国性运动，自从原爆以来，被爆者首次得到了全国性的关注。

1954年3月1日凌晨，美国在太平洋试验场进行核试验，该试验场位于马绍尔群岛最北端，在南太平洋上一个约194万平方公里的海域，那里散布着1 200个小岛，陆地总面积约为181平方公里。比基尼环礁是由多个小岛（陆地总面积约为8平方公里）环绕着一个很大的潟湖组成的，这次氢弹试爆就是在比基尼环礁进行的。这枚氢弹的爆炸当量相当于1 500万吨的TNT炸药——几乎是长崎原子弹威力的700倍。

爆炸瞬间在小岛上留下了一个约1 600米宽、60米深的大坑。环礁上的植被完全被破坏。爆炸产生的火球直径约为4 800米，在几秒钟之内上升到约12 875米的高度，一朵蘑菇云腾起，其中含有重达数吨的海砂、碎珊瑚和水蒸气。10分钟内，蘑菇云的直径达到约10.5万米。在1946年的核试验之前，比基尼环礁的岛上居民就已经被疏散了，为了准备这一次的氢弹试爆，美军在试爆点周围划出了约15.5万平方公里的危险禁区。然而，这枚氢弹的爆炸当量是预测当量的两倍，再加上未预料到的大风方向的转变，危险禁区之外约1.8万平方公里的区域都受到了放射性落下灰的污染。在比基尼环礁以东约129公里之外，4个环礁岛上的239名居民，包括儿童、老年人和

第七章 余 生

孕妇遭到核辐射。许多人出现了核辐射疾病的症状。在爆心以东约 250 公里的一个小岛上，28 个美国的气象工作人员也遭到了核辐射，他们当时正在那里观察核试验。

防核扩散的倡议者将之称为"美国核试验历史上最严重的放射性灾难"，日本对这次核试验影响的认识始于 3 月 14 日，在那天，日本的第五福龙丸号（Lucky Dragon No.5）渔船返回母港烧津港（Yaizu），该港在东京以南约 145 公里。两个星期前，氢弹试爆的当日清晨，这艘渔船正在比基尼环礁以东约 160 公里外的海域捕捞金枪鱼，这是在美国设定的危险水域以外。第五福龙丸号渔船上当时有 23 名船员，大部分船员都看到了强烈的闪光，紧接着听到了巨大的爆炸声。他们很害怕，不知道发生了什么事，他们赶紧收拾渔网，以便尽快离开那个海域。在爆炸后 3 个小时内，白色的放射性降尘——日本人后来称之为"死灰"（ashes of death）——开始从天空落下。两小时后，船体和船员身上都覆盖了一层白色的灰。他们记得，甲板上覆盖着一层白色的灰，"厚厚的，踩在上面都可以留下脚印"。

两周之后，经过约 4 023 公里的海上航行，第五福龙丸号渔船返回母港烧津港，23 名船员都患了重病，出现了核辐射相关症状。其中两名船员病得很重，被立即送往东京大学医院，其他 21 名船员起初在烧津市住院，随后被送往东京治疗。日本被激怒了，这是日本民众第三次受到美国核武器的伤害，而

281

且美国原子能委员会拒绝了日本的要求，不向日本提供关于试爆的核武器的详细信息以及放射性污染的性质——日本科学家认为，这些信息很重要，有助于救治核辐射受害者。与美国多年来的政策（拒绝为广岛和长崎的生还者提供医疗服务）相矛盾的是，原爆伤害调查委员会和美国原子能委员会都提出要为第五福龙丸号渔船的核辐射受害者提供免费治疗。然而，日本的科学家拒绝了这一提议，不想让日本船员成为美国又一次核爆后的军事研究的受试者。日本科学家只允许美方官员对受害者进行有限的医学检查。在随后的几个月中，第五福龙丸号渔船上的多名船员出现黄疸和其他肝脏疾病，医生怀疑这些病症与船员遭受的核辐射有关，但是没有确定直接的因果关系。

第五福龙丸号渔船上的金枪鱼核污染检测呈阳性，虽然这些受污染的金枪鱼全部被销毁了，但是核辐射恐慌蔓延至日本全国。对于广岛和长崎之外的其他地方的日本人来说，这是他们第一次开始担心核辐射对人体健康的危害，虽然被爆者遭受核辐射疾病的折磨已有9年之久。在此后的几个星期，从南太平洋捕获的其他鱼——无论是否遭到核污染——全部被丢弃，被认为不能食用，与日本渔业相关的工人及其家庭的经济损失很大。日本公众对核辐射的恐慌进一步加剧，因为日本各地的土壤和雨水样品中都检测到高于正常的辐射量，这可能是由于比基尼环礁的氢弹试爆，而且在随后的两个月内，美国在马绍尔群岛又进行了5次氢弹试爆。当年9月，第五福龙丸号渔船

第七章 余 生

的无线电话务员久保山爱吉（Kuboyama Aikichi）因传染性肝炎而去世，他的肝炎被认为是输血造成的，而输血是治疗核辐射疾病的常用方法。

1955年年中，第五福龙丸号渔船的其他船员都基本康复了，已从东京的医院出院了，公众的恐慌情绪有所消退。日本有关部门也不再对金枪鱼和渔船的辐射量进行检测了。到那时，日本人的反美和反核（反对核武器和核试验）情绪已升级为一场全国性运动。民意调查显示，75%以上的日本民众反对所有的核武器试验，"无论在什么情况下"。日本国会通过了原子能国际控制和废除核武器的决议，日本的几乎每一个城市和农村的管理机构都通过了地方性的反核决议。日本政府和私人机构都成立了科学委员会，致力于进一步研究核辐射对人类和环境的影响，并探索潜在的应对方法，以减轻原子弹爆炸对人的伤害。东京的一些家庭主妇在社区展开反对氢弹的签名运动，并且很快发展成为一场全国性的运动，日本各地的学校和青年团体、医学协会、工会、商业组织联合起来，在全国各地举行集会，共征集了3 200万人的签名——为当时日本总人口数量的1/3。

在日本反核意识和战后和平主义思想的鼓舞下，1955年，在原子弹爆炸10周年之际，广岛召开了第一届禁止原子弹氢弹世界大会。在大会的开幕之夜，有3万人来到广岛和平纪念公园参加开幕仪式，大会的会场设在国立广岛追悼原子弹死

283

难者和平祈念馆，约 1 900 人——包括来自其他国家的 54 名公民代表——进入会场参加会议。由于会场内座位有限，还有 1 100 名与会者只能通过大楼外的扬声器听演讲。

自从 1945 年 8 月遭受原爆以来，广岛和长崎的生还者的生存状况第一次在日本广受关注。一些被爆者并不领情，因为这种关注发生在原爆 10 年之后，而且是在南太平洋捕鱼的日本船员遭核辐射伤害而引发的。然而，对于另外一些被爆者来说，在经历了长达数年的病痛折磨、遭受歧视、辛苦地照顾生病的家人、为了生活默默挣扎之后，他们很高兴能有机会获得关注，参与一场禁止核武器的全国性的运动。来自广岛和长崎的几名被爆者在这次全国性的大会上讲述了自己的经历，并且强烈呼吁废除核武器。

借着这股势头，1956 年，第二届禁止原子弹氢弹世界大会在长崎市召开。"这是一场强大的和坚定的运动，"广濑正人（Hirose Masahito）回忆道，他是一位高中老师，在长崎市的那一届大会的指导委员会任职。"商店的店主们都捐款捐物、为大会提供服务，"另一位被爆者回忆道。妇女团体组织了"白玫瑰运动"，她们制作布玫瑰，并且把卖布玫瑰的所有收入捐给大会。在长崎市，很多人都把玫瑰别在自己的上衣或衬衫上。"禁止使用核武器"的标牌遍布在长崎市的每一个路口。

1956 年 8 月 9 日，第二届禁止原子弹氢弹世界大会在长崎市东高中（East Nagasaki Senior High School）体育馆举行，那

第七章 余 生

是长崎市内最大的会场。共有 3 000 人参加大会，包括来自其他国家和国际组织的 37 名代表。大会上一个令人难忘的时刻是，27 岁的渡边智惠子（Watanabe Chieko）被她的母亲抬到讲台上，在原爆时，她被落下的钢梁砸中脊柱而瘫痪。在母亲手臂的支撑下，渡边智惠子站立起来，呼吁被爆者把悲痛化为力量，为废除原子弹和氢弹而战。"我把我对原子弹的愤怒，"她说，"在心里憋了 11 年之久的愤怒，都倾诉出来了。我充满了喜悦，我脑海里所有的扭曲想法、我内心的空虚和绝望都烟消云散了。"在她发言之后，与会者热烈鼓掌，许多人泪流满面。这是第一次，渡边智惠子回忆道，"我发现了我人生的意义。"

在会议期间，日本各地的原爆生还者和公民活动家也聚集起来，成立了地方性和全国性的反核及被爆者支持团体，包括日本原子弹氢弹爆炸受害者团体协会（Japan Confederation of A- and H-Bomb Sufferers Organization），简称日本被爆协（Nihon Hidankyō），这是日本第一个全国性的被爆者组织。在其成立宣言中，日本被爆协宣告："在经历了长达 11 年的原爆灾难之后……我们这些没有在原爆中丧生的生还者终于站出来了……此前，我们一直保持沉默，不愿露面，没有组织起来。但现在，我们不能再保持沉默了，我们在这次大会上携起手来，以便采取行动。"日本被爆协的成员制定了长远的目标：支持禁止核武器，呼吁日本政府为被爆者提供免费医疗，为在日本各地生活的被爆者设立职业培训、教育方案、财政支持方案。

全国性新闻媒体对这次大会的报道使得日本民众终于听到了长崎被爆者的声音，来自其他国家的与会者把被爆者的经历传播到海外。日本的一名反核活动家很惊讶，他没有想到被爆者面临着那么多的困难，而且在长达10多年的时间里都没有得到政府的援助。出席大会的一位美国牧师告诉会议组织者广濑正人，他原以为广岛和长崎的所有原爆受害者都已死于灼伤和核辐射——所以当发现还有被爆者存在的时候，他很震惊。

这些事例起到了鼓舞作用，在新生的被爆者运动中，几位生还者开始大胆地向公众讲述他们的原爆经历。与渡边智惠子一样，他们感觉到人生有了新的意义：从现在开始，他们要公开讲述自己的原爆经历，通过这种方式来帮助原爆受害者，来争取彻底消除核武器。山口千次（Yamaguchi Senji）是被爆者运动的早期活动家之一。原爆时，年仅14岁的山口正在三菱大桥军械厂的外面参加挖沟劳动，他的颈部、脸部、右胳膊、右侧胸部遭受大面积灼伤。长野市邀请被爆者代表来与当地的反核运动人士交流，山口接受了邀请，在长野市图书馆的讲台上发表演讲，讲台下面站满了人，面对着这么多的听众，他第一次在公开场合讲述了自己的原爆经历。"在我演讲的时候，台下一片寂静，"他回忆道，"大家都认真地听我讲述我的原爆经历……我听见人们在啜泣。"他很激动，人们终于理解了他多年来一直默默承受的痛苦，他开始哭泣——然后，他不由自

第七章 余 生

主地脱下衬衫，让人们看他上半身的大片瘢痕疙瘩。

由于要上班，谷口没有去参加在长崎召开的那次大会，但是当他听说年轻的被爆者在会场上讲述原爆经历，他很受鼓舞，他也下定决心要公开讲述自己的原爆经历。他的第一次公开演讲是应日本电信工会的邀请，这次演讲很成功，他决定以后继续进行公开演讲。那段时期，他的伤口疼痛还很严重，而且总是感到很疲劳。特别绝望时，谷口甚至想结束自己的生命，然而在绝望中，他的人生观有了一个关键的转变。即使承受着病痛的折磨，他感到他的生存是有意义的。"那一刻，"他回忆说，"我意识到，我必须活下去，为了在原爆中丧生的人们而活。"

谷口加入了由年轻男性被爆者组成的一个团体，其中包括山口，吉田后来也加入了，他们在20世纪50年代初就开始日常聚会，倾诉他们的原爆经历。在原爆时，他们尚处于儿童和青少年时期，由于原爆而受到很大伤害，承受着外伤、烧伤、核辐射疾病以及丧失亲人的痛苦。这个团体的成员都有着相同的经历，他们在一起相互支持，可以敞开心扉，谈论自己的伤病情况、身体的持续疼痛、遭遇的歧视以及工作状况。他们还在一起分享信息，分享他们从医生那里听来的关于核辐射如何影响人体健康的信息。渡边智惠子等年轻女性被爆者也组成了一个类似的团体，她们经常在一起交谈，讲述她们在原爆时的经历和原爆后的困境。她们还聚在一起编织，制作人造花，这

长崎

也是残疾妇女在家赚钱的一种方式。

1956年，这两个团体合并为长崎原子弹受害者青年团体协会。那段时期，没有核武器的国家都在加紧制造核武器，美国、苏联、英国则多次进行威力越来越大的核武器试爆，进行核试验的地点或是在地面上，或是在海底，或是在数十万米的

谷口稜晔和吉田胜次在一次会议上，与广岛反核活动人士一起开会，约在1961年。（吉田直次提供的照片）

第七章 余 生

高空，在这种情况下，团体的成员结下了深厚的友谊，他们决定站出来，无论是作为个人或是作为一个团体，他们必须把遭受核武器伤害的恐怖经历讲述给所有愿意听的人。谷口把越来越多的精力投入到这个团体以及更大的反核运动中去。"作为原爆受害者，如果我们不把自己的亲身经历讲出来，"他想，"那么其他人怎么会知道恐怖的战争和原子弹给受害者带来的痛苦呢？我们有责任鼓起勇气，向世人讲述我们的原爆经历。"

谷口的政治意识不断增强，他那时已经年满26岁，开始考虑结婚了。他的祖母也很老了，并且卧病在床，她希望在临死之前看到他结婚，在以后的生活中有人照顾。然而，对于谷口来说，他的被爆者身份虽然使他成了一名活动人士，但却使他很难找到结婚对象，特别是由于他曾严重受伤并且身体上有大面积的烧伤疤痕。

谷口的祖父为他准备了有可能成为结婚对象的人选名单。按照那个名单，他的家人和媒人到姑娘家里提亲，并且会如实地告诉人家他的被爆者身份以及受伤情况。谷口一次次被拒绝。有一些姑娘会比较委婉地拒绝他；另一些姑娘则会说一些刺耳难听的话。"你身上的伤那么重，我怎么可能会想嫁给你呢？"她们说，"你甚至都不可能活太久！"谷口心灰意冷。遭到多次拒绝之后，在谷口不知道的情况下，他的家人决定下次提亲的时候不再告诉人家他的受伤情况了。

谷口有一个姑姑，姓氏为奥萨（Osa），她的朋友有一个未

289

婚的女儿，名为英子（Eiko），奥萨想把英子介绍给她的侄子，她认为英子将会成为一个很好的妻子，能够很好地照顾她的侄子。英子当时二十四五岁，住在长崎市以北时津町的小渔村。小时候，她的父亲带着一家人搬到日本占领的朝鲜定居。她的两个哥哥在太平洋战争中丧生了，在青少年时期，她就开始参加劳动，修补士兵军装，为日本的战争服务。战争结束后，她和家人返回长崎市，看到这座城市遭原子弹破坏的惨重程度，他们都很震惊。从学校毕业后，英子就开始帮助家里种地，她家有约1.5亩的农田，种地是家里的一个收入来源。

奥萨到英子家里去提亲，她使劲儿夸赞谷口的优点。她告诉英子及其妈妈，谷口的胳膊和腿上的疤痕几乎看不出来，他的脸上做过修复手术，去除了疤痕。然而，她没有提到的是：他的面部疤痕是长期的褥疮压疮导致的，他的胳膊受到永久性损伤，他的后背有大面积的疤痕组织，他的胸廓上有又长又深的伤疤。下一次见面的时候，奥萨带着谷口来到一个小餐馆，英子在那里当兼职厨师。他们先坐下来观察在餐馆厨房里忙碌的英子，没有让她知道他们来了，过了一会儿，奥萨叫英子到他们那一桌落座，与她的侄子见面。英子看到了穿戴整齐的谷口，觉得他没什么过人之处。不久之后，她拒绝了这门亲事，而且没有给出理由。然而，奥萨一再坚持，终于说服了英子，她同意嫁给谷口了。

1956年3月19日，谷口和英子在他祖母家里结婚，双方

第七章 余 生

的家人首次聚在了一起。谷口的父亲和哥哥姐姐从大阪赶来参加他的婚礼。仪式结束后，谷口和英子一起乘车去市政厅登记结婚，然后回到祖母家里，谷口的朋友们也来了，大家一起庆祝他们的新婚。当天晚上，谷口的祖母把英子叫到床边，她感谢英子嫁给她的孙子，拜托英子好好照顾他。英子觉得很奇怪，不知道为什么，整整一天，谷口的每一位家人和朋友都向她表达过这个意思，让她好好照顾他。

谷口怀疑他姑姑没有如实地告诉英子他后背有大片的烧伤疤痕，他感到越来越焦虑，因为她很快就会知道真相了。他们的新婚之夜是在他祖母家里度过的，他们没有睡在一张床上。然而，第二天，他们乘公共汽车去长崎市以东约56公里的云仙（Unzen），在那里的一个乡村小旅馆度蜜月。那天晚上，在日式浴室洗澡时，谷口和英子面对面坐在小凳子上，先把身体洗干净，然后再进入浴缸里面浸浴。谷口平静地让英子给他搓洗后背。他转过身去。"她以为我和其他人一样。"他等待着。在他背后，英子开始哭泣。她那天夜里和第二天都在哭泣。谷口担心她会离他而去。

在第三天的早晨，他们两人动身回家。谷口的家人焦急地等待着，不知道他和英子是否会作为一对夫妻回到家中。然而，让每个人都感到惊讶的是，英子没有离开她的新婚丈夫，尽管她起初很生气，恨他姑姑没有告诉她实情。她后来跟谷口说，她意识到如果她离开的话，那就没有人照顾他了。

291

他的祖母在两个星期后就去世了。谷口和他的祖父把她瘦小的尸体放在一辆手推车上，推到火葬场，火化之后，他们一家人把她的骨灰送到长与町（在长崎市的山北边）的一个佛教寺庙，葬在他们的家庭墓地。谷口和英子与他的祖父在一起生活，他们还住在以前的房子里，谷口就是在那所房子里长大的。谷口的后背疤痕仍有持续性的疼痛。

在结婚后的 3 年内，谷口和英子生育了一儿一女。谷口继续公开讲述他的原爆经历，但他从不跟孩子们谈论原爆以及他是怎么存活下来的。不过，在日本的家庭生活中，父亲经常与年幼的孩子们一起泡澡，所以他的孩子们从小时候起就经常看到他身上的伤疤，像他们的妈妈一样，看习惯了也就不觉得奇怪了。

* * *

原爆生还者还可能面临着长期健康问题，这也是他们不好找对象的一个原因。在原爆 10 年之后，生还者通常会患上各种疾病，例如血液疾病、心血管疾病、肝脏疾病、内分泌疾病、血细胞计数低、严重贫血、甲状腺疾病、内脏器官功能受损、白内障、过早衰老。许多生还者可能同时患有多种疾病。还有大量的生还者患上了一种无法解释的疾病——后来被称为"闲散病"（bura-bura）——症状包括身体状况差、容易疲倦，而且按医生的话说，很多生还者"精力不济，很难持续工作"。

第七章 余 生

癌症发病率再次上升。在被爆者当中，儿童白血病的发病率在1950—1953年达到高峰，但从那以后，成人白血病的患病人数逐渐攀升，高于正常人群的白血病患病率，而且这种状况一直持续了几十年。到了1955年，在被爆者当中，其他癌症的发病率也开始上升，显著高于非被爆者的癌症发病率。在20世纪60年代，甲状腺癌发病率上升，此后5年内，胃癌和肺癌的发病率迅速上升。在所有的成年被爆者当中，肝癌、结肠癌、膀胱癌、卵巢癌、皮肤癌以及其他癌症的发病率也显著上升。在距离原爆点约1 200米范围内遭受核辐射的生还者当中，女性被爆者患乳腺癌的风险比一般人群高3.3倍；原爆儿童生还者的患癌风险是最高的。由于没有可靠的方法来评估自己的患癌风险，生还者时刻留意着身体上出现的不适症状，担心曾经遭受的核辐射会严重危害他们的身体健康。

在反核抗议和世界大会召开的背景之下，被爆者当中的活动家开始关注原爆核辐射导致的健康问题。他们的大部分健康问题没有被包括在日本国民健康保险计划中，而且按照日本政府的解释，《旧金山和平条约》中的一项条款禁止日本向美国提出索赔要求。因此，谷口、山口以及其他活动家开始了一场漫长的和充满争论的斗争，要求日本国内的医疗保健法案为被爆者的医疗提供资金支持。

他们有足够的资料来支持这一要求。至1945年年底，官方数据统计显示因核爆受伤和核辐射而死的达上万人。从20

世纪50年代末至60年代，在重建的长崎大学医学院以及一些地方研究机构和国家研究机构，医生和科学家继续对很多被爆者的健康状况进行全面研究。长崎市设立了癌症登记处，其中保存了数以千计的核辐射相关标本，这些标本取自生还者和已死亡的被爆者，供医学研究之用。在1959—1967年间，调来医生总共发表了6篇医学论文，论述了被爆者的烧伤疤痕、甲状腺和乳腺肿瘤、甲状腺癌、瘢痕疙瘩的特征和治疗。原爆伤害调查委员会的广岛和长崎研究所从其人群研究中积累了关于被爆者的大量医疗资料。日本的相关研究与原爆伤害调查委员会的研究都表明，生还者遭受的核辐射剂量与其患各种癌症的风险之间存在相关性——后续几十年的持续研究也证实了这一结论。正如生还者已经知道的那样，这些研究证实，被爆者迫切需要专门的和持续的医疗援护。

在地方政府层面，长崎市与日本红十字会合作，修建了有81张病床的长崎原爆病院，该院于1958年开业，设有内科、外科、儿科、妇科和眼科。开业后的7年间，该院总共收治住院患者2 646人次，接待门诊患者41 858人次，这些患者都是原爆生还者；1977年，该院扩建，总病床数增加到360张。长崎市还有一些其他的机构，可以为被爆者提供医疗服务、就业培训、住房保障、养老服务。

尽管如此，医疗机构和社会服务组织并没有完全了解全身遭受核辐射所造成的持续的健康风险，即便有所了解，绝大多

第七章 余 生

数被爆者也无法负担相应的治疗费用。为了解决这些顾虑,早在 1952 年,长崎市民组成的一些团体就已经建立了支持被爆者的组织,他们发起广泛的募捐运动,为那些有经济困难的被爆者完全免费或者分摊一定的健康检查及治疗费用。长崎和广岛的市长也向国会递交请愿书,请求为被爆者提供医疗援助。结果,日本政府决定从 1954—1956 年的预算中拨出一定的资金给各种各样的医疗机构,用于针对被爆者的调查、医学研究和相关成果的发表。

为了解决这些问题,长崎市的一些活动人士,包括谷口和山口在 1956 年成立了长崎市最大的民间被爆者团体,名为长崎原爆受害者协会(Nagasaki Atomic Bomb Survivors Council),简称受害协(Hisaikyō)。除了倡导消除核武器之外,受害协的成员还要求日本政府承认被爆者面临的健康问题,为被爆者支付医疗费用,为被爆者提供就业援助服务。广岛市也有一个类似的民间被爆者团体。广岛和长崎的被爆者活动家经常组织一些活动,要么挨家挨户地收取捐款,为被爆者的医疗救助募捐,要么去东京见国会议员和首相,向他们讲述自己的原爆经历,让他们感到有必要通过被爆者援护法。"终于,我们成立了一个民间团体来表达我们的要求,"山口回忆道,"我们提出,既然日本政府发动了战争,那它就应该对原爆受害者负责。这就是我们的要求。"

没过一年,他们迎来了第一次胜利。1957 年,日本国会通过了《原子弹受害者医疗法》(原爆医疗法),官方认定的被爆者可享受每半年一次的免费体检——被爆者的定义为原子弹爆炸时在被爆城市范围内的人们,以及胎内被爆者,原爆后的两个星期内进入被爆城市的救援人员和其他人员。该法案还规定,向官方确定的与核辐射相关的几种疾病,例如白血病患者提供治疗。

然而,日本政府对被爆者的官方认定很严格,对于很多被爆者来说,要取得这个认定是很困难的。除提交书面申请外,被爆者还需提交一份由公职人员出具的证明,或者提交一张照片,证明被爆者在原爆时的具体位置——这两种证明材料都是很难获得的。还有一种方法,就是申请人需提交两份书面证明(由两个人写的),而且这两个人"与申请人没有三代以内的血缘关系",并且须为申请人在原爆时的位置作证。如果没有其他证据,申请人也可以提交书面陈述,为自己在原爆时的位置作证——但是除此之外,申请人还需要找到一个见证人,"那个人确实在被爆城市遇到了申请人,或者在市内或市外的救援站见到过该申请人,或者在原爆后与该申请人一起撤离到安全的地方",并且愿意以书面形式作证。尽管有这么多的要求,但是在第一年年底,广岛市和长崎市就已经有200 984名被爆者领取了《被爆者健康手册》,护照大小的一本手册,持有人有资格获得健康管理补助。"一本小手册,"山口回忆道,"在得到它之前,我们必须经历那么多的痛苦……我把这本《被爆

第七章 余 生

者健康手册》紧紧握在手中。"

然而，对于谷口和其他一些人来说，日本早期的原爆医疗法仍有很多不足，还有成千上万的被爆者无法获得官方的被爆者身份证明。即使在完成了那个复杂的申请过程，获得了被爆者身份证明之后，对于患有与原爆相关疾病的被爆者来说，若要获得医疗补助，被爆者还需提交申请。被爆者提交的个人说明和支持性文件——包括医疗记录，遭受到的核辐射剂量估算（如果有的话）——由政府的一个专家小组进行审查，他们应用一个严格的"病因概率"公式，以确定核辐射导致那种疾病的可能性。只有少数被爆者能申请到医疗补助。被爆者活动家认为，除了原爆医疗法覆盖的病种之外，还有许多疾病也与核辐射有关，包括血液、骨髓或器官组织受核辐射损伤而导致的继发性疾病、精神状况差、身体虚弱。被爆者生病之后通常需要很长时间才能康复，他们不仅要多花很多医疗费，而且长期生病也会影响工资收入。

对于被爆者活动家提出的扩大补助范围的要求，政府官员们表示反对。他们担心被爆者医疗补助计划的扩大将会给政府造成财政压力，他们也试图避免由此引出日本的战争责任问题。被爆者活动家还认为，日本政府拒绝给被爆者增加补助，也是为了避免疏远美国这个重要的经济和军事盟友。政府官员们辩称，日本国民应平等地忍受战争之痛，如果给被爆者增加补助，对他们患有的其他疾病（未被证明与核辐射有直接相关

297

性的疾病）也给予医疗补助，那么在整个日本，被燃烧弹轰炸的受害者也应获得类似的医疗补助。1965年，政府对持有《被爆者健康手册》的被爆者人群进行调查研究，研究证实，与被常规炸弹轰炸的受害者人群相比，被爆者人群的疾病发生率和残疾率明显更高。原爆症患者家庭的医疗费用开销比全国平均水平高3.5倍。

在审议给被爆者增加医疗补助的时候，政府的决定受到4个关键问题的影响。第一个问题是，需要估算出被爆者所遭受的核辐射的准确剂量，以便确定可获得补助的资格条件，并由此证明，被爆者的现有疾病或以后出现的疾病可能是核辐射所致。然而，若要准确测量人体所遭受的核辐射剂量，那样的技术还不存在。美国和日本的科学家开发了初步的核辐射剂量测定系统，可以对生还者遭受的核辐射剂量进行估算。1957年，科学家推出了第一个测定系统，他们采用原爆伤害调查委员会的复杂计算方法——咨询了橡树岭国家实验室（Oak Ridge National Laboratory），参考了内华达州核试验场的数据——在此基础上，主要是分析：原爆时，生还者所在的位置以及与原爆点的距离，附近建筑物的相对位置，生还者面朝什么方向。对于原爆时在室内的生还者来说，科学家还要分析：生还者所在的房屋或建筑物的大小及位置，相对于原爆点的方向，生还者与室内任何窗户的距离有多远。1965年，在进一步研究的基础上，科学家又推出了一个改进的测定系统。

第七章 余 生

这些核辐射剂量测定系统还不够完善，尚不足以确定被爆者所遭受的核辐射的准确剂量。由于没有对照实验，科学家只得使用由生还者提供的信息，也就是生还者记忆中的12年前的原爆经历。如果生还者在原爆时的位置处于原爆伤害调查委员会的各项研究的地域范围之外，那就无法使用该测定系统对生还者遭受的核辐射剂量进行估算。即使尽可能准确地估算出了生还者遭受的核辐射剂量，科学家也无法评估以下问题：核辐射对每位生还者体内的每个器官的具体影响；大剂量核辐射在人体内随着时间的推移而减弱的程度；对于任何一位生还者来说，核辐射对人体的长期危害何时会表现出来，会导致何种疾病。"所以呢，"谷口解释说，"关于原爆核辐射对人体造成危害的具体表现形式，并没有完整的结论。无论别人说什么，我也不可能知道，我的身体以后是否会出现与核辐射疾病相关的症状。"

关于被爆者的资格确定，政府需要考虑的第二个问题与核辐射残留有关——这涉及住在西山町的长崎市居民，那里在原爆后降下了带有放射性物质的黑雨，还有在原爆后数小时或数天内进入原爆区的救援人员和寻亲者。例如，在西山町的调查研究表明，受黑雨影响的居民的白细胞水平高于正常值，到1970年，至少有两名居民患上了白血病。然而，20世纪70年代中期以后，在该地区的居民当中，并没有进一步发现与核辐射相关的其他疾病，但是一些研究人员认为，在未来，该地区居民还有可能会出现核辐射相关疾病。在原爆后没过多久就进入原爆区的那些大人和孩子们当中，很多人表现出急性核辐射症状，包括发烧、腹泻、脱发，与原爆时在被爆城市的受害者的症状相同——在随后的几个月至几年的时间里，很多人患上了各种疾病，包括肿瘤、肝脏疾病、流产、各种癌症以及不明原因的其他疾病。还有很多人年纪轻轻就因病去世了，他们的家人认为他们是死于核辐射导致的疾病。

对于受到核辐射残留影响的人们来说，科学方法还不能准确估算出他们身体吸收的核辐射剂量。这种计算方法也需要分析很多复杂的因素，有些因素是难以准确评估的，因为只能根据生还者的记忆——例如生还者在原爆时的年龄，进入原爆区的日期，在原爆区停留了多长时间，进行了什么性质的活动。然而，最近的研究表明，凡是在原爆后一个星期内进入原爆区的人们，都有可能遭受到"严重的核辐射"，一些科学家正在重复和验证这个研究结果。关于核辐射残留对人体有多大影响，尽管没有充分的科学证据，在被爆者活动家的要求下，日本政府规定，在原爆后两个星期内进入被爆城市，距离原爆点约2公里范围内的人们，也符合申请《被爆者健康手册》的资格。美方坚持认为，根据其在战后早期的评估，原爆点附近的核辐射残留是极小的，不会对人体造成伤害。

在为被爆者提供医疗补助方面，政府需要考虑的第三个问题涉及居住在海外的被爆者。这包括日本人、朝鲜人、中国人

第七章 余 生

以及其他国籍的被爆者，他们在战后返回原籍国或移民到其他国家，他们的癌症发病率和其他疾病发病率类似于居住在日本的被爆者。居住在其他国家的日裔被爆者有资格获得医疗补助，但前提是，他们必须回到日本接受治疗。除此之外，还有数千名来自其他国家的被爆者，他们在原爆中生还下来，并且在战后返回自己的祖国，直到1978年，他们才获得了申请《被爆者健康手册》的资格——即使那时，只有他们本人前往日本接受治疗，才能获得医疗补助，而他们当中的大部人都没有能力去日本。东亚各国的被爆者通常生活在贫困的农村地区，根本就没有条件看医生，而且那里的医生也不了解关于原爆或核辐射效应的问题。居住在其他国家的被爆者经常受到歧视，或是因为他们身体上明显的伤残，或是因为他们不太懂本国语言；或者被认为是"亲日"的，只因他们在战争期间曾在日本生活过。还有一些被爆者只能默默承受痛苦，因为他们的同胞们认为，原爆是导致日本投降的事件，使他们的国家获得了解放。朝鲜的一些被爆者非法返回日本，来寻求医疗救助，或者寻找两名见证人，助其申请《被爆者健康手册》，然而，他们通常会被驱逐出境，日本当局不会考虑为他们提供医疗补助。居住在其他国家（包括美国）的被爆者活动家，与在广岛和长崎的倡议人士一起，经过多年努力，终于使日本政府同意扩大对被爆者的医疗补助。

关于被爆者的医疗补助资格，日本政府需要考虑的最后一个问题是，战后留在日本的外籍被爆者（主要是朝鲜人）多达数万人。他们在战争时期饱受虐待，又经历了原爆，在战后继续受到许多日本人的鄙视，并且在法律上被禁止加入日本国籍——即使是在战争期间被强制征入日本军队，为日本打仗的外国人，或者出生在日本的外国人（在他们的父母被强迫到日本做苦工之后出生的），也无法加入日本国籍。与其他被爆者一样，他们在就业及婚姻方面都受歧视。1965 年，韩国与日本签订了一项条约，该条约禁止朝鲜被爆者向日本政府要求赔偿。由于高昂的医疗费用，而且在异乡没有多少亲人，很多外籍被爆者变得一贫如洗。金雅子（Kim Masako）是居住在日本的朝鲜被爆者，她在 24 岁时经历了原爆，正如她所说："我们有两个祖国，这并不是什么好事。"

1967 年，朝鲜被爆者组织起来，要求日本政府承认他们的被爆者身份，给他们医疗补助和赔偿。经过 11 年的抗争后，在 1978 年，日本政府修订了原爆医疗法，居住在日本的外籍被爆者也有资格申请《被爆者健康手册》，获得与日籍被爆者相同的医疗补助。然而，到了那时候，20 世纪 40 年代的医疗记录和申请所需的其他文件都很难找到了。新的法案还要求，为申请人作证的两个人当中至少有一个是日本人，这进一步增加了朝鲜被爆者的申请难度，因为在 1945 年，在广岛和长崎生活和工作的大多数朝鲜人与当地的日本人基本上没有来往。据估计，大约有 1 万至 12 000 名朝鲜人在长崎原爆后生还，龙

第七章 余 生

朴苏（Ryong Pak Su）是其中的一位生还者，他说："我所有的邻居都在原爆中丧生了。我去哪儿找证人？难道要我找个鬼魂来？"

恼火但不气馁，被爆者活动家们，包括谷口、山口、其他的年轻日本人，以及外籍的被爆者继续提交请愿书和提起诉讼，发起静坐示威活动，与国会议员见面，发起全国性的运动，争取获得日本国民的支持，要求日本政府对被爆者的医疗和经济状况进行全面调查。尽管他们自己也在经受着病痛的折磨，但他们一直在据理力争，要求日本政府为所有的被爆者提供全面的医疗补助——无论被爆者的国籍、健康状况、距离原爆点的远近。他们认为，只有给被爆者全面的医疗补助和经济补偿，才能表示日本政府确实承认原子弹爆炸的可怕的、无形的和长期的危害。他们经常把争取医疗补助的努力与在他们有生之年争取消除核武器的努力相关联。在1980年的一次集会上，山口发表演讲："我们要求立即颁布一项法律，为所有的被爆者提供全面的医疗补助，这不仅是被爆者的要求，而且是全日本、全世界人民的要求，为了'不再有被爆者！'（No More Hibakusha！）"

随着时间的推移，在他们的不懈努力下，日本政府对原爆医疗法进行了几次修订，扩大了被爆者的医疗补助范围。小头畸形被认定为原爆相关疾病，后来，除了医疗补助之外，日本政府还为患有小头畸形症的原爆生还者提供生活补助。在被爆者的认定方面，根据个人的体检诊断，距离原爆点的范围也可以有所放宽。原爆医疗法覆盖的病种也有所增加，被爆者还可以获得一定的护理补助和丧葬补助，根据被爆者的年龄和收入状况而定，患有与核辐射相关严重疾病的生还者还能获得健康管理补助和生活补助。然而，居住在日本或海外的被爆者当中，仍有很多人没能获得日本政府给被爆者的医疗补助，在政府认定他们所患的疾病与核辐射有关之前，有些人已经死于癌症或其他疾病了，还有一些人申请不到《被爆者健康手册》，因为找不到两个证人确认其在原爆时的位置。许多被爆者（甚至包括患有癌症的被爆者）从未提交申请，因为他们担心，取得了被爆者身份之后，他们或他们的子女将会受到歧视。

在下班后的空闲时间和休息日，谷口帮助被爆者了解原爆医疗法，准备好所需的文件，申请《被爆者健康手册》。他热心帮助被爆者，其实就他本人来说，他并不需要这种医疗补助。他所在的日本电信电话公营公司已经成了私有化的公司，公司为原爆时在工作中受伤的员工提供医疗福利。然而，为了获得公司提供的医疗福利，谷口必须拿出证据，证明他的伤病是原爆造成的，所以他回到国立大村医院，去寻找他的病历。经过很长时间的寻找，在工作人员的帮助下，他进入了一个储藏室，在那里找到了装有他病历的文件夹——大约40多页的病历记录，由他的主治医生和护士写的，全部是德文（当时的

第七章 余 生

日本医生使用德文写病历）。每一篇病历都详细记录了他的健康状况、检查结果和治疗情况。他的病历里还有手绘图，标示出他身体上的烧伤部位和胸部的凹陷。

谷口的病历是该院保存的唯一一份被爆者病历。据传，其他的被爆者病历已被烧毁或者被转移到日本的某个地方，但谁都不知道那些病历究竟被放到哪里去了。谷口认为，那些病历都被美国政府收走了，可能被存放在原爆伤害调查委员会，或者被运回美国了，他的病历之所以没有被收走，是因为当时他还没有出院。他准备了记录他身上疤痕的照片和病历的复印件，并且将这些材料提交给日本电信电话公司。他申请到了公司的医疗福利，这意味着与原爆伤害有关的一切医疗费，包括检查费、手术费、治疗费都由公司承担，直到他退休。

有保险的谷口是幸运的，他依旧有医疗需求，谷口定期去医院抽血化验，继续接受手术治疗。1960年，他感到后背特别疼痛，医生给他动了一次手术，切除了他后背上的皮肤癌肿块，此后一段时期，他的疼痛缓解了。一年后，在民主德国的邀请下，他前往柏林，准备接受手术治疗（左肘部手术），以增加左臂的灵活性。他在柏林公开演讲，讲述他的原爆经历，并向观众展示了原爆后的一组照片。但是在那里待了3个月后，他被诊断出患有一种慢性的血液疾病，医生认为他不适合接受手术治疗。谷口返回日本，他的病情没有好转。

1965年，他的背部又长出了一个更大更硬的肿块，他感到体力明显下降。"我总感觉就像是躺在软垫上，垫子里面有一块石头，"他回忆道，"那个肿块特别坚硬，以至于手术刀都切不动。"经过多次手术之后，他后背的肿块被彻底切除了，但是他没有体力从事投送电报的工作了，公司给他调整岗位，让他从事办公室工作。每年夏天，他总是觉得后背钝痛，"一种可怕的沉重感，"他说。每年冬天，他总是觉得特别冷，因为他太瘦了，缺乏皮下脂肪来保持体温。他一直都特别瘦，因为他只能吃很少量的食物；若是稍微多吃一点，他就会感到全身隐隐作痛——好像大面积烧伤伤口上那层又薄又紧的皮肤就要裂开一样。

* * *

1956年，当堂尾离开长崎市的时候，她想要开始一段新的人生，她远离家人和家乡，远离核灾之地。为了事业成功，时年26岁的堂尾决定隐瞒自己的被爆者身份。她又一次选择隐藏，但这一次，她有了新的生活目标，她要做一个女强人，这使她能够克服或者暂时忘却她青少年时期的痛苦记忆。

经过36个小时的火车旅程之后，堂尾到达东京，她来到公司给她找的住处，一个约19平方米没有厨房的小公寓。她买了一个电饭煲、一个碗和筷子——为了存放食物，她从附近的摊贩那里要了两个装苹果的箱子。她的住处距离日本佑天兰（Utena）的办公地很近，她可以步行上班——上班第一

第七章 余 生

天，堂尾走进公司的大门，挺直身板，自信地走到她工作的那个部门，该部门共有600名底层员工。她觉得她必须比别人加倍努力，以克服她自身的缺陷。"然后，我就能像其他人一样了，"她想。"我拼命工作……我让同事们把没人愿意做的工作都给我。"

在单身公寓里，堂尾给自己做衣服，她会做很精巧别致的服装。她经常给家人写信，而且每年一次，她坐长途火车回长崎市，去探望她的家人。她的父亲经常和她开玩笑，说他一直希望她是个男孩——也许，她父亲的意思是，她有很强的个性，他挺想和她说笑的，聊一聊他不会和女性谈论的话题。1961年，堂尾的父亲去世了，她在他的棺材旁边驻足。"我觉得生命很脆弱，"她回忆道，"人们孤零零地来到世间，又孤零零地死去。"

她返回东京，继续发奋工作，她要挑战自我，证明自己能够有所成就。她的努力工作得到了回报，她升职了。她在公司的公关部任职，她开展营销活动的范围包括东京以北的本州岛的大部分区域，这需要她经常乘坐火车和巴士出差，甚至去很偏远的村庄，她有时候都感到惊讶，那些地方居然也有化妆品店。

每年8月，日本全国媒体都会报道原爆纪念活动，通常会关注被爆者的伤残和核辐射相关疾病，这使得堂尾的决心更坚定，她要隐瞒自己的被爆者身份。在公共场合，她总是穿着长袖衣服，以掩盖她手臂上的疤痕。为了表明自己身体健康，她几乎从不请病假，即使生病了也坚持上班——这使她疲惫不堪，每逢新年假期，她都会发高烧，大病一场。有时，她想放弃努力。"当我的决心动摇时，或者当我处境艰难时，"她回忆道，"我就会责备自己的软弱……我不能不努力。这是挑战自我的战斗。我从来不觉得后悔，因为在克服困难的过程中，我培养了勇气。"

1965年，堂尾30多岁的时候——早已超过了日本女性的适婚年龄——有人给她介绍对象，她去见一位男士，那位男士在股票市场公司工作。以前，她一直回避结婚的想法，但是那段时间，她感到很累，并且担心自己的未来。她同意见面。

第一眼看上去，她很喜欢那位男士的长相。他给她留下很好的第一印象。

他问她家乡在哪里。"长崎，"她回答，她知道他的下一个问题是什么。

"你经历了原爆？"

堂尾停顿了一下。她不想欺骗结婚对象。"是的，"她回答，"我是一名被爆者。"

她顿时觉得两个人之间的气氛紧张起来了，她感觉到这位男士不想娶一名被爆者。为了避免被婉拒，她拒绝和他再次见面，她决定这辈子不结婚了。多年之后，她反思，影响她作出这个重大决定的潜意识是什么：她怕生出畸形儿，她解释

第七章 余 生

说——在非常个人的层面上,由于抹不去的原爆记忆,身体内部被污染的感觉,一直都没有放下的负罪感(在三菱大桥军械厂逃生的时候,她曾经踩到其他人的身体上),这些因素削弱了她与工作之外的其他人相处的信心。

决定不结婚不生子之后,堂尾调整了生活方式,过上了她所谓的"美好生活"。她每天工作很长时间,在美女如云的化妆品公司,她树立了一种优雅和时尚的个人形象。她寻找她自己的人生目标,以填补这辈子不生孩子的空虚,她找到新的目标,她要通过自身努力,发挥她最大的潜力。"如果我是一朵不结果实的花,那么我想在才智上大放异彩。至少我希望能够有出色的头脑。"

1973年,在日本佑天兰公司工作了17年之后,43岁的堂尾成了该公司60年历史上的首位女性高管——这是一个了不起的成就,特别是在男性占主导地位的日本社会,据估计,在日本的女性劳动人口当中,只有大约8%的女性为专业人员或管理人员。在庞大的日本化妆品行业,

堂尾峰子,64岁,摄于1994年。
(由冈田郁代提供的照片)

309

总共只有 3 位女性高管：一位在资生堂，另一位在佳丽宝，还有就是日本佑天兰的堂尾。她升职的消息出现在全国性的报纸和杂志上，她还接受了电视台的采访。作为一名高管，她管理着 350 名员工，还负责监督新员工的培训，她在东京市郊购买了一所小房子，位于车站附近，她可以每天乘坐特快列车上下班。"它是我的小城堡，"她回忆道，"我生活得很好的证明，我努力的结果……这令我很自豪。"

私下里，堂尾创作短歌和俳句①，进行沉思练习，这使她能够以充满新奇的眼光看待她周围的世界。一天傍晚，她参加一个商业会议回来，从北海道乘坐飞机到东京，她从飞机的窗口向外看。天空灰蒙蒙的——"有很多乌云，"堂尾说。她抬头向上看。她上方的天空一片蔚蓝，在夕阳映照下，几朵白云被染成了橘红色。"它是如此美丽，我被感动得哭了，"她回忆道，"那个壮丽的景象感动了我。"虽然她不信奉上帝，但是她想到，也许确实存在"一个避难所或天堂，在我的视野之外"。那一刻，堂尾放松了，从向世界证明自己的紧张状态暂时放松下来。

* * *

到了 20 世纪 60 年代初，浦上地区被原爆摧毁的迹象渐渐

---

① 短歌是和歌的一个形式，是一种日本传统定型诗。俳句是日本的一种古典短诗。

第七章 余 生

消失。近 20 年前，在浦上地区东面和西面山丘上的所有植被和房屋都被原爆摧毁了，现如今，那些山丘郁郁葱葱，山坡上有很多新建的房屋。城山小学和山里小学都翻盖一新，教室里坐满了学生，在浦上地区新修的更宽阔的道路上，汽车也越来越多。长崎和平公园扩建了，栽种了很多日本柳杉树。在角落里保留着浦上天主堂的一部分残骸和倒塌的钟楼。尽管天主教徒和其他被爆者组织建议保留被毁的教堂，作为历史遗产，长崎市的官员们下令拆除教堂废墟。在原爆点东北部浦上天主堂的原址上，重建了一个新的、钢筋混凝土结构的教堂，并且新建了两座钟楼，高达约 27 米——比原来的钟楼还高 5 米——资金来自日本和美国天主教团体的捐款。1962 年，浦上天主堂成为天主教长崎总教区的主教座堂——尽管在那时，由于资金不足，大教堂的花窗玻璃尚未安装，墙壁和屋顶也还没有完工。

与长崎市不同，吉田在原爆中所受的伤害不可能渐渐消失。他无法隐藏自己的被爆者身份，常常被迫面对。他的嘴部做过多次手术，以增强他的进食能力，但他的嘴还是张不太开，只能进食小块食物。由于烧伤后手指不能伸直，他用手提装满沙子的水桶，坚持练习了 13 年，但是他的手指仍然卷曲，有时候不可控制地缩成一个拳头。每年冬天，他的手就会开裂，疼痛难忍。

经过多年的痛苦和持续提醒自己被爆者的身份之后，吉田作出了一个选择，他要快乐地生活。他意识到，无论多么担心和焦虑，他永远也不可能再拥有以前的脸和身体，他永远无法消除掉原爆经历。"我决定接受现实，努力做到最好，"他解释说。被深深的忧郁感折磨了15年之后，他决定改变生活态度，试图找出自己生活中积极的方面。多年来，那些自己也忍受着痛苦的人们也在帮助吉田，现在，他决定和这些人一起开始新的人生。

每天早晨，他在脸部的移植皮肤上涂抹药膏，然后出门，去食品批发公司上班。渐渐地，他不再整天躲在仓库里了，他开始给各家小店铺送货。他参加了公司的晨间棒球队，并且是一名快速有力的击球手；有一段时间，吉田成为球队里打击率最高的球员，尽管因为肋骨受过伤，他的挥棒动作受限。在公司的家庭运动日，他和同事们一起参加二人三足比赛；在聚会上，他喜欢喝啤酒和日本清酒，很会讲笑话和模仿知名歌手唱歌。他在长崎原子弹受害者青年团体协会担任秘书长，长崎证言集《我们已经受够了！》(*Mou, Iya Da!*) 收集了37名被爆者的亲历实录，其中有一篇就是他写的。人们认为他是非常活泼机灵的。

吉田现在很健谈，善于与人交朋友，和别人喝一杯酒之后，就能成为一辈子的朋友。他倔强、有正义感并且好管事，他讨厌自大、派别和谈论政治观点的被爆者，他直言不讳的批判时常会令其家人和朋友感到尴尬。从照片上可以看出，他

第七章 余 生

穿得很整齐,是个很有精神的年轻人,双眼直视镜头——很酷——与早前女孩子一看见他就会被吓哭的情形正好相反,他很受年轻女性欢迎,似乎没人介意他的面部疤痕和黑耳朵。

虽然他很受欢迎,但是由于容貌被毁,他不太容易找到结婚对象。在30岁那年,他母亲为他介绍对象,那个女孩子是她的远房嫂子的女儿,名叫幸子(Sachiko),住在长崎市外的一个偏远山村。吉田很高兴,特别是她已经看过他的照片,所以他知道,当他们见面时,她不会感到太吃惊。只约会了一次(去看了一场电影),吉田就已经打定了主意。"我问她愿意嫁给我吗,她说愿意。我很幸运!"

吉田胜次,31岁,摄于20世纪60年代初。(吉田直次提供的照片)

313

吉田胜次和幸子，结婚照片，摄于1962年。（吉田直次提供的照片）

他们在1962年结婚。在结婚的头几年，他们与他母亲住在一起，他和幸子经常吵架，因为当他母亲指责幸子的时候，他总是站在他母亲的一边——不仅是出于孝道，而且因为他知道，他的命是母亲救回来的。

关于他在原爆时的受伤经过和随后几年的治疗经历，他和幸子只谈过一次。许多年后，她告诉他，尽管他们每天晚上

第七章 余 生

都睡在同一张床上，结婚初期她还是不能直视他疤痕累累的脸。"我哭了，"吉田回忆道，"我自己的妻子都不忍直视我这张脸。"现在，他已经想通了。"无论我做什么，即使我大哭大叫，我脸上的疤痕也不会好转。与那时相比，我觉得我已经成了一个挺英俊的家伙！我认为，谁最先自嘲，谁就会获胜。是的，这就是为什么我总爱笑。"

他有两个儿子，直次和知二（Tomoji），在孩子们小时候，他尽可能多地抽时间陪孩子，一起玩接球游戏，一起去游泳，在他的休息日，他去哪里都带上孩子。很多被爆者不愿意与子女谈及自己的原爆经历，吉田从不回避这个话题，在孩子们懂事之后，他就尽可能地以他们能理解的方式讲述了自己的原爆经历。他一遍又一遍地跟他们说，不要回避，如果有人问起他的脸，就告诉他们真相。

但是他的儿子们并没有照做。有时，他们带小伙伴到家里玩，总会有个别的小伙伴盯着他的脸，并且脱口而出，"你爸爸有一张黑脸！"——直次和知二就陷入了沉默。

"我的儿子们什么都不说，"吉田回忆道，"所以我就向小朋友们解释，告诉他们我的脸是怎么回事。我让他们看我小学时候的照片，我受伤之前的照片，来帮助他们理解。"

然而，有一天，在知二的学校运动会上，一切都变了。在全校运动会的休息期间，知二所在班级的孩子们和家长们围成一个圈，坐在地上吃午饭，有几个孩子开始盯着吉田。一个男孩子冲着知二喊,"知二!你爸爸有一张可怕的脸,啊!"

哦,我的上帝!吉田心想。如果我不来就好了!

但是这一次,知二站出来为他父亲说话。"我爸爸在原爆中受过伤,"他告诉他的朋友,"没什么可怕的!"

"我非常感激我的儿子,"吉田回忆道,详述那一天的每一个细节,他儿子为他说的每一句话。

"我得救了,"他说,"我儿子的话使我得救了。"

第八章 铭 记

　　时年 41 岁的谷口在翻看 1970 年夏天的一期《朝日画报》，他突然停了下来，专注地盯着一幅横跨两个页面的彩色照片，那是他在 1946 年的照片。这一期《朝日画报》是原爆 25 周年的纪念特刊，照片中的他脸朝下躺在国立大村医院的病床上，他的背部和双臂血肉模糊伤口感染，他的光头枕在皱巴巴的床单上，他脸的下半部分被一个阴影遮住了。他仔细看照片标题下面的小字。那段文字描述了照片中的男孩子在原爆时所在的位置，并告诉读者，尽管他的伤势严重，他不仅幸存下来，而且现在已经结婚了，并且有了两个孩子。这张放大的照片勾起了他的回忆，他感到无比痛苦。此后几个月，他一直沉浸在痛苦当中，他回想起来，在受伤后 3 年多的时间里，他每时每刻都在忍受着疼痛的折磨。

　　值得注意的是，这张照片和其他几张彩色照片刊登在《朝日画报》1970 年的特刊上，这是广岛和长崎原爆后拍摄的彩色照片第一次在日本公开发布。《朝日画报》之所以能获得这些照片，是因为少数的被爆者活动家发起了一系列的运动，要求美国归还与日本原爆有关的电影胶片、照片、尸检标本和医疗记录。在接下来的20多年，昭和时代落幕，20世纪接近尾声，长崎被爆者开始书写他们的原爆经历，或者在公众场合进行演讲，以此来表达他们的希望，实现全球废除核武器。与此同时，美国国内也爆发了一场新的论战，关于如何记述日本原爆，是否把被爆者的经历包括在美国对日本原爆的历史叙事中。正是在这段时期，和田、吉田、堂尾和长野开始公开发声，向公众讲述自己的原爆经历。

* * *

起先，被爆者活动家提出，美国应归还记录广岛和长崎原爆的35毫米黑白电影胶片。这一批电影胶片——共19个卷轴，是由日本电影制片人拍摄和剪辑的——被运到美国，然后一直被保存在军方仓库中，长达20年之久。多年来，日本活动家一直在向联合国、美国国家科学院、美国驻日本大使提出请求，在1967年，美国终于把这些电影胶片的拷贝归还日本了。

记录日本原爆的最早一批电影胶片终于回到日本了。这19个卷轴的电影胶片当中，10个卷轴的电影胶片（播放时长约85分钟）有关于长崎市在1945年年底和1946年年初的情景，画面不很清晰但是很有震撼力，记录了倒塌工厂的扭曲钢梁、倾斜的烟囱、浦上天主堂的废墟、被摧毁的桥梁、学校、

第八章 铭 记

住房。关于原爆造成的人员死亡、受伤、核辐射相关疾病，影片中也有所记录：在废墟中的死人头骨和骨骼；在新兴善小学的临时医院，受伤的大人和孩子们躺在垫子上，他们的脸上和身上都有严重的烧伤；一个穿和服的妇女，她的肩膀和背部皮肤被烙印上了和服的面料图案。

1968年，这批电影胶片经过剪辑后在日本电视台播出，日本政府删除了原爆给人们造成巨大痛苦的画面。政府官员们声称，删掉这些画面是出于对生还者及其家属的尊重，但是那些被激怒的活动家认为，删减影片是为了尽量避免给日本与美国的经济和军事关系带来负面影响。无论出于何种原因，删减影片之举让人们想起了战后审查制度，人们要求重播这部影片的完整版。日本政府拒绝了这一要求，尽管影片中出现的12名原爆生还者已经给出书面许可，同意播放涉及他们的画面。

具有讽刺意味的是，记录原爆给人们造成巨大痛苦的黑白影片于1970年在美国首映，然后才在日本播出。埃里克·巴尔诺（Erik Barnouw）是哥伦比亚大学的电影学教授，他从一位日本同事那里听到与此有关的争议，他决定去美国国家档案馆，找一份原始影片的拷贝。看了这部影片，他被打动了，与这部影片有关的保密和审查也令他感到不满，因此，他制作了英语旁白的时长16分钟的纪录片，名为《1945年8月的广岛长崎》(*Hiroshima Nagasaki, August 1945*)。这部纪录片于1970年年初在纽约现代艺术博物馆首映，同年8月通过公共电视台向全美播出，并且在加拿大和欧洲播出。同年年底，日本公共电视台购买了该纪录片版权，该片在日本播出，引起了巨大反响——不过，渡边智惠子指出，由于这部纪录片只有活动的画面，没有现场惨叫的声音，其震撼力大大降低了。

就日本人所知，美国已经向日本返还了原爆后的全部记录影片，包括少许的彩色电影短片，《朝日画报》原爆25周年纪念特刊上的一组彩色照片，包括谷口和其他人的照片就是取自这些电影胶片。然而，8年后，由于谷口的照片和一系列偶然事件，日本活动家发现还有其他记录影片，进而取回了美国战略轰炸调查团在广岛和长崎原爆后拍摄的大约27 000米长的彩色电影胶片。

岩仓勉（Iwakura Tsutomu）组织日本的一些反核人士，经过多年的努力，从日本各地收集了记录原爆的数千张照片，1978年，他们挑选出几百张照片，出版了《广岛—长崎：原爆破坏的照片记录》(*Hiroshima-Nagasaki: A Pictorial Record of the Atomic Destruction*)。翻开这本书，第一张彩色照片就是谷口被烧伤的背部的放大照片，横跨两个页面。1978年年底，岩仓和同事们从这本书中选出一些照片，包括谷口的那张照片，装裱起来，带着这些照片来到纽约市，在距离联合国总部几个街区的地方举办室外展览。在展览现场，路过的美国人经常告诫这些日本人，要他们"记住珍珠港"。前中尉赫伯特·叙桑也来看这个展览，他曾经是美国战略轰炸调查团的成员，他在1945

第八章 铭 记

年拍摄了谷口躺在国立大村医院的照片。看到那张照片，叙桑大吃一惊，他转身与展览的组织者岩仓交谈——当他告诉岩仓他与那张照片的关系时，他无意中透露出，美国战略轰炸调查团曾拍摄了关于日本原爆的大量彩色影片。

彼时，美国战略轰炸调查团的原始影片经解密后，被保存在美国国家档案和记录管理局，岩仓他们可以从那里购买影片的一个拷贝。然而，由于原始影片太长，购买一个拷贝的费用很高，他们回到日本，发起了全国性的筹款活动。据估计，有30万名日本人捐了钱，总捐款超过10万美元，这笔钱被用于购买影片拷贝。1981年，在原爆后36年之际，美国战略轰炸调查团在日本战后拍摄的彩色影片（总共81个卷轴的胶片）被运回日本。其中至少有18个卷轴的胶片包括长崎原爆后的彩色画面，比先前的黑白影片更有震撼力。

被爆者活动家感到气恼的另一个问题是，美国在战后一直控制着原爆受害者的尸检标本。日本科学家都很清楚，在1945年秋天以及在1948年以后长达20年的时间里，美国研究人员和原爆伤害调查委员会的科学家对原爆受害者（死去的成年人、儿童、婴儿、流产胎儿）进行尸体解剖——通常未经死者家属同意。尸检标本要么被保存在装有甲醛溶液的桶里，要么被切成小块包埋在石蜡块里。这些尸检标本，与尸检报告、照片、病理组织切片一起被运送到美国，经过分类之后，被保存在华盛顿特区外的一个特别坚固的、可以抵御原子弹攻击的房子里，供美国军方专用。

要求美国归还这些标本的谈判可分为两个部分：从20世纪60年代初开始，活动家要求美国归还由原爆伤害调查委员会研究机构在1948年以后采集的尸检标本。为了平息这场争议，以免影响公共关系，也为了减轻原爆伤害调查委员会的预算压力（在美国保存这些标本也要花很多钱），美国原爆伤害调查委员会很快就同意归还这些标本。到1969年为止，美国病理学研究所的工作人员向日本发了56批货运件，总共包含22 000份尸检标本，其中包括尸体大脑、心脏、肺、肾脏、肝脏、眼睛和其他器官。在长崎市，这些标本被存放在长崎大学医学院。

美国拒绝归还另一批尸检标本，即美国和日本科学家在1945年秋天进行尸体解剖时积累的，用于研究原爆对人体的影响，美方声称它们仍属机密材料。20世纪70年代早期，在日本和美国之间的谈判过程中，这些标本成为讨价还价的工具，美国同意把这些标本还给日本，而日本则需要更多地负担原爆伤害调查委员会的研究经费，更多地承担领导责任。在日本首相田中角荣（Tanaka Kakuei）和美国总统理查德·尼克松（Richard Nixon）的监督下，美日双方达成最终协议，双方各有所得：对美国而言，原爆伤害调查委员会成为在日本法律之下的，一个新的、私有的非营利组织，更名为辐射效应研究基

第八章 铭 记

金会（Radiation Effects Research Foundation, RERF）。该基金会由美日共同资助，负责把原爆伤害调查委员会发起的所有研究项目继续下去。对日本而言，日方可以推选一名日本医生，担任基金会双边董事会的首任主席，日本的科学家更多地承担起研究项目的设计和实施任务。原爆28年之后，日方开始主导对原爆生还者的医学研究，这使得辐射效应研究基金会甩掉了原爆伤害调查委员会在生还者当中的坏名声。在1973年，最终协议达成之后，美国把所有的原爆受害者尸检标本都归还给日本。与前几年归还的那一批加在一起，总共有45 000份尸检标本，包括病理标本、病理切片、尸检报告、相关照片被送回到原爆受害者的丧生之地。对于被爆者而言，这意味着他们已故亲人的尸检标本和记录终于返回家乡了。

1970年，也就是谷口的照片出现在《朝日画报》上的那一年，41岁的内田司来到与主干道之间隔着一排树木的长崎和平公园。内田司童年时就住在这附近，他的父亲和3个兄妹都在原爆中化为灰烬了。内田司在原爆时年仅16岁；战后的那段时间，他和母亲住在自家房屋的废墟上，他收集了一些被烧焦的屋瓦碎片，把它们放在一个盒子里，在25年之后，他仍然保存着那些瓦片。

内田司站在原爆点纪念碑的前面，他以前所住的街区已经彻底消失了，他为此而感到苦恼。如前所述，经过日本各界人士的努力，美国终于归还了记录日本原爆的电影胶片、彩色照片、受害者的尸检标本，这些都是记录原爆对城市破坏和对人体伤害的有力证据。然而，他以前所住的街区——在浦上地区中心的松山町（Matsuyama-machi）——位于原爆点的正下方，就这么彻底消失了吗？在原爆前，这个街区大约有300户人家，共1 865人，其中有90%的人在原爆中丧生，他们是谁？他们曾经过着什么样的生活，谁来纪念他们，谁来纪念在原爆瞬间被毁灭的这个街区和其中的居民？

内田司一直感到悲伤和愤怒，因此他发起了一个"复原地图"项目，呼吁生还者一起回忆，用记忆来复原松山町的街区布局，收集和整理死于原爆的居民们的信息。内田司所希望的是，这个街区的每一位死难者都能被人们知道并记住，不会被历史遗忘。内田司的项目吸引了当地社区的关注，几个月后，"原爆时被毁的松山町街区复原协会"（Restoration of the Atomic-Bombed Matsuyama-machi Neighborhood）正式组建起来了。该协会得到了秋月医生、调来医生等人的支持，内田司担任协会主席，他们开始创建地图，标出原爆前的街区布局，每一条街道、每一栋建筑、每一户人家，追忆在这个街区生活过的每一个人。

邻里成员们去各个墓地，查看墓碑，抄录在原爆当时或不久后死亡的居民们的名字。志愿者们走访生还者，或者给他们知道的每一位生还者写信，请他们回忆，画出他们以前街区的

第八章 铭 记

详细地图，写下他们家里的原爆受害者的姓名和死因，记录下他们所知道的街坊邻居在原爆后的状况。随着当地和全国媒体的广泛报道，分布在长崎和日本各地的数千名生还者以及受害者家属与该协会联系，向该协会提供相关信息。内田司和同事们收集并交叉核对这些信息。他们逐一核对每栋房子、每户人家、每个商店、每个配给站的位置，画出了松山町的完整布局图，重现了被毁灭的原爆点附近的街区，记录了曾在这里生活或工作的所有原爆受害者的名字。

这个项目迅速扩大，扩大到距离原爆点 2 公里范围内的所有街区——长崎市建立了一个专项办公室，促进和监督整个浦上地区的调查活动。秋月医生参与组建了山里町原爆回忆委员会，秋月医生所在的医院就位于山里町，这个地区的记录特别不容易整理，因为有很多临时房屋，朝鲜劳工和医学院学生都曾在这里居住。尽管面临着很多困难，例如学校注册记录和劳工记录在原爆中被烧毁了，某些建筑物和住户的准确信息无法查到，但这个调查项目还是进行下去了，到了 1975 年，每个街区的调查记录平均完成率为 88%。这次调查显示，在原爆前，有将近 1 万户人家，共 37 512 人在山里町居住，这些居民的信息都已被核实。调来医生已经退休了，他帮助收集和编辑信息，并且帮助发表了几个街区的调查报告。深堀芳年（Fukahori Yoshitoshi）是秋月医生所在的圣方济各医院的一位医疗管理者，他收集了一些居民在原爆前和原爆后拍摄的街区

325

照片，把这些照片纳入公共记录。1976年，在这个项目完成之时，通过复原他们街区的记忆，内田司和同事们尽到一份责任，既是对原爆死难者的纪念，也为活着的人们留下了历史资料。内田司热切地希望，这么多人的记忆能够有助于阐明"原爆浩劫的真实程度"。

在这个项目进行期间，秋月医生开始认识到，除非有尽可能多的生还者讲述他们各自的原爆经历并使全世界的人们能够了解核战争亲历者的体验，否则被爆者的回忆运动是不可能完成的。秋月医生已经开始写他自己原爆经历中的重要部分，在1961年，有一位日本小说家来长崎市看他，问他的原爆经历。"原爆16年之后，"秋月医生回忆道，"这是第一次有人问我关于原爆经历的细节。"秋月医生并没有拿出自己写的原爆及其影响的笔记，他向那个小说家描述了他的感受，作为一名医生，参与救治原爆受害者之后，他一直感到身心俱疲——"就像一具活化石，忘不掉过去的经历……目睹了地狱般的原爆浩劫之后，我的精神状态一直都没有恢复过来。"

从那天起，秋月医生感到有责任把他的经历记录下来，把他所在医院和邻近街区的原爆死难者的情况记录下来。由于他身体欠佳，并且日常工作繁忙，他既是医生又是医院院长，他用了3年时间才完成了第一本回忆录，《长崎原爆：一名生还医生的证言》(*Nagasaki genbakukki*: *Hibaku ishi no shōgen*)，详

第八章 铭 记

细记录了他在原爆后最初两个月的生活。

但是秋月医生知道，这本书以及其他被爆者写的一些回忆录还远远不够，它们只记录了原爆当天和随后几年里发生的一小部分事情。秋月医生站在圣方济各医院大楼的窗口，眺望浦上地区，他说看到了"双重影像"——在重建的、现代化的城市影像上，叠加了散落在各处的烧焦尸体的影像。那么多人在原爆中丧生，没有人知道他们的故事。随着时间的推移和日本的经济进步，战争的痕迹正在消失，原爆受害者的故事也在消失——被遗忘了，好像那些都不重要似的。到了这个时期，对于日本的大多数人来说，只有在每年的原爆纪念日，他们才会提及原子弹——一名被爆者说，这就像卖金鱼的小贩一样，按照传统，他们只在夏天卖金鱼。很多日本人误以为原爆的影响与常规轰炸差不多。1968年，秋月医生去参加在东京举办的原爆展，他失望地发现，广岛成了原爆独一无二的象征，以至于很少有人知道长崎的故事。在原爆展上，描写广岛原爆的书籍有很多，与长崎相关的书则一本也没有。从东京回来后，他的妻子寿贺子回忆道，他反复说着"那样不好。那样不好"。

1969年，为了请更多的被爆者写下他们的原爆经历，秋月医生和同事们成立了长崎证言会。那时，由于政治内斗，许多被爆者感到气馁，不再参加日本的反核运动了；日本政党分为两派，分别与苏联或美国的利益一致，活动家团体也在意识形态上分为两派。为了建立一个立场统一的新组织，秋月医生邀请所有的被爆者写下他们的原爆经历，无论他们的政治背景。秋月医生设想，10万人的集体呼声将会推动全球废除核武器，他恳求长崎生还者为了全人类的利益，"讲述身为被爆者的经历"。

长崎证言会成立之初，就有数百名被爆者积极响应。他们写下自己的原爆记忆，这可能是为了纪念他们的亲人，诉说他们自己对未来的担忧，表达他们的和平愿望，或者只是因为他们正在变老，希望留下自己的原爆记忆，让下一代知道真相。在原爆证言的作者当中，有些人是第一次透露自己的被爆者身份，为的是帮助补充政府的生还者调查记录。还有一些人写证言是为了表达个人抗议，因为日本作为美国的盟友，不愿意谴责原爆。日本民族主义和军国主义的死灰复燃之势，例如审查教科书、减少对原爆的恐怖描述，这些状况使被爆者担心，他们写下原爆经历就是为了对抗这个趋势。山田完（Yamada Kan）是秋月医生的同事，他直言不讳地批评永井医生，他把永井医生称为长崎生还者群体"未被邀请的代表"，他支持证言运动的一个原因是，收集足够多的非天主教生还者的证言，盖过永井医生传扬的信息：长崎被爆者是殉教者。

1969年，东南亚的越南战争打得正酣，长崎证言会出版了第一期年度刊物《长崎证言》(*Nagasaki no shōgen*)。第二年，在原爆25周年之际，证言集的封面上印着谷口的彩色照片。1971年，《长崎证言》的页数增加了3倍。在秋月医生家里，

第八章 铭 记

秋月医生和编辑团队经常工作到深夜,寿贺子经常给他们做晚饭。在此之后,广播电台和电视台播出了 1 000 多篇被爆者证言,其他协会例如长崎原子弹受害者青年团体协会、长崎被爆者教师协会、长崎妇女协会也发布了一些证言集。当地工厂的工人们也有自己的证言刊物,长崎诗人们出版了杂志《被烧焦的人们》(*Hobō*)。

为了进一步要回与被爆者有关的材料,身体虚弱的秋月医生和妻子与广岛和长崎的一些官员,一同前往美国,到华盛顿特区的国家档案馆,查找美国战略轰炸调查团的调查报告和战后的其他报告。10 天后,他们带回了一些报告的复印件,请人把这些报告翻译成了日文之后,他们第一次读到了美国战略轰炸调查团的详细报告的一部分内容,从而了解到美国如何记录其空袭对日本的影响。这些报告包含冷冰冰的有关空袭的技术细节,很少提及原爆给人们造成的巨大苦难,秋月医生因此而感到不安,他更加致力于长崎证言会的工作,希望建立更为完整的历史记录。在接下来的 10 年里,长崎证言会出版了 10 期《长崎证言》,其中包括了朝鲜劳工和前盟军战俘们所写的原爆经历。秋月医生写作并出版了他的第二本书《死亡的同心圆》(*Shi no dōshinen*),并在 1975 年出版了第三本回忆录。在许多个人和组织的支持下,长崎证言会成功地建立了生还者原爆经历的全面记录。秋月医生觉得,这就是上帝让他活下来的原因。

＊　＊　＊

秋月医生之所以希望公众更加了解被爆者，是因为被爆者仍然不受公众关注，在日本国内和海外都是如此。20世纪70年代，在日本经济复苏的背景下，很多被爆者仍然生活在贫困中，身受多种疾病的折磨。被爆者人群的失业率在10%以上，其失业率比非被爆者人群高70%。低收入或无收入的被爆者过着特别艰难的生活，尤其是那些独自居住的患病或年老的被爆者们，他们可能都没有能力解决自己的吃饭和洗澡问题。胎内被爆者已经30岁了，那些病情较轻的人在打零工，而丧失了正常机能的人住在医疗机构，远离他们的家人。在被爆者人群中，甲状腺癌、乳腺癌和肺癌的发病率已达到峰值，胃癌和结肠癌的发生率仍然居高不下，白血病也是如此，据报告，有同一户人家中多人死于白血病的情况。由于原爆生还者及其子女经常会出现不明原因的病症和死亡，许多被爆者非常紧张。公共浴池通常禁止身体上有明显伤残和疤痕的被爆者入内。原爆时的青少年生还者现在都已经40多岁了，每年的初中或高中同学聚会之时，他们就越发伤感，因为每年都有许多朋友去世。

很多生还者没有得到心理治疗，许多日本心理学家和社会工作者在创伤后压力症的诊断和治疗上没有经验，而被爆者的医疗补助不包含原爆后的心理创伤治疗。突然的闪光或突然的

第八章 铭 记

声响都会把他们吓一大跳。还有一些人经常做噩梦，被核爆的触发记忆所困扰。一位妇女昼夜思念她的丈夫，她在家中的家庭祭坛上摆放了一副沾满血迹和油污的手套，这是她丈夫在被原子弹炸死时戴着的。胎内被爆者的父母都已步入晚年，他们通常也是生活贫困并且疾病缠身，同时还在为生活不能自理的孩子的未来担忧。正如一位父亲所说："只要这个孩子还活着，我就放心不下，死不瞑目。"

然而，日本已经是一个西方化的国家，经济增长令人羡慕，它与过去大不一样了。在长崎市，要回了原爆资料后成功地开展了证言运动，并使用美国归还的关于原爆的黑白电影胶片制作了一个纪录片，仅在1975年，就有120万人参观了长崎原爆资料馆，但是原爆生还者的状况仍然不太受公众关注。在其他国家也是如此，很少有人意识到原爆的长期后果。在长崎原爆30周年纪念仪式上，一些外国官员们的行为表现出他们对原爆缺乏了解，当他们参观一个关于原爆的照片展览时：看到那些照片，他们惊呆了，有人甚至问策展人那些照片是否真实。

在美国，人们一方面对原爆的效应缺乏了解，另一方面庆祝原子弹的使用——现如今，核武器的威力远远超过在广岛和长崎使用的原子弹的威力，其存在被普遍认为是一个不可避免的现实。民防运动教育人们，遭受核攻击后是可以生还的，只要做好社区防备，并且发挥个人的聪明才智，这种说法不符合生还者的亲身经历，但是很少有人听到过原爆生还者的经历。1976年，美国的一个名为"联合空军"（Confederate Air Force，CAF）的组织在得克萨斯州举行飞行表演，现场观众超过4万人。飞行表演的最后，为了向结束太平洋战争的人们致敬，广岛事件的飞行员保罗·蒂贝茨（Paul Tibbets）驾驶B-29轰炸机从观众头顶上飞过——高音喇叭里传出解说员的声音，宣称原子弹结束了"美国历史上最黑暗的一段日子"，话音刚落，飞机下方地面上的一个装置被引爆了，形成了一个上升的蘑菇云。当这次飞行表演的新闻传到日本时，日本政府以及被爆者团体都强烈抗议。美国官员们正式向日本道歉，"联合空军"在后来的飞行表演中取消了这个表演项目。美国报纸关于这次争议的报道以及保罗·蒂贝茨本人都没有承认的是，这个模拟轰炸根本就没有提及在蘑菇云下丧生或受重伤的无以计数的人们。

在大多数人对原爆无知或故意轻描淡写的背景下，被爆者团体寻找各种方法来唤醒全世界对核武器真正影响的认识：在当地，长崎原爆资料馆扩大了宣传教育计划，长崎市出版了全面的《长崎原爆战灾志》（*Nagasaki Genbaku Sensaishi*），共5卷，详细叙述了原爆的巨大破坏力和杀伤力，以及核辐射对生还者的长期影响。在日本学术会议（Science Council of Japan）的支持下，在秋月医生和调来医生等顾问的协助下，

第八章 铭 记

日本的34名科学家和学者组成一个团队，经过仔细调研，合作编纂了《广岛和长崎：原子弹爆炸的物理、医疗和社会影响》(*Hiroshima and Nagasaki: The Physical, Medical, and Social Effects of the Atomic Bombings*) 一书，这本书共有504页，包含了数百张照片和图表。1981年，这本书在东京、纽约和伦敦出版，这本书的英文版邮寄给了每一个拥有核武器的国家的元首、联合国的秘书长和执行秘书、联合国的每个成员国的代表、世界各地的卫生组织和反核组织。作为当地的和全国性的被爆者团体代表，谷口、山口和其他人在日本各地演讲，呼吁废除核武器。他们还发表了许多论文和文章，接受外国媒体采访，在关于原爆的纪录片中出镜。拍纪录片的时候，谷口经常脱掉衬衫，显露出身上的疤痕，制片人通常把这个镜头与他在原爆后那几个月的伤情照片并排显示。

反核活动家努力在国际上扩大影响力。1977年，在联合国大会关于裁军问题的第一次特别会议召开之前，日本的400多名活动家与来自大约20个国家的70多位代表在广岛、长崎和东京集会，统一和集中他们的活动策略。他们的主要策略之一是，使用各方面的材料，包括原子弹给人造成伤害的科学证据，原爆生还者的个人经历，世界各国的政治和军事领导人的相关支持声明，有效地指出原子弹发展的"不合理性"。他们还决定要使"被爆者"这个词成为国际公认的词语。1978年，谷口和被爆者活动家渡边智惠子飞抵日内瓦，在国际非政府组织裁军谈判会议（International NGO Conference on Disarmament）上发言——"第一次，"渡边智惠子回忆道，"原爆生还者在国际政治舞台上发表演说。"1978年年底，日本代表团的500名成员飞往纽约，向联合国递交请愿书，请求联合国引领世界废除核武器。看到联合国关于裁军的特别会议后的官方声明，日本代表团的成员深受鼓舞，那份声明反映了他们最深切的愿望，他们希望全世界了解核武器的危险，并呼吁彻底销毁核武器。

对于谷口来说，尽管他身患多种疾病——或者正因为如此——他积极参与各种活动，投身于废除核武器的斗争，呼吁扩大被爆者的医疗补助计划。他接受了多次手术治疗，切除背部反复出现的肿块，其中一些肿块是癌前病变，去除腰椎部的疤痕组织（伤口一直没有愈合），在那个部位移植新的皮肤。医生建议他进行整个后背的植皮手术，但是他犹豫了，他觉得这个手术太大了，他怕自己死在手术台上。"科学进步那么快，现在都能开发出高度精密的导弹，"他面露苦涩，"但是无法治愈我的疾病。"

他经常去世界各地参加反核会议，他一根接着一根地抽烟，他在各地的大学、教会、地方论坛上做演讲，他去过西欧、波兰、罗马尼亚、苏联、中国和韩国。他还去过北美的加拿大以及美国的9个城市，其中包括旧金山、纽约、芝加哥、西雅图、亚特兰大和华盛顿特区——每到一个城市，他就会参

第八章 铭 记

加十几场活动。"核武器不会保护人类免遭危险，"谷口向观众说，他很少和观众进行眼神交流。"它们永远不可能安全地与人类共存。"他承认，日本战时犯下了侵略罪行，日本官方未对发动战争道歉，他接着说——强忍着怒火——在平民区投原子弹就是拿成千上万的无辜平民的生命做科学实验，而美国并未就投放原子弹道歉。谷口早已意识到，他背部被烧焦的那张照片能够让人们感受到核战争的影响，尽管他不愿意看到那张照片，不愿意勾起痛苦的回忆，但他仍然把那张照片印在自己的名片上，当他做演讲时，他经常把那张照片投射到他上方的大屏幕上，或者把照片放大后固定在海报板上。"我不是一只实验对象，"他坚称，"你们看到了我被原子弹炸伤的身体，不要把脸转开。我想让你们再看看。"

谷口对于反核努力的实际效果和影响有着清醒的认识。在世界各地，他经常碰到的情况是，人们对于原爆以及被爆者的生存状况知之甚少，而且有很多错误的认识。在核武器的发展上，尽管有许多复杂的国际条约，限制某些种类的核试验和核武器的发展，削减核武器储备，禁止除美国、苏联、中国、法国和英国以外的国家拥有核武器，但是冷战的紧张局势持续存在。仅在20世纪70年代，世界上进行的核试验就多达550次，核武器储备量增加了近40%，核战争的威胁加剧，这只是从已存在的核武器的数量上看。到了1981年，全世界总共有56 035枚核武器，美国和苏联拥有的核武器数量占到了全世界

谷口稜晔，55岁，正在参加反核抗议活动，摄于1984年。
（黑崎春夫［Kurosaki Haruo］拍摄的照片）

核武器储备量的98%。每当世界上的某个地方进行核试验的时候，长崎生还者就会想起原爆的恐怖经历，他们感到愤怒和绝望。"自从1945年8月9日以来，聪明的人和愚蠢的人一点儿都没有改变，"秋月医生说道，他抨击进行核试验的那些国家，"可悲的是，原爆25年之后，他们还是在犯同样的错误。"谷口坚持参加反核运动是出于责任感，为了替原爆死难者发声——"成千上万的人们在原爆中丧生，他们想说我正在说的话，但是他们说不出来了。"

1981年，教宗若望·保禄二世（Pope John Paul II）访问广岛和长崎，这进一步推动了日本的反核运动。"战争是人类造成的，"教宗在广岛发表讲话，不同于永井医生认为原爆是上帝旨意的观点。发动战争的人们"也能成功地实现和平"。

第八章 铭 记

在长崎浦上天主堂，教宗任命了15位神父，其中包括两名美国人；在原爆点附近的露天体育场，冒着大雪，教宗主持大型弥撒，有45 000人参加。教宗在西坂山丘发表了讲话，这里是1597年26名天主教徒被钉十字架殉道之地。教宗还访问了慧之丘长崎原爆老人院，很多老年的原爆生还者也打破沉默，开始讲述自己的原爆经历。教宗对当前的核大国现状提出挑战，要求它们承担责任，防止潜在的核战威胁，教宗鼓励日本的天主教会，希望其更积极地参与促进和平的努力。在天主教徒被爆者当中，尽管有些人仍保持沉默，但对另外一些人来说，教宗的讲话改变了他们对自己的看法，他们不再把自己视为牺牲的羔羊，为了顺服上帝的旨意而默默承受痛苦，他们要为争取世界和平作出贡献。对于他们来说，打破沉默，参与反核运动就是为了遵行上帝的旨意。

听了教宗的讲话，秋月医生深受启发和鼓舞，1982年，他和妻子再次随日本代表团前往美国，同时向联合国递交了第二份请愿书。大约有28 862 935名日本公民在这份请愿书上签名，要求联合国优先考虑国际反核措施，告诉世界关于核武器的巨大破坏力和杀伤力的真相。联合国大会召开之前，在一次预备会议上，秋月医生使用不太流利的英文发言，向联合国官员们表述了他的反核观点。随后，他和日本代表团与来自40个国家的75万名和平反核示威者在曼哈顿中城游行，并且在中央公园举行盛大集会，美国和国际组织的裁军领导者发表演

长 崎

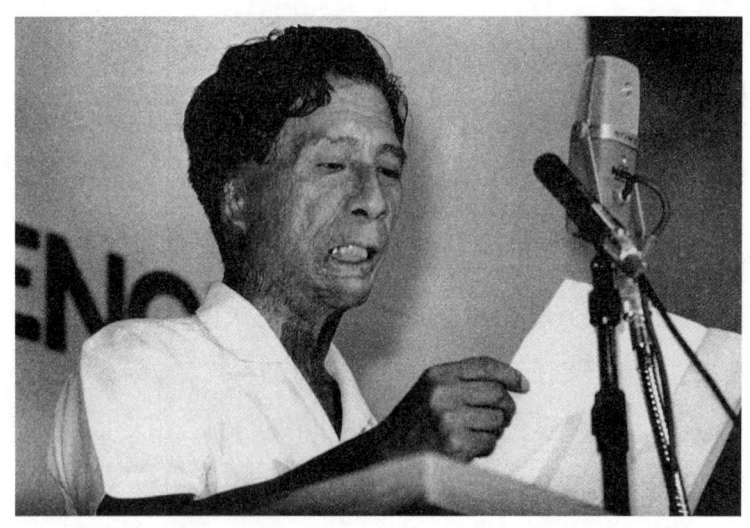

山口千次,在反对核武器的示威活动中,他代表长崎被爆者呼吁废除核武器,摄于1978年。(黑崎春夫拍摄的照片)

说,包括布鲁斯·史普林斯汀(Bruce Springsteen)、琼·贝兹(Joan Baez)、詹姆士·泰勒(James Taylor)、琳达·罗什塔(Linda Ronstadt)在内的著名歌手进行了现场演出。

山口生病了,无法参加集会。然而,第二天,在联合国会议上,他站在演讲台上,台下坐着60多位来自各个国家的国家元首、外交部长和代表团团长,他觉得,这可能是他这一生中最重要的演讲。"我想要在我的演讲中重现长崎原爆的恐怖,"他回忆道,"我想让每个人都了解我们地狱般的经历。这就是我所想的。"他举起一张照片,那张照片展现了他脸上的瘢痕疙瘩。他让台下的观众们仔细地看一看。他请求联合国引领世界废除核武器,使人类免遭核毁灭。"只要我还活着,我就会

第八章 铭 记

继续呼吁!"他大声说,"不要再有广岛原爆!不要再有长崎原爆!不要再有战争!不要再有被爆者!"

* * *

"当你谈到原子弹,"和田说,"那就会勾起许多回忆。我觉得谈论原爆经历起不到什么作用。"堂尾、长野和吉田在某种程度上也是这么认为的。在把子女抚养成人,退休,经历了父母、祖父母、兄弟姐妹的相继去世之后,他们深深地发现有责任打破沉默。20世纪八九十年代,他们选择在公众面前讲述自己的原爆经历,由此,他们找到了新的目标和意义,这对他们来说是一种重生——又一次生命的开始。

和田在1983年时决定说出自己的原爆经历。"当我把我的第一个孙女抱在怀里的时候,一看到她紧攥着的小拳头,我突然想起了我在原爆两天后看到的那个小婴儿,躺在有轨电车轨道旁边的地面上,全身都被烧焦了。那个小婴儿的拳头也是紧攥着。我想到,如果现在再遭原爆,我的小孙女就会像那个小婴儿一样被炸死。我必须开始讲述我的原爆经历,为的是人们以后不再使用原子弹。"

和田找到秋月医生,67岁的秋月医生从圣方济各医院院长职位上退休了,他与长崎市市长联手创立了长崎促进和平基金会(Nagasaki Foundation for the Promotion of Peace,NFPP),采用新的、有远见的组织形式,由私人和市政府共同投资,除了

339

诸多的反核项目之外，还设有一个被爆者演讲团。在生还者原爆经历的书面记录之外，秋月医生认为，生还者的口述证言能够有效地让长崎市的人们、日本的人们、世界各地的人们了解原子弹的影响，以实现他们的共同目标：废除核武器，保护地球上的所有生灵。

长崎促进和平基金会最初的演讲团成员包括谷口和浦上地区复原地图项目的领导者内田司。和田见过秋月医生之后，也加入了演讲团。当他向小学生们讲述他的原爆经历时，他总是尝试着先讲几句笑话，让孩子们笑一笑，放松下来。接着，他会开始谈论战争和原子弹爆炸。"与其他的被爆者相比，我遭受的苦难较少，"他解释道，"所以我不是单纯谈论我的个人经历，而是把我的经历与孩子们在原爆资料馆里看到的照片相联系——当我看到他们的表情变得太沉痛的时候，我就穿插着讲几句笑话和双关语。我尽我所能来讲述，为的是让孩子们思考，我们现在需要怎么做，以避免重蹈战争和原爆的覆辙。"

1987年，在长崎市有轨电车公司工作了43年之后，和田退休了。和田和尚子在浦上地区西北的山丘上建了一座房子，和田终于实现了他的梦想——为在原爆中丧生的有轨电车公司的司机和售票员建一个纪念碑。他和同事们获得了有轨电车公司和许多个人的资金支持，长崎市政府允许他们在长崎和平公园的一小块土地上建纪念碑。和田参与了纪念碑的设计和建造，纪念碑的石头来自被原子弹炸毁的车站站台，并且使用了长崎

第八章 铭 记

和田浩一，时年 80 岁，在长崎市有轨电车公司的纪念碑前，摄于 2007 年。右边的纪念牌匾上记录了在原爆中丧生的 110 多名年轻人，其中有一位女售票员在原爆时年仅 12 岁。（和田浩一提供的照片）

市在战争期间的有轨电车的车轮。"当我站在这里，"和田在纪念碑前说道，"我就回忆起那段时光，我无法展现出笑容。"

1985 年，吉田患了胰腺炎，他只能从食品批发公司提前退休。然而,他的上司不想让他离开,所以在经过90天的住院治疗之后,他又很自豪地两次回到公司,帮助员工们准确地确定他们公司产品的毛重价格与净重价格。吉田的半退休状态没有持续多久,因为他的妻子幸子的乳腺癌转移了。她住进了医院,刚做完癌症治疗,她就感染了肺炎,医生认为她活不了几天了。在她的要求下,吉田把她接回家,他每天给她喂饭洗澡,在家里照顾她。"我们以为她会没事的,因为她的癌症已经被切除了,"他说,"我想带她去北海道。我告诉她,当她身体好一些,我就带她去那里。但是我们太乐观了,她在6月9日去世了,年仅51岁。"吉田伤心欲绝,几乎昏倒在幸子的葬礼上。此前,他很少去他们家的墓地;他现在经常去。

20世纪50年代,当吉田参与长崎原子弹受害者青年团体协会的工作时,他就认识谷口和山口。他知道他们是公开讲述原爆经历的先行者,虽然很佩服他们,但是他一直保持沉默,像和田一样,"在众人面前,尤其是在女人们面前,我很羞怯。每个人都像这样看着我"——他做出痛苦的表情——"我不喜欢那样。"然而,有一天,山口找到吉田,问他是否能够临时替他做一场演讲,给在长崎市参观的初中生们作演讲。吉田同意了——但是当他到达演讲现场,看到那些学生们都盯着他时,他立刻感到后悔。吉田觉得他们很厌恶他疤痕累累的脸,害怕与他目光接触,他极不自在地站在他们面前,向他们讲述原爆经历。一些学生开始哭泣,他抬头看了看他们,他自己也

第八章 铭 记

快哭了。演讲结束之后,很多学生向他表示感谢。但是他的心情久久不能平静,他在此后又开始保持沉默了。

然而,他这一次保持沉默的时间并不长。由于容貌被毁,在他接受自我的这个持续过程中,他又一次面对现实,他既不能改变已经发生在他身上的事情,也不能

吉田胜次,时年74岁,在池岛小学(Ikeshima Elementary School)给孩子们演讲,摄于2005年。(吉田直次提供的照片)

改变他现在的容貌——他决定克服自己的羞怯,不让羞怯妨碍他呼吁和平的演讲。1989年,他加入了长崎促进和平基金会。

"我经常给孩子们这样讲,"他解释道,"'你们在字典上查过和平(heiwa)这个词吗?'他们从来没有!他们从来没有查过,因为在和平时期,我们不需要知道什么是和平。'让我们一起查这个词,'我对他们说,'我们最大的敌人就是不留心。我们要关心和平。'"

343

"你退休后有什么打算？"堂尾在东京的朋友担心地问她，与大多数日本妇女不同，她一生未婚，年老之后没有子女可以依靠。像往常一样，堂尾对事情有自己的见解，"你之所以对我的生活感到悲观，是因为你以寻常的眼光看事情，"她告诉她的朋友，"我对自己的生活没有遗憾。我一直按自己的想法去做事，我有坚强的意志，并且付出了很多努力。我不麻烦别人，我可以照顾好自己。我为自己感到骄傲。"

堂尾在工作上颇有成就，经过30年的努力工作之后，她在55岁时退休了，她决定休息一段时间。然而，闲下来之后，她没有感到快乐，反而感到孤独，"我觉得我就像是被社会边缘化了"。她担心核辐射相关疾病在她体内潜伏，当她年老体衰的时候，她可能就会患上严重疾病。她妹妹建议她回到长崎市居住，但她犹豫不决。"长崎市是我逃过核劫的地方，"她回忆道，"东京是我生活的地方。"

不过，堂尾发现自己形单影只，走在新宿区繁华的街道上，她周围的人群"面无表情，沉默不语"，她谁也不认识。有一天，在快速列车上，她看到一个妇女孤独地站在车厢里，这引发了她对自己未来的担忧。她决定搬回去，回到长崎市居住，趁着她还有力气的时候。

她准备把在东京的房子卖掉，为了在长崎市安家，她开始设计建造住房，带有一个面向庭院的日式房间，给她年迈的母

第八章 铭 记

亲居住。然而,她的计划被打乱了,她的母亲生病住院了。堂尾赶回长崎市,帮助照顾她母亲,她跟母亲说,不久之后她们就可以在新房子里一起生活了。在12月的某一天,堂尾注意到病房的窗外有一道彩虹——冬天的彩虹很少见——她扶起病床上的母亲,让母亲看那道彩虹。"真是太美了,"她母亲说,第二天,她母亲去世了,那句话是她生前说的最后一句话。

回到东京后,堂尾觉得"心里空落落的,我的心好像被掏空了"。回想起母亲给她的鼓励和支持的信件,她非常痛苦和内疚,她想到,在母亲活着的时候,除了从东京给母亲寄一些礼物和钱之外,她没有为母亲做过什么事情。她整天没精打采,有时候走出家门,漫无目的地在街头行走。"我试图听那个微弱的理智声音,告诉我要振作起来,但是我控制不住心中的痛苦。"

1989年,堂尾回到长崎市居住,她母亲已经去世一年了。在她的父母和6个兄弟姐妹中,除了她和妹妹之外,其他人都已经去世了。她设计的新房子建好了,她把家里的佛坛摆放在原本为她母亲准备的那个房间里。每当她离开家时,她就对着佛坛上母亲的照片大声说,她要出门,让母亲在她外出时看好家。尽管母亲不能回应她,但是看到母亲在照片里的笑容,她的心情就好起来了。

30多年前,当她离开的时候,长崎市的重建才刚刚开始,而现在,长崎市已经成了繁荣的现代化城市。尽管大多数的被爆者仍然保持沉默，与1955年的情况大不相同的是，现在有很多被爆者团体，而且长崎市为原爆生还者提供了社会、经济、医疗等各方面的支持，她开始考虑公开自己的被爆者身份。长崎大学医学院设有被爆者咨询中心，每年为6万多名生还者做体检，并提供心理咨询。长崎市定期举办关于反核、和平的会议，以及与原爆相关的医学会议和研讨会。1988年，长崎市直言不讳的本岛等（Motoshima Hitoshi）市长引发了全国性的争议，他打破了文化禁忌，在公开场合，说他认为裕仁天皇对战争负有责任。主张重新武装日本的右翼军国主义分子被激怒了，1990年，一个右翼狂热分子展开暗杀行动，从背后向本岛等开了枪。本岛等市长被抢救过来，长崎市的人们举行抗议活动，抗议针对市长的暗杀行动。

另一起引人关注的事件是，1989年，一艘美国军舰在长崎港停靠，长崎被爆者们愤怒了。几十年来，日本民众一直强烈抗议美国军舰的到达，他们怀疑军舰上搭载着核武器，这也违背了日本政府在核问题上坚持的"不制造、不拥有、不运进核武器"原则。那年年初，这种怀疑得到了证实，新披露的报告显示，在1965年，"提康德罗加号"（Ticonderoga）军舰前往日本，在航行途中，一架搭载核弹的飞机意外从机库滚下，机师及核弹均告失踪，这艘军舰后来在日本港口停泊。因此，当美国的"罗德尼·戴维斯号"（Rodney M. Davis）导弹护卫舰（被认为搭载有核武器）进入长崎湾时，包括山口在内的

第八章 铭 记

活动家聚集在和平公园，他们手里举着原爆后长崎市的全景照片，以及在原爆中丧生的家人照片。当这艘军舰的舰长和船员到和平祈念像前献花圈的时候，山口浑身颤抖，原爆时的创伤情境不断重现。舰长把花圈放在和平祈念像的基座上，然后就离开了，一名记者不小心碰到了花圈，花圈掉落在地上。山口和其他的被爆者冲上前去，开始用脚踩那个花圈。全国性的媒体都报道了这一事件，本岛等市长——他此前拒绝陪同舰长去献花圈——就抗议者的行为，正式向美国驻日本大使道歉；大使坚持美国政策，对于军舰上是否搭载核武器，既不承认亦不否认。

堂尾很佩服那些敢于在公众面前讲述原爆经历的生还者，成年以来第一次，她随意公开了自己的被爆者身份。由于残留在体内的玻璃碎片导致的神经疼痛加剧，她开始行动起来：她报名参加了长崎大学开设的为期5周的社区课程，名为"长崎原爆及其影响"。与60多名成年学生一起上课，她第一次了解到关于原子弹及其影响的详细信息。

松添博（Matsuzoe Hiroshi）是堂尾的老同学，他很早就加入了长崎促进和平基金会，他鼓励堂尾公开讲述她的原爆经历。堂尾当时不知道的是，原爆那天晚上，父母把她抬到宫岛医生家的院子里，松添博也在那里。多年以后，松添博——已成为长崎著名的艺术家和雕塑家——把当时的情景画成一幅水彩画：前景中，几十个人在地上坐着或躺着，他们浑身是血,被烧得全身起水泡。一个母亲正在给小儿子哺乳。另一个母亲抱着毫无生命迹象的幼儿。年少时的松添博也出现在这幅画中,他身上有伤,站在一个成年人旁边,那个成年人似乎正在安慰他。在阳台上,堂尾脸朝下趴在一张桌子上,她周围有6个成年人。宫岛医生穿着白大褂,正在处理她后脑勺的伤口。她的父母站在桌子的另一端,他们伸出手臂,按住她的双腿和双脚,她疼得全身颤抖。松添博把这幅画称为"地狱绘"(*jigokue*)。

松添博没想到堂尾能活下来。1985年的一天,他正在看报纸,读到了关于堂尾在东京一家公司升职为高管的文章。松添博非常激动,又有些难以置信,他给堂尾写信,描述了那天晚上的情景,并且附上了那幅画的照片。

对于堂尾来说,读到松添博的来信,看到他的那幅画时,她回忆起原爆,以及原爆后长达数年的隐居和长期的身体疼痛——她立即联系上了这位40年没见面的老同学。松添博和堂尾在长崎市重聚,当他得知她有在大众面前讲话的职场经验时,他邀请她加入长崎促进和平基金会,此后,堂尾开始公开讲述她的原爆经历。

1994年,在堂尾回到长崎市的第五年,她被医生确诊患有乳腺癌。那一年,基于已死亡的8万多名被爆者的累积发病率研究的新报告表明,被爆者人群的白血病死亡率比正常人群高30倍,被爆者人群的乳腺癌、肺癌、结肠癌、甲状腺癌、胃

第八章 铭 记

癌以及其他4种癌症的发病率均高于正常人群。其他研究证实，单个被爆者在一生中患有多种原发性癌症的风险也高于正常人，在被爆者人群当中，迟发性的心血管疾病、循环系统疾病、消化系统疾病、呼吸系统疾病的发病率也很高。辐射效应研究基金会的报告提醒人们，对于女性被爆者或原爆儿童生还者来说，在其一生中，疾患癌症的风险是特别高的。

听到自己患癌的诊断时，堂尾的心怦怦直跳，但她很快就和医生开起了玩笑，"所以，这意味着我不能享受时尚了？"然而，当回到家里，独自一人的时候，她充满了焦虑。终于还是来了。她回顾自己的经历：在原爆中受伤、失去的青春、对婚姻的恐惧、在东京度过的30年。现在，我的乳房就要被切除了，她想，原子弹爆炸导致的后遗症仍然困扰着我。她感到她在长崎市来之不易的平静生活又被打乱了，她担心自己保持得很好的身材会受影响。当癌症"开始筑巢"在她的乳房时，她不知所措，她再也不能完全按照自己的意志主宰自己的人生了。

但是，她再次唤醒内在的力量。她已经抽了大半辈子的烟，她现在戒烟了。当检查发现她体内有两个乳腺癌肿块时，她怒斥癌症肿块，说它们太贪婪了。接受了乳房切除手术之后，她虽然很感激护士对她的照顾，但是情绪不太稳定，经常哭泣。她每天写日记，祈祷消除核武器，她一遍又一遍地发誓，她要成为一个更加慷慨、更有爱心、更为自省的女人。治疗结束之后，医生说她体内的癌症已经完全消失了。"我可以活下去了，"她说，并且发誓要活到 75 岁。活到那时，在她看来，就意味着她战胜了原子弹。

直到 1995 年，也就是原爆 50 周年之后，长野才开始公开讲述她的原爆经历。1989 年，她的丈夫在一次车祸中严重受伤，然后在医院里住了 11 年，一直都没有康复。她在医院附近租房居住，便于每天去医院照顾丈夫。当她的母亲也生病住进另一家医院时，她不得不同时照顾两个人，由于忙不过来，她终于给母亲办了转院，让母亲和丈夫住在同一家医院，方便她同时照顾两位病人。

长野的母亲一生都在等着"50 回忌"(*tomuraiage*)，这是诚治和训子去世 50 周年的追悼法事——佛教传统中的一个重要仪式，即一家人聚在墓地，举行纪念他们已故亲人的仪式。"我们称之为 50 周年纪念，"长野解释道，"但实际上，我们通常在亲人去世第 49 年时举行这个仪式，对于我们来说就是 1994 年。我母亲觉得她不能死，她要参加为诚治和训子举行的追悼法事。"

那一天终于到了，但是长野的母亲得了肝癌，病得太重，无法参加法事。长野和她的儿子去参加了追悼法事。"在家庭墓地，"她解释道，"保存骨灰的柜门通常是关闭着的。然而，在这个仪式上，僧侣诵唱一段经文，我们打开柜门，放进新鲜的空气，为了让我们死去的家人高兴。"

　　长野和她的儿子打开了保存骨灰的柜门，他们打开她大哥的骨灰盒盖子。他的骨灰是白色和粉红色的，正如她所料。她父亲是在原爆后的第三年死去的，他的骨灰是黑色和白色相间的。当他们打开诚治和训子的骨灰盒时，长野颤抖了。"他们的骨灰完全是黑色的！他们的尸体火化之后，骨灰是白色的，但是当我们打开骨灰盒时，他们的骨灰是完全的黑色。"长野的丈夫也有几位家人在原爆中丧生，他们的骨灰也是黑色的。她的儿子感到不舒服。僧侣告诉他们，在寺庙的一个柜子里，还保存着2万多名未能辨明身份的原爆死者的骨灰，那些骨灰也都变成了黑色。"再一次——"长野回忆说，她的声音很低沉，"再一次，我们体会到，核武器对人体的伤害是深入骨头的。"她发誓再也不打开那个保存骨灰的柜门了。

　　僧侣在长野家的追悼法事上讲话时，她心里想，原爆已经过去50年了。她都做了些什么呢，一直悲伤了50年？终于到时候了，她要摆脱悲伤和内疚——她不是要忘掉那些悲伤的记忆，而是要有所改变，去做一些能帮助别人的事情。此后不久，她从报纸上读到一篇文章，报道了给学生们讲述原爆经历的被爆者。她认为她也可以参与这种活动。

　　长野把她的简历提交给长崎促进和平基金会，不久之后她就应邀加入了该基金会。1995年，在她的丈夫和母亲仍在住院期间，她第一次公开演讲。照着演讲稿，她讲述了她的原爆经

长野悦子，时年81岁，在鹤鸣学园长崎女子高中（Kakumei Girls' High School）给学生们讲述原爆经历，摄于2009年。长野照着地图比划，指出她在原爆时所在的位置，她在1945年8月9日的行走路线；她手指的那个位置就是她在原爆后从工厂出来经过的街区。（长野悦子提供的照片）

历，但是她没有提及弟弟妹妹的死亡情况。"我做了那么坏的事，强行把弟弟妹妹从老家接回长崎市，我实在是说不出口。这对我来说太难了。"

长野还不知道，她的演讲决定对母亲意味着什么。有一天，一位护士在她母亲面前提到她，赞扬她的演讲活动。那天晚上，当她到医院探望母亲时，母亲打破了长达50年的母女之间的情感隔阂。"我希望你尽最大努力，让学生们知道原子弹是多么可怕，"母亲告诉她，"好好照顾自己，尽你最大努力。"

第八章 铭 记

长野惊呆了。这是母亲第一次为她感到高兴,在她的一生中,她觉得这是第一次,她做了符合母亲心意的事。

几天后,她母亲又一次和她谈心。"小悦子,"母亲用她的小名叫她,"小悦子,我很抱歉。"

"我很抱歉,妈妈,"长野回答,泪水顺着她的脸流下来,"应该是我向你道歉。"

母亲握住长野的手,母女俩哭作一团。她抚摸着母亲浮肿、发黄的皮肤,一遍又一遍地向母亲道歉,她错了,她没有听母亲的话,强行把诚治和训子从老家接回长崎市。她感到如释重负。"经过了50年之后,母亲终于原谅了我。"

几天后,长野的母亲去世了,没有任何痛苦,就像睡着了一样。

* * *

通过公开讲述原爆经历,告诫人们核战争的恐怖,谷口、和田、吉田、堂尾、长野找到了深层次的意义,与此同时,在美国纪念第二次世界大战结束50周年的一次全国性展览上,围绕着是否收入原爆受害者的经历,引发了一场激烈的辩论。1988年,在华盛顿特区,美国史密森学会的国家航空及太空博物馆的策展人们开始策划一个展览,要展出一个重要的历史文物——投下第一枚原子弹的"艾诺拉·盖号"(Enola Gay)轰炸机。展览的名称是"最后一幕:原子弹和第二次世界大战结束",办这个展览既是为了纪念在太平洋战争中作出牺牲和奉献的美国退伍军人,也是为了让公众知道原子弹轰炸给广岛和长崎的人们造成的影响,以及原子弹轰炸在冷战兴起中的作用——策展人们认为,这些都是"艾诺拉·盖号"轰炸机故事的重要组成部分。

博物馆的展览策划参考了新一代美国学者所进行的研究,从20世纪60年代开始,这些学者们使用新解密的第二次世界大战文件,重新评估与原子弹轰炸日本有关的复杂问题。他们的研究领域很广,包括重新审视美国对日本使用原子弹的动机,以及使用原子弹在结束战争中的必要性和有效性。他们的研究结论与史汀生、杜鲁门等人的官方陈述——对日使用原子弹是有军事必要性的,拯救了100万美国人的生命,并且是结束战争的唯一合理手段——有很大不同。"没有人会否认,决策者想要尽快结束战争并拯救美国人的生命,"历史学家约翰·道尔总结道,"但是对于严肃的历史学家来说,没有人会认为,这就是美国决定使用原子弹轰炸日本城市的唯一考虑因素。"

学者们又重新讨论起了使用原子弹轰炸日本平民的道德性问题,但是他们的讨论对美国公众几乎没有影响。由于美国政府的官方陈述已经深入人心,而且美国人都很痛恨日本在第二次世界大战中的罪行,如袭击珍珠港、虐待盟军战俘、在亚洲的暴行等,美国的主流观点仍然认为,对日使用原子弹是正当

第八章 铭 记

行为。对于美国公众来说,"原子弹拯救了 100 万美国人的生命"这一夸大说法,已经根深蒂固,以至于很多人仍然认为,原子弹是维护和平的有效工具。

由于多种原因,即使在 20 世纪 90 年代,大多数美国人仍然不了解核战争的后果以及被爆者的经历。20 世纪 60 年代,《时代》和《美国新闻与世界报道》(*U.S. News & World Report*)的一些文章让读者们相信,在长崎或广岛,并没有出现癌症发病率增加的情况。在美国核试验场下风向居住和工作的人们也受到了放射性落下灰的影响,但由于美国政府压制相关信息,美国公众不知道那些人也遭受了核辐射。在冷战最紧张的时期,1983 年的一部电影《浩劫后》(*The Day After*)描述了美国的一个城市遭受核攻击后的可怕情景,这部电影引起了很多争论,国际防止核战争医生组织宣称,美国的民防措施不足以保护人们免遭核辐射,尽管如此,大多数美国人仍然将核战争视为一个可怕的潜在危险事件,而不是将其视为过去实际发生的、具有值得探讨的历史价值和科学价值的事件。

为了举办一个全面的,从不同角度探讨原子弹轰炸的展览,国家航空及太空博物馆的策展人们设计了一系列的展览区,引导参观者回顾太平洋战争的历史——包括偷袭珍珠港,日本在整个太平洋战区的侵略暴行,原子弹的制造,关于如何以及在哪里投原子弹的决策过程中的各方态度和辩论,日本在 1945 年夏天的投降立场。展览的结尾将包括原子弹轰炸的详细信息，给广岛和长崎的人们造成的影响，对日使用原子弹揭开了核武器时代的序幕等内容。策展人们策划这个展览的目标是，庆祝一个可怕的战争的结束，与此同时，对于遭原子弹轰炸的日本平民表示同情，但是在使用原子弹的道德性问题上不做结论。

国家航空及太空博物馆馆长马丁·哈威特博士（Dr. Martin Harwit）亲自前往广岛和长崎，与两市的市长、资料馆馆长、辐射效应研究基金会的职员们讨论这个展览，以及在展览中包括哪些文物和照片。日本官员们最关注的是，这个展览准确地记录，而不能轻描淡写地展示原子弹爆炸的冲击波、热辐射、核辐射的杀伤力和破坏力，以及被爆者们遭受的外伤烧伤、疾病和心理创伤。这个展览可能展出的长崎原爆资料包括一个时间停在11时2分的破损的挂钟，印在一个栅栏上的晾衣绳的影子，浦上天主堂被炸毁的天使雕像的头，熔化的陶瓷瓦片、硬币、瓶子，一个婴儿被烧焦的衣服。还有山端庸介在长崎原爆后不久拍摄的几张照片，例如一个受伤的母亲正在给婴儿哺乳的照片、一个烧焦的尸体的照片。长崎市的13名被爆者，包括谷口、永井医生、秋月医生的证言也会被展出。

然而，在关于战争的纪念性展览中，若要试图把敌我双方的战时记忆和意义解读都展示出来，是不可能实现的。对于美国退伍军人来说，他们曾经在战场上与邪恶和顽固抵抗的日本敌人激战，在他们看来，纪念第二次世界大战结束50周年的

第八章 铭 记

全国性展览应该只庆祝他们的胜利和纪念他们的勇气。如果这个展览包括原子弹轰炸的必要性的历史分析，或原爆受害者遭受苦难的证据，那就会歪曲甚至丑化他们在战争的最后几个月在战场上的勇气和牺牲，他们宣称，原子弹轰炸使日本投降，避免美军进攻日本本土的高昂代价。类似于原爆伤害调查委员会不给生还者提供治疗，因为在某些人看来，这等同于美国赎罪，对于美国第二次世界大战的老兵们来说，史密森尼学会的这个展览中若是包括原爆生还者的证言，那就等同于为原爆道歉，而偷袭珍珠港并发动战争的日本不应得到道歉。

1994年年初，主办方公布了这个展览的初步设计方案和陈述，由10名美国历史学家和学者组成的委员会对此进行评议，挑出了一些不准确和不平衡的问题，博物馆的工作人员将会参考这些意见来修改方案。然而，在修改方案发布之前，与国家航空及太空博物馆历来关系密切，拥有18万名会员的美国空军协会（Air Force Association）发起了全国性的抗议；随后，拥有310万名会员的美国退伍军人协会（American Legion）也参加抗议。在媒体报道的支持和推动下，退伍军人组织指责博物馆"政治正确的策展"，并且称这个展览与美国人的价值相反。他们坚持唯一正确的陈述，原子弹结束了战争，拯救了无数人的生命；他们要求去除被爆者的照片和证言，并且要求在展览中包括更多的关于日本暴行的资料；他们坚称，这个纪念第二次世界大战胜利的展览应该唤起美国自豪感，而不是为使用原子弹而感到羞耻。退伍军人还坚持要求,涉及原子弹轰炸的道德性问题的任何资料都不能在这个展览中出现。《时代》杂志的一篇采访报道中,策展人汤姆·克劳奇(Tom Crouch)说,这个展览的批评者"不愿意真实地讲述整个故事,他们想让这个故事停止在原子弹离开炸弹舱的那一刻"。

为了回应退伍军人提出的平衡性和准确性方面的问题,策展人们把这个展览的设计方案修改了4次。他们去除的内容包括:美国的主要官员反对或质疑使用原子弹的历史文件,例如艾森豪威尔将军的战后声明,他在1945年7月曾向杜鲁门总统当面进言,表示反对使用原子弹。他们还增加了关于太平洋战争冲突、盟军伤亡、日军暴行的更多信息和照片,并且在叙述语言上作了细微改动,减少了对日本表示同情的语言。从展览方案中删除的内容还包括:原爆受害者的照片、被原子弹炸毁的长崎市的照片以及几乎所有的被爆者证言,包括永井医生和秋月医生的个人证言。在展览的结尾,与冷战和核扩散有关的内容也都被去掉了。许多历史学家认为,博物馆在展览的修改方案上作出了太多的让步;他们最关注的问题是,博物馆策展人们似乎准备默许退伍军人组织的要求,接受战争部长史汀生的说法——原子弹拯救了100万美国人的生命,尽管从有文件记录的证据来看,这一数字被夸大了。

具有讽刺意味的是,在纪念战争结束50周年期间,日本社会也经历了类似的争论。在日本,新的研究揭示了以前隐瞒的战时历史，例如日军在侵略中国和其他亚洲国家期间屠杀和强奸平民、日军在太平洋战争期间的各种暴行。这些研究在日本社会激起了各种争论，内容包括日本的战争责任、天皇的罪责、如何向后代讲述日本的战争历史。1996年，重建的长崎原爆资料馆开放了，长崎市也成了全国性争论的中心地。由于日本国内的批评者一直认为，原爆资料馆的展览只注重被爆者的苦难，而没有展现战时的背景资料，因此长崎原爆资料馆计划扩大其范围，在展览中包括南京大屠杀的资料、日军用活人进行生物武器实验、强征亚洲其他国家妇女充当日军"慰安妇"等。保守的日本民族主义者强烈反对这个展览计划，资料馆的馆长和工作人员都遭到了匿名威胁。后来，长崎原爆资料馆修改了展览计划，被删除的一部分展览照片包括日本士兵残忍杀害中国平民的照片，以及在约130公里的巴丹死亡行军[①]过程中，遭受饥饿和被殴打的盟军战俘照片。

在国家航空及太空博物馆，策展人们修改了展览计划，但是仍然不能令批评者们满意。退伍军人组织的反对引起了美国国会的几名议员的注意，他们也开始公开指责这个展览计划。1994年9月，美国参议院通过一项无约束力的决议，称这个展览计划为"修正主义，冒犯了第二次世界大战的老兵"，明确肯定"艾诺拉·盖号"轰炸机起到了"以仁慈方式结束第二

[①] 在巴丹半岛投降的美菲联军，被日本士兵押解到约130公里外的战俘营，路程以徒步行军为主。

世界大战的作用"，决议指出这个展览"应该避免质疑为我们的自由而不惜献出生命的第二次世界大战的英雄们的记忆"。4个月后，1995年初，史密森尼学会宣布取消这个展览计划和所附展览项目，只展出"艾诺拉·盖号"轰炸机的巨大机身，简要说明这架飞机在广岛投下第一枚原子弹9天之后，日本就投降了。

在美国和日本，人们对此有着不同的反应。关于这个展览被取消，美国退伍军人普遍持赞成态度。参议员泰德·史蒂文斯（Ted Stevens）指出，对官方陈述的任何重构都是"对真相的不断侵蚀"，这个展览"对事件的看法……与经历过第二次世界大战的人们的记忆相反"。与此同时，也有一些退伍军人对此持保留态度。"即使是真的，原子弹轰炸拯救了成千上万美国人的生命，"退伍军人戴尔·赫恩登（Dell Herndon）给在加利福尼亚州的《惠特尔每日新闻》(*Whittier Daily News*) 编辑写信，"我们应当承认原子弹轰炸的后果，这是我们的爱国义务。"

国家航空及太空博物馆馆长哈威特辞职以示抗议，50名美国历史学家联名写信给史密森尼学会秘书长I.迈克尔·海曼（I. Michael Heyman），指出即使在这个简化展览中（只展出轰炸机的机身），仍然存在事实错误和遗漏。日本首相村山富市（Murayama Tomoichi）发表了一个简短而平淡的声明，对这个展览被取消表示遗憾。然而，长崎市市长本岛等对此的反应

第八章 铭 记

是，首先向在日军偷袭珍珠港事件中遇难和受伤的人们道歉，向遭日本侵略的亚洲各国受害者道歉。"但是你们告诉我，"他说，指的是反对长崎原爆资料出现在展览中的那些人，"由于日本犯下了战争罪行，所以就没有必要对原子弹轰炸无辜平民的事实进行反思了吗？"

被爆者的经历再次被排除在美国官方的原子弹陈述之外。大多数美国人仍然不了解原子弹轰炸及其对人体的影响：1995年盖洛普民意调查表明，有1/4的美国人不知道美国曾经对日本使用原子弹，了解原子弹的破坏力和杀伤力的美国人就更少了。1995年，为了填补这个空白，作家乔恩·克拉库尔（Jon Krakauer）前往长崎市，写了一篇关于长崎原爆历史的文章。文章名为《被遗忘的归零地》(The Forgotten Ground Zero)，通过联合媒体社（Universal Press Syndicate）发给美国各地的报纸，克拉库尔简要记述了吉田在原爆时和随后的岁月中的经历。在描述吉田的相貌时，他写道："吉田的左脸似乎没有受到影响。然而，在原爆中，他的右脸被严重灼伤：面目全非，布满了紫色的疤痕组织。"克拉库尔在文章的结尾引用了吉田的原话，"起初，我恨美国人，他们导致我容貌被毁，我不理解，一个国家怎么可能用这么残忍的武器来轰炸我们。但是现在，我已步入老年，我懂得了，心怀怨恨对谁都没有任何好处。我不再恨美国人。我只恨战争。"

美国海岸警卫队妇女预备队（U.S. Coast Guard Women's

Reserve)的第二次世界大战的老兵奥丽芙·V.麦克丹尼尔·尼尔森(Olive V. McDaniel Nielsen)给《西雅图时报》(*Seattle Times*)的编辑写信,与退伍军人对史密森尼学会展览的愤怒相呼应:"可怜的长崎!可怜的广岛!"尼尔森写道,"如果没有珍珠港事件,就不会有被炸毁的广岛和被炸毁的长崎……多好呀,长崎原爆生还者吉田胜次不再憎恨美国了。他是否想过,有多少美国人仍然记得日本的飞机如何偷袭珍珠港?"她的这封信很有代表性,退伍军人对敌国的历史仇恨与历史学家对战时事件的多层次审视之间有着很深的矛盾,特别是在第二次世界大战中,美国为了结束战争和拯救美国人的生命而向日本投原子弹,造成了大量的日本平民伤亡,美国退伍军人的看法与历史学家的审视之间更是有巨大矛盾。

1995年6月,"艾诺拉·盖号"轰炸机的巨大机身的展览开幕,在新闻发布会上,有记者问史密森尼学会秘书长海曼,为什么不展示原爆的巨大破坏力和杀伤力。他回答:"我真的决定,还是让人们去想象吧。"

* * *

对于长崎促进和平基金会的成员来说,单凭人们的想象力是不足以理解原子弹的真正影响的。日本人普遍有强烈的反核情绪,但是被爆者活动家认为,原子弹轰炸的恐怖是难以想象的,只有通过亲历者的口述,世界各地的人们才可能真正理解

第八章　铭　记

核战争的影响——一枚原子弹，爆炸瞬间就能摧毁一座城市，导致无数人丧生，隐形的、致命的核辐射能穿透人体，生还者饱受核辐射后遗症的折磨。被爆者决定站出来讲述原爆经历，50年前，青少年时期的他们遭受了原子弹轰炸，他们现在公开自己的被爆者身份。他们不得不经常回忆那段痛苦经历，他们可能会因此而与家人疏离，还可能会遭到外人的鄙视，遭到日本右翼分子的攻击，被斥为骗子或共产主义者。但是，当今世界有那么多的核武器，他们想要让世界上的人们知道核武器的现实后果。他们是口述者（kataribe）——几百年来，在日本的传统文化中，口述者是传承历史的人，他们把真实发生过的历史故事讲给后代听。

"全面的核战争可能会意外爆发，一想到这些，我们就全身发抖，"秋月医生说，"在我看来，核武器的恶……已经超越了所有其他问题。"作为口述者运动的领头人，秋月医生在关于原爆的最有影响力的一部纪录片中作解说，他出版了新的被爆者证言集，他多次前往欧洲和苏联，在大型集会上发言，倡导消除核武器。有一次，他在罗马与教皇会面，把关于原爆的纪录片赠送给教皇，并把广岛市市长和长崎市市长的信带给教皇。秋月医生经常作演讲，可贵的是，他在演讲中既讲述城市在原爆中遭受的巨大苦难，同时也为日本的侵略罪行道歉。

然而，无论他多么努力地参与反核运动，支持被爆者讲述原爆经历，呼吁核大国停止生产核武器，自从原爆以来，他始终无法摆脱掉那种悲伤和绝望感。20世纪90年代初,他已是满头白发,并且身体虚弱,他每天坚持剪报纸,把能找到的关于原子弹的报刊文章都剪下来,保存在一个大本子里。"我认为,阅读这些文章是我的责任。我把它们放在我的床头,但我经常很疲惫,还没开始阅读就睡着了。我知道我可能没有精力阅读这些文章,但我仍然继续剪报和收藏。作为一名原爆医生,我有责任读这些文章。"

1992年秋天的一个晚上,国际防止核战争医生组织在长崎市召开了一次会议,秋月医生在会议中发言,晚上回家途中,寒冷的空气致使他突发严重哮喘。"我丈夫总是随身携带他的哮喘吸入器,"寿贺子回忆道,"但是那天没带,他把心思都放在会议上了。"他被救护车送往医院,但是他的大脑缺氧时间过长。他一直昏迷不醒,住进了圣方济各医院的401病房,在原爆时以及原爆后的数十年,他曾经在这间病房里救治过无数的患者。他的家人、朋友和同事们从日本各地赶来看望他,他的病房里堆满了鲜花和礼物,寿贺子日夜照顾他,经常贴近他的脸,轻声和他说话,就好像他没有昏迷一样。当亲朋好友来看望他的时候,寿贺子就拿出他最喜欢的时令食物,让大家替他吃。"由于他长期努力工作,"她说,"上帝现在要他休息一阵子。"

秋月医生给长崎促进和平基金会确立了很好的发展方向,

第八章　铭　记

他病倒之后,在长崎市于1995年举行原爆50周年公众纪念活动前后,该基金会蓬勃发展。基金会的管理人员松尾兰子(Matsuo Ranko)负责管理口述者的演讲预约,检查他们的演讲,帮助他们提高。她的工作有时候也比较难做,因为每一位口述者都很有个性。例如,堂尾和吉田都坚持己见,以自己的方式讲述自己的原爆经历,不愿意听她的反馈。"我是一名被爆者,而你不是,"吉田告诉松尾,"你理解不了我们的苦难。"堂尾也是这样认为的,松尾建议她适当调整演讲稿的结构,既能让学生们感受到核战争的影响,又能引导学生们思考战争和原子弹轰炸的原因。

"堂尾和吉田都是很骄傲的,"松尾记得,"他们不愿意听我的建议,因为我比他们年轻,并且没有亲身经历过战争或原爆。经过很长时间之后,他们终于理解了,并采纳了我的建议。孩子们很用心地听他们的演讲,并且给他们写信表示感谢,他们都非常高兴和感动。孩子们表示,长大以后将努力防止再次发生战争。"

在长崎原爆的数十万生还者当中,绝大多数人从来没有公开讲述过自己的原爆经历,长崎促进和平基金会演讲团的40名口述者,包括吉田、堂尾、和田、长野则不同。谷口有时也参加演讲,他还参加了几个其他的活动家团体的工作。当今,成千上万枚核弹头被部署在世界各地,有核武器的国家继续制造核武器,没有核武器的国家也在竞相发展核武器,在看似无望的情况下，被爆者演讲团的成员拒绝沉默。不受日本传统文化的束缚，他们愿意公开讲述自己的原爆经历，他们在长崎原爆资料馆给大人和孩子们作演讲，在日本各地的大学和中小学作演讲，在地方性的、全国性的、国际性的会议和活动上作演讲。他们要做的是，中立地演讲，不促进任何政治或宗教议程。他们有一种步入晚年的紧迫感，他们继续作演讲，以其独特的个性和经历，帮助观众认清原子弹轰炸的官方陈述，认识原爆的实际影响，明白核武器对人类的危害。他们的目标是明确的：长崎市是人类历史上遭原子弹轰炸的最后一个城市。

第九章　容　忍[*]

和田家的房子在山丘上，从窗口可以俯瞰浦上地区，他每天夜间睡6个小时，早晨5点起床。洗完脸后，他就坐在厨房，尚子做早餐，有味噌汤、米饭、各种菜肴，他一边等待报纸送来，一边吃早餐。如果当天有演讲安排的话，他就穿上搭配得当的休闲裤、长袖正装衬衫、领带、毛呢或粗花呢外套，然后出门。他现在已经不再开车了，他去哪里都是步行，他笑着说，虽然年纪大了，但是还走得动路。

"1945年，没有什么汽车、天然气或石油——所以大家都是走路，"他说，"在浦上地区，无论你站在哪里，都可以看到山丘。"现如今，由于高楼挡住了视线，从某些角度，他都看不到山丘了。不过，长崎市也有一些地方没有改变。浦上川、中岛川流经市区，注入长崎湾；已有数百年历史的佛教寺庙和神社仍然屹立在长崎市的旧城区；在初春的早晨，大雾从海上漂来，笼罩整个城市。长崎市仍然是三菱重工的重要基地，两

---

[*] 原书中此章的标题为日文"我慢"（*Gaman*），意为"容忍难以忍受的痛苦"。

个工厂在原址重建,巨大的造船厂可以制造世界上最大的商船和驱逐舰,后者显然与长崎市向世界展现的"和平之城"形象不符。

与1945年相比,如今的长崎市已经发生了很大变化。和田步行穿过他家所在街区的狭窄街道,街道两旁有很多日式住宅、寓所、公寓大厦。在浦上川沿岸的路上行走,他经过了一所所学校、一座座公园、一家家杂货店,店里摆满了新鲜农产品、各种肉、各种鱼、罐头和糖果。和田步行穿过大桥,经过三菱大桥军械厂(堂尾在原爆时所在的工厂)的旧址,旁边有一个电车站,他驾驶的有轨电车在原爆时本应途经此地,他之所以没有丧生,是因为当天上午有一辆有轨电车脱轨,导致他临时改变了行车路线。如今,走在浦上地区主干道上,汽车和卡车从他身旁疾驶而过,主干道的两旁分布着各种店铺、咖啡馆、办事处。他从一个弹珠机店的门口走过,正好有人从店里出来,他可以听到店里嘈杂的音乐声,以及小钢珠在机器里通过的声音。和田在原爆前驾驶有轨电车的线路上,仍然有彩色编码的有轨电车在运行,有轨电车的集电杆与上方的电缆相连,不过,现在的电车上都有自动报站机和自动售票机。当有轨电车从身边驶过的时候,和田就心算一下车速。

和田再往南走,与他小时候的城市相比,如今的长崎市已经几乎认不出了。从稻佐山山顶上的圆形瞭望台上,可以眺望东海和九州海岸外的岛屿。在稻佐山下,各种大小船舶、城市

第九章　容　忍

游轮停靠在长崎港，码头区有很多商店和餐馆。在现代化的长崎站附近，分布着很多高层办公楼、百货公司和酒店。西坂山丘就在长崎站的北边，西坂山丘是日本26圣人殉教地，纪念碑上有26圣人真人尺寸的青铜像，纪念馆里陈列着宗教文物，这是从长崎市的天主教的复杂历史上（包括宗教自由和宗教被禁时期）流传下来的。现今，约有67 000名天主教徒在长崎县居住，他们在浦上天主堂以及分布在长崎市、长崎县和周边岛屿的其他教堂做礼拜。长崎市旧城的唐人街很繁华。到了晚上，思案桥中心区的那些俱乐部里总是有很多人。在长崎市的南北向的主路旁边，一家百货公司的屋顶上有一个小摩天轮，能够照亮整个夜空。

哥拉巴园（Glover Garden）是位于长崎市南部山丘上的一个旅游景点，俯瞰着长崎湾。哥拉巴园是苏格兰商人汤玛士·哥拉巴（Thomas Glover）的故居，19世纪，哥拉巴到长崎经商，建立了长崎和英国之间的贸易往来。出岛是在1636年建成的一个小的、扇形人工岛，把荷兰东印度公司的荷兰商人与长崎市的人们隔开，如今的出岛已参照17世纪的建筑物设计复原整修了，由此人们会回忆起，在日本长达200年的锁国时期，长崎港是日本唯一的国际贸易港口。如今，有很多外国人来长崎市，普通市民不会在意外国人，只有一些小学生还对外国人好奇，在公交车站或者在有轨电车的车厢里，长崎市的小学生还会盯着外国人看。

浦上地区的主干道两侧是郁郁葱葱的树木，其后分布着原爆点公园、和平公园、长崎原爆资料馆、国立长崎追悼原子弹死难者和平祈念馆，原爆及其影响的遗迹和资料被保存了下来。与主干道之间隔着一排树木，在原爆点公园，一个高大的、黑色花岗岩的纪念碑指向距地面约536米的爆炸点，就是原子弹在空中爆炸的位置。在纪念碑前，一个大石头盒子里放着微缩胶片，刻有原子弹受难者的姓名。纪念碑周围是混凝土结构的同心圆。公园里还分布着许多小纪念碑，其中有一个是为纪念在原爆中丧生的数千名朝鲜劳工而建立的。在流经公园的下之川（Shimonokawa River）岸边，原爆点附近的爆炸后的土壤被玻璃罩住，透过罩子可以看到熔化的玻璃和瓦片、陶瓷餐具和瓶子的碎片。

在原子弹爆炸的同心圆所及之处，还有一些不太知名的纪念地。在原爆点以西的山丘上，重建的城山小学的后面，为纪念原爆死难学生而栽种的樱桃树都已经长成大树了。在学校周围的山坡上还有在战时挖掘的防空洞，它们现在要么被土填埋了，要么被木板或铁丝网栅栏封住了。在校园里，距离原爆点最近的角落，原有建筑的一部分（面积约464.5平方米）被保留下来，现在是一个小画廊，展示原爆文物和林重男在1945年长崎原爆后拍摄的照片。

在原爆点以北，山里小学巨大的U形建筑物后面的山坡上，建于20世纪40年代的3个防空洞被保留下来了，70年

第九章 容 忍

前,在原爆时,无数的老师、学生和附近居民曾经逃进那些防空洞里,并且在那里丧生了。永井医生的如己堂也在那个山坡上,他在那间小屋里度过了人生的最后几年;紧邻如己堂的纪念馆和图书室里陈列着永井医生的书籍、照片和个人物品。在浦上天主堂前面的花园里,被烧焦的天主教圣人雕像还屹立着,原建筑的一个 50 吨重的圆顶仍然在山坡上,还在原爆瞬间倒塌掉落的位置。

在原爆点的东南边,金比罗山的山脚下,长崎大学医学院及其附属医院设有多个机构:为被爆者提供医疗服务;整理记录有关核辐射疾病的历史研究和当前研究状况;向公众提供关

如今的浦上地区,从稻佐山上俯瞰,2011 年。(调雅之 [Shirabe Hitomi] 拍摄的照片)

于全球核武库的数据。在长崎山王神社的山坡上的入口，焦黑的只有一根立柱的鸟居仍然屹立着。在山上，有两棵樟树——由于原爆时的冲击波和热辐射，树干树枝被折断，树木被烧焦，曾被认为已经死掉了——现在已经长成了大树，树干的周长超过 6 米，树高分别约 16.8 米和 21 米，这两棵树郁郁葱葱、枝繁叶茂，在通向山王神社的人行道上形成了一片绿荫。

除了像吉田那样的被爆者由于容貌被毁而无法隐藏身份，长崎市的大约 5 万名被爆者仍然不为公众所知。如今，最年轻的被爆者也将近 70 岁了。许多被爆者避免去原爆区，因为一路过那里，他们就会不寒而栗。有些人感到极度痛苦，因为他们家人的遗骨仍然埋在如今的繁华道路、建筑物和纪念公园下面。还有一些被爆者，每当驾车或坐火车路过原爆区时，他们就默默地低下头。

创伤后压力症（PTSD）这个概念直到 20 世纪 90 年代才被引入日本，在 1995 年的阪神大地震之后，公众才开始了解创伤后压力症，并将之视为一种心理疾病，然而，心理咨询和心理治疗在日本仍属稀罕。一些生还者仍然有心理问题，当他们在人声鼎沸的地方，或者听到爆竹声、警笛声、飞机从头顶上飞过的轰隆声，他们就会胆战心惊。有些生还者的脑海里总是浮现出严重烧伤的原爆受害者呼救的情景。一位妇女感觉自己快要疯掉了，因为她无法忘记被埋在倒塌的房子下面的小孩子们和妈妈们呼救的声音。还有一位妇女，她家人的尸体被

第九章 容　忍

放在石榴树木柴堆上火化了，自从她亲眼看到并且闻到那个气味，她就再也不吃石榴了。对于许多生还者来说，为了生活下去，他们只能默默忍受。

与大多数被爆者不同，堂尾、长野、谷口、和田、吉田是原爆记忆的传承者。长崎促进和平基金会的40名口述者每年在长崎的137所学校进行近1 300次演讲，并且还要为来长崎市修学旅行的学生作演讲。除了多次去美国作演讲的谷口之外，和田、长野和吉田也去美国的大学讲述他们的原爆经历——和田曾在加利福尼亚州的维斯蒙特学院（Westmont College）进行演讲，长野曾在俄亥俄州的欧柏林学院（Oberlin College）进行演讲，吉田曾在芝加哥的德保罗大学（DePaul University）和西北大学（Northwestern University）进行演讲。"9·11事件"发生的那天早晨，长野原本计划离开欧柏林学院，前往纽约观光一天。此后将近一个星期，她无法返回日本，待在美国看电视时，她被吓坏了，不仅是因为电视上报道的恐怖袭击很可怕，而且是因为她最初没听懂翻译的讲解，以为美国和日本又发生战争了。

尽管如此，对于长野、吉田、和田来说，能够与美国的学生进行对话，他们感到很自豪。美国的学生经常问他们，如何看待珍珠港事件，作为原爆生还者，他们是否恨美国人。在回答这些问题时，他们3个人都会为日本偷袭珍珠港发起战争道歉，他们还告诉美国的学生，战争是国与国之间的，不是两国人民之间的。与此同时,他们要求学生们思考原子弹轰炸的道德问题。"我不指责美国,"和田告诉他的听众,"但我希望人们了解原子弹的巨大破坏力,我们再也不要使用原子弹了。"

1995年以来,关于日本原爆的多种图书、展览、纪录片(基于美国战略轰炸调查团拍摄的胶片)在美国出版或发行。很多资料是来自长崎的,包括山口千次回忆录《虽被烧伤但无所畏惧》(*Burnt Yet Undaunted*);原爆伤害调查委员会的医生詹姆斯·山崎写的书《原爆中的儿童》(*Children of the Atomic Bomb*);山端庸介的摄影集展览,以及相关的英文书籍和电影;美国海军陆战队的乔·奥唐纳的摄影集《1945年的日本》(*Japan 1945*)——其中有几张照片是在长崎原爆后拍摄的,包括他拍摄到的谷口后背烧伤的黑白照片。然而,与美国大学生交流的时候,和田感到震惊的是,许多美国大学生只知道广岛原爆;他们不知道或不记得长崎也遭到原子弹轰炸。"长崎的声音,"他说,"仍未遍及世界。"

在长崎市,和田每年进行四五十次演讲,他的大部分演讲都是在春季和秋季进行的,因为日本大多数学校的修学旅行都安排在春季和秋季。与青少年交谈,他感到更有活力,为了让新一代的儿童听得进去,他不断改进演讲方式。"年轻的时候,我想要捍卫正确的事情,但没能做到,"他解释道,"现在,如果我能做一件事来保护孩子们,即使那件事很难,我也会尽我所能。"

第九章 容 忍

和田每晚都很容易入睡。不过，一年有几次，他在晚上做噩梦，梦见萤茶屋电车终点站倒塌，砸在他身上。早晨，他打开窗户，看着窗外的长崎市，他禁不住感叹，这座繁华的城市是从原爆废墟上建起来的。"单凭一己之力很难做成任何事情，但如果很多人齐心协力，他们就能做成一番大事，"他说，

和田浩一在讲述他的原爆经历。
（和田浩一提供的照片）

"如果我们能做到在废墟上重建这座城市，我们为什么不能做到消除战争和核武器，以创造和平？我们不能不做！"

* * *

2011年4月，在一个阳光明媚的下午，长野乘出租车来到稻佐山半山腰的一家大酒店，她要作一次演讲，听众是从日本其他地方来长崎市的初中生。学生们聚集在一个小会议室里，

他们的椅子是朝前摆放的——男生们坐在过道的一侧,女生们坐在过道的另一侧。长野在讲桌前坐下,面对学生们,她穿着一件浅红色的外套,涂着深红色的口红。她的深褐色头发已经显得稀疏了。

长野调整了一下麦克风。"下午好,"她缓慢而清晰地对学生们说,"你们今天抽出时间来听我讲述我的经历,谢谢你们。"

长野是在3年前成为一名口述者的,她终于开始向她的听众讲述诚治和训子,以及她和母亲长达50年的情感隔阂。起初,当讲到弟弟妹妹的死亡,讲到她一生的悲伤和内疚时,她就忍不住哭泣;如今,当讲到这一部分经历时,她的声音只是略有哽咽。在繁忙的修学旅行季节,长野常常每天作两次或3次演讲,她还经常前往日本各地作演讲。"我从来没想过我会作公开演讲,"她说,"但我觉得,我有责任讲述真相。如果我能让人们了解原子弹是多么的可怕,那么我的生还和原爆经历就是有意义的。"

在稻佐山酒店,长野给学生们演讲,她从原爆前的生活讲起——在飞机配件厂当学生工人时的情形,当她的弟弟妹妹被送回老家之后,她感到多孤独,她下决心一定要把他们接回来。她描述了原爆强闪光的那一刻——"闪闪发光!"——她的恐惧感,当她在昏暗的天色下跑向浦上地区,去寻找她的家人时,被烧得面目全非的人们在废墟中徘徊,他们胳膊被烧

第九章 容　忍

伤，皮肤大片脱落，悬垂到地面，一路上，她看到遍地都是尸体。学生们全神贯注地听着，她讲述遇到父亲的情景。"完全是巧合，我在那座桥上遇到他！"她说着，声音大了一些，"我如此幸运！"

当她讲到在烧焦的土地上火化诚治的尸体时，她的声音颤抖了，她的眼泪流了下来。在日本，当学生们听讲座时，即使不感兴趣，也会很有礼貌地坐在那里，而听长野演讲的学生们完全被吸引住了，在原爆时，长野比这些学生们大不了几岁。"我们收集了一些木柴，把诚治的尸体放在木柴堆上，火化了他的尸体，"她告诉他们，"我目睹了这一切。"她回忆起在小滨村，训子的死亡和火化过程。"我强行把他们从鹿儿岛接回来。他们的死亡是由于我的过错。我仍然认为该死的是我，而不是他们——我不知道为什么我却活了这么久。"

长野讲述了她与母亲的情感隔阂，以及她们最终的和解。她讲到当她看到弟弟妹妹的黑色骨灰时，她有多么震惊，她还讲到了"9·11事件"，当时她正在美国。她身体微微前倾，凝视着学生们。"请珍惜你们的家人和朋友，"她说，"你们出生在和平时代，请珍惜。"

* * *

"我是一个年轻女孩，身心都很健康，"堂尾在她的一篇自传体文章的开头写道，"我喜欢跟朋友们谈梦想和希望。但在那个瞬间,原子弹倾覆了我的生活。"她把一腔怒火指向"愚蠢的战争……来自昭和时代的怒吼"。

2000年早期,堂尾给一大群学生和老师作演讲,她个子很高,穿着雅致的黑色锦缎外套和裙子,这套服装是她在30多岁时亲手缝制的。在外套里面,她还穿着一件手绘的金色紧身女衫。她戴着小钻石耳环,黑色的头发盘在脑后。堂尾讲话直截了当,对于日军在中国的暴行,以及日本政府对战争暴行的沉默态度,她说她感到羞耻。她讲述了原爆时的情形、她受伤的经过,她的父母从地里挖出小红薯,煮熟,喂给她吃,她的父母以为她活不了多久了。她情绪激动地说,受伤之后长达10年,她一直待在家里闭门不出。她对年轻的学生们说,不要把眼光局限在金钱上,要注重更深层次的价值。"我们需要懂得如何用心去生活,"她说,"21世纪一定是感性的世纪。"

学生们被她的精彩演讲吸引住了,几个女学生感动得哭

堂尾峰子讲述她的经历。(冈田郁代提供的照片)

第九章 容 忍

了。她敦促女学生们自强自立，去寻找自己生活的目标，不要浪费自己的能力。"我要变得坚强，像她一样，"一个女学生听完演讲之后说。

由于健康问题，堂尾的演讲活动中断了一段时间。20世纪90年代，乳腺癌治好之后，她又经历了两次中风，出现了面瘫症状，以及身体感知功能障碍，无法感知到冷或热。然而，在养病期间，即使住在医院，她也坚持绘画和创作和歌。"对鸟儿们和我来说，"她写道，"当我们活下去的意愿更为强烈时／即使是在动乱中／无法移动的大山也会一笑了之。"当身体恢复到可以下床走动时，她就不再穿医院的病号服了，她穿着一件优雅的海军棉布袍子，在走廊里活动。"'如果你不成为你自己，谁会成为你？'"堂尾说道，她引用了最喜欢的一位日本诗人的诗，"这句诗很优美，你不觉得吗？它指引着我的生活。"

经过大量的康复治疗之后，她恢复了，她又作为一名口述者继续进行演讲了。她的后背还有深埋的残留玻璃碎片，某些部位一碰就疼，有时一动，就会突然感到疼痛；医生想给她动手术，取出体内残留的玻璃碎片，但是她拒绝了，她怕开刀有风险，因为那些玻璃碎片太接近脊柱了。她接受了几十次访谈，包括电视、广播和平面媒体的访谈，她替原爆死难者发声，当从一片漆黑的、倒塌的三菱大桥军械厂逃出来时，她曾经踩到很多人的尸体上，她的两个好朋友也在原爆中丧生了。

当她给学校参观团作演讲时，一看到她，学生们和老师们经常大吃一惊，因为她的打扮很特别——她的服装面料考究，颜色亮丽，她戴的眼镜与衣着搭配得很好——她的时尚打扮引起了其他口述者的不满。"对于来长崎原爆资料馆听演讲的孩子们来说，他们想知道被爆者是什么样的人，"长崎促进和平基金会口述者项目的管理员松尾兰子说，"堂尾女士出来作演讲的时候，要么穿着亮红色的衣服，戴着大耳环，指甲很长并且修剪得很漂亮；要么穿着豹纹印花服装。她的衣着总是很惊艳。其他口述者来找我，让我和堂尾女士谈谈，要她穿得低调一些。"

松尾提出这个问题时，堂尾很恼火。"为什么？"她反驳道，"为什么我这种时尚不合适？没有规定说被爆者都应该穿同样的衣服！我是一名被爆者！我还是我！"

松尾表示同意。她找到跟她提意见的那些人，把堂尾的原话告诉他们。"我不知道他们是否满意，"松尾笑着说，"但我觉得这真的很棒。"

* * *

2009年，美国总统奥巴马（Barack Obama）在布拉格发表了重要讲话，阐述了世界上的核武器状况，指出美国在销毁核武器问题上负有道义责任。"今天，"奥巴马说，"我明确而坚定地宣告，美国致力于建立一个和平与安全的无核世界。"经

第九章 容　忍

过了几十年的反核运动，谷口和日本的数千名被爆者比以往任何时候都更为乐观。"我指望这个新总统奥巴马，"谷口说，"美国以前的总统从未致力于削减和消除核武器，而奥巴马总统的确提出了一项计划。我们一直在祈祷，这一天终于来到了，我们可以说，我们活这么久是值得的。"

然而，不到两年，谷口关于大幅削减核武器的希望破灭了。他指责奥巴马，在 2009 年时，奥巴马因其反核立场而获得诺贝尔和平奖，但仍继续将美国核武器现代化，使之处于战备状态。"他所说的呼吁建立一个没有核武器的世界还算数吗？"谷口问道，"美国还在继续进行践踏被爆者感情的核试验，他打算什么时候停止核试验？"

截至 2014 年 12 月，全球核弹头总量超过 16 300 枚，存放在 14 个国家的 98 个地点——美国和俄罗斯控制的核弹头占全球总量的 94%。不过，谷口一直在为彻底消除核武器而努力。对于印度在 1988 年进行的地下核试验，以及美国进行的亚临界核试验，他参与了抗议活动。他一直致力于全球裁减和最终消除核武器的运动，在七八十岁的时候，他还去参加了联合国《不扩散核武器条约》(Nuclear Non-Proliferation Treaty，NPT) 审议大会。

在联合国的 193 个成员国当中，有 190 个国家签署了《不扩散核武器条约》——印度、以色列和巴基斯坦还未签署该条约——这一条约成了自从核武器开发以来最成功的国际裁军协定。该条约在1970年正式生效,承认美国、俄罗斯、中国、法国和英国为有核武器国家,允许保留核武器,授权有核武器国家继续致力于全面裁军的长期目标。通过签署该条约,无核武器国家也达成一致,既不接受也不制造核武器。从1995年开始,该条约规定大多数缔约国每5年召开一次审议大会,审查条约的实施情况,审议技术层面的问题,在所有参会国都同意的情况下,制定新的策略,以帮助实现该条约的目标。

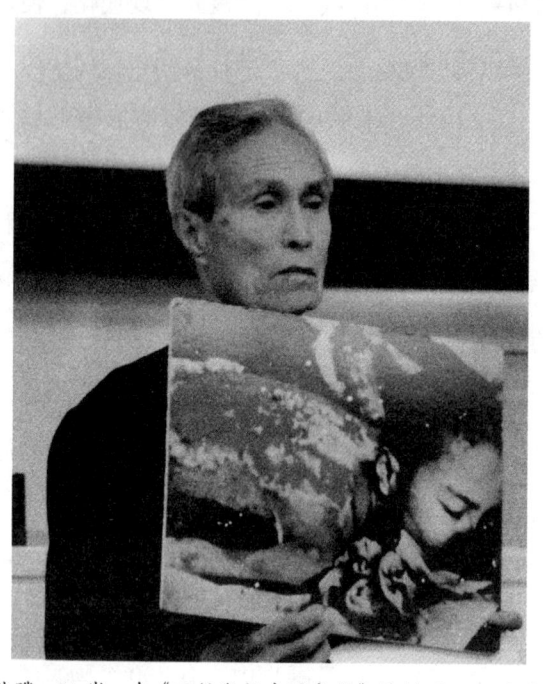

谷口稜晔,81岁,在《不扩散核武器条约》缔约国2010年审议大会上发言。他举着在1946年拍摄的他的背部烧伤的照片,让观众从视觉上了解他的受伤情况。谷口作为日本原子弹氢弹爆炸受害者团体协会的代表发言。(谷口稜晔提供的照片)

第九章 容　忍

作为长崎代表团的成员，谷口参加了在纽约联合国总部召开的条约缔约国 2005 年和 2010 年审议大会。面对来自大约 150 个国家的 400 多名代表，谷口讲述了他的原爆经历、他的受伤经过、核武器的长期影响，并强调迫切需要尽快推动国际核裁军行动。谷口举着美国战略轰炸调查团在 1946 年拍摄的他的背部烧伤的彩色照片——已成为长崎原爆的标志性照片，展示了原子弹爆炸给人造成的身心痛苦——平静地恳求与会代表采取行动。由于存在一些主要分歧，缔约国 2005 年审议大会未能就行动计划达成共识。不过，缔约国 2010 年审议大会就最后宣言达成协议，通过了一项"加快核裁军进程，推进核不扩散，加速建立中东无核武地带"的计划。联合国举办了为期两个月的原子弹爆炸照片和资料展览，地点在联合国大厅。在大厅的墙上，展出了谷口、山口千次以及其他人的照片。

谷口每天都在忍受身体疼痛的折磨，他恨日本政府，因其袭击珍珠港发起战争，并且从未对此充分道歉。他也怨恨美国，美国决定在广岛和长崎投放原子弹，而其事先并不了解原子弹爆炸会造成多大程度的破坏——尤其是对人体的伤害程度——而且在投放原子弹之后，美国官方也从未道歉。他认为有些言论歪曲了关于核武器的真相，当听到这些言论时，他更是难掩心中的气愤。例如，官员们在谈论原子弹如何结束太平洋战争，或者自从那时起，核武器如何阻止战争发生时，他们经常说"和平使用核武器"这句话。谷口认为这种说法是不对的。"只要使用了'和平'这个词,一切都成了可以接受的,"他说。对于谷口来说,"和平"这个词只有一个含义,它不包括核武器。"原子弹,"他说,"是和平的毁灭者。"

* * *

"我现在与以前相比有了天壤之别!"2009年,时年77岁的吉田说道,这是与他自己在60年前的样子相比。在长崎原爆资料馆,他在走廊里穿行,经常爬楼梯而不是乘电梯。"爬楼梯更有益健康!"他笑着说,快步爬上3楼,来到长崎促进和平基金会的办公室,与工作人员开会。他常会带一些点心,分给来不及吃午饭的同事们。

吉田致力于促进和平,他经常与报道生还者经历的国内外记者或电影制片人见面。他陪同他们参观长崎原爆资料馆(该馆每年接待访客约60万人),一边参观一边给他们讲解自己的原爆经历。

资料馆的第一个展览室展现了1945年8月9日之前的长崎生活。而隔壁的展览室又黑又深,里面陈列着原子弹爆炸后长崎市化为废墟的实物和模型。吉田带着客人们参观,他迅速走到下一个展厅,经过的展览内容包括曼哈顿计划的年表、原子弹的研制、原子弹投下的经过。在他的左边,参观者可以看到"胖子"原子弹的全尺寸模型,还有关于这枚原子弹的爆炸力、热辐射、核辐射的科学描述。吉田带着客人们往前走,与

第九章 容 忍

一群初中生擦肩而过，他来到目的地：长长的照片墙，那些照片记录了生还者的受伤情况以及原爆对人的影响。

照片墙上展示了谷口的背部烧伤的彩色照片，还展示了时年15岁的吉田被烧伤后、疤痕累累的面部照片这是在1946年进行皮肤移植手术前后拍摄的。他抚摸了一下右耳部位的黑色补丁。"烧伤后没过多久，"他说，"肿胀的右耳廓腐烂掉了。右耳朵没了，只剩下了一个小孔。"他停顿了一下，然后露出笑容，以缓和气氛。"我现在不在乎了，但是被烧伤毁容后的那段时间，我真是痛不欲生——我曾经是多么英俊的小伙子啊！"他高兴地指出。他经常站在照片前面，没有人认出他和照片上是同一个人。"这让我认识到，我的脸已经比那时候好看多了，"他笑着说，虽然他的脸上和脖子上还有大片疤痕，他的嘴巴有些歪，牙齿也不整齐，他的左耳干瘪，右耳部位有黑色补丁，但是他不再因此而感到羞耻。"我每天都在面部皮肤上涂乳液，"他说。"经过了60多年之后，我脸上的状况已经比以前好多了！"

吉田没有提到的是，他的右手有时候抽筋很严重，以至于手指都伸不开，尤其是在冬天，他手上的皮肤仍然会开裂，皮肉绽开。吉田转过身，与他的客人们一起浏览展厅的一部分展品，例如宫岛医生的诊察桌（在原爆当天晚上，堂尾就是躺在这张桌子上接受治疗的）。玻璃罩中的展品包括熔化了的硬币和玻璃、被烧得起泡的瓦片、一个女学生的午餐饭盒（金属饭盒熔化了，饭盒里的米饭被烧焦了）。在下一个展览室里，他们浏览了永井医生和被爆者的绘画和诗歌作品，展览室的墙上有3个小电视屏幕，播放录制的被爆者证言，包括吉田、和田和谷口的证言。"我的证言是第21号，"吉田边走边说。该馆的最后一个展厅记录了日本与中国的战争、原爆之前的太平洋战争，以及核武器开发史。吉田加快脚步，沿着螺旋形楼梯向上走，来到该馆的大厅，他与客人们边走边聊，还和与他擦肩而过的每一个人打招呼，无论是否认识他们。

在资料馆的大厅，每一面墙都挂满了来自日本和世界各地的中小学生的艺术作品——大部分作品是五颜六色的纸鹤，象征着和平。在靠墙的展板上也摆放着几十个类似的作品。大厅里还展示了原爆点一带的复原图，这是基于长崎市复原项目的志愿者们在20世纪70年代收集的信息而创建的，让人们看到了这个街区在原爆前的样子，原子弹爆炸的一瞬间，这个街区就被夷为平地了。

资料馆大厅旁边的走廊两侧有几个会议室，照片档案管理员深堀芳年和他的志愿者团队收集的长崎原爆前后的3 000多张照片就保存在那里。20世纪70年代，深堀芳年曾经为浦上地区的复原图运动收集照片，这使他体会到，照片可以强有力地从视觉上唤起人们对原爆的认识。为了支持长崎原爆资料馆的工作，为了确保原爆照片成为历史记录的一个重要组成部分，他和5名同事组建了一个特别委员会，向长崎市的被爆

第九章　容　忍

者征集与原爆有关的照片,给这些照片加说明文字并且分类整理。随着时间的推移,他们收集到的照片还包括:日本的摄影师拍摄的关于长崎原爆的大量照片、美国军方人员在占领日本期间拍摄的 500 张照片。长崎原爆资料馆展出了其中的很多照片。2014 年,时年 85 岁的深堀芳年前往华盛顿特区的国家档案馆,在那里找到了美国军方拍摄的一些原爆照片(长崎市的人们还从未见过的),并且把这些照片带回了长崎市。

吉田与他的客人们道别,然后转身向学生队伍走去,在长崎原爆资料馆的大厅和外面的人行道上,学生们正排队等候参观,他们穿着校服,一边排队一边聊天。他找到了来听他演讲的那一队学生,与带队的老师打招呼之后,他就跑到队伍前面,他推开资料馆的大门,站在门边等待,等着全队的同学们都进来。"现如今,"他笑着说,"当孩子们看到我的脸时,10 个孩子当中有 9.5 个孩子都不会被吓哭。"

到了 2005 年左右,长崎口述者当中容貌被毁的人已经不多了,吉田很显眼,一眼就能看出他是被爆者。他的容貌被毁使他能够更好地给学生们讲述关于欺凌和偏见。"你们的脸、你们的眼睛、你们的头发……这些都是你们的珍宝,"他告诉孩子们,"好好照顾自己。"

20 年来,吉田总会和学生们开玩笑说,他以前"长得就像木村拓哉一样好看",在 20 世纪 90 年代,木村拓哉(日本著名演员和歌手)是青春偶像。只是近年来,木村拓哉已经 40

多岁了，尽管仍然是一个英俊的演员，但是现在的孩子们对他都不太熟悉了。松尾兰子建议吉田换一个当红的演员作比较，但是吉田从来没有采纳这个建议——除非是在芝加哥作演讲时，他把自己与美国著名男影星莱昂纳多·迪卡普里奥相比，他说自己以前长得就像莱昂纳多·迪卡普里奥一样好看。然而，在长崎市，即使孩子们都不太知道木村拓哉是谁，当吉田拿他的相貌开玩笑时，孩子们仍然会轻松地笑起来。这就是他想要的效果。在演讲结束后，孩子们向他要亲笔签名时，他就会写上"吉田爷爷"，再在括号中加上"木村拓哉爷爷"。

* * *

对于谷口、长野、堂尾、吉田、和田来说，他们本可以保持沉默，他们本可以把创伤性记忆深埋在心底。然而，即使世界上的其他地方已经发生了很大的变化，他们还是选择向世人讲述他们的原爆经历。他们以亲身经历告诉人们核爆浩劫的恐怖，在这个过程中，他们也找到了自己人生的目的。

虽然科学家已经显著改进了他们的评估方法，能够准确评估被爆者个人遭受的核辐射剂量，但是他们仍然不太了解大剂量全身核辐射暴露对人体的长期影响。在1965年的核辐射剂量测定系统的基础上，他们进行了多次改进，包括计算机模拟和其他新技术，可以更准确地测量生还者遭受的伽马射线和中子射线的核辐射剂量，从而使研究人员不仅能够对一个人遭受

第九章 容 忍

的核辐射总剂量进行估算，而且还能够对人体内15种不同器官遭受的核辐射的具体剂量进行估算。生还者的血液和牙釉质（样本是由于个人牙齿疾病，拔牙后留下来的）现已被用来证实在分子水平上的核辐射水平。由于生还者在原爆时的具体位置和屏蔽物情况很难搞清，所以在核辐射剂量估算上有一些困难，尽管如此，辐射效应研究基金会已经对其队列研究中90%的生还者（共有10万名生还者）遭受的核辐射剂量进行了估算。在2009年，以美国归还给日本的原爆受害者尸检标本为研究材料，长崎大学原爆后障碍医疗研究所的一项研究证实，在1945年死亡的原爆受害者的尸检细胞仍具有放射性。这表明，受害者不仅是外部遭受核辐射，而且放射性物质已被内部吸收，这主要是由于放射性物质经消化道、呼吸道进入人体，从而对人体内细胞产生长期的内照射效应。

核辐射会导致活细胞内的DNA突变，但是从核辐射暴露到人体发病可能要经过很多年的时间，因此研究人员还在继续对被爆者人群进行研究，研究他们的高血压、糖尿病以及其他可能与核辐射有关的疾病的发病率。现有的长期研究结果表明，在被爆者人群当中，某些种类疾病，如慢性肝炎，非癌症性的疾病例如心脏病、呼吸系统疾病、消化系统疾病的发病率和死亡率都显著升高，白血病以及其他癌症，包括肺癌、乳腺癌、甲状腺癌、胃癌、结肠癌、卵巢癌和肝癌的发病率也持续高于非被爆者人群。同一名被爆者疾患两种原发性癌症——两次患癌，第二次的癌症不是由于第一次的癌症转移所致——的概率也高于正常人。辐射效应研究基金会临床研究部的部长和心脏病学家赤星正纯（Akahoshi Masazumi）博士说，最年轻的被爆者人群——在原爆时还是婴幼儿，他们最易受核辐射的影响——的癌症风险约在2015年达到峰值，那时候他们都年满70岁了。

在被爆者的下一代人群当中，关于核辐射能否引发遗传病或导致他们的癌症发病率增加，目前还没有科学的证明，但是日本的许多研究机构仍在利用DNA和其他新兴技术继续进行研究。长崎原爆医院院长朝永正男（Tomonaga Masao）医生解释说，之所以有继续研究的必要，是因为在小鼠实验中，美国和日本的多项研究已获得明确的实验证据，二代小鼠（遭受核辐射的小鼠的下一代）出现细胞畸形和癌症的概率都高于对照组。"我们必须非常小心，"朝永医生说，"因为被爆者的孩子们大多数都已经年过50岁了，正在进入癌症高发年龄段。"2011年，日本开始进行一项新的全国性研究，以2万名被爆者的下一代为研究对象，把他们的癌症、糖尿病、高血压和心血管疾病的发病率与对照组（两万名非被爆者的下一代）相比较。辐射效应研究基金会以及其他机构的科学家关注的另一个问题是，被爆者的下几代人是否会有遗传突变：在动物实验中，由于核辐射导致的基因突变可能是隐性的，因此会出现隔代遗传。

第九章 容　忍

辐射效应研究基金会、长崎大学原爆疾病研究所和其他研究机构仍在利用在世的被爆者群体，以及去世的被爆者的医疗记录进行分析，研究核辐射对于免疫系统、各种疾病发生率以及死亡率的影响。这些研究提供了科学依据，有助于人们科学地应对核事故，例如1986年发生在乌克兰的切尔诺贝利核电站事故，2011年在日本大地震和海啸后发生的福岛核灾难，这两次事件使被爆者再次陷入了痛苦。日本的反核运动也发生了转变，纳入了逐步淘汰核电的内容。具有讽刺意味的是，对被爆者的医学研究结果也或为一种参考，用于制定核辐射最大容许剂量的国际标准。

自1945年以来，研究人员对被爆者人群进行了大量的长期研究，这些研究目前还在继续，这也表明，在美国对日使用原子弹时，研制出原子弹的美国科学家还没有搞清楚瞬时、大剂量核辐射对人体的影响。

* * *

秋月医生昏迷了13年，寿贺子一直陪在他身边。2005年，秋月医生去世了，享年89岁。他的遗体被放进棺材里，"周围摆满了白色的菊花和淡粉色的玫瑰花，他面容安详，像睡着了一样，"秋月医生的传记作家山下昭子（Yamashita Akiko）回忆道。"在昏迷的13年期间，他的嘴巴一直是张开的，他的眼睛睁得很大，仿佛是在看这个世界，在他去世时，他的嘴巴合

391

拢了，眼睛也闭上了。"秋月医生被葬在社区的一块小墓地里，与他以前工作的医院只有一街之隔。

第二年，堂尾被诊断出患有结肠癌——这一次的癌症与她以前患的乳腺癌无关——她的结肠癌已经到了晚期，任何治疗都没有用了。堂尾被确诊之后，她的妹妹冈田郁代开车送她去参加了最后一次班级聚会，堂尾坐在轮椅上，与她童年时代的朋友们合影留念：她的皮肤苍白，非常消瘦，眼圈红红的，头发全白了，这也表明她的身体非常虚弱——如果还有力气，她肯定会染头发的。2007年年初，检查结果显示，她的癌症已经扩散到肺部和脑部。妹妹冈田整日整夜地在医院照顾她。对于冈田以及医院的工作人员，堂尾非常感激，但是又经常无缘无故地发脾气，当她对别人发脾气之后，冈田只得替她道歉。第一次患癌之后，她就戒烟了——但她仍然喜欢喝啤酒，当朋友和家人偷偷地把小瓶啤酒带到病房里时，她就特别高兴。

2007年3月14日，堂尾心爱的垂枝樱桃树含苞待放时，她去世了。如她所愿，她在自己的家里安详过世。她曾经给自己定了一个目标，要活到75岁。她战胜了原子弹。"我是说——我的意思是，当他们投原子弹的时候，他们认为原子弹下的每个人都会被炸死，对吧？但并不是每个人都在原爆中丧生了。我认为，被爆者要有强大的情感力量和意志力量，从而战胜核武器。"

后来，冈田在堂尾家佛坛的抽屉里发现了她最后一件艺

第九章 容 忍

作品,是一张色纸,上面留着手写的诗歌和短句。堂尾在色纸上画了一株紫鸢尾,长长的绿叶子伸向中央。在色纸的右上角,她竖着写下了清晰、优美的文字:感谢美好的生活。

2010年4月1日,吉田去世了,享年78岁,他是突然病倒的,然后过了4个月就去世了。他被确诊为肺癌晚期,癌症已经扩散到他的脊椎、神经系统和骨骼。虽然家人们一直向吉田隐瞒病情,但是他们觉得他可能已经知道自己患癌了,因为他的妻子就是死于癌症的,他在妻子临终前一直照顾她。

在生命的最后一段时间,吉田躺在医院的病床上,他的兄弟姐妹、两个儿子、儿媳、孙子孙女轮流在病床前照顾他。在他的病房里,小床头柜上摆放着一束鲜花,输液架放在病床的床尾,他的一顶帽子就挂在病床的栏杆上。吉田时而清醒时而昏迷,他的眼睛微眯着,大多数时候什么都认不出来。他的呼吸很吃力,已经说不了话了。有时候,当有人对他说话时,他的家人可以看到他的身体有反应,他的喉咙在动,他的嘴巴张开,发出哼哼声——似乎确实很想说话——但是他发出的声音含糊不清,没人能听懂。

"没有他,将会很孤独,"在他去世之前,他的弟弟说——很多人也有同感。吉田克服了毁容带来的困难,即使其他人对他的面部疤痕感到震惊或厌恶,他最终还是赢得了他们的好感。对于曾经见过他或者听过他演讲的每个人来说,他的乐观令人印象深刻。

被爆者会被人们以传统的和独特的方式记住。在日本佛教传统中，家人的遗像被摆放在家庭佛坛上，佛坛是带门的实木柜子，作为祈祷和供奉祖宗神位的地方，从上一代人传给下一代人。在家庭佛坛里面，通常会摆放佛像或菩萨像，以及蜡烛、佛香、铃杵，还可以给去世的亲人献供品，例如他们生前喜欢的东西或喜欢吃的食物。在这里，家人们觉得还可以和去世的亲人进行普通的、直接的交流，就像他们活着的时候一样。例如，有些人在早上和晚上都会问候一下已故的亲人。还有一些人会把他们每一天的活动告诉已故的亲人，或者祈求已故的亲人保佑他们。冈田家里有一个很大的多层佛坛，黑红两色的日本漆器，佛坛里面摆放着一个青铜佛像，旁边还有很多镀金的佛教饰品。冈田把堂尾的遗像放在相框里，摆在佛坛前面，她还摆上了一杯新鲜的咖啡，放在中式瓷茶杯和茶托中作为供品，那是堂尾生前最喜欢的。冈田经常对着堂尾说话、开玩笑、戏弄、发牢骚，在堂尾的遗像前面放上各种礼物，那是朋友们来悼念堂尾时送来的。

日本佛教的另一个传统是受戒名——请附近寺庙的僧人给死者起一个法名（*kaimyō*），在亲人死后的第七天授予，象征着从肉体到精神世界的转变。法名通常被刻在小的木制位牌上，死者的家人把这个位牌带回家，摆放在家庭佛坛上。吉田的法名是"An-non-in-shaku-Katsuji"，意为"胜次，他有一个诚挚的愿望，希望整个世界将永远保持和平。"

第九章 容 忍

被爆者去世之后，他们的家人如果愿意的话，就可以把已故的被爆者的姓名以及遗像提交给在 2003 年开馆的国立长崎追悼核爆死难者和平祈念馆，该馆是一座很优美的建筑，为被爆者的家属、长崎市市民以及游客提供了追悼核爆死难者的场所。该馆的建筑以地下结构为主，游客沿着有拱顶的狭窄通道进入追悼大厅前堂，在这里可以通过液晶屏幕浏览核爆死难者的遗像。该馆最大的房间是追悼大厅，那是一个宽敞安静的空间，室内三面都是杉木板壁。在追悼大厅的中间，有两排矩形玻璃支柱，玻璃柱子里发出柔和的灯光，这两排柱子形成一个通道，通往原爆点的方向。通道的尽头有一个约 9.14 米高的塔，被称为"名册架"，收藏着核爆死难者名册，截至 2014 年 8 月 9 日，名册架上有 165 本名册，手写记录了 165 409 名原爆死难者的姓名，其中包括一名中国平民和一名英国战俘，这两个人都是在原爆当天丧生的。发光的玻璃支柱直达天花板，通到追悼大厅上面（露出地面部分）的水盘，水盘是一个很大的圆形浅水池，盛满了清水，象征着核爆死难者渴求的水。浅水池的池底有 7 万盏小灯，每当夜幕降临，这些灯就亮了起来，这是纪念在原爆后的头几个月丧生的 7 万名受害者。

堂尾和吉田去世之后，他们的故事仍然广为流传。堂尾的同学松添博和一些朋友把她写的散文和诗歌收集起来，在她死后出版了《生还下来，我活着》(*Allowed to Live, I live*)，这个书名取自她最著名的一篇散文的标题。堂尾去世之后，松添博

长崎

还根据她的文章绘制了18幅图画,描绘了她的一生。这些画册已成了关于堂尾的"纸芝居"①——用彩色的图画来描绘她一生中的几个关键时刻,与口述相结合,由松添博或其他人向观众讲述她的故事——让没有听过她演讲的人们也能了解她的原爆经历和观点。

吉田去世之前,长崎市立樱马场中学(Sakurababa Municipal Junior High School)的学生们为他绘制了纸芝居。在学校里听了吉田的演讲之后,深受启发的学生们绘制了50幅图画,描绘了吉田的原爆经历,与松添博为堂尾绘制的图画相比,学生们为吉田绘制的图画更简单、更稚气。在住院之前,吉田从这50幅图画中挑选出16幅,作为他人生故事的纸芝居。樱马场中学的学生们把这些图画和吉田自己的话结合起来,制作成图文并茂的演示文稿,向附近小学的孩子们讲述吉田的故事。长崎市教育委员会也把吉田的纸芝居和演示文稿印制了500份,分发给长崎市的各所学校;获得了吉田的同意之后,长崎原爆资料馆开始向有兴趣的团体展示他的纸芝居。

2010年,吉田原计划前往纽约,去参加《不扩散核武器条约》缔约国2010年审议大会,这将是他第一次参加这种会议,但是由于突然病倒,他不能去了。林田光宏(Hayashida Mitsuhiro)代替吉田去参加了会议,林田光宏是一名18岁的

---

① "纸芝居"(*kamishibai*):连环画剧,诞生于日本昭和初期,以绘画来讲故事的一种方式。

高中生,也是一名反核活动人士,还是一名被爆者的孙子,他在纽约市的几所学校展示了吉田的纸芝居,这几所学校曾邀请吉田去作演讲。去纽约之前,林田光宏作了充分的准备,他观看吉田演讲的录像,模仿吉田演讲时的语气、节奏和表达方式,熟读了吉田的演示文稿的英文译文。在即将去纽约时,他得知了吉田去世的消息。他在纽约的演讲很生动,观众们听了很感动,在每一场演讲结束时,他都会引用吉田的一句话,恳求同学们记住:和平的基础是人们理解别人的痛苦。

* * *

谷口、长野、堂尾、吉田、和田没有在原爆中丧生,打败了核辐射相关疾病的威胁,他们亲口向世人讲述了他们的原爆经历。在原爆之后,他们尽管经历了多年的痛苦挣扎,被否认、被歧视,不与外界接触,感觉身体内部被污染,但是最终决定站出来讲述原爆经历,这使我们能够了解他们的核劫余生。他们坚持讲述自己的原爆经历,坚持让人们铭记有过这种经历者的声音,是为了通过这些让世人了解到,把核武器视为维护和平的工具是荒谬的。

长崎市的和平教育项目也在为同样的目标而努力。长崎市有50多所小学,每所学校都会安排五年级的学生们去长崎原爆资料馆参观。城山小学的和平教育更为深入:自1951年8月以来,在每月9号,城山小学的学生、老师、学校行政人员都聚集在学校的体育馆里，要么听报告（被爆者的演讲），要么讨论关于战争与和平的研究（以原子弹轰炸和日本的战争暴行为背景的）。报告或者讨论结束之后，全体学生起立，朝着东边（原爆点的方向）鞠躬，向死难者致哀，希望能够建立一个没有战争和核武器的世界。学生们排队走出体育馆，在校园各处的原爆遗址和纪念碑前摆放鲜花。对于城山小学的一至六年级的学生们来说，他们每年都要参加10次这样的和平教育活动。

由于原爆生还者的年龄越来越大，人数越来越少，长崎促进和平基金会和其他机构都在寻找新的方法，让后人们能够了解被爆者的故事。这些机构发起了传承活动，例如创作纸芝居，尽可能多地把口述者的演讲录制下来。长崎促进和平基金会还把关于原爆的电影和摄影展板借给长崎市的30多所初中。很多人成为"和平向导"，在接受了关于长崎原爆历史的培训之后，就可以在长崎原爆资料馆、国立长崎追悼原子弹死难者和平祈念馆和其他原爆遗址为游客提供导游服务。

在以和田的原爆经历为题材的一场戏剧中，和田19岁的孙女由香里（Yukari）参与了表演。"原爆那年我18岁，对吧？"他说，"她现在19岁了，她扮演那时候的我。"和田坐在观众席上，穿着得体，他已经秃顶了，头部两侧的浓密白发剪得很短，到耳朵上方的位置，梳得很整齐。台上的演出勾起了他的痛苦回忆，他哭了一小会儿，不过，他对演员们尤其是他孙女

第九章 容 忍

的精彩演出表示赞赏。"虽然他们不了解65年前的那个时代，没有经历过战争或原爆，但是他们确实在试图理解那段历史。"演出结束后，和田走上舞台，站在他孙女旁边，他孙女的装束与他当年一样。看着他的孙女，他罕见地流露出悲喜交加的表情。

如今，87岁的和田仍然会带客人们去参观有轨电车公司的纪念碑，并且自豪地告诉人们，他曾经参与了纪念碑的设计，还帮助收集了在原爆中丧生的有轨电车公司的所有学生工人的姓名。由于他年老耳背，客人们必须大声说话，他才听得见。每年8月，有轨电车公司的员工们都会在这个纪念碑前举行纪念仪式，虽然有轨电车公司的原爆生还者人数已经不多了。每年的原爆纪念日，和田都会在清晨来到这个纪念碑前祈祷。

他说他之所以有健康的身体和幸福的生活，是因为他有一个好妻子。尚子一边笑着一边给他倒茶。

"我想先死，"长野说，"我想死在丈夫前面，因为我不想再安排任何葬礼了，我不想再看到任何亲人去世了。然而，2000年，我丈夫去世了，他在医院里住了11年半。"

83岁的长野和她的大女儿以及上大学的外孙一起住，住在原爆点以北约1.6公里处的荻町（Ōgi-machi）。由于肠溃疡出血，长野最近住了一次院，她的孩子们很为她担心，因此自从出院之后，她每天都努力保养身体。"我生活得很平和，"她说，

长崎

"我想什么时候起床就什么时候起床。作为一名口述者,如果有安排,我就去演讲。我有时也和朋友们一起出去吃饭。但是我的收入有限。不过,只要不买奢侈品,我就可以生活得很好。"长野非常爱唱卡拉OK,她很怀念吉田,以前在聚会的时候,她经常和吉田一起唱卡拉OK。

如今,长野只是偶尔会打车去家庭墓地,她家的墓地就在原爆点东边的山丘上。站在山顶上,她几乎可以望见整个浦上地区:坐落着各种写字楼、住宅、公园、学校的大都市,周围是郁郁葱葱的山丘——浦上川向南流,注入长崎湾。她扶着栏杆,沿着一条狭窄的通道慢慢地往下走,这里有一长排墓地,水平分布在山丘上。这一排墓地中的第二个就是她家的墓地,大理石墓碑两面刻文,分别刻有她的娘家以及她丈夫家

在2009年的新年前夜聚会上,
吉田胜次和长野悦子一起唱卡拉OK。
(长野悦子提供的照片)

第九章 容　忍

的那些已故家人们的姓名和去世日期，按照已故亲人的死亡顺序刻上去的：在长野娘家的那一面碑文上，最前面的一个名字是她大姐的（在婴儿期就死亡了），接着是诚治、训子、她的父亲、她的大哥，最后一个是她的母亲辛那（Shina）——死于1995年6月5日。在她家的墓地上，大理石墓碑前面还有几个小的花岗岩块，上面摆放着一些花瓶，花瓶里装有明亮的黄色、紫色、粉红色和白色的人造花。"因为我不能经常来，鲜花会凋谢，"她说，"人造花可以长久地保持美丽。"已故亲人们的骨灰盒就在墓地的下面，她永远不会再打开了。

在墓地的台子上，长野点燃了一些香，将之放在装满沙子的陶瓷碗里。"烧香，"她说，"是因为我们想象已故的亲人就像香气一样逝去了。"她后退了几步，拍拍手，然后低头肃立，求神灵保佑。祭拜之后，她把香熄灭，把东西收拾起来，然后就准备回去了。她沿着那条通道下山，走下一段陡峭的石梯就能到街上了。"我以前可以很容易地沿着石梯走下来，咚—咚—咚—咚，"她一边说一边紧紧地抓住石梯旁的铁栏杆。走下石梯，她喘了口气，然后就打车回家了。

长野的朋友们，以及听过她的演讲之后给她写信的学生们都安慰她，在原爆之前，当她把弟弟妹妹从鹿儿岛接回来时，不可能知道长崎市即将被原子弹炸毁。他们劝她放下自责和悔恨。"但每天晚上，"她说，"当我独自待在浴缸里时，那些记忆就浮现在我的脑海里。让我又伤心又沮丧。我想知道为什么

401

只有我生还下来,并且在这个和平的年代过着幸福的生活。即使现在,我不需要为任何事情操劳了,我的孩子们都长大了,我仍然经常想到在原爆中丧生的弟弟妹妹,我无法抹去我的悲伤。"

"我的孩子们总跟我说,不要再开车去儿子家了,因为需要开10个小时的车,"谷口说,"事实上,自从我70岁之后,他们就经常提醒我,告诉我不应该做什么,因为我老了!"然而,谷口没有说的是,他已经85岁了,身患多种疾病,疼痛一直在折磨着他。他的前胸有褥疮愈合后形成的很深的凹陷,深得可以看到他的心跳。他的一只眼睛几乎失明,他的记忆力也逐渐衰退。他接受过25次手术治疗,包括至少10次背部和左臂的植皮手术,他感到脊柱中间——深处,不是表面——的疼痛是最严重的。当他站立或行走时,由于肘部活动受限,他的胳膊总是处于半弯曲状态,他的手腕下垂。他身体的一大半都被疤痕覆盖,"我的皮肤不排汗,"他说,"因此在夏季,我总是感到很疲惫。"谷口仍然特别瘦,只能吃很少量的食物,以避免他的背部、腿部和胳膊上的烧伤后愈合皮肤被撑破。他背部移植后的皮肤经常开裂。英子每天都帮他在背部涂药膏。

谷口在26年前就退休了,自从退休以来,他仍然坚持社会活动,每天一早就起床,穿上西装,打上领带,把头发梳理整齐,然后从位于稻佐山的家里出发,开车去位于和平公园的

第九章 容　忍

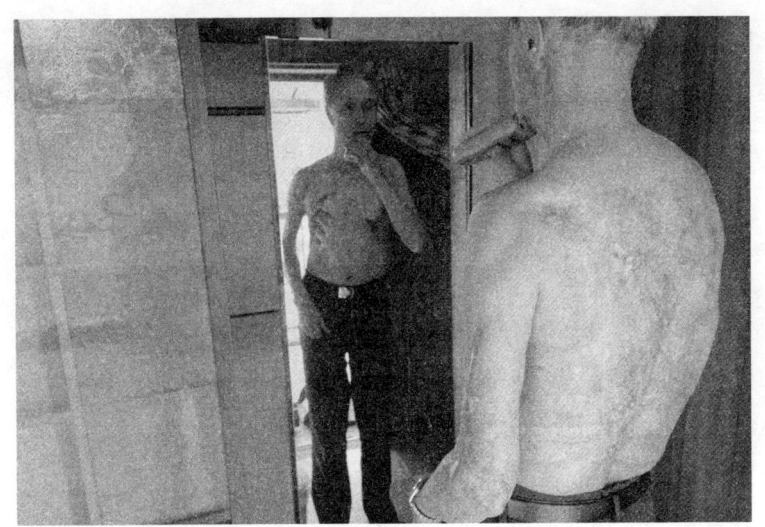

谷口稜晔，时年75岁，露出他的背部、胳膊、胸部的伤和疤痕，摄于2004年。（约翰·范·哈瑟尔特 [John Van Hasselt] 拍摄的照片 / 考比斯图片社）

长崎原爆受害者协会，他的办公室在二楼，楼下是一个小纪念品商店。长崎和平公园里的游人很多，这个公园面积约18平方千米，其中的景点包括和平祈念像，在原爆中被炸毁的浦上监狱的废墟，原爆未辨明身份死者追悼祈念堂里面的架子上摆满了骨灰盒，总共有8 962名未辨明身份原爆死者的骨灰。和平公园里绿树成荫的走道两侧，摆放着世界各国捐赠的雕塑和纪念碑。和平公园的南侧有一座大喷水池，名为"和平之泉"，俯瞰着浦上地区。

谷口在受害协从事志愿服务工作，每周工作5天，帮助原爆生还者申请政府的医疗补助。1995年，《被爆者援护法》

403

（Hibakusha Relief Law）实施，这个法案的覆盖面更广，扩大了被爆者的医疗补助范围。"不过，"谷口说，"这个法案很难懂，申请和获取政府医疗补助的过程很复杂。"谷口帮助原爆生还者及其家人按照法案进行申请。他还帮助尚未被认定疾患原爆症的被爆者起诉政府，要求政府为他们支付医疗补助费，这些起诉有时候能起到一定的效果，日本政府对《被爆者援护法》进行了修订，完善了对原爆症的定义，医疗补助的支付范围也有所扩大——尽管谷口和其他活动家仍然认为，原爆症的认定申请和定义还是过于严格，政府仍然可以拒绝为重病缠身的被爆者支付医疗补助费。

"奇怪的是，我还活着，"谷口带着难以置信的口吻说。事实上，1955年，他曾经和很多被爆者一起创办受害协，如今，他的那些同事们都已经去世了。"就剩下我一个人了。"他的年龄越来越大，朋友们的平常问候例如"请照顾好自己"都已经不能使他感到任何安慰了，当人们祝他长寿时，他就会沉默不语。"长寿将意味着还有很多年的痛苦，"他说，"无论怎样，我将会一直有痛苦，直至死亡。"

受害协的会议室就在他的办公室对面，只隔着走廊，谷口站在会议室的窗前，向北可以望见住吉町，那一片曾经是农村地区，原爆时，他正骑着自行车经过那里，他被冲击波掀翻在地，后背和胳膊上的皮肤被烧掉了。"如果用一把尺子来量生命，整个生命若是30厘米长，在原爆那天，我生命的29.9厘

第九章 容 忍

长崎原爆点的第一个标志,其上有英文和日文,指出这个地点的上方就是原爆点,摄于1945年10月。(林重男拍摄/长崎原爆资料馆提供的照片)

米都被摧毁了。最后1毫米……我找到了在这1毫米内活下去的力量,我认识到,我之所以能够生还下来,是由于得到了很多人的帮助。所以我不只是为自己活着;我现在还必须为其他人活着。尽管我活得很痛苦,但我有责任活下去,坚持活到生命的最后一刻。"

他从桌子旁边站起来,到阳台去抽根烟。一个美国女孩正在录制这次采访,当他从她身边经过的时候,他停了一下,脸上露出一丝微笑。

"把不好的部分删掉,"他说,"可以吗?"

致　谢

我非常感谢本书中记述的5位被爆者：堂尾峰子、长野悦子、谷口稜晔、和田浩一、吉田胜次。他们抽时间接受我的采访，坦诚和善意地向我讲述了他们的原爆经历，讲述了他们在过去70年间生活中的一些重要时刻。我也非常感谢这5位被爆者的家人们：堂尾的妹妹冈田郁代、和田的妻子和田尚子、吉田的长子吉田直次、吉田的次子吉田知二、吉田的弟弟吉田健次（Yoshida Kenji）、吉田的表妹金山邦子（Kanayama Kuniko）。他们向我提供了关于被爆者生活的更多信息，向我展示了被爆者们的日记、书信和照片。

我也非常感谢长崎市的其他几位被爆者：秋月寿贺子（秋月医生的妻子）、深堀芳年、滨崎仁（Hamasaki Hitoshi）、广濑正人、松添博、宫崎绿（Miyazaki Midori）、下平作江（Shimohira Sakue）、内田司，以及一位不愿透露姓名的妇女。他们接受了我的采访，向我讲述了他们的个人经历和见解。我特别感谢三谷和美（Mitani Kazumi），通过她的介绍，我结识了两位被爆者，这两位被爆者以前从来没有向其亲友以外的任

致　谢

何人讲述过他们的个人经历；我很感谢圣方济各医院的中道惠子（Nakamichi Keiko），在她的安排下，我见到了秋月寿贺子，我们进行了一次深入的交谈。我感谢带我参观城山小学校园的坂田利弘（Sakato Toshihiro），感谢带我参观慧之丘长崎原爆老人院的富佐代堤修女（Sister Fusayo Tsutsumi）。

通过阅读数百名长崎被爆者的书面证言，我对原爆生还者的经历有了更广泛的了解。我感谢这些证言集的编辑和英文译者。一些机构用了几十年的时间收集和翻译被爆者的书面证言，这些机构包括国立长崎追悼原子弹死难者和平祈念馆、长崎促进和平基金会、长崎证言会、长崎国际文化会馆、长崎被爆者医疗协会（Nagasaki Association for Hibakushas' Medical Care）、长崎广播株式会社（Nagasaki Broadcasting Company）、朝日新闻、日本被爆协。我感谢布莱恩·伯克-加夫尼（Brian Burke-Gaffney）和杰夫·尼尔（Geoff Neill），他们把很多证言翻译成英文。布莱恩·伯克-加夫尼陪我在长崎市漫步，给我介绍了长崎历史中一些有趣的方面。

长崎促进和平基金会的部门副主管松尾兰子多年来给我提供了很多帮助，经过她的介绍，我结识了堂尾、和田、长野、吉田；我在长崎市采访期间，她帮助协调我的采访日程安排，帮我联系了许多原子弹专家。称她为我的朋友，我感到很荣幸。长崎促进和平基金会的董事们和全体工作人员，尤其是平光吉（Taira Mitsuyoshi）和水下步（Mizushita Ayumi），也在研究和协调方面为我提供了很多帮助。

我特别感谢原爆照片与资料研究委员会（Committee for Research of Photographs and Materials of the Atomic Bombing）的会长深堀芳年，他让我查阅了他的原爆照片资料库，帮助我从年老的被爆者或其他人那里获取了一些照片的使用许可。他的志愿者团队，尤其是调雅之，给我提供了很多帮助。长崎原爆资料馆的高木留美子（Takagi Rumiko）和白石瞳（Shiraishi Hitomi）分别在本书调研阶段的前期和后期给我提供了大量的支持。特别感谢照片档案保管员奥野正太郎（Okuno Shōtarō），他帮助我从长崎原爆资料馆查找并获取了许多照片的使用许可。我很感谢朝日新闻社的伊藤整（Itō Sei），在他的帮助下，我找到了1945年版《朝日新闻》的报纸副本，还找到了当今报纸上对被爆者的一些特写报道。

我还感谢给我提供帮助的原爆病医生和专家：日本红十字会长崎原爆医院的院长朝永正男医生、副院长森秀树（Hideki Mori）医生、社会工作者中岛诚二（Nakashima Seiji）。长崎大学医学部和齿学部附属医院精神科的木下裕久（Kinoshita Hirohisa）医生和长崎大学生物医学研究生院的临床心理学家越本莉香（Koshimoto Rika）向我介绍了关于被爆者体验的心理学研究进展。辐射效应研究基金会临床研究部的部长赤星正纯博士向我介绍了该基金会研究的历史和现状。我很感谢该基金会疫学部（Epidemiology Department）原簿管理课（master file section）的朝枝雅子（Fukushima Masako），她给我提供了很多帮助。

在美国，我很感谢我的代理人理查德·巴尔金（Richard Balkin）和维京出版公司（Viking）的编辑梅兰妮·托尔托里（Melanie Tortoroli），感谢他们为此书的出版所付出的努力。我也要感谢维京出版公司的副总裁和副出版人温迪·沃尔夫（Wendy Wolf）以及我的第一位编辑凯文·多芬（Kevin Doughten），感谢他们从一开始就对这本书充满信心。我非常感谢这本书的制作编辑布鲁斯·吉佛斯（Bruce Giffords）和文字编辑拉维娜·李（Lavina Lee）以及维京出版公司的整个团队，感谢他们在本书出版过程中付出的努力。

我很感谢为这本书提供资金支持的机构：亚利桑那州艺术委员会（Arizona Commission on the Arts）、比尔·德斯蒙德写作奖（Bill Desmond Writing Award）、调查新闻基金金（Fund for Investigative Journalism）、妇女基金/芭芭拉·戴明纪念基金会（Money for Women/Barbara Deming Memorial Fund, Inc.）、美国国家慈善信托基金会（National Philanthropic Trust）。我很感谢诺曼·梅勒中心（Norman Mailer Center），让我有一个月的时间在马萨诸塞州的普罗温斯敦（Provincetown）进行写作，与优秀的非虚构作家、小说作家、诗歌作家们在一起写作。我衷心感谢资助我写这本书的琼·卡恩（Joan Kahn），为我提供资金支持的人还包括：艾莉森·阿诺德（Alison Arnold）、黛博拉·鲍尔（Deborah Bauer）、安德烈·贝克汉姆（Andrea Beckham）、肯·布莱克本（Ken Blackburn）、玛丽·布朗（Mary Brown）、安妮·坎莱特（Anne Canright）、韦恩·戴利和卡罗尔·戴利（Wayne and Carol Daily）、邦妮·艾克德（Bonnie Eckard）、黛比·艾尔曼（Debbie Elman）、艾梅柏·E.艾丝帕（Amber E. Espar）、艾洛伊思·克莱因·希里（Eloise Klein Healy）、顺势疗法保健有限责任公司（Homeopathy Care LLC）、萨丝克阿·佐达（Saskia Jorda）、安妮·凯乐（Anne Kellor）、詹姆斯·拉提（James Lattin）、米歇尔·劳森（Michele Lawson）、珍妮特·林德（Janet Linder）、克里斯托弗·莫吉尔（Christopher Mogil）、朱迪和丹·佩兹梅尔-罗林斯（Judy and Dan Peitzmeyer-Rollings）、拉尔夫和达西·菲利普斯（Ralph and Darcy Phillips）、玛丽莲·普尔斯利（Marilyn Pursley）、赫蒂杰·奎恩（Khadijah Queen）、唐娜·鲁比（Donna Ruby）、迪克和雪莉·索萨德（Dick and Shirley Southard）、雷·索萨德（Ry Southard）、大卫·施皮尔福格尔（David Spielvogel）、朱迪·斯塔尔（Judy Starr）、温迪·怀特（Wendy White）、金·斯科特·齐格勒（Kim Scott Ziegler）以及两位匿名捐助者。

我特别感谢历史学家约翰·W.道尔，感谢他抽出时间和我讨论他的历史见解，并且给我鼓励；感谢同行蕾切尔·莉特娜（Rachelle Linner），与我一起讨论关于被爆者生活的写作计划的许多方面；感谢保罗·莫里斯（Paul Morris）和克里斯

致　谢

托弗·布洛瓦（Christopher Burawa）给我的鼓励；感谢詹姆斯·山崎医生，他耐心地向我讲述20世纪40年代晚期长崎市人们的生活。

我很幸运，因为我组建了一个优秀的团队，为本书写作过程中的资料收集和翻译提供了有力的支持。我非常感谢团队中的7位翻译人员，他们花了很多时间帮助我翻译各种资料，包括采访记录、散文、报刊文章、病历、科学研究报告、各种信件。真理子·菅原·布拉格（Mariko Sugawara Bragg）担任翻译小组的组长，组员包括靖子·克拉克（Yasuko Clark）、英子·福斯特（Eiko Foster）、藤吉绘理子（Eriko Fujiyoshi）、清子·藤井·海德（Sayako Fujii Head）、根岸·琼斯（Toshie Jones）、若尾秋子（Akiko Wakao）。我非常感谢团队中的项目管理人员：伊娃·布莱克（Eva Black）、查琳·布朗（Charlene Brown）、珍妮·卡拉汉（Jeanne Callahan）、洛林·卡波拉（Lorraine Ciavola）、谢拉·伊达尔戈（Shela Hidalgo）、达西·埃奇·菲利普斯（Darcy Esch Phillips）。我很感谢近藤百合子（Yuriko Kondo）律师，她帮忙翻译了一些法律文件。我很感谢我以前读艺术硕士（MFA）时的导师瓦莱丽·鲍伊德（Valerie Boyd）和丽贝卡·高佛瑞（Rebecca Godfrey），以及写作班的同行们安妮·坎莱特（Anne Canright）、安妮·刘·凯洛尔（Anne Liu Kellor）、赫蒂彻·奎因（Khadijah Queen）、克里斯汀·泰勒（Christin Taylor），感谢他们阅读本书的写作计划和初稿并提供了许多宝贵的建议。我很感谢伊娃·布莱克（Eva Black）和肯·布莱克本（Ken Blackburn），他们仔细阅读了本书的终稿，并提出了宝贵的建议。

我特别感谢本项目的历史学家罗宾·拉沃伊（Robin LaVoie）硕士，在这本书的写作过程中，她与我并肩工作了11年。罗宾帮助查找、分析、引用并整理了本项目的原始资料；根据被爆者的经历，在长崎市的地图上详细标出了原爆生还者的位置；获取了许多照片的使用许可，帮助编写本书的章节注释和参考书目；为我提供独到的编辑建议。这么多年来，她一直是我最好的同事。毫不夸张地说，若是没有罗宾所做的大量工作，这本书就不会存在了。

查琳·布朗（Charlene Brown）和朱迪·斯塔尔（Judy Starr）是我的好友，你们的智慧、坚持、力量和爱让我感动。精华剧院（Essential Theatre）过去和现在的全体成员，我衷心感谢你们，为了把我们的读者的故事搬上舞台，你们不断探索倾听和合作表演的艺术。

最后，我要感谢我的家人，他们对我的耐心、鼓励、支持和爱比想象的多得多：加里·索萨德和苏·索萨德（Gary and Sue Southard）；我的兄弟雷·索萨德（Ry Southard）和乔纳森·索萨德（Jonathan Southard）；我的女儿伊娃·布莱克（Eva Black）。当我准备写这本书的时候，伊娃陪我去长崎市，那时她才10岁，这本书出版之时，她已经长大了。这本书是献给你们的。

注　释

　　本书记述了5位生还者的经历，很多地方直接引述了他们自己的原话，摘自我的采访记录，我对他们进行过多次面对面的采访，采访使用日语，由我的翻译团队把他们的原话翻译成英文。我对这些采访记录进行了编辑，去除了重复的和离题的对话，缩短了长度，并且使之更加清晰。有一些引述取自我对他们的跟进采访、来往信件、未发表的个人作品。为了准确地记述这5位生还者的经历，我还参阅了与他们的经历有关的大量资料，包括发表的和未发表的证言和传记，报纸和杂志文章，演讲的记录，广播、电视和影片采访，大量的照片，对这5位生还者的家人们的采访，以及书信往来。除了我的采访记录之外，我引用的他们原话的来源列在下面的资料来源部分。在本书的资料来源的第一部分，在每一位生还者的姓名下面，我列出了第一手资料和第二手资料的来源。

　　在研究阶段，我还阅读了长崎市的300多位生还者的书面证言，这些证言的英文译文是由国立长崎追悼原子弹死难者和平祈念馆、长崎促进和平基金会和其他的生还者组织提供的。

在这些证言中，被爆者详细地描述了原爆给他们造成的身体上和精神上的痛苦，通过阅读这些证言，我对被爆者们的核劫余生有了更广泛的了解，从而也加深了对堂尾、长野、谷口、和田、吉田的原爆经历的理解。这些证言以及本书直接引述的被爆者们的原话的来源列在后面。在本书的资料来源部分，我列出了长崎被爆者证言的英文版（包括已出版的、未出版的、网络版的）资料来源。

关于原子弹爆炸对社会、对人的身体和心理健康的短期和长期影响，主要资料来源是《广岛和长崎：原子弹爆炸的身体、医疗和社会影响》（*Hiroshima and Nagasaki: The Physical, Medical, and Social Effects of the Atomic Bombings*），这是由广岛市及长崎市原爆灾害志编辑委员会（Committee for the Compilation of Materials on Damage Caused by the Atomic Bombs in Hiroshima and Nagasaki）主编的，由石川永世（Ishikawa Eisei）和大卫·斯温（David L. Swain）翻译，该书出版于1981年。除了该书之外，参考资料还包括：长崎辐射效应研究基金会发表的最新研究成果，原子弹专家、医务人员、研究人员接受采访的记录，长崎原爆资料馆和长崎大学生物医学研究生院原爆后障碍医疗研究所提供的研究资料。

关于长崎市在原爆之前、原爆当时、原爆之后的详细信息，主要资料来源是《长崎原爆战灾志》（*Nagasaki Genbaku Sensaishi*），原本共5卷，由长崎市汇编，在1973—1984年期

注 释

间出版。2011年，国立长崎追悼原子弹死难者和平祈念馆在其网站上发布了该书第一卷的试用英译本，内容涉及第二次世界大战战前和战时的长崎市状况。该书的全5卷精简版有英译本，名为《长崎之声：原爆记录》(Nagasaki Speaks: A Record of the Atomic Bombing)，由长崎国际文化会馆在1993年出版，译者是布莱恩·伯克-加夫尼（Brian Burke-Gaffney）。除此之外，参考资料还包括数百名被爆者的证言（如前所述），长崎原爆资料馆、长崎市、长崎促进和平基金会的各种展览与出版物。

关于日本历史、太平洋战争、美国研制第一颗原子弹、美国对日本的占领、占领时期的审查制度、美国否认原爆的核辐射效应、原爆伤害调查委员会、史密森尼学会在1995年关于原爆的展览，我参考了很多学者和历史学家的研究著作，尤其是参考了以下学者的著作：约翰·托兰（John Toland）的《日本帝国的衰亡，1936—1945》(The Rising Sun: The Decline and Fall of the Japanese Empire, 1936—1945)，约翰·W.道尔的《战争没有怜悯：太平洋战争中的种族与权力》(War Without Mercy: Race and Power in the Pacific War) 和《直面战败：第二次世界大战后的日本》(Embracing Defeat: Japan in the Wake of World War II)，理查德·罗兹（Richard Rhodes）的《原子弹的诞生》(The Making of the Atomic Bomb)，莫妮卡·布劳（Monica Braw）的《原子弹报道被压制：美国

415

占领当局在日本的审查制度》(The Atomic Bomb Suppressed: American Censorship in Occupied Japan)，M.苏珊·林迪（M. Susan Lindee）的《真实的痛苦：美国科学和广岛的生还者》（Suffering Made Real: American Science and the Survivors at Hiroshima），凯·伯德（Kai Bird）和劳伦斯·利夫舒尔茨（Lawrence Lifschultz）编辑的《广岛的阴影：关于否认历史和史密森尼争议》(Hiroshima's Shadow: Writings on the Denial of History and the Smithsonian Controversy)。

下面是每个章节的注释。与前面一样，在下文的表述中，日本人名是姓氏在前，名在后。

关于本书的更新、照片、链接和其他资料，参见http://www.susansouthard.com。

前　言

谷口在1986年的演讲底稿（未发表的），已被译成英文，供作者参考。

截至2014年3月，在世界各地生活的被爆者人数，可参见原爆69周年的新闻报道。例如，加藤典洋（Kato Norihiko）的文章《孤单的原爆受害者》(Atomic Bomb Victims Stand Alone)，发表在2014年8月14日的《纽约时报》。

长崎诗人尾山高见的诗，参见《广岛/长崎：原爆后——

卷五：长崎挽歌：124尾山高见的和歌》(*Hiroshima/Nagasaki*: *After the Atomic Bomb—Volume V*: *Elegy for Nagasaki*: *124 Tankas of Takami Oyama*)，见目诚（Kemmoku Makato）翻译。

序　章

除了《长崎原爆战灾志》第一卷的英译本之外，关于长崎历史的其他参考文献包括：布莱恩·伯克-加夫尼的《长崎：英国的经验，1854—1945》(*Nagasaki: The British Experience: 1854—1945*)一书；镰田贞夫（Kamata Sadao）和斯蒂芬·萨拉福（Stephen Salaff）的文章《原子弹和长崎市的居民们》(The Atomic Bomb and the Citizens of Nagasaki)，发表在《亚洲问题学者通报》(*Bulletin of Concerned Asian Scholars*, 14：2)；约翰·尼尔森（John Nelson）的《长崎诹访神社的历史进程》(Historical Momentums at Nagasaki's Suwa Shrine)发表在《十字路口2》(*Crossroads 2*)；水浦久行（Mizuura Hisayuki）编辑的《浦上主教座堂的修复：纪念专辑》(*The Restoration of Urakami Cathedral: A Commemorative Album*)；奥山道明（Okuyama Michiaki）的文章《长崎市对原爆的宗教反应》(Religious Responses to the Atomic Bomb in Nagasaki)，发表在南山宗教文化研究所（Nanzan Institute for Religion and Culture）的《研究所报》(*Bulletin* 37)；以及长崎被爆者的证言。

关于在战争期间的日本战时口号和其他的个人回忆,参见田谷治子(Taya Haruko)与西奥多·库克(Theodore F. Cook)合著的《战争中的日本:口述历史》(*Japan at War: An Oral History*)。关于第二次世界大战战前和战时的日本历史,其他参考文献包括:伊恩·布鲁玛(Ian Buruma)的《发明日本:1853—1964》(*Inventing Japan: 1853—1964*);埃德温·赖肖尔(Edwin O. Reischauer)的《日本:一个民族的历史》(*Japan: The Story of a Nation*);大卫·J.鲁(David J. Lu)编辑的《日本:记录历史,卷2:从德川幕府晚期到现代》(*Japan: A Documentary History, Vol.II: The Late Tokugawa Period to the Present*);约翰·W.道尔的《直面战败》;马里厄斯·詹森(Marius Jansen)的《现代日本的形成》(*The Making of Modern Japan*);赫伯特·比克斯(Herbert P. Bix)的《裕仁天皇与现代日本》(*Hirohito and the Making of Modern Japan*);杰佛里·雷科德(Jeffrey Record)的《日本在1941年的战争决定:一些持久的教训》(*Japan's Decision for War in 1941: Some Enduring Lessons*)。

关于裕仁天皇在战争中发挥了多大的活跃作用,历史学家仍在争论,特别是因为从日本投降到美军正式进驻东京,在时间上有一个多月的间隔,日本官员利用这段时间销毁了日本政府的许多战时文件;还因为战后日本的信息来源偏袒天皇,官员们希望撇清天皇的战争责任。这方面的参考资料，例如巴顿·J.伯恩斯坦（Barton J. Bernstein）的文章《介绍关于日本1945年投降的解释性问题》(Introducing the Interpretive Problems of Japan's 1945 Surrender)，收录于长谷川毅（Hasegawa Tsuyoshi）编辑的《太平洋战争的结束：重新评价》(The End of the Pacific War: Reappraisals)一书中；河村纪子（Kawamura Noriko）的文章《裕仁天皇与日本决定对美国开战：重新审视》(Emperor Hirohito and Japan's Decision to Go to War with the United States: Reexamined)，发表在《外交史》(Diplomatic History, 31: 1)。

第一章 汇 聚

战时的日本

关于日本的民族主义宣言："臣民之道"和"教育敕语"，参见大卫·J.鲁编辑的《日本：记录历史，卷2：从德川幕府晚期到现代》。关于东条英机在日军偷袭珍珠港后发表的广播讲话、日本的民族主义口号、日本人民对于战争期间的生活记忆，参见田谷治子与西奥多·库克合著的《战争中的日本：口述历史》。

关于在战争期间的种族主义和民族主义宣传的作用，参见约翰·W.道尔的《战争没有怜悯：太平洋战争中的种族与权力》。《时代》杂志于1943年7月5日引述的文章《敌人：也许他是人类》(The Enemy: Perhaps He is Human), 参见霍华德·津恩(Howard Zinn)的《核爆》(The Bomb)一书中的《广岛：打破沉默》(Hiroshima: Breaking the Silence)。

除了序言章节注释中提到的资料来源之外，关于战时日本的资料来源还包括：约翰·W.道尔的《战争与和平年代的日本》(Japan in War and Peace: Selected Essays);《日本结束战争的斗争》(Japan's Struggle to End the War)，美国战略轰炸调查团的2号报告；关于日本国内的反战争例子，参见阿尔文·D.库克斯(Alvin D. Coox)的《在战前和战时日本的反军国主义的证据》(Evidences of Antimilitarism in Prewar and Wartime Japan)，发表在《太平洋事务》(Pacific Affairs, 46:4);塞缪尔·英夫·山下(Samuel Hideo Yamashita)编辑的《多事之秋的落叶：普通日本民众的战时日记选》(Leaves from an Autumn of Emergencies: Selections from the Wartime Diaries of Ordinary Japanese)。

战时的长崎

和田讲述他在战争期间的饥饿，引自他的证言《在长崎，没有"战争结束"》(There Was No "War-End" in Nagasaki)，由国立长崎追悼原子弹死难者和平祈念馆印制。

久保光惠(Kubo Mitsue)在《被爆：原爆生还者的回忆》(Hibaku: Recollections of A-Bomb Survivors)一书中回忆了战时

注 释

的饥饿，特别瘦的她被人们称为"香柱"。长崎的许多被爆者还回忆了他们在战时的其他经历，例如战时的强制劳动、町内会的活动、防空袭准备、配给制、军国主义教化、家人被征召当兵。关于他们的经历以及在战争期间的生活，还可参见《长崎原爆战灾志》第一卷的英译本，以及布莱恩·伯克-加夫尼的《长崎：英国的经验，1854—1945》一书。

堂尾的回忆，关于她父亲的严厉、她在学校里听到日本袭击珍珠港的消息、她的家人送她哥哥去战场，参见她的文章《生还下来，我活着》(Allowed to Live, I Live)，收录于庆尚部会（Keishō bukai）和传承小组（堂尾峰子遗作收藏）编辑委员会（Legacy Group ［Dō-oh Mineko posthumous collection］ Editorial Committee）编辑的同名文集，已被译成英文，供作者参考。

关于长崎市民防措施的更多细节，参见美国战略轰炸调查团民防部门的调查报告。《日本长崎市的空袭防护和关联问题的现场报告》(Field Report Covering Air-Raid Protection and Allied Subjects in Nagasaki, Japan)，美国战略轰炸调查团的5号报告。

关于长崎市的三菱大桥军械厂，它制造的航空鱼雷曾被用来偷袭珍珠港，在《长崎原爆战灾志》第一卷中有记录，还可参见戈登·W. 普兰奇（Gordon W. Prange）、唐纳德·M. 戈尔茨坦（Donald M. Goldstein）和凯瑟琳·V. 狄龙（Katherine

421

V. Dillon）的《我们在清晨沉睡：有关珍珠港的没讲过的故事》(*At Dawn We Slept: The Untold Story of Pearl Harbor*, New York: McGraw-Hill, 1981）；源田实（Genda Minoru）的《珍珠港作战回顾录》(*Shinjuwan Sakusen Kaikoroku*, Tokyo: Yomiuri Shimbun, 1972）。

关于长崎市在1944年8月遭受的第一次空袭，是美国陆军航空军（USAAF）夜间实施燃烧弹轰炸的早期"测试"空袭，参见卫斯理·弗兰克·克瑞文（Wesley Frank Craven）和詹姆斯·凯特（James Lea Cate）编辑的《美国陆军航空军第二次世界大战史，第5卷》(*The Army Air Forces in WWII*, vol.5）；迈克尔·S.雪利（Michael S. Sherry）的《美国空中武力的崛起：绝世天劫》(*The Rise of American Air Power: The Creation of Armageddon*）。另见美国共同目标小组（U.S. Joint Target Group）在1944年6月编制的《空中目标分析》(Air Target Analysis）中的长崎地区目标（Objective no.90.36），该文概述了在长崎地区的工业和其他目标，包括燃烧弹空袭最易造成损失的两个目标：中岛地区和浦上地区，因为这两个地区"房屋密集"，可以作为防火道的河流、沟渠或街道很少。美国共同目标小组的文件存放在美国战略轰炸调查报告中的"记录组243"（Record Group 243），在马里兰大学帕克分校（College Park, MD）的国家档案馆，图书馆联机目录识别号561744；电子版可以在网站获取，http://www.fold3.com/page/2848_

japanese_air_target_analyses/。

1945年的春天和夏天

关于美国参谋长联席会议（U.S. Joint Chiefs of Staff）的指示，空袭日本的目标是既要打击日本人的士气，又要打击日本的军事基础设施，参见卫斯理·弗兰克·克瑞文和詹姆斯·凯特编辑的《美国陆军航空军第二次世界大战史，第5卷》一书的第23章，第748页。由于这些空袭的混乱，在空袭之前和之后的日本平民疏散，城市的相关记录被大火烧毁，谁都不知道日本有多少人在盟军的空袭行动中丧生。据估计，在广岛和长崎原爆之前，空袭行动已造成20万人死亡，还有数十万人受伤和失踪。关于空袭伤亡的各种估计数字的分析，可以参见约翰·W.道尔的《战争没有怜悯》；迈克尔·S.雪利的《美国空中武力的崛起：绝世浩劫》，特别是第413页，脚注43。与美国战略轰炸日本的影响有关的更多文件和证言，参见http：//www.japanairraids.org。

关于长崎医科大学的防空袭准备，参见《原爆生还者的证言》(Testimonies of the Atomic Bomb Survivors)中的永井隆的文章，该书由大野辉晓（Ohbo Teruaki）和松永皓正（Matsunaga Terumasa）编辑。关于战时学生工人们携带的急救包，参见《长崎足迹》(Footprints of Nagasaki)中的莫里·苏米（Mori Sumi）的文章，该书由长崎县立女子高中第42届校友

(Nagasaki Prefectural Girls' High School 42nd Alumnae)编写。关于采集松脂做燃料，参见桥本裕（Hashimoto Yutaka）的文章《妈妈和银米饭》(Mom and Silver Rice)，发表在《十字路口4》(Crossroads 4)。

秋月辰一郎医生向美国战略轰炸调查团医疗组调查员提供的关于长崎市战时医疗卫生状况包括脚气病的信息，参见《原子弹爆炸对广岛与长崎的卫生和医疗服务的影响》(Effects of the Atomic Bombs on Health and Medical Services in Hiroshima and Nagasaki)，美国战略轰炸调查团的13号报告，第74—75页；《第417号讯问》(Interrogation no.417)，1945年11月8日，出自《讯问日本高级官员和对调查表的答复，1945—1946》(Interrogations of Japanese Leaders and Responses to Questionnaires, 1945—1946)，微缩胶片出版物M1654，1卷，42号文件，收录于美国战略轰炸调查报告中的"记录组243"，在马里兰大学帕克分校的国家档案馆。

恒孝正敏（Tsunenari Masatoshi）关于身上满是跳蚤和虱子的回忆，参见《1949年8月9日，我们的父母在长崎市》(Our Parents Were in Nagasaki on August 9, 1945)。

日本民众在1945年夏天的厌战情绪，参见《战略轰炸对日本士气的影响》(The Effects of Strategic Bombing on Japanese Morale)，美国战略轰炸调查团的14号报告。深堀

注 释

悟（Fukahori Satoru）接受采访时提到，即使那时还是个孩子，他也知道日本正在输掉战争，参见史蒂文·冈崎（Steven Okazaki）导演的电影《白光/黑雨》（White Light/Black Rain）。

关于日本在1945年夏天的战争资源，以及如何准备迎战盟军对日本本土的进攻，参见《日本结束战争的斗争》，美国战略轰炸调查团的2号报告；约翰·W.道尔的《直面战败》；《联合参谋长团：对敌人形势的估计，28号文件》（Combined Chiefs of Staff: Estimate of the Enemy Situation, document 28），收录于威廉·布尔（William Burr）编辑的《原子弹和第二次世界大战的结束》（The Atomic Bomb and the End of World War II）；理查德·弗兰克（Richard B. Frank）的《覆亡：日本军国主义帝国的结束》（Downfall: The End of the Imperial Japanese Empire）。

关于日本国民准备拼死抵抗，所谓的"玉碎"（shattered jewels），参见约翰·W.道尔的《直面战败》；日本人讲述的后方和军事备战，参见田谷治子与西奥多·库克合著的《战争中的日本：口述历史》。关于长崎市的民防活动和战斗训练，包括急救训练、传递水桶灭火训练、地堡里架起火炮、自杀攻击艇，这些在许多生还者的证言中都有叙述，另外参见《长崎原爆战灾志》第一卷。

目标选择

杜鲁门总统通知曼哈顿计划，参见《战争部长备忘录：原子裂变炸弹》(Memorandum for the Secretary of War: Atomic Fission Bombs)，格罗夫斯将军（General Groves）所作，1945年4月23日文件3a，以及《与总统讨论的备忘录》(Memorandum Discussed with the President)，亨利·L.史汀生所作，1945年4月25日，文件3b，均收录于威廉·布尔编辑的《原子弹和第二次世界大战的结束》。

关于原子弹轰炸目标的选定标准，参见《确定目标》(Defining the Targets)，文件4-15，特别是《1945年5月10日和11日的目标委员会会议纪要》(Summary of Target Committee Meetings on 10 and 11 May 1945)，文件6，均收录于威廉·布尔编辑的《原子弹和第二次世界大战的结束》。斯帕茨将军（General Spaatz）提及长崎市的战俘营，参见马丁·J.舍温（Martin J. Sherwin）的《被摧毁的世界》(A World Destroyed)。美国官员们只是考虑了一下不对日本使用原子弹的替代方案，例如示范性地引爆一颗原子弹来恐吓日本或者发出一个正式警告，参见巴顿·J.伯恩斯坦的文章《杜鲁门和原子弹：对准了平民，投放原子弹，他对"这个决定"的辩白》(Truman and the A-Bomb: Targeting Noncombatants, Using the Bomb, and His Defending the "Decision")，发表在《军事史杂志》(The Journal of Military History, 62)。

关于"三位一体"（Trinity）核爆被报道为"没有危害的事故"，参见巴顿·C.哈克（Barton C. Hacker）的《龙的尾巴：

注 释

曼哈顿计划中的核辐射安全问题，1942—1946》(*The Dragon's Tail*: *Radiation Safety in the Manhattan Project*, *1942—1946*)。

日本内阁在原爆前关于投降的争论、日本战时内阁对《波茨坦公告》的"默杀"回应、东京方面对广岛原爆的反应，参见《日本结束战争的斗争》，美国战略轰炸调查团的2号报告；约翰·托兰的《日本帝国的衰亡》；理查德·弗兰克的《覆亡》；罗伯特·J.C.布托（Robert J.C. Butow）的《日本决定投降》(*Japan's Decision to Surrender*)；广岛市及长崎市原爆灾害志编辑委员会的《广岛和长崎》(*Hiroshima and Nagasaki*)；威廉·拉努埃特（William Lanouette）的文章《我们为什么投下原子弹》(*Why We Dropped the Bomb*)，发表在《文明》(*Civilization*, 2：1)；《默杀：一个词，两个教训》(*Mokusatsu*：*One Word, Two Lessons*)，发表在《国家安全局技术杂志》(*National Security Agency Technical Journal*, 13：4)；长谷川毅编辑的论文集《太平洋战争的结束：重新评价》中的相关论文。

关于《促令日本投降之〈波茨坦公告〉，1945年7月26日　》(Proclamation Defining Terms for Japanese Surrender, July 26, 1945)，参见大卫·J.鲁编辑的《日本：记录历史，卷2》(*Japan*：*A Documentary History*, vol.2)。关于投掷原子弹的指令，参见《备忘录，给斯帕茨将军，1945年7月25日》(Memo, Handy to Spaatz, 7-25-45, document 41e)，收录于威廉·布尔编辑的《原子弹和第二次世界大战的结束》一书中。

关于杜鲁门总统收到广岛原爆消息后的反应,参见白宫记者 A. 梅利曼·史密斯(A. Merriman Smith)的《谢谢您,总统先生:白宫笔记》(*Thank You, Mr. President: A White House Notebook*)一书的第 257 页(New York: Harper & Brothers, 1946)。杜鲁门总统在广岛原爆后的声明,参见《总统的声明,宣布在广岛投下了一颗原子弹,1945 年 8 月 6 日》(Statement by the President Announcing the Use of the A-Bomb at Hiroshima, 8-6-45),收录于《美国总统的公开文件:哈里·S. 杜鲁门,1945—1953》(*Public Papers of the Presidents of the United States: Harry S. Truman, 1945—1953*)。

长崎原爆的前夜和当天早晨

《朝日新闻》在 1945 年 8 月 8 日刊登了关于广岛遭轰炸"造成相当大损害"的头条新闻通报。关于角尾晋向长崎医科大学教职员工的通报,参见秋月辰一郎医生的回忆录《长崎 1945》(*Nagasaki 1945*)。长崎市民对广岛遭轰炸消息的其他一些反应,参见《原爆生还者的证言》一书中的中川一雄(Nakagawa Kazuo)的文章《走在炽热的废墟上》(Walking Over Red-Hot Rubble),该书由大野辉晓和松永皓正编辑;长崎县知事永野若松的证言,在长崎放送株式会社网站"长崎与和平"(Nagasaki and Peace),http://www2.nbc-nagasaki.co.jp/peace。

士兵们在"胖子"原子弹上签名留言的照片,以及"博

注 释

克斯卡号"轰炸机的机组人员的证言,参见罗伯特·克劳斯和艾米利亚·克劳斯(Robert and Amelia Krauss)编辑的《纪念第509综合组》(The 509th Remembered)。其他资料来源包括:美国空军少将(退役)查尔斯·W. 斯威尼(Charles W. Sweeney)、詹姆斯·A. 安东洛奇和马里恩·K. 安东洛奇(James A. and Marion K. Antonucci)合著的《战争的终点:美国最后一次核任务的见证者》(War's End: An Eyewitness Account of America's Last Atomic Mission);《备忘录,指挥官弗雷德·阿什沃思给格罗夫斯将军的,1945年2月24日》(Memo, Commander F. L. Ashworth to Major General L.R. Groves, 2-24-45, document 2),收录于威廉·布尔编辑的《原子弹和第二次世界大战的结束》;理查德·罗兹的《原子弹的诞生》。另外参见梅勒·米勒(Merle Miller)和安倍·斯皮策(Abe Spitzer)合著的《我们扔下了原子弹》(We Dropped the A-Bomb);美国空军中尉(退役)弗雷德里克·奥利维(Fred J. Olivi)和威廉·R. 沃森(William R. Watson Jr.)合著的《在长崎的决定:差点儿失败的任务》(Decision at Nagasaki: The Mission That Almost Failed)。

关于在长崎投放原子弹的目标地点,参见《任务规划摘要,9号报告,第509综合组》(Mission Planning Summary, Report No.9, 509th Composite Group, GRO Entry (A1) 7530),收录于美国陆军中将莱斯利·理查德·格罗夫斯资料集(Lt.

General Leslie R. Groves Collection），综合通信，1941—1970年，在马里兰大学帕克分校的国家档案馆。

苏联在8月9日加入对日战争，这对日本内阁关于是否投降的争论有何影响，除了前述关于投降争论的参考文献之外，还可以参见戴维·格兰斯（David M. Glantz）的《八月风暴：苏军1945年对中国东北的战略进攻》(*The Soviet Strategic Offensive in Manchuria*，*1945*："*August Storm*"，London：Frank Cass，2003）；长谷川毅的文章《原子弹和苏联进攻：在日本投降的决定中，哪个更重要？》(The Atomic Bombs and the Soviet Invasion：Which Was More Important in Japan's Decision to Surrender?），收录于论文集《太平洋战争的结束：重新评价》。

吉田的回忆，关于"日本形式"（Japanese way），比如向天皇照片鞠躬，参见史蒂文·冈崎导演的电影《白光/黑雨》。

关于长崎市的人们在8月9日上午的各种活动，参见生还者的证言。菊池司（Kikuchi Tsukasa）在《寂静之雷》(*Silent Thunder*）中提到，据他推测，松山运动场在8月9日上午组织人们进行竹矛训练，因为在原爆当天下午，当经过现场的时候，他看到松山运动场上有很多尸体。平田剑士（Hirata Kenshi）在8月9日上午带着他妻子的骨灰从广岛回到长崎市的故事，以及经受两次原子弹爆炸的其他8名生还者的故事，参见罗伯特·特朗布尔（Robert Trumbull）的《先后经历广岛与长崎两次原爆的9名生还者》(*Nine Who Survived Hiroshima* and Nagasaki）。秋月辰一郎医生想到《西线无战事》，引自他的回忆录《长崎1945》。其他资料来源包括：浦田达枝（Urata Tatsue）的原爆经历，收录于永井隆的《我们在长崎》（We of Nagasaki）；金比罗山高射炮兵营的长官中村吉光（Nakamura Yoshimitsu）的经历，参见大野辉晓和松永皓正编辑的《原爆生还者们的证言》。

和田的回忆，他坐在一个长凳上，与朋友们讨论当天上午的有轨电车脱轨事故，参见他的证言《纪念，上午11：02》（A Monument to 11：02 a.m.），收录于长崎市的"和平与原子弹"（Peace and Atomic Bomb）网站，http：//www.city.nagasaki.lg.jp/peace/english/survivors/index.html。

第二章 闪 光

第一个60秒

关于长崎原爆的技术方面的资料，参见广岛市及长崎市原爆灾害志编辑委员会的《广岛和长崎》；理查德·罗兹的《原子弹的诞生》；塞缪尔·格拉斯登（Samuel Glasstone）和菲利普·J.多兰（Philip J. Dolan）编辑的《核武器的影响》（The Effects of Nuclear Weapons）第三版；约翰·马利克（John Malik）的《广岛和长崎的核爆炸当量》（The Yields of the Hiroshima and Nagasaki Nuclear Explosions）；辐射效应研究基金会的报告，

http://www.rerf.jp/library/archives_e/scids.html，包括威廉·C.罗施（William C. Roesch）编辑的《美国—日本联合重新评估在广岛和长崎的原爆核辐射剂量测定：剂量测定系统，1986年》（*U.S.-Japan Joint Reassessment of Atomic Bomb Dosimetry in Hiroshima and Nagasaki: Dosimetry System 1986*）；罗伯特·W.杨（Robert W. Young）和乔治·D.克尔（George D. Kerr）编辑的《重新评估在广岛和长崎的原爆核辐射剂量测定：剂量测定系统，2002年》（*Reassessment of the Atomic Bomb Radiation Dosimetry for Hiroshima and Nagasaki: Dosimetry System 2002*）。

关于原爆的冲击波和热辐射对人体的伤害，参见广岛市及长崎市原爆灾害志编辑委员会的《广岛和长崎》一书的第2—4章；《长崎之声》；调来助的文章《原爆伤害的医学调查》（Medical Survey of Atomic Bomb Casualties），发表在《军医期刊》（*The Military Surgeon*，113：4）；《原子弹对广岛和长崎的影响》，美国战略轰炸调查团的3号报告；《原子弹对日本长崎市的影响》（*Effects of the Atomic Bomb on Nagasaki, Japan*），美国战略轰炸调查团的93号报告；《广岛与长崎的原子弹爆炸》（*The Atomic Bombings of Hiroshima and Nagasaki*），美国陆军工程兵部队，曼哈顿区（U.S. Army Corps of Engineers, Manhattan District）。还可参见罗伯特·德沃尔（Robert DeVore）的《原子弹爆炸的真实伤害》（What the Atomic Bomb Really Did），发表在1946年3月2日的《科里尔》杂志（*Collier's*）。

注 释

谷口在原爆时的经历（被掀翻在地，大地都在颤动），引自他在1986年的演讲底稿（未发表），已被译成英文，供作者参考。在原爆时，谷口看到他面前的一个小孩"像一团灰尘一样"被狂风卷走了，引自他的证言《上午的强闪光》(The Light of Morning)，布莱恩·伯克-加夫尼翻译。

在蘑菇云下

弗雷德里克·奥利维中尉和克米特·比恩上尉从"博克斯卡号"轰炸机上看到的蘑菇云，参见彼特·J.库兹尼克（Peter J. Kuznick）的文章《为不可辩解的辩护：对于在广岛投掷原子弹的美国飞行员保罗·蒂贝茨的人生的思考》(Defending the Indefensible: A Meditation on the Life of Hiroshima Pilot Paul Tibbets, Jr.)，发表在《亚太学刊：日本热点》(Asia-Pacific Journal: Japan Focus)，http://www.japanfocus.org/-Peter_J_-Kuznick/2642；威廉·L.劳伦斯（William L. Laurence）的文章《轰炸机上的人员描述的长崎原爆》(Atomic Bombing of Nagasaki Told by Flight Member)，发表在1945年8月9日的《纽约时报》。

从长崎市以外的地区看到的蘑菇云：弥永康正（Iyonaga Yasumasa）的回忆，参见盐月正雄的《在长崎的医生》(Doctor at Nagasaki)一书；松本昭五郎（Matsumoto Shogoro）的回忆，参见《长崎之声》。8月9日在长崎市周边城镇的其他人的证言，参见《广岛和长崎的记忆：来自被爆者的消息》（Memories of Hiroshima and Nagasaki: Messages from Hibakusha），http://www.asahi.com/hibakusha。

被爆者的证言：横山美江（Yokoyama Yoshie）讲述了原爆时她的姐姐如何从城山小学3楼的窗户跳了出来，还有一位匿名生还者回忆道，有轨电车的铁轨"像软糖一样，扭曲变形"，引自她们的证言（未发表），由国立长崎追悼原子弹死难者和平祈念馆印制。其他生还者回忆的原爆时的情景，参见匿名生还者的证言，收录于《那两天的见证，第1卷和第2卷》（The Witness of Those Two Days, Vols.1 and 2）；岩永节子（Iwanaga Setsuko）的证言，收录于《长崎足迹》，该书由长崎县立女子高中第42届校友编辑。

原子弹爆炸导致的瞬时死亡的记录，参见《长崎之声》；广岛市及长崎市原爆灾害志编辑委员会的《广岛和长崎》；小菅信子（Nobuko Margaret Kosuge）的文章《瞬间彻底毁灭：长崎原爆灾难和最初的医疗救援》（Prompt and Utter Destruction: The Nagasaki Disaster and the Initial Medical Relief），发表在《国际红十字会评论》（International Review of the Red Cross, 89: 866）。关于在日本的盟军战俘的伤亡情况，参见战俘研究会（POW Research Network Japan）搜集的资料，http://www.powresearch.jp。已证实的资料显示，只有11名盟军战俘在长崎原爆中丧生，但是一些研究人员估计，14号战俘营（POW

注 释

Camp No.14）在原爆中丧生的战俘人数超过8人，这是根据生还者的证言，并且假定该战俘营的死亡率与距离原爆点相同范围内的其他地方的死亡率相似。参见广岛市及长崎市原爆灾害志编辑委员会的《广岛和长崎》一书的第478—480页。

在长崎市的油木町（Aburagi-machi），吉田附近的其他生还者的证言：山村进（Yamamura Susumu）的《把它们传承给下一代》(Hand Them Down to the Next Generations)；藤田佐野（Fujita Sano）的证言，收录于《长崎：原爆生还者们的声音》(Voices of the A-Bomb Survivors: Nagasaki)，该书由长崎原爆证言会编辑；许多被爆者回忆，在战争期间，作为辅助警察或志愿救援队员，他们接受的训练是，不要让伤员喝水——例如，饭仓重常（Iikura Shigetsune）医生的证言，在长崎放送株式会社网站"长崎与和平"，http: //www2.nbc-nagasaki.co.jp/peace。

吉田的回忆，河岸上一些死者完全被烧焦了"已经变成了炭"，引自他在2005年接受芝加哥公共电台（Chicago Public Radio）杰罗姆·麦克唐奈（Jerome McDonnell）采访时说的话，杰夫·尼尔（Geoff Neill）翻译。堂尾的回忆，原爆发生后，倒塌的厂房里一片寂静，引自她的文章《生还下来，我活着》，收录于庆尚部会和传承小组（堂尾峰子遗作收藏）编辑委员会编辑的同名文集，已被译成英文，供作者参考。

恒孝正敏的回忆，在三菱大桥军械厂，他被抛出去很远，参见《1949年8月9日，我们的父母在长崎市》。安倍一惠

（Abe Kazue）的回忆，周围的那些人全身都是灰色的，参见安倍一惠的《背负一个小十字架》(*Bearing a Small Cross*)。关于三菱大桥军械厂附近在原爆后的一片混乱，还可参见山口千次的回忆，收录于森末慎二（Fujisaki Shinji）编辑的《虽被烧伤但无所畏惧》(*Burnt Yet Undaunted*)；大渡亦竹（Owatari Ichiko）的证言（未发表），由国立长崎追悼原子弹死难者和平祈念馆印制。

堂尾的回忆，原爆后不久，一架 B-29 轰炸机从她头顶飞过，许多生还者也有类似的回忆，还有几位生还者生动地描述，在原爆当天下午或晚上，飞机从低空飞过，用机枪扫射地面。然而，由于美方估计原爆区的核辐射水平很高，因此在原爆后 6 小时内，美军飞机被禁止在距离长崎市 80 公里范围内的上空飞行，参见"任务规划摘要，9 号报告，第 509 综合组"(Mission Planning Summary, Report No.9, 509th Composite Group, GRO Entry [A1] 7530)，美国陆军中将莱斯利·理查德·格罗夫斯资料集，综合通信，1941—1970 年，在马里兰大学帕克分校的国家档案馆。在原爆 4 小时后，摄影飞机被允许进入长崎上空，斯帕茨将军提到，在原爆 3 个半小时后，这些飞机就试图进入长崎上空拍摄，但由于浓烟笼罩而受到阻碍，参见《从 250 英里[①]外看到的长崎原爆》(*Blast Seen 250 Miles Away*)，发表在 1945 年 8 月 11 日的《纽约时报》。尽管美军

---

① 1 英里约等于 1.6 公里。

注　释

轰炸机在原爆后没有进一步轰炸长崎市，但是美军对日本进行疯狂空袭，并且用机枪扫射平民，这些是有记录的——参见卫斯理·弗兰克·克瑞文和詹姆斯·凯特编辑的《美国陆军航空军第二次世界大战史，第5卷》一书的第696页——美军飞机进一步轰炸日本，并且在日本上空执行侦察任务，一直持续到1945年8月15日。

谷口回忆"伤口没有流血"，引自他在1986年的演讲底稿（未发表），已被译成英文，供作者参考。

关于长崎市在原爆前的医疗准备，参见《长崎原爆战灾志》第一卷；《日本长崎市的空袭防护和关联问题的现场报告》，美国战略轰炸调查团的5号报告。此外，关于原爆当天在临时救援点的紧急医疗救助情况，可参见长崎市的医生和其他生还者的回忆录。

长崎县知事永野若松的证言，参见《长崎之声》。他的证言在长崎放送株式会社网站"长崎与和平"，http：//www2.nbc-nagasaki.co.jp/peace。在原爆后的数天至数周内，永野知事和长崎市的官员们向日本防空总部发送了各种报告，其英文译文见《原子弹对日本长崎市的影响》，美国战略轰炸调查团的93号报告，第196—265页。

8月9日，下午和晚上

和田的回忆，他把一个小女孩送到紧急救助站，参见今石元久（Imaishi Motohisa）编辑的《60年的声音：原爆生还者的故事》(Sixty Years of Voices: Stories of the A-Bomb Survivors)，克里斯托弗·克鲁兹（Christopher Cruz）翻译；对和田的一次非正式访谈的记录，由今石元久提供，已被译成英文，供作者参考。

吉田真幸（Yoshida Masayuki）回忆了长崎市人们的救火行动，参见《长崎：原爆生还者们的声音》，该书由长崎原爆证言会编辑。

长野的回忆，关于在路上遇到几乎赤身裸体的伤员们向她讨水喝，引自她未发表的演讲稿《我的原爆记忆》(My Atomic Bomb Memory)，已被译成英文，供作者参考。她的回忆，"他们被烧得面目全非，只有一些破碎的衣服粘在伤口上"，参见《上午的强闪光》，布莱恩·伯克-加夫尼翻译。

河中的尸体就像是"泡在水盆里的土豆"，参见田中美子（Tanaka Mikiko）的《在我们心中的痛苦：广岛、长崎和冲绳的回忆》(The Pain in Our Hearts: Recollections of Hiroshima, Nagasaki, and Okinawa)。关于8月9日下午和晚上的更多回忆，参见匿名生还者们的证言，收录于《那两天的见证，第1卷和第2卷》。

樋口美惠子（Higuchi Mieko）的回忆，当她在原爆后回到家里时，她母亲激动地大叫，因此而遭到宪兵的训斥，参见《长崎足迹》，该书由长崎县立女子高中第42届校友编辑。

注 释

吉田的回忆，太阳光照射在他的伤口上，使他疼痛难忍，引自他在2009年接受《历史频道》（History Channel）的采访，由吉田胜次提供的副本。

堂尾的回忆，她口渴难忍，真希望能有点儿水喝，"即使泥水也可以"，以及那天晚上在宫岛武家里的临时救援点的情景，引自她的文章《生还下来，我活着》，已被译成英文，供作者参考。

那些向日本发出关于原子弹警告的传单是在广岛原爆之后印制的，并计划从8月9日开始空投到日本的各个城市（人口超过10万人的城市），参见《任务编号："特殊"；飞行：1945年7月20日至8日14日，第20航空队，第509综合组战术任务报告》（Mission No: "Special"; Flown: 20 July—14 Aug '45, 20th Air Force, 509th Composite Group Tactical Mission Report），美国陆军航空军的记录（Records of the Army Air Forces），记录组18，在马里兰大学帕克分校的国家档案馆。永野知事的报告，关于美军在原爆当天向长崎市空投传单，参见《空袭损失6号报告，1945年8月10日》（Air-Raid Damage Report no.6, 8-10-45），美国战略轰炸调查团的93号报告，第213—214页。长崎原爆生还者的讲述有所不同——有些人回忆道，在8月9日晚上就看到有传单被空投下来，还有一些人记得，那些传单是在次日早晨被空投下来的。在《原子弹的诞生》一书中，理查德·罗兹引用了1946年5月23日给格罗夫斯将军的一份备忘录，据其所述，由于印刷和分发的延误，直到8月10日，那些传单才被空投到长崎市，参见该书的第736—737页。

谷口的回忆，大火"就像午夜的太阳一样照亮了天空"，参见《上午的强闪光》，布莱恩·伯克-加夫尼翻译。

第三章 余 烬

投降争论，8月9日至10日

长崎原爆对日本内阁关于投降的争论没有产生任何影响，证据来自《日本陆军总司令部，第10卷》(*Daihonei Rikugunbu*, Vol.10) 正史。这一卷是由长谷川毅翻译的，书中指出，日本的战争指导最高委员会在8月9日上午11点30分收到了关于长崎原爆的消息，但是"这个消息并没有明显影响到六巨头的辩论，他们在辩论中没有进一步提及长崎原爆"。参见长谷川毅的文章《原子弹和苏联进攻：在日本投降的决定中，哪个更重要？》，收录于论文集《太平洋战争的结束：重新评价》。此外，透过被破译的日本通讯密码，可以了解到，日方在8月9日的通讯包括关于广岛原爆和苏联进攻中国东北的报告，但没有提及长崎原爆；参见布鲁斯·李（Bruce Lee）的《行军命令：第二次世界大战中不为人知的故事》(*Marching Orders: The Untold Story of*

注 释

World War II）一书的第 542 页（New York：Crown Publishers，1995）；爱德华·J. 德瑞（Edward J. Drea）的《麦克阿瑟的超级机密：密码破译和对日本的战争，1942—1945 年》（*MacArthur's ULTRA：Codebreaking and the War Against Japan，1942—1945*）一书的第 224 页（Lawrence, KS：University of Kansas Press, 1992）。在 8 月 9 日的会议中，争论的问题包括，若再遭原子弹攻击，日本是否有能力抵御；参见《"保科备忘录"关于天皇"神圣的决定"，1945 年 8 月 9—10 日》（"Hoshina Memorandum" on the Emperor's "Sacred Decision（go-seidan）", 9—10 August, 1945, document 62），收录于威廉·布尔编辑的《原子弹和第二次世界大战的结束》。一些分析家认为，由于第二次遭受原子弹攻击，主和派的争论占了上风，促成了天皇的投降决定，例如，罗伯特·P. 纽曼（Robert P. Newman）的《杜鲁门和广岛狂热》（*Truman and the Hiroshima Cult*）一书的第五章（East Lansing, MI：Michigan State University, 1995），然而，长崎原爆是否对日本决策者的投降决定有直接影响，关于这一内容并没有具体证据。

关于日本领导人在东京的投降争论，其他资料包括：约翰·托兰的《日本帝国的衰亡》；长谷川毅的《与敌决逐：斯大林、杜鲁门与日本投降》（*Racing the Enemy：Stalin, Truman, and the Surrender of Japan*）；理查德·弗兰克的《覆亡》；《日本结束战争的斗争》，美国战略轰炸调查团的 2 号报告；麻田贞雄（Asada Sadao）的文章《原子弹轰炸的冲击与日本投降决定：再认识》(The Shock of the Atomic Bomb and Japan's Decision to Surrender: A Reconsideration)，发表在《太平洋历史评论》(Pacific Historical Review, 67: 4)；长谷川毅编辑的《太平洋战争的结束：重新评价》。

杜鲁门在 8 月 9 日晚上的广播讲话，"关于波茨坦会议，对美国人民的广播讲话，1945 年 8 月 9 日"(Radio Report to the American People on the Potsdam Conference, 8-9-45)，收录于《美国总统的公开文件：哈里·S. 杜鲁门，1945—1953》(Public Papers of the Presidents of the United States: Harry S. Truman, 1945—1953)。

美国领导人对日本投降提议的反应，参见约翰·托兰的《日本帝国的衰亡》；《日记记录，8 月 10—11 日，亨利·L. 史汀生的日记》(Diary Entries for August 10—11, Henry L. Stimson Diary)(document 66) 和《日记记录，星期五，1945 年 8 月 10 日，亨利·华莱士的日记》(Diary Entry, Friday, August 10, 1945, Henry Wallace Diary)(document 65)，收录于威廉·布尔编辑的《原子弹和第二次世界大战的结束》。

长崎市，8 月 10 日

市长岗田在那天的经历，参见永野知事的证言，在"长崎与和平"，http://www2.nbc-nagasaki.co.jp/peace。

注　释

山端庸介在那一天的经历，参见《长崎之旅：山端庸介写真集，1945 年 8 月 10 日》(Nagasaki Journey: The Photographs of Yosuke Yamahata, August 10, 1945) 一书中他的文章和采访记录，该书由鲁伯特·詹金斯（Rubert Jenkins）编辑。作家东俊的回忆，参见《长崎之声》；他的回忆，关于踩到一匹马的尸体，参见《长崎之旅》。

西尾修造（Nishio Shuzo）的回忆，他守着家人的骨灰哭泣，参见永井隆编辑的《蘑菇云笼罩的人生》(Living Beneath the Atomic Cloud)。生还者们对 8 月 10 日那一天的回忆，还包括深堀芳年的证言（未发表），由国立长崎追悼原子弹死难者和平祈念馆印制；森口松（Moriuchi Matsu）的证言，收录于永井隆的《我们在长崎》；证言集《广岛和长崎的记忆：来自被爆者的消息》，http://www.asahi.com/hibakusha；一个匿名生还者的回忆，见《被爆者之死，第一卷》(The Deaths of Hibakusha, vol.1)；青木久惠（Aoki Hisae）的证言，参见大野辉晓和松永皓正编辑的《原爆生还者的证言》(Testimonies of the Atomic Bomb Survivors)。下平作江的回忆，她通过一颗金牙辨认出母亲的尸体，参见罗伯特·里克特（Robert Richter）导演的纪录片《最后一颗原子弹》(The Last Atomic Bomb)，其中有对她的采访。

吉田的回忆，在临时救援站，毒辣辣的太阳照下来，"就像是在受刑，被缓慢处死"，参见他的证言《我不能死》(I

Must Not Die），由国立长崎追悼原子弹死难者和平祈念馆印制。

永野知事的回忆，关于浦上地区被摧毁的程度，参见他的证言，在长崎放送株式会社网站"长崎与和平"，http：//www2.nbc-nagasaki.co.jp/peace。

医疗救援与救助工作，参见广岛市及长崎市原爆灾害志编辑委员会的《广岛和长崎》；《原子弹爆炸对广岛与长崎的卫生和医疗服务的影响》，美国战略轰炸调查团的13号报告；小菅信子的文章《瞬间彻底毁灭：长崎原爆灾难和最初的医疗救援》，发表在《国际红十字会评论》，89：866；《长崎之声》。

与救助工作有关的被爆者证言包括：北村继美（Kitamura Tsuguyoshi）的证言，参见《长崎：原爆生还者们的声音》，该书由长崎原爆证言会编辑；万永耀西（Itonaga Yoshi）的证言，参见《长崎市：1945年8月9日》（*Nagasaki August 9, 1945*），该书由玛丽·维森（Mary Wiesen）和伊丽莎白·卡农（Elizabeth Cannon）编辑；深堀芳年的回忆，参见他在2011年接受本书作者采访的记录。秋月辰一郎医生说在8月10日晚上，他神情沮丧，参见他的回忆录《长崎1945》。

长崎市，8月11日至14日

生还者们的回忆，在废墟中寻找亲人，田吉智惠（Tayoshi Chie）的回忆，参见《长崎：原爆生还者们的声音》，该书由

注 释

长崎原爆证言会编辑;森口素子(Moriguchi Motoko)的回忆,参见龟泽美雪(Kamezawa Miyuki)编辑的《难忘的一天》(*The Unforgettable Day*);滨崎仁(Hamasaki Hitoshi)的文章《我的难忘的回忆》(My Unforgettable Memory),在长崎新闻和平网站,http://www.nagasaki-np.co.jp/peace/hibaku/english/07.html;中泽忠雄(Nakazawa Tadao)和坂本澄子(Sakamoto Sumiko)的证言,在《原爆生还者的证言》一书中,该书由大野辉晓和松永皓正编辑。

久间尚子(Kyuma Hisako)的回忆,她的父亲在救援站找到了她,参见《长崎:原爆生还者们的声音》,该书由长崎原爆证言会编辑。一个匿名生还者回忆,昏迷的她被丢在尸体堆中的经历,参见小林繁之(Kobayashi Shigeyuki)的《对战争和原爆浩劫的审判》(*War and Atomic Holocaust on Trial*)。

和田的回忆,关于他的朋友田中的尸体火化过程,参见今石元久编辑的《60年的声音:原爆生还者的故事》,克里斯托弗·克鲁兹翻译。

关于长崎市的盟军战俘们,查尔斯·巴奇(Charles Barkie)和J.H.C.德格鲁特(J.H.C. deGroot)的证言,参见《长崎:原爆生还者们的声音》,该书由长崎原爆证言会编辑;《长崎之声》;杰克·菲茨杰拉德(Jack Fitzgerald)的《杰克福特的故事:在长崎的纽芬兰战俘》(*The Jack Ford Story: Newfoundland's POW in Nagasaki*)。

关于在废墟中生活,安倍一惠的《背负一个小十字架》;藤田佐野和荻野幸(Ogino Sachi)的证言,参见《长崎:原爆生还者们的声音》,该书由长崎原爆证言会编辑;森口松的证言,在永井隆的《我们在长崎》一书中;和田尚子的回忆,参见本书作者的采访记录。土井罗郁子(Doira Ikuko)的回忆,她家里有8口人,只有一个榻榻米垫子,一家人轮着睡,参见永井隆编辑的《蘑菇云笼罩的人生》。

松本不二浦田(Matsumoto Fuji Urata)的回忆,她和妹妹埋葬她们的母亲,那是"一个孤寂的埋葬仪式",参见永井隆编辑的《我们在长崎》。

三宅健次医生(Dr. Kenji Miake)的回忆,关于新兴善临时医院的悲惨状况,他把火化尸体的那股气味比作"鸡肉烧焦的气味",参见《长崎之声》。

8月14日的救援人员,永野知事的"8号报告,关于空袭损失和应急对策的事项,1945年8月14日"(Report No.8. Matters Concerning Air-Raid Damage and Emergency Counter Measures, 8-14-45),参见《原子弹对日本长崎市的影响》,美国战略轰炸调查团的93号报告,第215页。

秋月医生的证言,关于受伤的生还者如何相互安慰和祈祷,参见《上午的强闪光》。当他在报纸上看到关于"新型炸弹"以及遭炸弹攻击时如何保护自己的文章,他心里充满了对政府的愤怒和怀疑,参见他的回忆录《长崎1945》。

注 释

投降，8月15日

关于美国对日本请降照会的复文，美联社有报道，参见《美国对日本天皇的问题的答复》(Text of U.S. Reply on Issue of Emperor)，发表在1945年8月11日的《基督教科学箴言报》(Christian Science Monitor)。

天皇的投降决定，参见约翰·托兰的《日本帝国的衰亡》。日本内阁关于投降的最后争论，参见《"第二个圣裁" 1945年8月14日》("The Second Sacred Judgment" August 14, 1945, document 74)，收录于威廉·布尔编辑的《原子弹和第二次世界大战的结束》；关于在东京的日本内阁投降的争论，还可参考前面提到的相关资料。

美国对日本的最后一次空袭，参见凯特·C.卡特（Kit C. Carter）和罗伯特·穆勒（Robert Mueller）编写的《第二次世界大战中的美国陆军航空军：战争年表，1941—1945年》(U.S. Army Air Forces in World War II: Combat Chronology 1941—1945)；理查德·罗兹的《原子弹的诞生》；卫斯理·弗兰克·克瑞文和詹姆斯·凯特编辑的《美国陆军航空军第二次世界大战史，第5卷》。

天皇的《终战诏书，1945年》(Imperial Rescript on Surrender, 1945)译文，参见大卫·J.鲁编辑的《日本：记录历史，卷2》。

日本的军人和平民对投降的反应，参见约翰·托兰的《日

447

本帝国的衰亡》；约翰·W.道尔的《直面战败》；田谷治子与西奥多·库克合著的《战争中的日本：口述历史》。日本士兵在福冈驻屯地处决盟军战俘，参见蒂莫西·朗·弗朗西斯（Timothy Lang Francis）的文章《"处决战俘"：在日本福冈处决被俘美国空军机组成员，1945年期间》（"To Dispose of the Prisoners"：The Japanese Executions of American Air-crew at Fukuoka, Japan, During 1945），发表在《太平洋历史评论》，66：4。

在长崎市，广播播放天皇的终战诏书之时，林津江（Hayashi Tsue）正在路上寻找她的女儿，参见久保光惠编辑的《被爆：原爆生还者的回忆》。松尾淳行（Matsuo Atsuyuki）从收音机里听到了终战诏书，那时他正在火化妻子的尸体，参见大野辉晓和松永皓正编辑的《原爆生还者的证言》。长崎市的其他人对投降的反应，参见安倍一惠的《背负一个小十字架》；调来助的《上午的强闪光》；秋月辰一郎的回忆录《长崎1945》；以及被爆者们的证言。

第四章 暴 露

核辐射与早期医疗护理

关于广岛和长崎的早期核辐射疾病和死亡，参见广岛市及长崎市原爆灾害志编辑委员会的《广岛和长崎》一书，特别是

注释

第八章。

盐月正雄医生的回忆,他的患者身体上出现了针眼大小的紫色斑点,以及他在患者死后进行尸检的情况,参见他的著作《在长崎的医生:我的首要任务是减少原爆受害者死亡时的痛苦》(Doctor at Nagasaki: My First Assignment Was Mercy Killing)。本章中涉及的其他医生的回忆,参见秋月辰一郎的回忆录《长崎1945》;调来助医生的文章《我的原爆经历以及关于原爆症的概述》(My Experience of the Atomic Bombing and an Outline of Atomic Bomb Disease),收录于《上午的强闪光》。永井隆医生带领长崎医科大学救援队,在长崎市郊区救助逃出来的原爆受害者,参见他的《长崎钟声》一书。

原爆城市在70年内将会寸草不生是一个谣言,源于化学家哈罗德·F.雅各布森(Harold F. Jacobson)对广岛原爆的评论,美国报纸在1945年8月8日曾有过报道(很快被撤稿),参见罗伯特·杰伊·利夫顿(Robert Jay Lifton)的《生中之死:广岛生还者》(Death in Life: Survivors of Hiroshima)。

青木久惠的回忆,她和姐姐从学校操场的骨灰堆中穿过,参见大野辉晓和松永皓正编辑的《原爆生还者的证言》。一位匿名生还者(在原爆时,他年仅8岁)的证言,在《那两天的见证,第1卷和第2卷》一书中;深堀美雪(Fukahori Miyuki)的证言,参见《在原子弹之下的长崎市:年轻女大学生们的经历》(Nagasaki Under the Atomic Bomb: Experiences of Young

College Girls），该书由长野美智子（Nagano Michiko）编辑。

美国对核辐射的认识和否认

罗伯特·奥本海默医生（Dr. J. Robert Oppenheimer）关于原爆时的致命核辐射的声明，参见《罗伯特·奥本海默给法雷尔准将的备忘录，1945年5月11日》（Memorandum from J.R. Oppenheimer to Brigadier General Farrell, May 11, 1945, document 5），收录于威廉·布尔编辑的《原子弹和第二次世界大战的结束》。史丹佛·瓦伦医生（Dr. Stafford L. Warren）在《放射学在原子弹研制中的作用》（The Role of Radiology in the Development of the Atomic Bomb）一文中指出，科学家来不及研究原子弹爆炸后的潜在放射性影响，参见伦纳德·希顿（Leonard D. Heaton）等编辑的《第二次世界大战中的放射学》（Radiology in World War II）。科学家们在原爆前对核辐射效应的认识，参见理查德·罗兹的《原子弹的诞生》；威廉·布尔编辑的《原子弹和第二次世界大战的结束》，特别是文件6和文件12；J. 塞缪尔·沃克（J. Samuel Walker）的《允许剂量：20世纪的核辐射保护的历史》（Permissible Dose: A History of Radiation Protection in the Twentieth Century）；肯尼思·D. 尼科尔斯（Kenneth D. Nichols）的《"三位一体"核试爆之路》（The Road to Trinity）。

关于美国官员们在战后对核辐射效应的淡化和否认，以及

注 释

战争部尽力控制与原子弹有关的新闻报道,一些学者进行了探讨,例如,劳拉·赫茵(Laura Hein)和马克·塞尔登(Mark Selden)的文章《纪念和沉默:美国和日本对原子弹的50年记忆》(Commemoration and Silence: Fifty Years of Remembering the Bomb in America and Japan),收录于他们的文集《与炸弹共存:核威慑下的美日文化冲突》(Living with the Bomb: American and Japanese Cultural Conflicts in the Nuclear Age);格伦·胡克(Glenn Hook)的文章《对于在广岛和长崎的原爆伤害的报道与审查》(Censorship and Reportage of Atomic Damage and Casualties in Hiroshima and Nagasaki),发表在《亚洲问题学者通报》(Bulletin of Concerned Asian Scholars, 23:1);罗伯特·卡尔·梅娜夫(Robert Karl Manoff)的文章《报道原子弹:在核战争阴影下的新闻与国家》(Covering the Bomb: Press and State in the Shadow of Nuclear War),收录于大卫·M.鲁宾(David M. Rubin)和玛丽·坎宁安(Marie Cunningham)编辑的《战争、和平及新闻媒体,1983年3月18日和19日的会刊》(War, Peace and the News Media, Proceedings, March 18 and 19, 1983);罗伯特·杰·利夫顿(Robert Jay Lifton)和格雷格·米歇尔(Greg Mitchell)的《在美国的"广岛":50年的否认》(Hiroshima in America: Fifty Years of Denial)。

占领时期的审查制度如何影响世界各地的人们对原爆伤害的理解,一个很好的资料是莫妮卡·布劳的《原子弹报道被压制：美国占领当局在日本的审查制度》。美国占领日本时期的新闻法规、审查指示、对日本媒体的其他限制，参见威廉·J.考夫林（William J. Coughlin）的《被占领的新闻界：麦克阿瑟时期的日本新闻》(*Conquered Press*: *The MacArthur Era in Japanese Journalism*)；奥泉荣三郎（Okuizumi Eizaburō）编辑的《戈登·W.普兰奇文库的用户指南，第一部分：被审查的期刊杂志的微缩版，1945—1949年》(*User's Guide to the Gordon W. Prange Collection*: *Part I*: *Microform Edition of Censored Periodicals, 1945—1949*)；《在日本的民间审查基本计划的修订稿，1945年9月30日》(Revised Basic Plan for Civil Censorship in Japan, September 30, 1945)，收录于《联合作战和占领军总部的记录，第二次世界大战》(*Records of Allied Operational and Occupation Headquarters*, *World War II*)，记录组331，"驻日盟军总司令"（SCAP GHQ, box 8552 folder 8），在马里兰大学帕克分校的国家档案馆。

格罗夫斯将军对核辐射效应的否认，参见《对日本报道的怀疑》(Japanese Reports Doubted)，发表在1945年8月31日的《纽约时报》，威廉·L.劳伦斯（William L. Laurence）的文章《美国核试验场的情况可以证明东京的报道是错误的》(U.S. Atom Bomb Site Belies Tokyo Tales)，发表在1945年9月12日的《纽约时报》。威廉·布尔编辑的《原子弹和第二次世界大战的结束》，其中包括格罗夫斯在橡树岭与芮亚中校谈话的记录（Groves's conversation with Lt. Col. Rea at Oak Ridge, document 76）以及法雷尔将军在1945年9月从广岛和长崎发回的报告（documents 77a and 77b）。格罗夫斯认为，部队在原子弹爆炸30分钟后就可以进入原爆区，参见巴顿·J.伯恩斯坦的文章《"两种文化"的分析：关于原子弹的制造和使用的报道》（An Analysis of "Two Cultures": Writing About the Making and the Using of the Atomic Bombs），发表在《公共历史学家》（Public Historian, 12: 2）。格罗夫斯在美国参议院作证时说，大剂量核辐射暴露导致的死亡是一种非常愉快的死亡方式，参见《原子能，第一部分，美国参议院原子能特别委员会的听证会，第79届国会，第一次会议，1945年11月27日至30日，12月3日》（Atomic Energy, Part 1, Hearings Before the United States Senate Special Committee on Atomic Energy, 79th Congress, 1st Session, Nov.27—30, December 3, 1945, Washington, D.C.: U.S. Government Printing Office, 1945）。尽管格罗夫斯等人在战后强调，在新墨西哥州阿拉莫戈多的第一次核试验没有造成不利的放射性影响，然而，核试验场以东几公里处都能检测到高水平的核辐射（来自放射性落下灰），该地区的很多牛都出现了掉毛和皮肤病变。最近，美国卫生官员承认，对于核试验场附近的居民来说，他们的核辐射程度还可能与摄入被污染的食物和水有关，这个问题还没有得到充分的研究。2014年，美国国家癌症研究所开始了一项追踪调查，以明确该地区居民的癌症发病率高是否与在"三位一体"核试验后遭受的核辐射有关，参见丹·菲洛施（Dan Frosch）的文章《核试验过去了几十年之后，美国开始研究该地区癌症高发情况》（Decades After Nuclear Test, U.S. Studies Cancer Fallout），发表在2014年9月15日的《华尔街日报》（*Wall Street Journal*）。

美国记者乔治·韦勒（George Weller）于第二次世界大战结束后初期在长崎市采访，他写的稿件当时未获发表，他的儿子安东尼·韦勒（Anthony Weller）在2002年意外发现了这些稿件，后来成书出版《进入长崎市的第一个外国记者：关于原爆后的日本和盟军战俘的被审查的目击报道》（*First into Nagasaki: The Censored Eyewitness Dispatches on Post-Atomic Japan and Its Prisoners of War*）。澳大利亚记者威尔弗莱德·伯切特（Wilfred Burchett）从广岛发出的第一篇新闻报道，以及他与法雷尔将军的争执，参见他写的书《广岛的阴影》（*Shadows of Hiroshima*）。

日本官员们也考虑到了剩余核辐射对原爆区居民的潜在影响，参见《原子弹轰炸在长崎市造成的损失的报告，1945年10月3日，总司令，佐世保海军区镇守府》（Report on Damage in the City of Nagasaki resulting from the Atomic Air Raid, 10-3-45, Commander in Chief, Sasebo Naval District），收录于《原子弹对日本长崎市的影响》，美国战略轰炸调查团的93号报告。

注 释

　　关于美国的军方和研究团队于1945年秋天在长崎市的调查研究，参见《广岛与长崎原子弹爆炸》，美国陆军工程兵部队，曼哈顿区；阿什利·W.奥特森（Ashley W. Oughterson）和希尔兹·沃伦（Shields Warren）编辑的《日本原子弹爆炸对医疗的影响》(Medical Effects of the Atomic Bomb in Japan)，该书是日本原子弹爆炸影响联合调查委员会（Joint Commission for the Investigation of the Effects of the Atomic Bomb in Japan）6卷本报告的精简版；美国战略轰炸调查团的太平洋研究报告。

　　关于日本电影公司拍摄的原爆纪录片，美国战略轰炸调查团影片摄制组主任丹尼尔·麦戈文（Daniel A. McGovern）认为很有价值，参见《丹尼尔·麦戈文中尉给威廉·伍德沃德少校的备忘录，1945年12月29日》(Memo, Lt. Daniel A. McGovern to Lt. Commander William P. Woodward, December 29, 1945)；制片材料出自艾贝·马克·诺恩斯（Abé Mark Nornes）编辑的《原爆对广岛和长崎的影响》(The Effects of the Atomic Bomb on Hiroshima and Nagasaki)，密歇根大学日本研究中心（University of Michigan Center for Japanese Studies）出版物，2013年，https：//www.cjspubs.lsa.umich.edu/electronic/facultyseries/list/series/production.php。关于这部影片被美国没收的其他细节，参见艾贝·马克·诺恩斯的文章《那里突然有空白》(Suddenly There Was Emptiness)，收录于《日本的

纪录片》(*Japanese Documentary Film*)一书；埃里克·巴尔诺（Erik Barnouw）的文章《岩崎和被占领的银幕》(*Iwasaki and the Occupied Screen*)，发表在《电影史》(*Film History*, 2：4)；格雷格·米歇尔（Greg Mitchell）的《掩盖原爆》(*Atomic Cover-Up*)。

盟军占领下的长崎市，1945年的秋季和冬季

盟军战俘希德·巴伯（Syd Barber）的回忆，他在长崎市看到的原爆后的惨状，参见休·V. 克拉克（Hugh V. Clarke）的《黎明解放》(*Twilight Liberation*)。盟军战俘们在获释时经过长崎市，他们的相关回忆，参见长崎原爆证言会编辑的《长崎：原爆生还者们的声音》；杰克·菲茨杰拉德的《杰克福特的故事》；布莱恩·麦克阿瑟（Brian MacArthur）的《在日军的刀下幸存》(*Surviving the Sword*)；加文·道斯（Gavan Daws）的《日军治下的战俘》(*Prisoners of the Japanese*)；本尼迪克特·哈里斯（Benedict R. Harris）和马文·史蒂文斯（Marvin A. Stevens）的文章《在日本长崎市的经历》(*Experiences at Nagasaki, Japan*)，发表在《康涅狄格州医学杂志》(*The Connecticut State Medical Journal*, 9：12)。

占领军士兵们的回忆，鲁迪·鲍曼（Rudi Bohlmann）接受科特·尼克基希（Curt Nickisch）的采访，参见美国国家公共广播电台（NPR）2007年8月9日的《时事纵观》(*All*

注　释

Things Considered）；基思·林奇（Keith B. Lynch）的回忆，参见比尔·阿德勒（Bill Adler）编辑的《第二次世界大战时期的士兵书信》（World War II Letters）；乔治·L.库珀中尉（Lt. George L. Cooper）的回忆，每个士兵和他的兄弟都直奔原爆点，参见《确保投降：海军陆战队占领日本》（Securing the Surrender: Marines in the Occupation of Japan），作者是美国海军陆战队历史中心（Marine Corps Historical Center）的查尔斯·R.史密斯（Charles R. Smith）。朱迪·欧文（Judy Irving）和克里斯·比弗（Chris Beaver）执导的影片《长崎之旅》（Nagasaki Journey），包含了占领军乘船抵达长崎港的镜头。

关于占领期间日本的总体情况，一个重要的资料是约翰·W.道尔的《直面战败：第二次世界大战后的日本》。关于被占领的长崎市的其他信息，参见海军陆战队历史中心查尔斯·R.史密斯的文章《确保投降》；美国陆军部的《麦克阿瑟将军报告，第一卷附录》（Reports of General MacArthur, vol.1 supp.）；布莱恩·伯克-加夫尼的《长崎：英国的经验，1854—1945》。

关于在长崎市的美国占领军行动和活动的信息，参见美国国防威胁降低局（Defense Threat Reduction Agency）的核试验人员审核（Nuclear Test Personnel Review，NTPR）项目创建的报告。由于美国退伍军人对核辐射可能导致的健康风险表示担忧，国防威胁降低局在1977年设立了NTPR项目，对于从事

长　崎

"有核辐射危险活动"的军方人员可能遭受的核辐射剂量进行估算，这些军方人员包括进驻广岛和长崎的占领军、被关押在或者获释时经过广岛和长崎的盟军战俘、在20世纪60年代初之前参与美国大气层核试验的军方人员。对于曾进驻广岛和长崎的美国退伍军人，NTPR的报告概述了他们在广岛市或长崎市的行动、位置、活动的信息，然后把这些信息与美国科学家们在1945年秋天对原爆区的核辐射测量结果相关联，以确定"在最坏情况下"他们可能遭受的核辐射剂量。尽管NTPR的分析表明，原爆区的剩余核辐射水平不高，不足以对人体健康造成不良影响，但是研究人员从来没有对这些退伍军人的健康状况进行过追踪研究，许多退伍军人继续通过美国退伍军人事务部（U.S. Department of Veterans Affairs）要求伤害赔偿。参见美国国防威胁降低局的《概况介绍：广岛和长崎的占领军》（Fact Sheet: Hiroshima and Nagasaki Occupation Forces）；W. 麦克雷尼（W. McRaney）和 J. 麦加恩（J. McGahan）的《修复核辐射暴露剂量：1945—1946年在日本广岛和长崎的美国占领军》（Radiation Dose Reconstruction: U.S. Occupation Forces in Hiroshima and Nagasaki, Japan, 1945—1946）。退伍军人们的看法，参见哈维·沃瑟曼（Harvey Wasserman）等的《谋杀我们自己：美国人原爆核辐射的灾难经历》（Killing Our Own: The Disaster of America's Experience with Atomic Radiation, New York: Dell Publishing Co., 1982）；约翰·D. 班克斯顿（John D.

注　释

Bankston）的《涉核退伍军人的隐形敌人》(*Invisible Enemies of Atomic Veterans*, Victoria, B.C.: Trafford Publishing, 2003）。

关于"原爆超级碗"，参见《原爆超级碗美式足球比赛》（Atom Bowl Game Listed），发表在1945年12月29日的《纽约时报》；《在第一场原爆超级碗比赛中，奥斯曼斯基胜过贝尔泰利》（Osmanski Tops Bertelli in 1st Atom Bowl），发表在1946年1月3日的《华盛顿邮报》；约翰·D. 路卡斯（John D. Lukas）的文章《长崎市，1946年：废墟中的足球赛》（Nagasaki, 1946: Football Amid the Ruins），发表在2005年12月25日的《纽约时报》。

美国占领军对长崎市的医疗支持，可参见理查德·B. 柏林（Richard B. Berlin）的文章《对第二次世界大战末期日本医疗状况的印象》（Impressions of Japanese Medicine at the End of World War II），发表在《科学月刊》(*Scientific Monthly*, 64：1）；J.S.P. 贝克（J.S.P. Beck）和W.A. 迈斯纳（W.A. Meissner）的文章《九州的长崎市当地人遭受的原爆核辐射》（Radiation Effects of the Atomic Bomb Among the Natives of Nagasaki, Kyushu），发表在《美国临床病理学杂志》(*American Journal of Clinical Pathology*, 6）；《原子弹爆炸对广岛与长崎的卫生和医疗服务的影响》，美国战略轰炸调查团的13号报告；本尼迪克特·哈里斯和马文·史蒂文斯的文章《在日本长崎市的经历》，发表在《康涅狄格州医学杂志》。

林重男在长崎市拍摄时的经历，参见他的证言，在长崎放送株式会社网站"长崎与和平"，http：//www2.nbc-nagasaki.co.jp/peace。

乔·奥唐纳（Joe O'Donnell）的摄影和陈述，参见其所作《1945年的日本：美国海军陆战队的一名队员在归零地拍摄的照片》(*Japan 1945：A U.S. Marine's Photographs from Ground Zero*)，以及其文章《笔直地穿过地狱》(A Straight Path Through Hell)，发表在《美国遗产杂志》(*American Heritage Magazine*，56：3)。

长崎市被爆者的回忆，关于占领军士兵们的友善，参见桥本裕的文章《妈妈和银米饭》，发表在《十字路口4》；藤本菊池的《寂静之雷》。在占领初期，关于长崎市的记忆，参见美智惠·服部·伯恩斯坦（Michie Hattori Bernstein）的文章《长崎原子弹爆炸的目击者》(Eyewitness to the Nagasaki Atomic Bomb Blast)，发表在《第二次世界大战杂志》(*WWII Magazine*)；莫妮卡·布劳对内田司的采访，参见《原子弹报道被压制》；江头千代子（Egashira Chiyoko）的文章《城山小学被摧毁的那一天》(The Day Shiroyama Primary School was Destroyed)，收录于大野辉晓和松永皓正编辑的《原爆生还者的证言》；查德·R.迪尔（Chad R.Diehl）的博士学位论文《复兴长崎市》(Resurrecting Nagasaki)，哥伦比亚大学（Columbia University）。

关于被爆者的纪念活动，参见永井茅野的证言，收录于永井隆的《我们在长崎》；永井隆的《长崎钟声》；下平作江的证言，参见罗伯特·里克特导演的纪录片《最后一颗原子弹》。万永耀西的文章《太阳从天上掉下来》(The Sun Dropped Out of the Sky)，收录于玛丽·维森和伊丽莎白·卡农编辑的《长崎市：1945年8月9日》。一位母亲，大久保逸子（Okubo Itsuko）的回忆，她收集了一个校服的碎片，以纪念她的儿子，参见朱迪·欧文和克里斯·比弗执导的影片《长崎之旅》，其中有她接受采访的镜头。根据永井隆医生和其他人的回忆，浦上天主堂在1945年11月举行追思弥撒，悼念在原爆中丧生的8 000名天主教徒；其他资料表明，长崎市可能有接近1万名天主教徒在原爆中丧生。参见奥山道明的文章《长崎市对原爆的宗教反应》，发表在南山宗教文化研究所（Nanzan Institute for Religion and Culture）《研究所报》(Bulletin, 37)；广岛市及长崎市原爆灾害志编辑委员会的《广岛和长崎》一书的第382页。

第五章 停 滞

长崎市，1946年年初

美国战略轰炸调查团对日本的研究报告总共有100多册，记录了盟军在第二次世界大战期间对日本的战略轰炸所造成的破坏，包括对日本的民防、医疗、经济和军事的影响。该调查的目的是"计划未来美国武装力量的发展"，参见《总结报告：太平洋战争部分》(*Summary Report: Pacific War*)，美国战略轰炸调查团的1号报告；关于长崎市的专门报告，见后面的资料来源部分。

关于美国战略轰炸调查团的摄制组在长崎市的拍摄，以及美国陆军航空军少尉赫伯特·叙桑和中尉丹尼尔·麦戈文接受的采访，参见格雷格·米歇尔的《掩盖原爆》，该书引用了叙桑的几句话，"我没有任何准备，没有人告诉我在长崎市将会遇到什么"，拍摄谷口的伤口"打开摄影灯的时候，我有点儿发抖"。叙桑的回忆，长崎市"就像一个巨大的墓地"，参见戴夫·祐三·斯佩克特（Dave Yuzo Spector）的文章《长崎原爆38年后，一个记录者对过去的恐怖场景的回忆》(38 Years After Nagasaki, A Chronicler of the Horror Returns to an Unfaded Past)，发表在1984年1月5日的《芝加哥论坛报》(*Chicago Tribune*)。

美国战略轰炸调查团拍摄的谷口在国立大村医院的镜头，参见编号342-USAF-11002的录像，"医疗方面，11/19/1945—02/04/1946"，美国空军命令、活动和组织，记录组342，与军事航空活动有关的影像，在马里兰大学帕克分校的国家档案馆。数字拷贝的查阅可以通过联机公共检索目录（Online Public Access catalog），识别符64449（identifier 64449），www.

archives.gov/research/search。谷口的镜头出现在18分半。

谷口在接受采访时说"医生们也不知道怎么治疗我的病",参见史蒂文·冈崎导演的电影《白光/黑雨》。

关于战后日本的经济困境和食品短缺、长崎市的人口变化、占领军的行动方面的信息,参见第四章注释中与占领日本有关的内容,特别是约翰·W.道尔的《直面战败》一书。

内田司的回忆,一个老妇人收集木炭的时候无意中捡回了烧焦的人骨,参见他的证言《原爆点山丘上的一个黑点》(A Dark Spot on the Hill of the Atomic Bomb Hypocenter),由国立长崎追悼原子弹死难者和平祈念馆印制。

关于胎内被爆者的故事,参见广濑正人的文章《原爆核辐射所致的小头畸形患儿的父母们》(The Parents of Children with Microcephaly Due to Atomic Bomb Radiation),长崎新闻的《原爆生还者们的近况》(Atomic Bomb Survivors Today),收录于大野辉晓和松永皓正编辑的《原爆生还者的证言》;詹姆斯·山崎医生的《原子弹下的儿童》。

深堀芳年的回忆,他当时患有结核病,但是没有好的治疗方法,只能靠服用维生素和卧床休息,参见他在2011年接受本书作者采访的记录;宫崎绿(Miyazaki Midori)的回忆,她和兄弟姐们当时总共只有一双鞋,参见她在2009年接受本书作者采访的记录。另外参见《被爆者之死,第一卷》;向井美保子(Mukai Mihoko)的文章《回想我童年时的地狱般的记忆》(Recalling Hellish Memories of my Childhood)，参见长崎原爆证言会编辑的《长崎：原爆生还者们的声音》。

长崎市的各所学校恢复上课，参见教师们的证言，江头千代子的文章《城山小学被摧毁的那一天》，收录于大野辉晓和松永皓正编辑的《原爆生还者的证言》；荒木辉子（Araki Teruko）的文章《孩子们和我》(The Children and I)，收录于永井隆编辑的《蘑菇云笼罩的人生》一书中；林秀行（Hayashi Hideyuki）的文章《山里小学的废墟上》(From the Ruins of Yamazato Primary School)，收录于《上午的强闪光》。

美国的压制

关于日本在被盟军占领期间的转变，参见约翰·W.道尔的《直面战败》；伊恩·布鲁玛的《发明日本：1853—1964》；安德鲁·戈登（Andrew Gordon）的《日本的起起落落：从德川幕府到现代》(A Modern History of Japan from Tokugawa to the Present)；马里厄斯·詹森（Marius Jansen）的《现代日本的形成》(The Making of Modern Japan)；赫伯特·比克斯的《真相：裕仁天皇与现代日本》；埃德温·赖肖尔的《日本：一个民族的故事》。

关于日本的战后宪法，参见日本国立国会图书馆（Japanese National Diet Library）的网上展览《日本国宪法的诞生》(The Birth of the Constitution of Japan)，http://www.ndl.

go.jp/constitution/e/。

关于占领军民间审查部的规则和活动，参见莫妮卡·布劳的《原子弹报道被压制》。另外参见《麦克阿瑟将军报告，第一卷附录》的第八章。对电影的限制，参见北村博（Kitamura Hiroshi）的《放映启蒙：好莱坞和战败国日本的文化重建》(*Screening Enlightenment: Hollywood and the Cultural Reconstruction of Defeated Japan*)。

日本同盟通信社（Domei News Agency）记者松野英夫（Matsuno Hideo）的回忆，关于长崎原爆的周年纪念被命名为"恢复和平纪念日"，以及占领当局的其他审查限制，参见他的视频证言，在国立广岛和长崎追悼原子弹死难者和平祈念馆的网站，http://www.global-peace.go.jp/。占领当局反对原爆纪念仪式，"认为这种纪念仪式是日本的宣传工具，就是间接要求美国赎罪，不利于美国促进日本承认战争罪责的工作"，参见《备忘录："长崎纪念仪式"》（Memo: "Nagasaki Ceremony", H.G.S. to SCAP-GHQ, August 2, 1948, Record Group 5），麦克阿瑟纪念图书馆和档案馆（MacArthur Memorial Library and Archives, Norfolk, Virginia）。

民间审查部的审查员担心，石田雅子的回忆录将"撕开战争的伤疤"，参见莫妮卡·布劳的《原子弹报道被压制》。

永井隆认为，长崎被拣选，为战争的"罪恶赎罪"，参见他的《长崎钟声》一书。永井隆的《长崎钟声》在1949年终于通过了审查,出版时被要求加上附录,由美国军方官员写的一篇长文,关于日军在马尼拉的暴行,相关信息参见莫妮卡·布劳的《原子弹报道被压制》;镰田贞夫的文章《长崎作家们:使命》(Nagasaki Writers: The Mission),收录于伊藤德彦(Ito Narihiko)等编辑的《核阴云下的文学》(Literature Under the Nuclear Cloud)一书中。

关于医学研究的审查,参见西村赛(Nishimura Sey)的文章《盟军占领下的日本的医疗审查,1945—1948年》(Medical Censorship in Occupied Japan, 1945—1948),发表在《太平洋历史评论》,58:1;西村赛的文章《在美国占领的日本促进公共卫生服务》(Promoting Health in American-Occupied Japan),发表在《美国公共卫生杂志》(American Journal of Public Health, 99:8);M.苏珊·林迪(M.Susan Lindee)的《把原爆受害者的尸检标本归还给日本:自然物与外交》(The Repatriation of Atomic Bomb Victim Body Parts to Japan: Natural Objects and Diplomacy),发表在科学史期刊《奥西里斯》(Osiris, 13)。盐月正雄医生的回忆,一次演讲会上,在讲述长崎原爆经历之前,他收到了让他谨慎发言的警告字条,参见他的著作《在长崎的医生》。

关于调来助医生在1945年秋进行的研究的详细信息,参见调来助的文章《原爆伤害的医学调查》(Medical Survey of Atomic Bomb Casualties),发表在《军医期刊》(The Military

Surgeon，113：4）；调来助的《关于原子弹爆炸及其后果，一个医生的日记》（*A Physician's Diary of Atomic Bombing and its Aftermath*），该书由菲德利斯·R.郭（Fidelius R.Kuo）编辑。调来助医生的原始调查问卷和研究材料都被保存在长崎大学原爆后障碍医疗研究所资料收集保存解析部。美国对日本的占领结束之后，他的研究成果才得以发表。

关于美国公众对原子弹爆炸的反应，参见迈克尔·雅文迪蒂（Michael J.Yavenditti）的文章《美国人民和对日本使用原子弹：20世纪40年代》（The American People and the Use of Atomic Bombs on Japan: The 1940s），发表在《历史学家》（*Historian*，36：2）；罗伯特·杰·利夫顿和格雷格·米歇尔的《在美国的"广岛"》；劳拉·赫茵和马克·塞尔登的文章《纪念和沉默：美国和日本对原子弹的50年记忆》，收录于他们的文集《与炸弹共存》。

美国媒体在战后对原子弹的报道侧重于强调美国的科学成就，一个典型例子就是《纽约时报》的科学记者威廉·L.劳伦斯（William L.Laurence）所写的一系列文章，威廉·L.劳伦斯受雇于曼哈顿计划，负责撰写关于原子弹研发的独家新闻报道，他同时还是纽约时报的工作人员。劳伦斯从"伟大艺人号"（The Great Artiste）飞机上目睹了长崎原爆的过程，写下了关于长崎原爆的著名的空中目击记，后来又发表了10篇文章，介绍原子弹的诞生和使用过程，他在1946年获得普利策奖。

威廉·L.劳伦斯作为战争部喉舌的作用,参见罗伯特·杰·利夫顿和格雷格·米歇尔的《在美国的"广岛"》;罗伯特·卡尔·梅娜夫(Robert Karl Manoff)的文章《报道原子弹:在核战争阴影下的新闻与国家》(Covering the Bomb: Press and State in the Shadow of Nuclear War),收录于大卫·M.鲁宾和玛丽·坎宁安编辑的《战争、和平及新闻媒体,1983年3月18日和19日的会刊》;艾米和大卫·古德曼(Amy and David Goodman)的文章《广岛掩盖:战争部的时报记者如何获得普利策奖》(Hiroshima Cover-Up: How the War Department's Timesman Won a Pulitzer Prize),发表于2004年8月10日,见commondreams.org。

美国国内对原子弹轰炸的反对声音,A.J.穆斯特(A.J.Muste)的文章《事情发展到这种地步》(Has It Come to This),诺曼·卡森斯(Norman Cousins)的文章《幸存的识能》(The Literacy of Survival),转载于凯·伯德和劳伦斯·利夫舒尔茨编辑的《广岛的阴影》。海军上将威廉·海尔赛(William F.Halsey)对使用原子弹的必要性的质疑,美联社有报道,还可参见《华盛顿邮报》在1946年9月11日的社论《原子试验》(Atom Tests)。美国媒体上发表的反对原子弹轰炸的文章,参见刘易斯·芒福德(Lewis Mumford)的文章《先生们:你们疯了!》(Gentlemen: Are You Mad!),发表在1946年3月2日的《星期六文学评论》(*Saturday Review of Literature*);联邦基督教协进会(Federal

Council of Churches）的文章《核战争与基督教信仰》（Atomic Warfare and the Christian Faith）。上述文章转载于凯·伯德和劳伦斯·利夫舒尔茨编辑的《广岛的阴影》。另外参见神父约翰·西米内斯（John A.Siemes）的文章《来自广岛：一个报道和一个问题》（From Hiroshima: A Report and a Question），发表在1946年2月11日的《时代》杂志；罗伯特·德沃尔的文章《原子弹爆炸的真实伤害》，发表在1946年3月2日的《科里尔》杂志；在洛斯阿拉莫斯工作过的科学家们的评论，包括物理学家菲利普·莫里森（Phillip Morrison）的文章《超乎想象》（Beyond Imagination），发表在1946年2月的《新共和》杂志（*New Republic*），以及R.E.马沙克（R.E.Marshak）等的文章《原子弹的伤害——日本和美国》（Atomic Bomb Damage—Japan and USA），发表在1946年5月1日的《原子科学家公报》（*Bulletin of the Atomic Scientists*）。

美国战略轰炸调查团的总结报告在1946年6月发布，这可能也加重了美国领导人的担心，他们担心美国公众质疑对日使用原子弹。总结报告的最初结论是，由于日本的军事和经济在1945年已近耗竭，日本很可能在年底之前投降，"即使没遭原子弹轰炸"，尽管后来证实，这些调查数据并不支持这个结论。对总结报告结论的分析，参见巴顿·J.伯恩斯坦的文章《在没有原子弹、苏联参战或进攻的情况下强迫日本投降：重新考虑美国战略轰炸调查团的早投降结论》（Compelling

Japan's Surrender without the A-Bomb, Soviet Entry, or Invasion：Reconsidering the US Bombing Survey's Early-Surrender Conclusions），发表在《战略研究杂志》(*Journal of Strategic Studies*, 18：2）。

约翰·赫西的长篇报道《广岛》(Hiroshima）刊登在1946年8月31日的《纽约客》杂志。"每月一书俱乐部"(Book-of-the-Month Club)的主席哈里·谢尔曼(Harry Scherman)很赞赏赫西的作品，参见查尔斯·波尔（Charles Poore）的文章《人类时代最壮观的爆炸》(The Most Spectacular Explosion in the Time of Man），发表在1946年11月10日的《纽约时报》；莫妮卡·布劳在《原子弹报道被压制》一书中描述了占领军审查员对长篇报道《广岛》的反应。关于赫西的长篇报道《广岛》的影响，还可参见迈克尔·雅文迪蒂的文章《约翰·赫西和美国的良知：〈广岛〉引发的反响》(John Hersey and the American Conscience：The Reception of "Hiroshima"），发表在《太平洋历史评论》，43：1。

美国对日使用原子弹决定的官方叙述，参见卡尔·康普顿（Karl T.Compton）的文章《如果没有使用原子弹》(If the Atomic Bomb Had Not Been Used），发表在1946年12月的《大西洋月刊》(*Atlantic Monthly*）；亨利·L.史汀生的文章《使用原子弹的决定》(The Decision to Use the Atomic Bomb），发表在1947年2月的《哈泼斯杂志》，194：1161。杜鲁门总统在信中表示支持康普顿对形势的公正分析，这封信发表在1947年2

月的《大西洋月刊》，179：1。

巴顿·J. 伯恩斯坦全面探讨了美国的这个官方叙述的产生过程，参见他的文章《抓住关于核武器早期发展史的有争议的问题》(Seizing the Contested Terrain of Early Nuclear History)，收录于凯·伯德和劳伦斯·利夫舒尔茨编辑的《广岛的阴影》。关于学者们如何试图重新梳理美国对日使用原子弹决定的来龙去脉，参见 J. 塞缪尔·沃克（J.Samuel Walker）的《史学研究论文：杜鲁门原子弹决定的最新文献：寻求中间立场》(Historiographical Essay: Recent Literature on Truman's Atomic Bomb Decision: A Search for Middle Ground)，发表在《外交史》(Diplomatic History，29：2)。关于美国领导人在战后的误导性声明（过高估计进攻日本本土将会造成的人员伤亡），伯恩斯坦从专家视角进行分析，参见他的文章《反思杜鲁门声称的"原子弹拯救了50万美国人的生命"：一个神话的建构与解构》(Reconsidering Truman's Claim of "Half a Million American Lives" Saved by the Atomic Bomb: The Construction and Deconstruction of a Myth)，发表在《战略研究杂志》，22：1。

詹姆斯·B. 科南特（James B.Conant）是哈佛大学校长，兼任过渡时期委员会（Interim Committee）①委员，他在1946年9月23日给哈维·邦迪（Harvey Bundy）写了一封信，对

---

① 过渡时期委员会与曼哈顿计划有关，在1945年5月成立，管理原子能的使用。

原子弹反对者"扭曲历史"表示担忧,参见《詹姆斯·B.科南特校长的记录,哈佛大学档案馆》(Records of President James B.Conant, Harvard University Archives)。与史汀生在1947年发表的那篇文章有关的其他信息,参见《费利克斯·法兰克福特致史汀生》(Felix Frankfurter to Stimson, 12-16-46[reel 116]);《詹姆斯·伯恩斯致史汀生》(James Byrnes to Stimson, 1-28-47[reel 116]);《麦克乔治·邦迪致史汀生》(McGeorge Bundy to Stimson, 2-18-47[reel 117]),收录于"亨利·L.史汀生的文件的缩微版",在耶鲁大学图书馆的手稿和档案馆。麦克乔治·邦迪曾经在幕后帮助史汀生撰写那篇文章,也就是《使用原子弹的决定》一文,巴顿·J.伯恩斯坦等人注意到,麦克乔治·邦迪在他的《危险与生存》(Danger and Survival, New York: Random House, 1988)一书中说后悔在那篇文章中进行了片面陈述和有意遗漏,那篇文章使美国公众相信,杜鲁门和他的顾问们在决定使用原子弹之前曾进行过充分的考虑。

长崎市,1946年年底—1948年

谷口回忆说,他俯卧在病床上,疼得死去活来,挣扎在死亡边缘,引自他在1986—2010年期间的演讲稿(未发表)。谷口向本书作者提供了他的演讲稿以及他在国立大村医院的病历副本。

盐月正雄医生的回忆,生还者烧伤伤口上的瘢痕疙瘩"就

注 释

像熔岩一样",参见他的著作《在长崎的医生》。

关于原爆对生还者的心理影响,参见广岛市及长崎市原爆灾害志编辑委员会的《广岛和长崎》一书的第 12 章;罗伯特·杰伊·利夫顿的《生中之死》。从被爆者的证言也可看出他们所承受的心理创伤;有一位男性生还者,在原爆后长达一年的时间里,每天跪在女儿的骨灰前,问自己为什么还活在世上,参见日本被爆协在 1985 年进行调查时收集的匿名证言,《被爆者之死,第一卷》的第 130 页。

关于陆军中校维克托·德诺(Victor Delnore),参见莱恩·R. 厄恩斯(Lane R.Earns)的文章《维克托的正义:维克托·德诺中校与美国对长崎市的占领》(Victor's Justice: Colonel Victor Delnore and the U.S. Occupation of Nagasaki),发表在《十字路口 3》。维克托·德诺说他在长崎市的时候想要"帮助人们鼓起生活的勇气",参见玛丽·弗莱恩(Mary Frain)的文章《温柔战士关注原爆后的生还者/在占领军长崎军政部的工作中表现出同情》(Gentle Warrior Saw Beyond Bombs/Brought Compassion to Nagasaki Job),发表在 1995 年 8 月 13 日的马萨诸塞州伍斯特地区(Worcester, MA)的《电讯公报》(Telegram and Gazette)。德诺在一封家书中记录了他参加的佛教仪式(安放未能辨明身份的原爆死难者的骨灰),参见《维克托的战争:陆军中校维克托·德诺在第二次世界大战期间的书信》(Victor's War: The World War II Letters of Lt. Col. Victor

Delnore），该书由他的女儿帕特丽夏·德诺·马吉（Patricia Delnore Magee）编辑。德诺曾经致函占领军的民间审查部，建议出版石田雅子的书，参见莫妮卡·布劳的《原子弹报道被压制》。

关于温菲尔德·尼布洛和方块舞，参见莱恩·R. 厄恩斯的文章《"跳舞的人是快乐的人"：方块舞和在盟军占领下的日本的民主》("Dancing People Are Happy People": Square Dancing and Democracy in Occupied Japan），发表在《十字路口2》。另外参见《美国佬在长崎市教两万名日本人跳方块舞》(Yank Teaches Square Dance to 20 000 Japs in Nagasaki），发表在1947年9月7日的雷丁（宾夕法尼亚州）地方报纸《雷丁鹰报》(*Reading Eagle*)；《我们民主的方块舞受日本人欢迎》(Japs Adopting Our Democratic Square Dances)，发表在1949年4月14日的《密尔沃基新闻报》(*Milwaukee Journal*)。

被爆者深堀悟是一名天主教徒，他在接受采访时说，坚持活下去"就是忍着吧"，参见史蒂文·冈崎导演的电影《白光/黑雨》。桥本丰美（Hashimoto Toyomi）的回忆，她丈夫试图自杀的经历，参见《原爆浩劫后地狱般的岁月》(Hellish Years After Hellish Days)，收录于日本创价学会青年部（Soka Gakkai, Youth Division）编辑的《呼唤和平》(*Cries for Peace*)。被爆者们讲述的自杀经历，参见山口千次的证言，收录于森末慎二编辑的《虽被烧伤但无所畏惧》；久间尚子的文章《被强光和大火吞没》(Engulfed in Light and Fire)、永濑和子（Nagase Kazuko）的文章《我在核爆后29年的经历》(The Twenty-Nine Years I Have Lived Through)，收录于长崎原爆证言会编辑的《长崎：原爆生还者们的声音》；小岭英峻（Komine Hidetaka）的《从广岛和长崎向世界发出的信息》(A Message to the World from Hiroshima and Nagasaki)，见于2010年5月在纽约联合国总部的展览；《广岛和长崎的记忆：来自被爆者的消息》，http：//www.asahi.com/hibakusha；下平作江的证言，参见布莱恩·伯克-加夫尼的《一位原爆生还者所说的话》(In the Words of an Atomic Bomb Survivor)，发表在《十字路口3》。

堂尾记得，由于长期待在家里闭门不出，她感到特别绝望，参见她的文章《生还下来，我活着》，收录于庆尚部会和传承小组（堂尾峰子遗作收藏）编辑委员会编辑的同名文集，已被译成英文，供作者参考。

林津江的回忆，为了纪念女儿，她在女儿就读的城山小学校园里种下了樱桃树，参见文章《嘉代子樱花》(Kayoko Zakura)，收录于久保光惠编辑的《被爆：原爆生还者的回忆》；文章《林津江》(Hayashi Tsue)，收录于罗伯特·德尔·特雷迪奇（Robert Del Tradici）的《在原爆区工作》(At Work in the Fields of the Bomb)。关于学校纪念的其他文章，参见江头千代子的文章《从黑暗和苦难的记忆：直到城山小学被关闭》(From Memories of Darkness and Hardship: Up Until the Day Shiroyama Primary School was Closed），收录于《上午的强闪光》；万永耀西的文章《太阳从天上掉下来》，收录于玛丽·维森和伊丽莎白·卡农编辑的《长崎市：1945年8月9日》一书中。

山里小学的辻本藤子（Tsujimoto Fujio）和其他学生的证言，参见永井隆编辑的《蘑菇云笼罩的人生：长崎市的孩子们的证言》。这本证言集的重印本可以从国立长崎追悼原子弹死难者和平祈念馆获取。辻本藤子的证言的另一个英译本，收录于京子·塞尔登和马克·塞尔登（Kyoko and Mark Selden）编辑的《原子弹爆炸：来自广岛和长崎的声音》(*The Atomic Bomb: Voices from Hiroshima and Nagasaki*)。

第六章　破　蛹

长崎市的复兴，1948—1949年

谷口稜晔记得，当他终于能够下床走路时，他很兴奋，参见《给我水：广岛和长崎证言》(*Give Me Water: Testimonies of Hiroshima and Nagasaki*)，由袖井林二郎（Sodei Rinjiro）翻译。谷口说他觉得"重获新生了"，参见今田李（Imada Lee）的文章《原爆受害者的故事打动人心》(*Bomb Victims' Stories Reach into the Heart*)，发表在1987年9月20日的《茂宜新闻》(*The Maui News*)，转载于《美国记者眼中的广岛和长崎》(*Hiroshima* and Nagasaki through the Eyes of American Reporters），秋叶项目（Akiba Project 1987），广岛：广岛国际文化基金会（Hiroshima: Hiroshima International Cultural Foundation, 1988）；谷口记得，他在出院前忧心忡忡，参见《上午的强闪光》，布莱恩·伯克-加夫尼翻译。

长崎市在战后复兴的迹象，参见广岛市及长崎市原爆灾害志编辑委员会的《广岛和长崎》一书，特别是第11章。另外参见约翰·W.道尔的《直面战败》；安德鲁·戈登的《日本的起起落落》；卡塔日娜·茨威塔卡（Katarzyna Cwiertka）的文章《黑市之外：战后日本的町内会和食物配给》（Beyond the Black Market: Neighborhood Associations and Food Rationing in Postwar Japan），收录于克里斯托弗·格泰斯（Christopher Gerteis）和蒂莫西·S.乔治（Timothy S.George）编辑的《1945年以来的日本：从战后到后泡沫时代》（*Japan Since 1945: From Postwar to Post-Bubble*）。

占领军政府对日本逐步放松管制，参见《麦克阿瑟将军报告，第一卷附录》；林赛·帕罗特（Lindesay Parrott）的文章《日本获得更多的权力》（Japanese to Get Added Authority），发表在1949年8月16日的《纽约时报》；莫妮卡·布劳的《原子弹报道被压制》。

圣方济各·沙勿略（Saint Francis Xavier）在日本开教400周年的纪念活动，参见幸田智美（Koda Tomiomi）的文章《在原爆点建造了一座纪念碑》(A Monument was Built at the Hypocenter of the Explosion)，收录于永井隆编辑的《蘑菇云笼罩的人生》；《长崎市计划举办纪念活动》(Nagasaki Plans Fete)，发表在1949年3月6日的《纽约时报》；《10万多名日本人在被爆城市纪念圣方济各·沙勿略》(Over 100 000 Japanese In Atom-Bombed City Honour Francis Xavier)，发表在1949年6月3日的《天主教先驱报》(Catholic Herald)；《圣方济各·沙勿略的力量》(The Arm of St. Francis Xavier)，发表在1949年6月27日的《生活》杂志。

长崎市教师荒木辉子（Araki Teruko）的回忆，重建的教室里散发着"新木材"的清香气味，她还回忆了给原爆孤儿们上课的经历，参见永井隆编辑的《蘑菇云笼罩的人生》，该书还收录了长崎市教师大井达男（Oi Tatsuo）的证言。

迟发的核辐射疾病，参见广岛市及长崎市原爆灾害志编辑委员会的《广岛和长崎》一书的第9章；《辐射效应研究基金会：研究概要》(Radiation Effects Research Foundation: A Brief Description)；詹姆斯·山崎医生的《原子弹下的儿童》；埃文·B.杜普勒（Evan B.Douple）等的文章《核辐射对特殊人群身体健康的长期影响：对广岛和长崎原爆生还者的研究》(Long-term Radiation-Related Health Effects in a Unique Human Population: Lessons Learned from the Atomic Bomb Survivors of Hiroshima and Nagasaki)，发表在《灾难医学和公共卫生准备》

注 释

(*Disaster Medicine and Public Health Preparedness*, 5：S1)。

一个匿名的被爆者的回忆,她哥哥患白血病死亡之后的尸检结果,参见日本被爆协的《被爆者之死,第二卷》。

生还者们关于被嘲笑和被歧视的回忆,参见小岭英峻的《从广岛和长崎向世界发出的信息》,见于2010年5月在纽约联合国总部的展览;桥本丰美和大川雅子(Okawa Masako)的回忆,收录于日本创价学会青年部编辑的《呼唤和平》。另外参见广岛市及长崎市原爆灾害志编辑委员会编辑的《原子弹的影响:广岛和长崎,1945—1985》(*The Impact of the A-Bomb: Hiroshima and Nagasali, 1945—85*)。

关于工作歧视和就业困难,参见广岛市及长崎市原爆灾害志编辑委员会的《广岛和长崎》一书的第11章;《被爆者:原爆生还者和他们的诉求》(The Hibakusha: The Atomic Bomb Survivors and their Appeals),收录于高桥信次(Takahashi Shinji)编辑的《来自长崎的诉求:值此SSD-II和相关活动之际》(Appeals from Nagasaki: On the Occasion of SSD-II and Related Events)一书中;莫妮卡·布劳的文章《广岛和长崎:自愿的沉默》,收录于劳拉·赫茵和马克·塞尔登编辑的《与炸弹共存》。

永井隆医生说的"当我们在艰难中跋涉,又饥又渴……"参见他的《长崎钟声》一书;永井隆医生谴责日本的军事侵略,他说的"随着军事行军的节奏",参见他的《山上开花》

（*Hill in Bloom*）一书，节选翻译由永井隆纪念馆（Nagai Takashi Memorial Museum）提供；他把原爆视为"对抗战争的疫苗"，参见他的《我们在长崎》一书。永井隆作为"长崎圣人"的影响，参见约翰·W.道尔的《直面战败》；蕾切尔·林奈（Rachelle Linner）的《沉默之城：倾听广岛》(*City of Silence: Listening to Hiroshima*)；查德·R.迪尔的博士学位论文《复兴长崎市》，哥伦比亚大学；镰田贞夫和斯蒂芬·萨拉福的文章《原子弹和长崎市的居民们》，发表在《亚洲问题学者通报》，14：2。永井隆的《长崎钟声》被改编成电影，这个过程中的编辑和审查，参见北村博的《放映启蒙》一书。

生还者对永井隆的作品的反应：今村雅子说"上帝拣选长崎浦上，投下原子弹是爱和宽恕的试炼"，参见永井隆编辑的《蘑菇云笼罩的人生》；一位匿名的生还者说"没有信仰的人们……背负不了这个重担"，参见尼古拉斯·D.克里斯托夫（Nicholas D.Kristof）的文章《通过生还者的故事，长崎成为日本的永恒传说的一部分》(*Through Survivors' Tales, Nagasaki Joins Japan's Timeless Folklore*)，发表在 1995 年 8 月 9 日的《纽约时报》；天主教传教士保罗·梅林（Paul Glynn）在《长崎之歌》(*A Song for Nagasaki*)一书中提到，他遇见过一名被爆者，那个人读了永井隆医生的作品之后，就开始信天主教了。

秋月辰一郎医生与天主教修女们关于信仰的对话，他痛恨

"固执地延续这场毫无意义的战争"的日本政府,参见他的回忆录《长崎1945》。他决定离开长崎市,摆脱掉"战争受害者"心态,以及他在由江村的生活经历,参见山下昭子(Yamashita Akiko)的《在夏天的云下的山丘》(Hill Under the Summer Cloud)一书,已被译成英文,供作者参考。

原爆伤害调查委员会(ABCC)

堂尾的回忆,她在ABCC接受身体检查的经历,参见她的文章《生还下来,我活着》,收录于庆尚部会和传承小组(堂尾峰子遗作收藏)编辑委员会编辑的同名文集,已被译成英文,供作者参考。

关于生还者与ABCC的关系,以及ABCC的不治疗政策,参见M.苏珊·林迪的文章和著作,《真实的痛苦:美国科学和广岛的生还者》;《赎罪:了解原爆伤害调查委员会的不治疗政策》(Atonement: Understanding the No-Treatment Policy of the Atomic Bomb Casualty Commission),发表在《医学史通报》(Bulletin of the History of Medicine, 68:3);《把原爆受害者的尸检标本归还给日本:自然物与外交》,发表在科学史期刊《奥西里斯》,13。在《真实的痛苦》一书中,M.苏珊·林迪承认,她曾经采访过ABCC的一些人员,例如ABCC遗传学项目负责人詹姆斯·V.尼尔博士(James V.Neel)和威廉姆·J.斯格尔博士(William J.Schull),她对ABCC的看法与他们的不一致，他们说她"过分强调政治和社会因素对 ABCC 的科学研究的影响"，林迪回答说："我确实认为，尼尔博士和他的同事们尽量争取在中性区进行科学研究，在中性区，语言、文化和历史的影响都不存在，也就是理想化科学的领域（在正规教育过程中，他们所学到的）。我在书中的假设是，这种中性区是不存在的，对任何人、在任何时候都是如此。"本书作者在这里主要是列举了参与 ABCC 研究的长崎生还者最关注的问题。

关于 ABCC 的设立，参见阿什利·W.奥特森（Ashley W.Oughterson）上校在 1945 年 8 月的备忘录，收录于奥特森等人合著的《原子弹对人体健康的影响，第一卷，附录 1（1）》（*Medical Effects of Atomic Bombs*）。另外参见弗兰克·W.普特南（Frank W.Putnam）的文章《回顾原爆伤害调查委员会》（The Atomic Bomb Casualty Commission in Retrospect），发表在《美国国家科学院院刊》（*Proceedings of the National Academy of Sciences*, 95：10），其中包括杜鲁门在 1946 年下令设立 ABCC 的总统令的文件副本；相关的历史和科学资料，可通过辐射效应研究基金会的网站查阅，http：//www.rerf.jp。

在 ABCC 工作的一位美国医生对于日本科学家"随便使用我们的数据"的担忧，参见詹姆斯·斯科特给查尔斯·邓纳姆的备忘录（Memo from James K.Scott to Charles L.Dunham, October 14, 1954, Series 2），美国原子能委员会通信（AEC

注 释

Correspondence），1951—1961，ABCC 收藏资料，美国科学院档案馆，华盛顿特区。

长崎医生西森一正说的那段话，参见莫妮卡·布劳的文章《广岛和长崎：自愿的沉默》，收录于劳拉·赫茵和马克·塞尔登编辑的《与炸弹共存》。

诺曼·卡森斯对 ABCC 的批评，参见他的文章《4 年后的广岛》(Hiroshima Four Years Later)，发表在《星期六文学评论》，32。

关于 ABCC 长崎研究所开展的研究，参见詹姆斯·山崎医生和路易斯·B. 弗莱明合著的《原子弹下的儿童：一个美国医生关于广岛、长崎和马绍尔群岛的回忆录》(Children of the Atomic Bomb: An American Physician's Memoir of Nagasaki, Hiroshima, and the Marshall Islands)；威廉姆·J. 斯格尔（William J. Schull）的《废墟中的歌：原爆后暂居日本的美国科学家的回忆录》(Song Among the Ruins: A Lyrical Account of an American Scientist's Sojourn in Japan After the Atomic Bomb)。关于 ABCC 的小册子和对新生儿母亲的调查问卷，以及 ABCC 遗传学项目在 1956 年的原始报告，参见詹姆斯·V. 尼尔和威廉姆·J. 斯格尔编辑的《原爆生还者的子女：遗传学研究》(The Children of Atomic Bomb Survivors: A Genetic Study) 一书。

关于山崎医生在长崎市的经历，他对儿童健康研究的毕生贡献，以及照片、生还者的绘画、证言、教案，参见山崎医生与加州大学洛杉矶分校亚美研究中心（UCLA's Asian American Studies Center）合作创办的"原子弹下的儿童"（Children of the Atomic Bomb）网站，http://www.aasc.ucla.edu/cab。

堂尾拒绝参与 ABCC 的研究：在她家人的许可下，我在美国国家卫生与医学博物馆（U.S. National Museum of Health and Medicine）的奥蒂斯历史档案馆原爆资料收集处（Atomic Bomb Materials collection of the Otis Historical Archives）找到了她在 ABCC 的病历记录。这些记录表明，堂尾去 ABCC 的诊所至少 3 次。然而，堂尾始终说她只去过一次，就决定不再参与 ABCC 的研究了，这或许是由于她把几次检查当作一次了。

长崎市，1952—1955 年：美国占领结束和原爆后的第一个 10 年

长崎市庆祝占领结束，参见《遭原子弹轰炸的两个城市欢庆和平条约》（Two Atom-Bomb Cities Hail Peace Treaty），发表在 1951 年 9 月 10 日的《纽约时报》。

关于东京审判和美国占领结束时的日本，参见约翰·W. 道尔的《直面战败》；伊恩·布鲁玛的《发明日本：1853—1964》；安德鲁·戈登的《日本的起起落落：从德川幕府到现代》。

关于原爆的科学研究报告在日本的发表，以及相关书籍

注 释

的出版,参见广岛市及长崎市原爆灾害志编辑委员会的《广岛和长崎》一书的第13章;鲁伯特·詹金斯编辑的《长崎之旅:山端庸介写真集,1945年8月10日》;艾贝·马克·诺恩斯的《日本的纪录片》。《朝日画报》在1952年出了"原子弹"特刊,并且在1982年的30周年纪念刊上完全重印了那一期特刊。另外参见内海博文的《原爆图片与国家自画像:日本画报杂志朝日画报,1945—1965》(Nuclear Images and National Self-Portraits: Japanese Illustrated Magazine Asahi Graph, 1945—1965),发表在《关西学院大学先端社会研究所纪要》(Annual Review of the Institute for Advanced Social Research, Kwansei Gakuin University, 5)。

在美国媒体上的关于被爆者的照片,参见《遭原子弹轰炸时——未经审查的》(When Atom Bomb Struck—Uncensored),发表在1952年9月29日的《生活》杂志。另外参见盐月正雄医生的《在长崎的医生》,他在书中提到了当看到美国流行杂志上的一篇文章时感到愤怒。

1955年年底的核武库情况,参见艾丽丝·L.巴克(Alice L.Buck)的《美国原子能委员会的历史》(A History of the Atomic Energy Commission);自然资源保护协会(National Resources Defense Council)的《全球核武器储备,1945—2002年》(Global Nuclear Weapons Stockpiles, 1945—2002);军备控制协会(Arms Control Association)的《概况介绍:核试验记

录》(Fact Sheet: The Nuclear Testing Tally)。

杜鲁门总统在朝鲜战争期间关于使用核武器的言论,参见《总统的新闻发布会,1950年11月30日》(The President's News Conference, November 30, 1950),《美国总统的公开文件:哈里·S.杜鲁门,1945—1953》。在朝鲜战争期间的美国核战略的有关信息,参见戴维·阿兰·罗森伯格(David Alan Rosenberg)的《美国核战略与氢弹决定》(American Atomic Strategy and the Hydrogen Bomb Decision),发表在《美国历史杂志》(Journal of American History, 66: 1, 1979: 62—87);布鲁斯·卡明斯(Bruce Cumings)的文章《自1945年以来在东北亚的美国空军和核战略》(American Airpower and Nuclear Strategy in Northeast Asia since 1945),收录于马克·塞尔登(Mark Selden)和埃尔文·Y.索(Alvin Y.So)编辑的《战争与国家恐怖主义:20世纪的美国、日本与亚洲太平洋地区》(War and State Terrorism: The United States, Japan, and the Asia-Pacific in the Long Twentieth Century)一书的第63—90页(Lanham, MD: Rowman & Littlefield Publishers, 2004)。

在原爆10周年之际,长崎市举行纪念活动,参见濑户口智惠(Setoguchi Chie)的文章《人坝》(The Human Dam),收录于大野辉晓和松永皓正编辑的《原爆生还者的证言》。另外参见罗伯特·特朗布尔(Robert Trumbull)的文章《长崎市纪念1945年原爆》(Nagasaki Marks 1945 Atom Blast),发表在

1955年8月10日的《纽约时报》。

长崎市在1955年的状况，参见广岛市及长崎市原爆灾害志编辑委员会的《广岛和长崎》；《长崎之声》；森末慎二编辑的《虽被烧伤但无所畏惧》；北村博的《放映启蒙》。"威斯康辛号"（USS Wisconsin）战舰上服役的美国军人戴夫·帕库斯（Dave Patrykus）等人在1954年拍摄的原爆点标志的照片，见网站http://www.usswisconsin.org。

堂尾被称为"头戴三角形布的女孩"，尽管父母反对她出远门，她仍然决定去东京工作，参见她的文章《生还下来，我活着》，已被译成英文，供作者参考。

第七章 余 生

长崎市，20世纪60年代

对长崎市的描述，参见威廉姆·J.斯格尔的《废墟中的歌》；森末慎二编辑的《虽被烧伤但无所畏惧》；弗兰克·奇诺克（Frank Chinnock）的《长崎：被遗忘的核弹》（Nagasaki: The Forgotten Bomb）；小E.J.卡恩（E.J.Kahn Jr.）的《长崎来信》（Letter from Nagasaki），发表在1961年7月29日的《纽约客》；以及生还者的证言。

关于浦上天主堂的重建，参见镰田贞夫和斯蒂芬·萨拉福的文章《原子弹和长崎市的居民们》，发表在《亚洲问题学者通报》，14：2；水浦久行编辑的《浦上主教座堂的修复：纪念专辑》。

婚姻和孩子

关于日本的婚姻传统，被爆者所面临的歧视，参见卡尔曼·D. 艾波鲍姆（Kalman D.Applbaum）的文章《与适当的陌生人结婚：日本大都市的媒妁婚姻》(Marriage with the Proper Stranger: Arranged Marriage in Metropolitan Japan)，发表在《民族学》(Ethnology, 34：1)；罗伯特·杰伊·利夫顿的《生中之死》；莫妮卡·布劳的文章《广岛和长崎：自愿的沉默》，收录于劳拉·赫茵和马克·塞尔登编辑的《与炸弹共存》。

许多被爆者讲述了在结婚生子问题上的担忧，参见高井传（Takai Tsutae）的文章《原爆生还者被地震灾害触动而开始谈论过去》(A-Bomb Victim Moved to Talk About Past by Earthquake Disasters)，发表在2012年8月11日的《每日新闻》(Mainichi)；《广岛和长崎的记忆：来自被爆者的消息》，http://www.asahi.com/hibakusha；尾山高见的诗歌，参见《广岛/长崎：原爆后——卷五：长崎挽歌：124尾山高见的和歌》，由见目诚翻译。

和田的回忆，医生说他们可能会生下畸形儿，他怀孕的妻子感到伤心，参见他的证言《在长崎，没有"战争结束"》，由国立长崎追悼原子弹死难者和平祈念馆印制。

谷口的回忆，他被潜在的结婚对象拒绝，人家担心他活不长，不可能"活太久"，参见《被爆者：广岛和长崎的生还者》(*Hibakusha: Survivors of Hiroshima and Nagasaki*)，该书由盖纳·关守（Gaynor Sekimori）翻译；谷口与英子的婚姻和蜜月，参见彼得·汤森（Peter Townsend）的《长崎市的邮递员：一个生还者的故事》(*The Postman of Nagasaki: The Story of a Survivor*)。

堂尾的回忆，关于她的决定和她的工作生活，参见她的文章《生还下来，我活着》，收录于庆尚部会和传承小组（堂尾峰子遗作收藏）编辑委员会编辑的同名文集，已被译成英文，供作者参考。

反核运动

1954年3月1日的"喝彩城堡"（Castle Bravo）氢弹试爆，参见埃德温·J.马丁（Edwin J.Martin）和理查德·H.罗兰（Richard H.Rowland）的《城堡系列核试验1954年》(*Castle Series 1954*)；杰克·舒伯特（Jack Schubert）和拉尔夫·E.拉普（Ralph E.Lapp）的《核辐射：是什么以及如何影响你》(*Radiation: What It Is and How it Affects You*)；劳伦斯·S.维特纳（Lawrence S.Wittner）的《反对原子弹的斗争，第二卷：抵制原子弹》(*The Struggle Against the Bomb*, Vol.2: Resisting the Bomb)。

全面禁止核试验条约组织筹备委员会（Preparatory

Commission for the Comprehensive Nuclear Test Ban Treaty Organization）认为，1954年在比基尼环礁进行的氢弹试爆是"美国核试验历史上最严重的放射性灾难"，参见http：//www.ctbto.org/nuclear-testing。

氢弹试爆事件过后30天，美国原子能委员会（AEC）主席李维斯·施特劳斯（Lewis L.Strauss）海军少将报告说，岛上的所有居民"在我看来都很健康快乐"，参见《施特劳斯关于在太平洋氢弹试爆的声明和评论》（Text of Statement and Comments by Strauss on Hydrogen Bomb Tests in the Pacific），发表在1954年4月1日的《纽约时报》。马绍尔群岛的居民们患上了核辐射疾病，表现出恶心、皮肤病变、脱发、皮下出血等症状，布鲁克黑文国家实验室（Brookhaven National Laboratory）的美国研究人员对此进行了记录，参见罗伯特·A.康纳德（Robert A.Conard）等的《20年回顾，对意外暴露于放射性落下灰的马绍尔群岛居民的医学调查》（*A Twenty-Year Review of Medical Findings in a Marshallese Population Accidentally Exposed to Radioactive Fallout*, Upton, NY：Brookhaven National Laboratory, 1975）。美国能源部继续对以前的太平洋试验场环礁岛进行监测，为遭受核辐射的居民提供医疗检查，参见"马绍尔群岛核辐射剂量评估和放射生态学项目"（Marshall Islands Dose Assessment and Radioecology Program），劳伦斯·利佛莫尔国家实验室（Lawrence Livermore National Laboratory），2014年8月的更新，https：//marshallislands.llnl.gov；马绍尔群岛共和国大使馆（Embassy of the Republic of the Marshall Islands）网站上的"核问题"（Nuclear Issues），本书作者在2014年8月访问该网站，http：//www.rmiembassyus.org/Nuclear Issues.htm。

氢弹试爆的放射性落下灰对第五福龙丸号渔船上的船员们的影响，以及美国的反应，在上述参考资料中有详述，另外参见M.苏珊·林迪的《真实的痛苦》；拉尔夫·E.拉普（Ralph E.Lapp）的《第五福龙丸事件》(*The Voyage of the Lucky Dragon*)；巴顿·C.哈克（Barton C.Hacker）的《争议的话题：美国原子能委员会与核试验的辐射安全问题，1947—1974年》(*Elements of Controversy*: *The AEC and Radiation Safety in Nuclear Weapons Testing, 1947—1974*)；"日本外务省副大臣奥村给美国大使阿里森的备忘录，1954年3月27日"（Aide-Memoire Given to the U.S. Ambassador Allison by the Vice-Minister of Foreign Affairs, Okumura, March 27, 1954），收录于埃德温·J.马丁和理查德·H.罗兰的《城堡系列核试验1954年》一书的第465页。

田岛英三（Tajima Eizo）的回忆，关于船员们描述的第五福龙丸号渔船覆盖了一层白色的灰，以及日本人对放射性污染的恐慌，参见《核辐射效应研究的曙光》(*The Dawn of Radiation Effects Research*)，辐射效应研究基金会最新信息（RERF Update, 5：3）。关于世界各地受核辐射影响的人们（包括第五福龙丸号渔船上的船员们、马绍尔群岛的居民们）的经历和后果，参见《暴露：核辐射受害者们的呼声》（*Exposure*：*Victims of Radiation Speak Out*），全文在广岛和平媒体中心（Hiroshima Peace Media Center）的网站上，http：//www.hiroshimapeacemedia.jp。

日本民众反对核试验，参见劳伦斯·S.维特纳（Lawrence S.Wittner）的文章《抵抗核恐怖：自1945年以来，日本和美国的反核运动》(Resisting Nuclear Terror: Japanese and American Anti-nuclear Movements since 1945)，收录于劳拉·赫茵和马克·塞尔登编辑的《与炸弹共存》。另外参见劳伦斯·S.维特纳（Lawrence S.Wittner）的《反对原子弹的斗争》(*The Struggle Against the Bomb*)，该书是关于国际核裁军运动的历史，共三卷，其中包括对战后日本的早期反核运动的讨论，在比基尼环礁氢弹试验之前，日本的反核运动已经开始，但是受到占领军当局的政策压制；《广岛和长崎》一书的第14章；《朝日新闻》核报道团队的系列文章，结集成书《废除核武器之路》(*The Road to the Abolition of Nuclear Weapons*)。

广濑正人回忆，长崎市的反核运动在开始时是"一场强大的和坚定的运动"，参见他在2009年接受本书作者采访的记录。

山口千次的回忆，关于"白玫瑰运动"，在广岛和长崎召开的第一届和第二届禁止原子弹氢弹世界大会，以及他参加反核运动的经历，参见森末慎二编辑的《虽被烧伤但无所畏惧：

注 释

山口千次的证言实录》。山口和其他被爆者在1960年也参与抗议，反对修订《日美安全保障条约》，这是活动人士仍在继续的全国统一行动的前身，为维护日本宪法的和平原则。

渡边智惠子的证言，参见长崎原爆证言会编辑的《长崎：原爆生还者们的声音》。

日本被爆协的成立宣言，参见，http://www.ne.jp/asahi/hidankyo/nihon/about/about2-01.html，由作者翻译成英文。

谷口的回忆，他决心"必须活下去，为了在原爆中丧生的人们而活"，参见美国公共电视网（PBS）的《人们的世纪：核辐射（1945年）》（People's Century: Fallout[1945]）节目对他的采访，该节目是在1999年6月15日播出的。谷口呼吁被爆者"向世人讲述我们的原爆经历"，参见他的证言，收录于《被爆者：广岛和长崎的生还者》，该书由盖纳·关守翻译。

关于被爆者医疗补助

被爆者的长期健康问题，包括"精力不济"，参见原爆后遗症研究委员会（A-Bomb After effects Research Council）于1954年首次发布的原爆症治疗指南，在《广岛和长崎》一书的第13章。另外参见《辐射效应研究基金会：研究概要》；《被爆者所患的癌症有许多形式》（Cancer Takes Many Forms Among the Hibakusha），发表在1981年9月13日的美国阿拉巴马州的地方报纸《安尼斯顿星报》（The Anniston Star），转载于《美国记者眼中的广岛和长崎》，秋叶项目，广岛：广岛国际文化基金会。

山口千次的回忆，长崎原爆受害者协会是"一个民间团体，表达我们的要求"，关于领取"一本小手册"，也就是被爆者健康手册，参见森末慎二编辑的《虽被烧伤但无所畏惧》。山口千次接受采访，呼吁日本政府为被爆者提供医疗补助，参见史蒂文·冈崎导演的电影《白光/黑雨》。山口千次在1980年演讲时呼吁"不要再有被爆者"，参见镰田贞夫和斯蒂芬·萨拉福的文章《原子弹和长崎市的居民们》，发表在《亚洲问题学者通报》，14：2。

日本国会在1957年通过了《原子弹受害者医疗法》，关于被爆者健康手册的申请要求，参见《广岛和长崎》一书的第11章。关于"病因概率"的问题，参见《原爆相关疾病患者的认定》（Certification of Sufferers of Atomic Bomb-Related Diseases），收录于《原子力资料情报室通信》第131号（*Nuke Info Tokyo 131*），http://cnic.jp/english/newsletter/nit131/nit131articles/abombdisease.html。与被爆者医疗补助有关的其他信息，参见日本律师联合会（Japan Federation of Bar Associations）的《关于被爆者的问题的报告》（*Report on the Problem of the Hibakusha*）；镰田贞夫和斯蒂芬·萨拉福的文章《原子弹和长崎市的居民们》，发表在《亚洲问题学者通报》，14：2；《被爆者：原爆生还者和他们的诉求》，收录于高桥信次编辑的《来自长崎的诉求：值此 SSD-II 和相关活动之际》。

注 释

开发核辐射剂量测定系统，用于对广岛和长崎原爆生还者遭受的核辐射剂量进行估算，参见乔治·D.克尔、桥爪正和查尔斯·W.爱丁顿的文章《历史回顾》，收录于威廉·C.罗施编辑的《美国—日本联合重新评估在广岛和长崎的原爆核辐射剂量测定：剂量测定系统1986年》；J.A.奥克谢（J.A.Auxier）的《最初：对广岛和长崎原爆幸存者的核辐射剂量测定方案——截至1964年4月1日的一份情况报告》(*Ichiban: The Dosimetry Program for Nuclear Bomb Survivors of Hiroshima and Nagasaki—A Status Report as of April 1, 1964*)。另外参见J.塞缪尔·沃克的《允许剂量：20世纪的核辐射防护的历史》。

最近的一项研究表明，早期进入原爆区的人们遭受了"明显的核辐射"，参见今中哲二（Imanaka Tetsuji）等的文章《在广岛和长崎土壤中的中子诱发的放射性核素导致的γ射线暴露，基于DS02计算》(Gamma-Ray Exposure from Neutron-induced Radionuclides in Soil in Hiroshima and Nagasaki based on DS02 Calculations)，发表在《辐射与环境生物物理学》(*Radiation and Environmental Biophysics*，47：3）。关于剩余核辐射影响的研究进展综述，参见乔治·D.克尔（George D.Kerr）等的文章《关于原爆核辐射剂量测定的研讨会报告——剩余核辐射暴露：最近的研究和对未来研究的建议》(Workshop Report on Atomic Bomb Dosimetry—Residual Radiation Exposure: Recent Research and Suggestions for Future

Studies），发表在《保健物理学》（*Health Physics*，105：2，doi：10.1097/HP.0b013e31828ca73a）。

被爆者们要求政府对剩余核辐射所致的伤亡和慢性疾病进行赔偿，参见原爆生还者的证言，特别是《广岛和长崎的记忆：来自被爆者的消息》，http：//www.asahi.com/hibakusha，以及日本被爆协在1985年进行调查时收集的匿名证言，参见《被爆者之死，第一卷和第二卷》。

关于长崎市对海外被爆者的支持，参见长崎市印刷的《长崎对和平事业的奉献》（*Devotion of Nagasaki to the Cause of Peace*）；长崎被爆者医疗国际协会（Nagasaki Association for Hibakusha's Medical Care，NASHIM）成立于1992年，为想要返回日本申请医疗补助的原爆生还者们提供旅费援助，http：//www.nashim.org/en/index.html。

关于居住在美国的被爆者，以及他们为申请被爆者健康手册而进行的斗争，参见斯蒂芬·萨拉福的文章《在美国的原爆受害者的医疗保健》（*Medical Care for the Atomic Bomb Victims in the United States*），发表在《亚洲问题学者通报》，12：1；袖井林二郎的《我们是敌人吗？广岛原爆的美国生还者》（*Were We the Enemy? American Survivors of Hiroshima*）；蕾切尔·林奈的《沉默之城》；史蒂文·冈崎的纪录片《生还者》（*Survivors*）。

关于朝鲜被爆者，参见库尔特·W.唐（Kurt W.Tong）的文章《朝鲜的被遗忘的原爆受害者》（*Korea's Forgotten Atomic

Bomb Victims），发表在《亚洲问题学者通报》，23：1；朝鲜的原爆伤害协会会长蔡日哲（Choi Il Chul）的文章《朝鲜被爆者的三重困难》（Three-Fold Hardships of the Korean Hibakusha），https：//afsc.org/resource/hibakusha-h-bomb-survivors；朝鲜被爆者的证言，金雅子所说的话，参见长崎原爆证言会编辑的《长崎：原爆生还者们的声音》；龙朴苏所说的话，参见《给我水：广岛和长崎的证言》。

谷口的回忆，他后背的肿块特别坚硬，"手术刀都切不动"，参见他的证言，在长崎放送株式会社网站"长崎与和平"，http：//www2.nbc-nagasaki.co.jp/peace。他总是觉得后背钝痛，"一种可怕的沉重感"，参见长崎原爆证言会编辑的《长崎：原爆生还者们的声音》。

第八章 铭 记

要求美国归还原爆资料

《朝日画报》在1970年7月10日出版了原爆25周年的纪念特刊。《朝日新闻》在1970年6月21日对这一期特刊进行了介绍。谷口稜晔和长崎原爆资料馆图书室为本书作者提供了这两份刊物。

关于日本电影公司的黑白影片，参见埃里克·巴尔诺的文章《岩崎和被占领的银幕》，发表在《电影史》2：4；艾贝·马克·诺恩斯的文章《那里突然有空白》，收录于《日本的纪录片》；编辑过的有声影片《原爆对广岛和长崎的影响，9/21/45—10/45》(Effect of Atomic Bomb on Hiroshima and Nagasaki, 9/21/45—10/45)，以及19卷电影胶片的描述性的拍摄清单，参见编号342-USAF-17679的录像，美国空军命令、活动和组织的记录，1900—2003，记录组342，与军事航空活动有关的影像（Moving Images Relating to Military Aviation Activities, 1947—1984），收录在马里兰大学帕克分校的国家档案馆；数字拷贝的查阅可以通过联机公共检索目录，识别符65518，网址 www.archives.gov/research/search。

日本获得了美国战略轰炸调查团的原始影片，参见格雷格·米歇尔的《掩盖原爆》，戴夫·祐三·斯佩克特的文章《长崎原爆38年后》，发表在1984年1月5日的《芝加哥论坛报》。本书资料来源列表中的影片以日本电影公司或在广岛和长崎拍摄的影片为主。

落合俊郎（Ochiai Toshiro）的回忆，当他们在联合国总部附近举办照片展的时候，美国人要他们"记住珍珠港"，参见《参加联合国大会关于裁军问题的第一次特别会议：一名学生代表的回忆》(Participation in the First Special Session of the United Nations General Assembly on Disarmament: Recollections of a Student Representative)，全文在 http://ir.lib.hiroshima-u.ac.jp/en/00025548。

注 释

美国归还与日本原爆有关的科学资料和尸检标本，参见M. 苏珊·林迪的文章《把原爆受害者的尸检标本归还给日本：自然物与外交》，发表在科学史期刊《奥西里斯》13，以及她的著作《真实的痛苦》。关于这些资料的信息，可以查询长崎大学原爆后障碍医疗研究所资料收集保存解析部，http：//www-sdc.med.nagasaki-u.ac.jp/abcenter/index_e.html，还可以查询美国国家卫生与医学博物馆的奥蒂斯历史档案馆原爆资料收集处。

内田司担心原爆受害者"被历史遗忘"，参见他未发表的证言，由国立长崎追悼原子弹死难者和平祈念馆印制；他发起了一个项目，记录他们经历的"真实程度"，参见大野辉晓和松永皓正编辑的《原爆生还者的证言》。另外参见《生还者把毁灭记录下来》（Survivor Keeps Reminder of Destruction），发表在1995年8月6日的华盛顿地方报纸《三城先驱报》（Tri-City Herald）。

内田司、秋月医生和其他人为复原原爆区的记忆所做的努力，参见岩波电影制作公司（Iwanami Productions）的影片《广岛和长崎：核战争的结果》（Hiroshima and Nagasaki: Harvest of Nuclear War）；长崎原爆资料馆提供的材料。深堀芳年向本书作者展示了他收集的照片，他多次接受本书作者的采访，介绍了他为这个复原项目所做的工作。

长崎被爆者们公开讲述他们的经历

秋月辰一郎的回忆，关于第一本回忆录的写作动力，成立长崎证言会，呼吁生还者"讲述身为被爆者的经历"，参见山下昭子的《在夏天的云下的山丘》一书，已被译成英文，供作者参考；秋月医生说他看到了"双重影像"——原爆废墟的影像叠加在重建的、现代化的城市影像上，参见他的证言，在"长崎与和平"网站，http：//www2.nbc-nagasaki.co.jp/peace。

关于长崎生还者证言的收集，参见镰田贞夫的文章《长崎作家们：使命》，在伊藤德彦等编辑的《核阴云下的文学》一书中；镰田贞夫和斯蒂芬·萨拉福的文章《原子弹和长崎市的居民们》，发表在《亚洲问题学者通报》，14：2；《广岛和长崎》一书的第14章。山田完对永井隆医生的看法，参见查德·R.迪尔的博士学位论文《复兴长崎市》，哥伦比亚大学。

关于被爆者面临的长期健康问题和精神创伤，参见被爆者们的证言，《广岛和长崎》一书，以及辐射效应研究基金会发表的研究论文。关于胎内被爆者的父母们在晚年时的艰难，参见《原爆生还者的近况》(Atomic Bomb Survivors Today)，收录于大野辉晓和松永皓正编辑的《原爆生还者的证言》一书中。

美国的民防教育忽视日本原爆生还者的经历，关于这个问题的讨论，参见罗伯特·A.雅各布斯（Robert A.Jacobs）的文章《"没有平民；我们都在战争中"：在冷战初期的核战避难所和生存叙事》("There Are No Civilians; We Are All at War"：Nuclear War Shelter and Survival Narratives during the Early Cold War)，发表在《美国文化期刊》(*The Journal of American*

Culture, 30:4）。

联合空军在飞行表演上"重演"原子弹轰炸广岛，参见爱德华·林那索（Edward Linenthal）的《神圣的土地：美国人和他们的战场》(*Sacred Ground: Americans and Their Battlefields*)。关于日本的反应，参见麻田贞雄的文章《蘑菇云和国民心理：美国人和日本人对使用原子弹决定的看法——重新考虑，1945—2006》(The Mushroom Cloud and National Psyches: Japanese and American Perceptions of the Atomic Bomb Decision—A Reconsideration, 1945—2006)，收录于他的《文化冲击与日本人和美国人的关系：历史论文》(*Culture Shock and Japanese-American Relations: Historical Essays*)。最近有一次类似的飞行表演节目（重演原子弹轰炸广岛），由于抗议而被取消，参见美国哥伦比亚广播公司（CBS News）2013年的报道，http://www.cbsnews.com/news/world-war-ii-atomic-bomb-re-enactment-dropped-from-ohio-air-show-after-outcry。

被爆者们参与国际反核运动，参见日本全国筹备委员会（Japan National Preparatory Committee）编写的《来自广岛和长崎被爆者们的呼吁：关于广岛和长崎原爆的伤害和后果的国际研讨会记录，1977年7月21日至8月9日：东京、广岛、长崎》(*A Call from Hibakusha of Hiroshima and Nagasaki: Proceedings of the International Symposium on the Damage and Aftereffects of the Atomic Bombing of Hiroshima and Nagasaki, July 21-August*

9, 1977：Tokyo, Hiroshima and Nagasaki ），其中有1977年的声明、工作文件和其他材料。渡边智惠子的证言在"长崎与和平"网站，http：//www2.nbc-nagasaki.co.jp/peace。另外参见劳伦斯·S.维特纳（Lawrence S.Wittner）的《反对原子弹的斗争，第三卷：走向废除核武器——世界核裁军运动的历史，1971年至今》(*The Struggle Against the Bomb, Vol.3：Towards Nuclear Abolition—A History of the World Nuclear Disarmament Movement, 1971 to the Present*)。

谷口在演讲时警告说，核武器和人类无法共存，他向本书作者提供了他的演讲稿。谷口在接受采访时说，他想要替已死去的成千上万名原爆受害者发声，参见岩波电影制作公司的影片《广岛和长崎：核战争的结果》；谷口抱怨说，现代科学"能开发出高度精密的导弹，但是无法治愈我的疾病"，参见他的证言《永久的疤痕》(Eternal Scars)，收录于大野辉晓和松永皓正编辑的《原爆生还者的证言》。

关于世界范围的核武器扩散，参见第五章注释，有关核武库和核试验的部分。

秋月医生的警告，"聪明的人和愚蠢的人一点儿都没有改变"，仍在推动核武器发展，参见山下昭子的《在夏天的云下的山丘》一书，已被译成英文，供作者参考。

1981年2月25日，教皇若望·保禄二世在广岛呼吁和平的演讲，参见网站，http：//atomicbombmuseum.org/6_5.shtml。教

注 释

皇在访问长崎市期间的活动,参见刘易斯·B. 弗莱明(Lewis B.Fleming)的文章《教皇对日本的访问在长崎市结束》(Pope Winds Up Japan Visit in Nagasaki),发表在1981年2月26日的《洛杉矶时报》(Los Angeles Times);唐纳德·柯克(Donald Kirk)的文章《教皇纪念长崎殉教者的讲话节录》(Excerpt from Pope Commemorates Nagasaki Martyrs),发表在1981年2月27日加拿大的《环球邮报》(The Globe and Mail)。

山口千次的回忆,他在1982年的联合国会议上发表演讲,想要在演讲中"重现长崎原爆的恐怖",参见森末慎二编辑的《虽被烧伤但无所畏惧》;关于他的演讲,参见他的证言,在"长崎与和平"网站,http://www2.nbc-nagasaki.co.jp/peace。联合国大会关于裁军问题的第二次特别会议前的反核抗议,参见保罗·L.蒙哥马利(Paul L.Montgomery)的文章《人群聚集在曼哈顿,抗议核武器》(Throngs Fill Manhattan To Protest Nuclear Weapons),发表在1982年6月13日的《纽约时报》。

关于长崎促进和平基金会,参见长崎市印刷的《长崎对和平事业的奉献》;山下昭子的《在夏天的云下的山丘》;长崎促进和平基金会提供的简讯和其他材料;长崎促进和平基金会的部门副主管松尾兰子也接受了本书作者的采访。

堂尾的回忆,关于她的退休生活,她在母亲去世后回到长崎市定居,她的癌症诊断和治疗,参见她的文章《生还下来,我活着》,收录于庆尚部会和传承小组(堂尾峰子遗作收藏)

编辑委员会编辑的同名文集，已被译成英文，供作者参考。在接受本书作者采访时，松添博讲述了他与堂尾的久别重逢，并且向作者提供了他描绘堂尾经历的画作的彩色复印件。

詹姆斯·山崎医生在1989年重返长崎市，记述了被爆者咨询中心开展的各项活动，参见他的《原子弹下的儿童》一书的第13章。长崎市市长本岛等发表了关于天皇的有争议言论，因此而险些被暗杀，参见蕾切尔·林奈的《沉默之城》；查德·R. 迪尔的博士学位论文《复兴长崎市》，哥伦比亚大学；大卫·E. 桑格（David E.Sanger）的文章《市长因为直言昭和天皇战争责任而遭枪击》（Mayor Who Faulted Hirohito is Shot），发表在1990年1月19日的《纽约时报》；岩松繁俊（Iwamatsu Shigetoshi）的文章《日本对战争罪行的责任》（Japanese Responsibility for War Crimes），发表在《经营与经济》（Keiei to Keizai，71：3）；中川信明（Nakagawa Nobuaki）的文章《恐怖、禁忌和沉默：谈论天皇制度》（Terror, Taboo and Silence：Speaking out on the Emperor System），发表在《日本与亚洲季评》（AMPO Japan-Asia Quarterly Review，21：4）。

关于抗议搭载核武器的军舰停靠，参见汉斯·M. 克里斯滕森（Hans M.Kristensen）为美国"鹦鹉螺号研究所"（Nautilus Institute）写的文章《在美国核保护伞下的日本》（Japan Under the U.S. Nuclear Umbrella）；山口千次的回忆，被爆者抗议美国的"罗德尼·戴维斯号"（USS Rodney M.Davis）导弹护卫舰进入长崎湾,参见森末慎二编辑的《虽被烧伤但无所畏惧》;另外参见《核爆受害者在长崎抗议美国军舰》(Nuclear Foes Protest U.S. Ship in Nagasaki),发表在1989年9月17日阿拉巴马州的地方报纸《每日时报》(Times Daily)。

关于白血病和其他癌症的发病率,参见詹姆斯·山崎医生的《原子弹下的儿童》;关于《原爆生还者癌症发病率》的多篇研究报告,发表在《辐射研究》(Radiation Research, 137: 2s)。另外参见埃文·B.杜普勒等的文章《核辐射对特殊人群身体健康的长期影响》,发表在《灾难医学和公共卫生准备》,5: S1。

纪念与争议

关于使用原子弹的史学研究和辩论,参见巴顿·J.伯恩斯坦的文章《历史争议:定义关于广岛原爆的叙述》(The Struggle Over History: Defining the Hiroshima Narrative),收录于菲利普·诺比尔(Philip Nobile)编辑的《史密森尼学会的判断》(Judgment at the Smithsonian); J.塞缪尔·沃克的《史学研究论文:杜鲁门原子弹决定的最新文献:寻求中间立场》(Historiographical Essay: Recent Literature on Truman's Atomic Bomb Decision: A Search for Middle Ground),发表在《外交史》,29: 2。约翰·W.道尔对叙述原子弹历史的复杂性的评论,参见《对于在亚洲的战争胜利的叙述和悲痛叙述》(Triumphal and Tragic Narratives for the War in Asia),收录于劳拉·赫茵和马

克·塞尔登编辑的《与炸弹共存》。

关于新闻媒体对原爆后果的误导性报道,参见 M. 苏珊·林迪的《真实的痛苦》;《双城故事》(A Tale of Two Cities),发表在 1962 年 5 月 18 日的《时代》杂志。尤其是在冷战期间,为了维持公众对核武器发展的支持,美国政府压制关于核辐射效应和原爆生还者经历的报道,参见劳伦斯·S. 维特纳的《反对原子弹的斗争,一至三卷》;马丁·J. 舍温的文章《记忆、神话和历史》(Memory, Myth and History),收录于凯·伯德和劳伦斯·利夫舒尔茨编辑的《广岛的阴影》。电视电影《浩劫后》(The Day After)是尼古拉斯·迈耶(Nicholas Meyer)导演,杰森·罗巴兹(Jason Robards)主演的,电影中虚构的核毁灭景象很有震撼力,1983 年秋天在美国上映时曾造成极大轰动。国际防止核战争医生组织(International Physicians for the Prevention of Nuclear War)成立于 1980 年,相关信息见 http://www.ippnw.org。

关于美国史密森尼学会旗下的国家航空及太空博物馆(NASM)的"艾诺拉·盖号"轰炸机展览,参见马丁·哈威特(Martin Harwit)的《一个被拒绝的展览:游说"艾诺拉·盖号"轰炸机的历史》(An Exhibit Denied: Lobbying the History of Enola Gay);菲利普·诺比尔编辑的《史密森尼学会的判断:广岛和长崎的原爆》;迈克·华莱士(Mike Wallace)的文章《"艾诺拉·盖号"轰炸机的历史之争》(The Battle of the Enola Gay），以及与这次展览有关的其他评论，参见凯·伯德和劳伦斯·利夫舒尔茨编辑的《广岛的阴影》。关于这次展览的初步方案和最后修订的方案，可以在网站 http://www.nuclearfiles.org 上查阅。

史密森尼学会博物馆的馆长与日本方面商讨展览事宜，参见马丁·哈威特的《一个被拒绝的展览》；另外参见《从广岛和长崎资料馆要来用于展览的原爆文物，1993年9月30日》（Artifacts Requested from the Hiroshima and Nagasaki Museums, September 30, 1993）；本岛等在1993年12月7日给哈威特的信（the letter from Motoshima to Harwit, December 7, 1993, Correspondence with Japan, box 8, folder 7），伊藤在1994年4月26日给克劳奇的信（the letter from Ito to Crouch, April 26, 1994, Unit 400—432, box 8, folder 5），这两封信的编录号为96—140（accession number 96—140, NASM Enola Gay Exhibition Records），收录于史密森尼学会档案馆。这次展览曾考虑展示山端庸介拍摄的照片，参见小乔治·H.罗德（George H.Roeder Jr）的文章《使事情可见：从审查中学习》（Making Things Visible: Learning from the Censors），收录于劳拉·赫茵和马克·塞尔登编辑的《与炸弹共存》；克里斯·比弗（Chris Beaver）的文章《长崎之旅的笔记》（Notes on Nagasaki Journey），发表在《立场：亚洲批评》（*Positions: Asia Critique*, 5: 3）。另外参见《被取消的照片，6月的展览文案》

（Pictures eliminated, June Script, Unit 400, box 3, folder 7），编录号为96—140（accession number 96—140, NASM Enola Gay Exhibition Records），收录于史密森尼学会档案馆。

美国空军协会（Air Force Association）对展览方案的批判，参见约翰·T.科雷尔（John T.Correll）的文章《在航空及太空博物馆的战争故事》(War Stories at Air & Space)，发表在1994年4月的《空军杂志》(*Air Force Magazine*)；《在航空及太空博物馆的"最后一幕"》("The Last Act" at Air and Space)，发表在1994年9月的《空军杂志》；《活动家们和"艾诺拉·盖号"轰炸机》(*The Activists and the Enola Gay*)，美国空军协会在1995年8月21日的特别报告（AFA Special Report, August 21, 1995），本书作者在2012年访问的网站，http：//airforcemag.com。一位历史学家分析了这次初步展览方案的不平衡问题，参见理查德·H.科恩（Richard H.Kohn）的文章《历史和文化战争：史密森尼学会的"艾诺拉·盖号"轰炸机展览的例子》(History and the Culture Wars: The Case of the Smithsonian Institution's Enola Gay Exhibition)，发表在《美国历史杂志》, 82: 3。

汤姆·克劳奇馆长的评论，参见休·塞迪（Hugh Sidey）和杰瑞·汉尼汾（Jerry Hannifin）的文章《战争与回忆》(War and Remembrance)，发表在1994年5月23日的《时代》杂志。

其他问题还包括，为了纪念第二次世界大战结束50周年，美国邮政总局准备发行一枚画面是蘑菇云的纪念邮票。

注　释

在日本抗议之后，这枚邮票的发行计划被取消了；为反对这一决定，美国退伍军人团体印制了他们自己的版本。参见莱恩·R.厄恩斯的文章《纪念争议的遗患：我们的孩子将不会学到什么》(The Legacy of Commemorative Disputes: What Our Children Won't Learn)，发表在《十字路口3》；迈克尔·S.雪利的文章《爱国的正统观念与美国衰落》(Patriotic Orthodoxy and U.S. Decline)，发表在《亚洲问题学者通报》，27：2；岸本京子（Kishimoto Kyoko）的文章《为暴行道歉：在美国和日本纪念第二次世界大战结束50周年》(Apologizing for Atrocities: Commemorating the 50th Anniversary of World War II's End in the United States and Japan)，发表在《国际美国研究》(*American Studies International*, 42：2/3)。

在日本和长崎关于战争记忆的争论，参见劳拉·赫茵和竹中昭子（Takenaka Akiko）的文章《在日本和美国自1995年以来的第二次世界大战展览》(Exhibiting World War II in Japan and the United States since 1995)，发表在《太平洋历史评论》，76：1；艾伦·H.哈蒙德（Ellen H.Hammond）的文章《关于纪念的争论：在日本的战争、和平与民主》(Commemoration Controversies: The War, the Peace, and Democracy in Japan)，收录于劳拉·赫茵和马克·塞尔登编辑的《与炸弹共存》。另外参见《长崎原爆资料馆展览激怒了日本极端分子》(Nagasaki Museum Exhibits Anger Japanese Extremists)，发表在1996年

3月26日的《温哥华太阳报》(Vancouver Sun); 尼古拉斯·D. 克里斯托夫的文章《今天的历史课: 什么是南京大屠杀?》(Today's History Lesson: What Rape of Nanjing?), 发表在1996年7月4日的《纽约时报》。

美国参议院在1994年9月19日通过的决议, 以及参议院规则及行政委员会(Senate Committee on Rules and Administration)于1995年5月的听证会摘录, 参见《历史和公众: 我们能控制什么? 在"艾诺拉·盖号"轰炸机展览争议之后, 关于历史的一次圆桌会议》(History and the Public: What Can We Handle? A Round Table About History after the Enola Gay Controversy), 发表在《美国历史杂志》, 82: 3。

关于NASM展览取消的反应, 退伍军人戴尔·赫恩登(Dell Herndon)给报社编辑写信, 参见马丁·哈威特的《一个被拒绝的展览》的第29章。美国历史学家联名写信给史密森尼学会秘书长I.迈克尔·海曼(I.Michael Heyman), 要求对广岛原爆这一历史事件进行公开辩论, 那封信的原文在http://www.doug-long.com/letter.htm。日本首相村山富市(Murayama Tomoichi)的声明, 参见《史密森尼学会的行动让日本人悲伤: 他们把关于原子弹的"艾诺拉·盖号"轰炸机展览视为一个提醒》(Smithsonian Action Saddens Japanese: They Saw Enola Gay Display on A-Bomb as a Reminder), 发表在1995年1月31日的《西雅图时报》(Seattle Times)。长崎市市长本岛等对展览取消的评论，参见《十字路口3》的"前言"。

1995年的盖洛普民意调查表明，大多数美国人对原爆知之甚少，参见鲍勃·赫伯特（Bob Herbert）的文章《白痴的国家》（Nation of Nitwits），发表在1995年3月1日的《纽约时报》。这个调查还显示，超过20%的受访者"对原子弹轰炸几乎一无所知。他们不知道原子弹轰炸发生在什么地方，有些人甚至不知道是否发生过原子弹轰炸"。

作家乔恩·克拉库尔对吉田的采访，参见《被遗忘的归零地——长崎市，被一枚原子弹化为灰烬，现已复兴成了一座美丽、优雅、友好的城市》（The Forgotten Ground Zero—Nagasaki, Reduced to Ashes by An Atomic Bomb, Rises Again in Beauty, Grace and Good Will），发表在1995年3月5日的《西雅图时报》。读者对这篇文章的回应，参见写给编辑的信《日本——忘掉对广岛长崎的同情》（Japan—Forget the Sympathy for Hiroshima, Nagasaki），发表在1995年3月26日的《西雅图时报》。

史密森尼学会秘书长I.迈克尔·海曼说他倾向于"让人们去想象"原爆对人体的影响，参见迈克·华莱士的文章《"艾诺拉·盖号"轰炸机的历史之争》，收录于凯·伯德和劳伦斯·利夫舒尔茨编辑的《广岛的阴影》。

秋月医生认为，核武器的威胁"已经超越了所有其他问题"，参见托尼·沃德尔（Tony Wardle）的文章《长崎市：从浩劫中涅槃的凤凰》（Nagasaki: A Phoenix from the Holocaust），发表在1982年12月17日的《天主教先驱报》，转载于《美国记者眼中的广岛和长崎》，秋叶项目，广岛：广岛国际文化基金会。秋月医生在演讲中向日本战时暴行的受害者道歉，参见《长崎证言运动》(The Nagasaki Testimony Movement)，收录于伊藤德彦等编辑的《核阴云下的文学》。他说自己是"一名原爆医生"，他的妻子寿贺子的回忆，关于他在1992年突发严重哮喘和住院的情况，参见山下昭子的《在夏天的云下的山丘》，已被译成英文，供作者参考。

第九章 容　忍

如今的长崎市和被爆者们

分布在长崎市的纪念馆、纪念碑和原爆遗址的信息和照片，参见长崎市的"和平与原子弹"网站，http：//www.city.nagasaki.lg.jp/peace/english/map/。

由于原爆当日在长崎市的朝鲜劳工记录不完整，在长崎原爆中丧生的朝鲜人数的估计有很大差异。广岛市及长崎市原爆灾害志编辑委员会的结论是，大约有1 500—2 000名朝鲜人死于长崎原爆，参见《广岛和长崎》一书的第474页。相比之下，通过详细的调查，"保护在日本的朝鲜族居民人权的长崎协会"(Nagasaki Association for Protecting Human Rights of Korean Residents in Japan)的结论是，大约有1万名朝鲜人死于长崎原爆,参见乘松聪子(Norimatsu Satoko)的文章《广岛和长崎65周年:考察》(Hiroshima and Nagasaki at 65: A Reflection),发表于《亚太学刊:日本热点》(*The Asia-Pacific Journal: Japan Focus*),http://www.japanfocus.org/-Satoko-NORIMATSU2/3463。

许多生还者说他们一直生活在焦虑、压力、内疚和恐惧之中,与他们的原爆经历有关。宫崎绿说她忘不了被压在废墟下的孩子们的哭声,参见伊藤整的文章《长崎笔记:宫崎绿》(*Nagasaki Notes: Miyazaki Midori*),发表在2010年2月23日的《朝日新闻》。

长崎大学医学部和齿学部附属医院精神科的木下裕久(Kinoshita Hirohisa)医生接受本书作者的采访,介绍了原爆经历的持久心理影响,以及目前向被爆者提供的支持服务。关于原爆经历的心理影响的最新研究,参见太田保之(Ohta Yasuyuki)等的文章《在半个世纪后,长崎原爆对生还者的心理影响》(Psychological Effect of the Nagasaki Atomic Bombing on Survivors after Half a Century),发表在《精神病学与临床神经科学》(*Psychiatry and Clinical Neurosciences*, 54);本田纯久(Honda Sumihisa)等的文章《在长崎市的原爆生还者的心理健康状况》(Mental Health Conditions Among Atomic Bomb Survivors in Nagasaki),发表在《精神病学与临床神经科学》56:5;A.诺尔斯(A.Knowles)等的文章《日本原爆生还者的适应力》(Resilience Among Japanese Atomic Bomb Survivors), 发表在《国际护理综论》(International Nursing Review, 58); 金吉春(Kim Yoshiharu)等的文章《经历过长崎原爆的人们遭受着持续的心理痛苦》(Persistent Distress After Psychological Exposure to the Nagasaki Atomic Bomb Explosion), 发表在《英国精神病学杂志》(The British Journal of Psychiatry, 199)。

关于长崎促进和平基金会活动的信息, 参见长崎促进和平基金会的简讯, 长崎促进和平基金会的部门副主管松尾兰子也接受了本书作者的采访。

堂尾的回忆, 原爆如何"倾覆了"她的生活, 参见她写的文章, 关于年轻学生听了她的演讲之后的反应, 参见《学生们和教师们在听完演讲后的反应》(Reaction from Students and Teachers after a Presentation), 这两篇文章都收录于庆尚部会和传承小组(堂尾峰子遗作收藏)编辑委员会编辑的《生还下来, 我活着》, 已被译成英文, 供作者参考。堂尾的妹妹冈田郁代向本书作者展示了堂尾创作的诗歌。

2009年4月5日, 奥巴马总统在布拉格发表讲话时承诺, 他的目标是建立一个无核武器的世界, 参见白宫新闻稿《奥巴马总统的观点, 布拉格城堡广场, 4-5-09》(Remarks by President Barack Obama, Hradcany Square, Prague, Czech Republic, 4-5-09), http://www.whitehouse.gov/the_press_office/Remarks-By-President-Barack-Obama-In-Prague-As-Delivered。

注 释

在给本书作者的一封信中，谷口对奥巴马总统的反核立场表示乐观。谷口对奥巴马政府继续进行亚临界核试验的抱怨，参见《直视核爆苦难的真相》(Looking Directly at the Truth of Nuclear Suffering)，发表在2012年10月30日的《每日新闻》。

截至2014年12月1日，全球核武器储备的情况，参见美国科学家联盟（Federation of American Scientists）的《世界核武器状况》(Status of World Nuclear Forces)，http://fas.org/issues/nuclear-weapons/status-world-nuclear-forces/；更详细的报告，参见汉斯·M. 克里斯滕森和罗伯特·S. 诺里斯（Robert S.Norris）的文章《全球核武器的部署，2014年》(Worldwide Deployments of Nuclear Weapons, 2014)，发表在《原子科学家公报》(*Bulletin of the Atomic Scientists*, 70：5)。

长崎市反对核试验的抗议活动，参见《长崎市要求各社区抗议印度核试验》(Nagasaki Asks Communities to Protest India N-tests)，发表在1998年5月19日的《中国新闻（日本）》(*Chugoku Shimbun*)；《日本无核的地方当局抗议美国的亚临界核试验》(Nuclear Free Local Authorities in Japan Protest a New Type of Nuclear Weapons Testing by the U.S., Dispatches from Nagasaki, no.4)，长崎大学核武器废绝研究中心（Research Center for Nuclear Weapons Abolition，http://www.recna.nagasaki-u.ac.jp/en-dispatches/no4/。

关于《不扩散核武器条约》(NPT)的信息，参见联合国裁军事务厅（United Nations Office for Disarmament Affairs）网站，http：//www.un.org/disarmament/WMD/Nuclear/NPT.shtml。NPT缔约国于2010年审议大会就最后宣言达成协议，参见《防止核扩散条约最终结果文件》（Nuclear Non-Proliferation Treaty Review Adopts Outcome Document at Last Moment, United Nations Press Release, May 28, 2010），http：//www.un.org/press/en/2010/dc3243.doc.htm。

深堀芳年前往美国国家档案和记录管理局（U.S. National Archives and Records Administration），取回了关于长崎原爆的一些照片，参见冈田翔平（Okada Shohei）的文章《在美国找到了一些原爆后不久拍摄的照片，呈现了长崎市人们的生活和活动》（Photos Found in U.S. Show Life, Activity in Nagasaki Soon After Atomic Bombing），发表在2014年8月7日的《朝日新闻》，http：//ajw.asahi.com/article/behind_news/social_affairs/AJ201408070003。

核辐射的持久影响

关于改进的剂量测定系统，用于对原爆生还者遭受的核辐射剂量进行估算，参见《辐射效应研究基金会：研究概要》。完整的报告，参见罗伯特·W.杨和乔治·D.克尔编辑的《重新评估在广岛和长崎的原爆核辐射剂量测定：剂量测定系统2002年》，http：//www.rerf.jp/library/archives_e/scids.html。

注 释

　　长崎辐射效应研究基金会临床研究部的部长赤星正纯博士和长崎原爆医院的院长朝永正男医生向本书作者提供了相关的研究资料，概述了原爆生还者年老之后可能会面临的健康问题。

　　关于原爆核辐射对人体的长期影响，最近的研究包括中村等人的文章《电子自旋共振检测原爆幸存者被拔掉的牙齿……》（Electron-Spin Resonance Measurements of Extracted Teeth Donated by Atomic-Bomb Survivors...），http：//www.rerf.or.jp/library/update/rerfupda_e/dosbio/tooth.htm；《从长崎原爆受害者的"死灰"中检测到放射线》（Radioactive Rays Photographed from Nagasaki Nuclear "Death Ash"），发表在2009年8月8日的《日本时报》（*Japan Times*）；埃文·B.杜普勒（Evan B.Douple）等的文章《核辐射对特殊人群身体健康的长期影响：对广岛和长崎原爆生还者的研究》，发表在《灾难医学和公共卫生准备》，5：S1；岩永雅子等的文章《遭受核辐射的人们患骨髓增生异常综合征的风险：对长崎原爆生还者的回顾性队列研究》（Risk of Myelodysplastic Syndromes in People Exposed to Ionizing Radiation：A Retrospective Cohort Study of Nagasaki Atomic Bomb Survivors），发表在《临床肿瘤学杂志》（*Journal of Clinical Oncology*, 29）；约翰·B.科隆（John B.Cologne）和戴尔·L.普雷斯顿（Dale L.Preston）的文章《原爆生还者的寿命》（Longevity of Atomic-Bomb Survivors），发表在《柳叶刀》

(*The Lancet*, 356)；中村记子（Nakamura Nori）的文章《核辐射对原爆生还者及其子女的遗传影响：过去、现在和未来》(Genetic Effects of Radiation in Atomic-Bomb Survivors and Their Children: Past, Present and Future)，发表在《辐射研究杂志》(*Journal of Radiation Research*, 47：SB)。最近在2014年的一项研究，关于1945年的"三位一体"核试验的放射性落下灰的影响，参见第四章的注释部分。

长崎辐射效应研究基金会和原爆后障碍医疗研究所正在进行的研究和活动，通过网站 http：//www.rerf.jp 和 http：//www-sdc.med.nagasaki-u.ac.jp/abdi/index.html 可以查到相关的材料、概况和出版物。

一位匿名的生还者说，他一辈子都生活在对原爆后遗症的恐惧和焦虑之中，参见日本被爆协编辑的《来自被爆者的消息》。

凯·埃里克森（Kai Erikson）注意到原爆的长期影响，参见他对广岛和长崎原爆的回顾文章《伤亡和破坏的最终评估》(A Final Accounting of the Death and Destruction)，发表在1981年8月9日的《纽约时报》。

纪念和传承

记者山下昭子记述了秋月医生的葬礼，参见她给秋月医生写的传记《在夏天的云下的山丘》，已被译成英文，供作者

注　释

参考。

堂尾峰子的妹妹冈田郁代向本书作者展示了堂尾的签绘板；吉田胜次的儿子吉田直次向本书作者讲述了吉田胜次的戒名及其含义。

关于国立长崎追悼原子弹死难者和平祈念馆的信息，参见其网站 http：//www.peace-nagasaki.go.jp/。每年8月9日，长崎和平公园举行纪念仪式之后，在前一年去世的被爆者的姓名都会被收录在该馆的名册架上。

吉田的纸芝居，参见长崎原爆资料馆的"儿童和平长崎"（Kids Heiwa［Peace］Nagasaki）的网站，http：//www1.city.nagasaki.nagasaki.jp/peace/english/kids/digital/index.html。长崎原爆资料馆展示他的纸芝居的事情，参见大熊隆（Okuma Takashi）的系列文章《长崎笔记：吉田胜次》（Nagasaki nōto［Nagasaki Notes］：Yoshida Katsuji），2010年8月5日到2010年8月24日期间发表在《朝日新闻》。林田光宏代替吉田在NPT缔约国审议大会上演讲，参见大熊隆的文章《高中生将在纽约市复述原爆生还者的故事》（High School Student to Recite A-bomb Survivor's Story in New York），发表在2010年5月1日的《朝日新闻》，http：//www.asahi.com/english/TKY201004300415.html；一篇日文文章《从原爆区向世界发声》（Sending Voices from Atomic-bombed Areas to the World），发表在2010年5月12日的《朝日新闻》。

长　崎

　　吉田说，他从原爆圆顶馆（Hiroshima Peace Memorial）的一位前管理员那里学来了一句话"和平的基础是，人们理解别人的痛苦"。他觉得，这句话概括了他能从自己的经历中传达的最重要的信息。

　　关于长崎促进和平基金会的被爆传承活动以及长崎市的和平教育项目，参见《长崎市的所有小学和初中都开设了关于和平和原爆的课程，学生们接受9年的相关教育》（All Elementary And Junior High School Students in Nagasaki Learn About Peace and the Atomic Bombing for Nine Years, Dispatches from Nagasaki, no.2），长崎大学核武器废绝研究中心（RECNA），http://www.recna.nagasaki-u.ac.jp/en-dispatches/no2/；渡边阳介（Watanabe Yosuke）的文章《新一代青年积极参与废除核武器的运动》（New Generation of Youth Get Active in Campaign to Abolish Nukes），发表在2013年11月25日的《朝日新闻》；参见长崎市印刷的《长崎对和平事业的奉献》；城山小学的副校长坂田利弘（Sakato Toshihiro）向本书作者提供的资料。

　　谷口在夏天很痛苦，他烧伤后愈合的皮肤不排汗，参见他的文章《我的背部不会让我忘记那一天》（My Back Won't Let Me Forget that Day），发表在2009年8月8日的《每日新闻》。

资料来源

重要的被爆者的资料来源

访谈

Dō-oh Mineko, 1 interview, 2003

Nagano Etsuko, 6 interviews, 2007–2011

Okada Ikuyo (Dō-oh Mineko's sister), 4 interviews, 2007–2011

Taniguchi Sumiteru, 6 interviews, 1986–2011

Wada Hisako (Wada Kōichi's wife), 2 interviews, 2007–2009

Wada Kōichi, 6 interviews, 2003–2011

Yoshida Katsuji, 3 interviews, 2007–2009

Yoshida Kenji (Yoshida Katsuji's brother), 2 interviews, 2010–2011

Yoshida Naoji (Yoshida Katsuji's son), 2 interviews, 2010–2011

Yoshida Tomoji (Yoshida Katsuji's son), 2 interviews, 2010–2011

其他资料来源（选编）

Dō-oh Mineko

Dō-oh, Mineko. "Hibaku taiken kōwa" [Lecture on atomic bomb experience],'98 Shūgaku ryokō, Asahikawa fuji joshi kōtō gakkō

[School field trip, Asahikawa Fuji Girls' High School]. Privately printed, October 18, 1998. Copy provided by Dō-oh Mineko.

———. Interview. *The Children of Nagasaki*. DVD. Produced by Nippon Eiga Shinsha, Ltd. City of Nagasaki, March 2005.

Itō, Sei. "Nagasaki nōto [Nagasaki Notes]: Dō-oh Mineko-san, 1930–2007." Pts. 1–10, *Asahi Shimbun,* April 24, 2009–May 3, 2009.

Keishō bukai (Dō-oh Mineko ikō shuu) henshū iinkai [Legacy Group (Dō-oh Mineko posthumous collection) Editorial Committee], ed. *Ikasarete ikite* [Allowed to Live, I Live]. Nagasaki: Nagasaki heiwa suishin kyōkai keishō bukai [Nagasaki Foundation for the Promotion of Peace Legacy Group], 2009.

"Ms. Mineko Douo." In "My Unforgettable Memory: Testimonies of the Atomic Bomb Survivors." *Nagasaki Shimbun,* March 14, 1996; updated October 19, 2005. Translated by Seiun High School. http://www.nagasaki-np.co.jp/peace/hibaku/english/05.html.

"Nyūsu Nagasaki Eye [News Nagasaki Eye] No. 610." DVD. NHK (Nippon Hōsō Kyōkai) broadcast, July 9, 2009.

Nagano Etsuko

Nagano, Etsuko. "Fifty Years from the End of World War II: My Experience of the Atomic Bombing." In *The Light of Morning*: *Memoirs of the Nagasaki Atomic Bomb Survivors,* 97–106. Nagasaki: Nagasaki National Peace Memorial Hall, 2005.

———. "Watashi no hibaku taikenki" [My atomic bomb memory]. Unpublished speech, n.d. Copy provided by the Nagasaki Foundation for the Promotion of Peace.

———. Interview. *White Light/Black Rain*: *The Destruction of Hiroshima and Nagasaki.* DVD. Directed by Steven Okazaki. HBO Documentary

Films, 2007.

Ōkuma, Takashi. "Nagasaki nōto [Nagasaki Notes]: Nagano Etsuko-san: born 1928." Pts. 1–13. *Asahi Shimbun,* June 29, 2010–July 11, 2010.

Roose, Diana Wickes. *Teach Us to Live: Stories from Hiroshima and Nagasaki.* Pasadena, CA: Intentional Productions, 2007. See esp. pp. 77–87.

Taniguchi Sumiteru

"Kurushimi no bōkyaku osoreru/kaku, ningen to kyōzon dekinu: Taniguchi-san enzetsu zenbun" [Fear that the suffering will be forgotten/Nuclear and humans cannot coexist: Mr. Taniguchi's speech in its entirety]. *Asahi Shimbun,* May 12, 2010.

"Genshi bakudan ketsuryō nisshi [Complete daily atomic bomb record for] Taniguchi Sumiteru. Ōmura National Hospital. Nov 1, 1945–March 20, 1949." Unpublished medical record. Translated (from German to Japanese) by Asao Manabu, March 2006. Copy provided by Taniguchi Sumiteru.

"Mr. Sumiteru Taniguchi." Testimony no.2 and no.3, *Nagasaki and Peace: Testimonies of the Atomic Bomb Survivors*, Nagasaki Broadcasting Company. Excerpts from interviews originally broadcast December 1968–October 1986. Translated by Geoff Neill. http://www2.nbc-nagasaki.co.jp/peace/.

Taniguchi, Sumiteru. Interview. *Hiroshima and Nagasaki: Harvest of Nuclear War.* VHS. Produced by Iwanami Productions. Tokyo, 1982.

———. Interview. *Nagasaki Journey.* DVD. Produced by Judy Irving and Chris Beaver. Oakland, CA: Independent Documentary Group, 1995.

———. Interview. *People's Century: Fallout (1945)*. Originally broadcast June 15, 1999. Public Broadcasting System. Transcript at http://www.pbs.org/

wgbh/peoplescentury/episodes/fallout/taniguchitranscript.html.

———. Interview. *White Light/Black Rain*: *The Destruction of Hiroshima and Nagasaki,* DVD. Directed by Steven Okazaki. HBO Documentary Films, 2007.

———. "Eternal Scars." In *Testimonies of the Atomic Bomb Survivors*: *A Record of the Devastation of Nagasaki*, edited by Ohbo Teruaki and Matsunga Terumasa, 46–48. Translated by Brian Burke-Gaffney. City of Nagasaki, 1985.

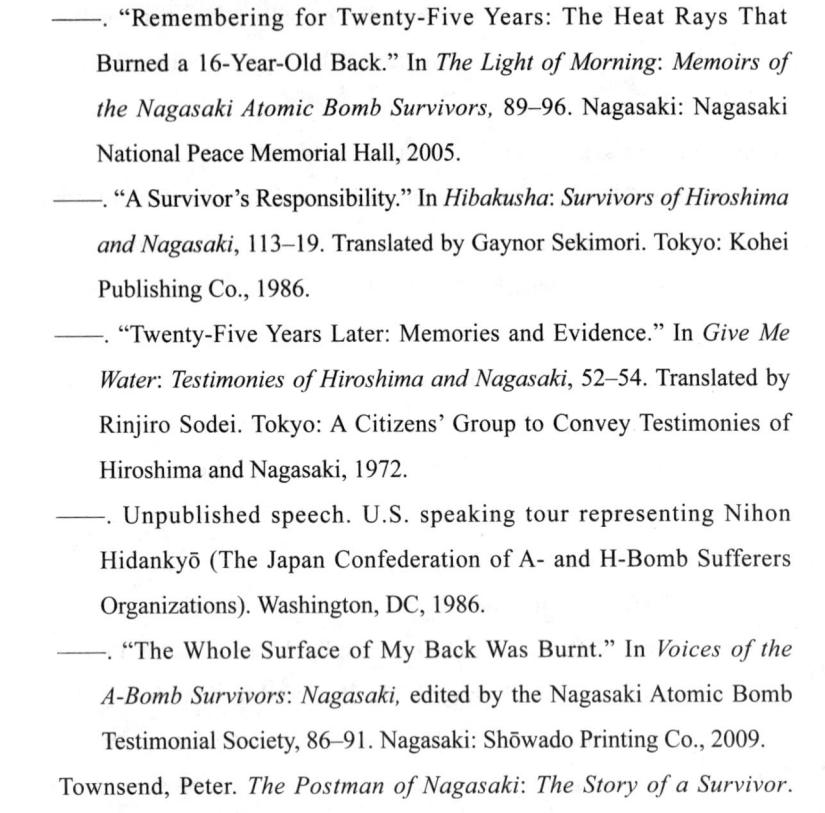

———. "Remembering for Twenty-Five Years: The Heat Rays That Burned a 16-Year-Old Back." In *The Light of Morning*: *Memoirs of the Nagasaki Atomic Bomb Survivors,* 89–96. Nagasaki: Nagasaki National Peace Memorial Hall, 2005.

———. "A Survivor's Responsibility." In *Hibakusha*: *Survivors of Hiroshima and Nagasaki*, 113–19. Translated by Gaynor Sekimori. Tokyo: Kohei Publishing Co., 1986.

———. "Twenty-Five Years Later: Memories and Evidence." In *Give Me Water*: *Testimonies of Hiroshima and Nagasaki*, 52–54. Translated by Rinjiro Sodei. Tokyo: A Citizens' Group to Convey Testimonies of Hiroshima and Nagasaki, 1972.

———. Unpublished speech. U.S. speaking tour representing Nihon Hidankyō (The Japan Confederation of A- and H-Bomb Sufferers Organizations). Washington, DC, 1986.

———. "The Whole Surface of My Back Was Burnt." In *Voices of the A-Bomb Survivors*: *Nagasaki,* edited by the Nagasaki Atomic Bomb Testimonial Society, 86–91. Nagasaki: Shōwado Printing Co., 2009.

Townsend, Peter. *The Postman of Nagasaki*: *The Story of a Survivor*. London: Collins, 1984.

Wada Kōichi

Nakamura, Keiko. "Hamaguchimachi Stop (Nagasaki): Streetcar Shows Spirit of Nagasaki." *Daily Yomiuri Online,* n.d., ca. 2005. Accessed August 2008. http://www.yomiuri.co.jp/.

Wada, Kōichi. Interview. *The Last Atomic Bomb.* Directed by Robert Richter. New Day Films, 2006. Online streaming: http://www.newdaydigital.com/The-Last-Atomic-Bomb.html.

———. Interview. *The Children of Nagasaki,* DVD. Produced by Nippon Eiga Shinsha, Ltd. City of Nagasaki, March 2005.

———. "A Monument to 11:02 a.m." In "Peace and Atomic Bomb: Atomic Bomb Survivors, Narratives of A-bomb Experience." Nagasaki City: Nagasaki Atomic Bomb Museum, 2009. http://www1.city.nagasaki.nagasaki.jp/peace/english/survivors/koichi_wada.html.

———. "Nagasaki," *Genbaku jū roku nen no koe* [Sixty years of voices: Stories of the A-Bomb survivors], edited by Imaishi Motohisa, translated by Christopher Cruz, 58–66. Hiroshima: Printed by author, 2005.

———. "There Was No 'War-End' in Nagasaki," unpublished excerpt from "Testimonies of Hiroshima and Nagasaki, 1988," based on an interview conducted by the Nagasaki Testimony Seminar, group 3., n.d. Printed by the Nagasaki National Peace Memorial Hall for the Atomic Bomb Victims.

Yoshida Katsuji

Krakauer, Jon. "The Forgotten Ground Zero—Nagasaki, Reduced to Ashes by an Atomic Bomb, Rises Again in Beauty, Grace and Good Will," *Seattle Times,* March 5, 1995. http://community.seattletimes.nwsource.com/archive/?date=19950305&slug=2108264.

"Nyūsu Nagasaki Eye [News Nagasaki Eye] No. 610." In *No More*

Hibakusha. NHK (Nippon Hōsō Kyōkai [Japan Broadcasting Corporation]), n.d. Accessed 2011. http://www.nhk.or.jp/no-more-hibakusha/hibakukoe/nagasaki005.html.

Ōkuma, Takashi. "Nagasaki nōto [Nagasaki Notes]: Yoshida Katsuji." Pts. 1–19, *Asahi Shimbun,* August 5, 2010–August 24, 2010.

Yoshida, Katsuji. "I Must Not Die." Unpublished excerpt from *Mou, Iya Da!* [We've Had Enough!], vol. 1, n.d. Printed by the Nagasaki National Peace Memorial Hall for the Atomic Bomb Victims.

———. Interview. *White Light/Black Rain*: *The Destruction of Hiroshima and Nagasaki.* DVD. Directed by Steven Okazaki. HBO Documentary Films, 2007.

———. Interview with Jerome McDonnell. "Nagasaki: A Survivor's Story." In *Worldview.* Translated by Geoff Neill. Chicago Public Radio, May 31, 2005. http://www.wbez.org/.

———. Interview with Watanabe Kuniko and Ōmoto Akiko. Produced by *ANT-Hiroshima.* DVD. February 18, 2009.

———. Interview. "Zenshin yakedo de seishi no saki wo samayō" [Lost on the border between life and death with whole-body burns]. NHK News broadcast, 2007.

———. Interview. "Atomic Bomb Survivor." DVD. The History Channel, n.d. [2009?]. Copy provided by Yoshida Katsuji.

补充的长崎被爆者的资料来源

与被爆者的访谈

Akizuki Sugako (Dr. Akizuki Tatsuichirō's wife)

Anonymous (name withheld by request)
Fukahori Yoshitoshi
Hamasaki Hitoshi
Hirose Masahito
Matsuzoe Hiroshi
Miyazaki Midori
Shimohira Sakue
Uchida Tsukasa

与长崎原爆专家和研究者进行的访谈和对话

(Title at time of interview)

Akahoshi Masazumi, M.D., cardiologist and director, Department of Clinical Studies, Radiation Effects Research Foundation, Nagasaki

Brian Burke-Gaffney, professor, Nagasaki Institute of Applied Science

Fukushima Masako, Master File Section, Epidemiology Department, Radiation Effects Research Foundation, Nagasaki

Hashimoto Fujiko, administrator, Nagasaki University Atomic Bomb Disease Institute

Kinoshita Hirohisa, M.D., Ph.D., Department of Neuropsychiatry, Nagasaki University Hospital of Medicine and Dentistry

Koshimoto Rika, M.A., psychologist, Nagasaki University Graduate School of Biomedical Sciences

Matsuo Ranko, assistant section chief, Nagasaki Foundation for the Promotion of Peace

Mori Hideki, M.D., Ph.D, vice president, Nagasaki Atomic Bomb Hospital

Nakashima Seiji, social worker, Nagasaki Atomic Bomb Hospital

Geoff Neill, translator, Nagasaki National Peace Memorial Hall for the Atomic Bomb Victims
Sakata Toshihiro, vice principal, Shiroyama Elementary School
Taira Mitsuyoshi, director, Nagasaki Atomic Bomb Museum
Takagi Rumiko, researcher, Nagasaki Atomic Bomb Museum
Tomonaga Masao, director, Nagasaki Atomic Bomb Hospital
Tsutsumi Fusayo, director, Megumi no Oka (Hill of Grace, Nagasaki A-bomb Home)

未出版的被爆者证言

The Nagasaki Foundation for the Promotion of Peace provided twenty-seven unpublished *hibakusha* testimonies and three unpublished testimony compilations, translated into English and printed by the Nagasaki National Peace Memorial Hall for the Atomic Bomb Victims.

已出版的传记和证言集

Abe, Kazue. *Bearing a Small Cross*. Japan: Kazue Inoue, 1995.

Akizuki, Tatsuichirō. *Nagasaki 1945: The First Full-Length Eyewitness Account of the Atomic Bomb Attack on Nagasaki*. Translated by Keiichi Nagata. Edited by Gordon Honeycombe. London: Quartet Books, 1981.

Bernstein, Michie Hattori. "Eyewitness to the Nagasaki Atomic Bomb Blast." *WWII Magazine*, July/August 2005. Published on historynet.com, June 12, 2006. http://www.historynet.com/michie-hattori-eyewitness-to-the-nagasaki-atomic-bomb-blast.htm.

Burke-Gaffney, Brian. "In the Words of an Atomic Bomb Survivor." *Crossroads: A Journal of Nagasaki History and Culture* 3 (Summer 1995): 37–42. http://www.uwosh.edu/faculty_staff/earns/sakue.html.

The Deaths of Hibakusha, Vol. I: The Days of the Bombings to the End of 1945. Translated by the English Translation Group of "The Witness of Those Two Days." Tokyo: Nihon Hidankyō, 1991.

The Deaths of Hibakusha, Vol. II: Forty Years Since 1946. Translated by the English Translation Group of "The Witness of Those Two Days." Tokyo: Nihon Hidankyō, 1995.

Del Tradici, Robert. "Tsue Hayashi," *At Work in the Fields of the Bomb*, 189–91. New York: Harper and Row, 1987.

Fujisaki, Shinji, compiler. *Burnt Yet Undaunted: Verbatim Account of Senji Yamaguchi.* Tokyo: Nihon Hidankyō, 2002.

Give Me Water: Testimonies of Hiroshima and Nagasaki. Translated by Rinjiro Sodei. Tokyo: A Citizens' Group to Convey Testimonies of Hiroshima and Nagasaki, 1972.

Hand Them Down to the Next Generations! Here Are Live Voices of Atomic Bomb Victims, Vol. I. Fukuoka, Japan: FCO-OP, 1995.

Hashimoto, Yutaka. "Mom and Silver Rice: Boyhood Reminiscences of the End of the War and Occupied Nagasaki." Translated by Brendon Hanna. *Crossroads: A Journal of Nagasaki History and Culture* 4 (Summer 1996): 53–68. http://www.uwosh.edu/home_pages/faculty_staff/earns/silver.html.

Hibakusha: Hiroshima/Nagasaki. Tokyo: Nihon Hidankyō, 1982.

Hibakusha: Survivors of Hiroshima and Nagasaki. Translated by Gaynor Sekimori. Tokyo: Kohei Publishing Co., 1986.

Hiroshima/Nagasaki: After the Atomic Bomb, Vol. IV: Selected Haikus.

Translated by Kemmoku Makato and Christopher Cliplef. Kobe, Japan: Kinoshita Press, 2006.

Hiroshima/Nagasaki: After the Atomic Bomb, Vol. V: Elegy for Nagasaki: 124 Tankas of Takami Oyama. Translated by Kemmoku Makato. Kobe, Japan: Kinoshita Press, 2006.

Ishitani, Susumu. "Looking for Meaning." *Friends Journal: 1945–95 Remembering Hiroshima and Nagasaki* 41:8 (August 1995): 8–9.

Kamezawa, Miyuki, ed. *The Unforgettable Day: Cries of "Hibakusha" from Hiroshima and Nagasaki.* 3rd ed. Nagoya, Japan: Group for Spreading Out "The Unforgettable Day" Over the World, 1995.

Kido, Sueichi. "I Desire to Abolish Nuclear Weapons." Pamphlet. Nihon Hidankyō, May 2010.

Kobayashi, Shigeyuki, with Conan O'Harrow. *War and Atomic Holocaust on Trial: Seeking an Enactment of a Law to Give Support to the Victims of the Atomic Bombings.* Tokyo: Conference for the People of Setagaya, n.d. Copy provided by the Nagasaki Atomic Bomb Museum Library.

Kubo, Mitsue. *Hibaku: Recollections of A-Bomb Survivors.* Translated by Ryoji Inoue. Coquitlam, B.C., Canada: Nippon Printing, 1990.

The Light of Morning: Memoirs of the Nagasaki Atomic Bomb Survivors. Translated by Brian Burke-Gaffney. Nagasaki: Nagasaki National Peace Memorial Hall for the Atomic Bomb Victims, 2005.

"Messages from *Hibakusha* for the 2010 NPT Review Conference." Tokyo: Nihon Hidankyō, 2009.

Nagai, Takashi. *Atomic Bomb Rescue and Relief Report.* Edited by Fidelius R. Kuo. Translated by Aloysius F. Kuo. Nagasaki: Nagasaki Association for Hibakusha Medical Care, 2000.

——. *The Bells of Nagasaki: A Message of Hope from a Witness, a Doctor.* Translated by William Johnston. Tokyo: Kodansha International, 1984.

——, ed. *Living Beneath the Atomic Cloud: Testimonies of the Children of Nagasaki.* Compiled by Frank Zenisek. Translated by the Nagasaki Appeal Committee Volunteer Group. Nagasaki: Nagasaki Appeal Committee, 1985.

——. *We of Nagasaki: The Story of Survivors in an Atomic Wasteland.* Translated by Ichiro Shirato and Herbert B. L. Silverman. New York: Duell, Sloan and Pearce, 1951.

Nagasaki Atomic Bomb Testimonial Society. *Voices of the A-Bomb Survivors: Nagasaki.* Foreword by Hirose Masahito. Nagasaki: Showado Printing Co., 2009.

Nagasaki Prefectural Girls' High School 42nd Alumnae, ed. *Footprints of Nagasaki: Excerpt from "Anohi Anotoki."* Translated by Yuriko Kitamura. Nagasaki: Seibonokishi-sha, 1995.

Nagatsu, Kozaburo, Hisao Suzuki, and Toshio Yamamoto, eds. *Against Nuclear Weapons: A Collection of Poems by 181 Poets 1945–2007.* Translated by Naoshi Koriyama, et al. Tokyo: Koru Sakkusha, 2007.

Nakano, Michiko, ed. *Nagasaki Under the Atomic Bomb: Experiences of Young College Girls.* Tokyo: Soeisha/Sanseido Bookstore Ltd., 2000.

Nobuko, Margaret Kosuge. "Prompt and Utter Destruction: The Nagasaki Disaster and the Initial Medical Relief." *International Review of the Red Cross* 89:866 (June 2007): 279–303.

Ohbo, Teruaki, and Matsunaga Terumasa, eds. *Testimonies of the Atomic Bomb Survivors: A Record of the Devastation of Nagasaki.* Translated by Brian Burke-Gaffney. City of Nagasaki, 1985.

Our Parents Were in Nagasaki on August 9, 1945. Nagasaki: Nagasaki

Teachers' Association of Children of Atomic Bomb Survivors, 1988.

The Pain in Our Hearts: Recollections of Hiroshima, Nagasaki, and Okinawa. Tokyo: Soka Gakkai Youth Division, 1975.

Roose, Diana Wickes. *Teach Us to Live: Stories from Hiroshima and Nagasaki*. Pasadena, CA: Intentional Productions, 2007.

Selden, Kyoko, and Mark Selden. *The Atomic Bomb: Voices from Hiroshima and Nagasaki*. London: East Gate Books, 1989.

Shiotsuki, Masao. *Doctor at Nagasaki*: "*My First Assignment Was Mercy Killing.*" Translated by Simul International, Inc. Tokyo: Kosei Publishing Co., 1987.

Shirabe, Raisuke. "Medical Survey of Atomic Bomb Casualties." *The Military Surgeon* 113:4 (Oct. 1953): 251–263.

———. "My Experience of the Nagasaki Atomic Bombing and An Outline of the Damages Caused by the Explosion." 1986. Atomic Bomb Disease Institute, Nagasaki University, Graduate School of Biomedical Sciences. Accessed 2012. http://www-sdc.med.nagasaki-u.ac.jp/abcenter/shirabe/index_e.html.

———. *A Physician's Diary of Atomic Bombing and its Aftermath*. Edited by Fidelius R. Kuo. Translated by Aloysius F. Kuo. Nagasaki: Nagasaki Association for Hibakusha's Medical Care, 2002.

Silent Thunder: From the Book "Te yo katare" (*Let these hands speak*). Translated by Brian Burke-Gaffney. Nagasaki: Nagasaki Prefectural Association for the Welfare of the Deaf and Dumb, Nagasaki Branch of the Japanese Study Group of Sign Language Problems, 1976.

Soka Gakkai, Youth Division, ed. *Cries for Peace: Experiences of Japanese Victims of World War II*. Tokyo: The Japan Times, Ltd., 1978.

Speaking of Peace I: Something We Want You to Know. Nagasaki: Nagasaki

Foundation for the Promotion of Peace, 1990.

Testimonies from Hiroshima and Nagasaki, 3rd ed. Kanagawa, Japan: Zushi Atomic Bomb Sufferers Association, 1995.

Trumbull, Robert. *Nine Who Survived Hiroshima and Nagasaki: Personal Experiences of Nine Men Who Lived Through the Atomic Bombings.* Tokyo: Charles E. Tuttle Company, 1957.

Vance-Watkins, Lequita, and Mariko Aratani, eds. *White Flash/Black Rain: Women of Japan Relive the Bomb.* Minneapolis, MN: Milkweed Editions, 1995.

Wasurerarenai anohi: The Day Never to Be Forgotten: A Collection of Testimonies and Pictures. Yokohama, Japan: Kanagawa Atomic Bomb Sufferers Association, 2005.

Wiesen, Mary, and Elizabeth Cannon, eds. *Nagasaki August 9, 1945*. Translated by Junshin Junior College English Club. Nagasaki: Junshin Junior College English Club, 1983.

The Witness of Those Two Days: Hiroshima & Nagasaki, August 6 & 9, 1945. 2 vols. Translated by the English Translation Group of "The Witness of Those Two Days." Tokyo: Nihon Hidankyō, 1989.

Yamashita, Akiko. *Natsugumo no oka: Hibaku ishi Akizuki Tatsuichirō* [Hill under the summer cloud: Atomic bomb physician Akizuki Tatsuichirō]. Nagasaki: Nagasaki Shinbusha, 2006.

Yasuyama, Kodo, and Shunichi Yamashita. *Collection of Memoirs of the Atomic Bombardment of Nagasaki 1945–55.* Nagasaki: Nagasaki Association for Hibakusha's Medical Care, 2005.

网络资料

"Global Network." The National Peace Memorial Halls for the Atomic

Bomb Victims in Hiroshima and Nagasaki. February 2010. http://www.global-peace.go.jp/en/.

"Hibakusha: Atomic Bomb Survivors." United Nations Office for Disarmament Affairs. 2014. http://www.un.org/disarmament/content/slideshow/hibakusha/.

"Memories of Hiroshima and Nagasaki: Messages from *Hibakusha*." *Asahi Shimbun*. September 2011. http://www.asahi.com/hibakusha/english/nagasaki/.

"My Unforgettable Memory: Testimonies of the Atomic Bomb Survivors." *Nagasaki Shimbun*. Translated by Seiun High School. 2005. http://www.nagasaki-np.co.jp/peace/hibaku/english/index.html.

"Nagasaki and Peace: Testimonies of the Atomic Bomb Survivors." Nagasaki Broadcasting Company. Excerpts of the radio program "Speaking of the Atomic Bomb" aired since the fall of 1968. Accessed 2008. http://www2.nbc-nagasaki.co.jp/peace/.

"Peace and Atomic Bomb—Atomic Bomb Survivors." Nagasaki City. 2009. http://www.city.nagasaki.lg.jp/peace/english/survivors/index.html.

图片作品

Asahi Graph. Special Issue. *Asahi Shimbun,* July 10, 1970.

Goldstein, Donald M., Katherine V. Dillon, and J. Michael Wenger. *Rain of Ruin: A Photographic History of Hiroshima and Nagasaki*. Dulles, Virginia: Brassey's, 1999.

Hiroshima-Nagasaki: A Pictorial Record of the Atomic Destruction. Tokyo: Hiroshima-Nagasaki Publishing Committee, 1978.

Jenkins, Rupert, ed. *Nagasaki Journey: The Photographs of Yosuke Yamahata, August 10, 1945*. San Francisco, CA: Pomegranate Art Books, 1995.

Kazuo, Kuroko, and Shimizu Hiroyoshi, eds. *No More Hiroshima, Nagasaki*. Translated by James Dorsey. Japan: Nihon Tosho Center Co. Ltd., 2005.

O'Donnell, Joe. *Japan 1945: A U.S. Marine's Photographs from Ground Zero*. Nashville, TN: Vanderbilt University Press, 2005.

Rubinfien, Leo, Shōmei Tōmatsu, Sandra S. Phillips, and John W. Dower. *Shōmei Tōmatsu: Skin of the Nation*. San Francisco, CA: San Francisco Museum of Modern Art in association with Yale University Press, New Haven, 2004.

Kurosaki, Haruo. *Nagasaki shoukon ienumama-kunou no gojyuu nen wo ikite: shashin shuu* [Nagasaki: Scarred and not yet healed after fifty years of anguish: A photo collection]. Nagasaki: Shōwa do insatsu [Shōwa Do Printing], 1995.

Genbaku hibaku kiroku shashin shu [A photographic record of the atomic bombing]. Nagasaki: Fujiki hakuei sha [Fujiki Hakuei Co.], 2001.

纪录片

The Children of Nagasaki. DVD. Produced by Nippon Eiga Shinsha, Ltd. City of Nagasaki, March 2005.

Dark Circle. DVD. Produced and directed by Chris Beaver, Judy Irving, and Ruth Landy. New York: Independent Documentary Group, 2006.

Hiroshima and Nagasaki: Harvest of Nuclear War. VHS. Produced by Iwanami Productions. Tokyo, 1982.

Hiroshima Nagasaki August 1945. VHS. Produced by Kazuko Oshima, Paul Ronder, and Erik Barnouw. Oakland, CA: Center for Mass Communication, Columbia University Press, 1980.

The Last Atomic Bomb. Directed by Robert Richter. New Day Films, 2006. Online streaming. http://www.newdaydigital.com/The-Last-Atomic-Bomb.html.

Nagasaki Journey. VHS. Produced by Judy Irving and Chris Beaver. Oakland, CA: Independent Documentary Group, 1995.

Survivors. VHS. Directed by Steven Okazaki. San Francisco, CA, 1982.

"Victor's Plea for Peace: An American Officer in Occupied Nagasaki." Television documentary. Produced by NHK World, 2001. http://www3.nhk.or.jp/nhkworld/english/tv/featured/ac/lineup.html. Copy provided by Patricia Delnore Magee.

White Light/Black Rain: The Destruction of Hiroshima and Nagasaki. DVD. Directed by Steven Okazaki. HBO Documentary Films, 2007.

选编辅助文献

Adler, Bill, ed., with Tracy Quinn McLennan. *World War II Letters: A Glimpse Into the Heart of the Second World War Through the Words of Those Who Were Fighting It.* New York: St. Martin's Press, 2002.

Akizuki, Tatsuichirō. "The Nagasaki Testimony Movement." In *Literature Under the Nuclear Cloud,* edited by Ito Narihiko, Fumihiko Komura, and Sadao Kamata, 41–46. Tokyo: Sanyusha Shuppan, 1984.

"All Elementary and Junior High School Students in Nagasaki Learn About Peace and the Atomic Bombing for Nine Years." *Dispatches from Nagasaki* no. 2. Research Center for Nuclear Weapons Abolition (RECNA), Nagasaki University, August 30, 2012. http://www.recna.nagasaki-u.ac.jp/en-dispatches/no2/.

Applbaum, Kalman D. "Marriage with the Proper Stranger: Arranged Marriage in Metropolitan Japan." *Ethnology* 34:1 (Winter 1995): 37–51.

Arms Control Association. "Fact Sheet: The Nuclear Testing Tally." February 2007. Updated February 2013. http://www.armscontrol.org/factsheets/nucleartesttally.

Asada, Sadao. "The Mushroom Cloud and National Psyches: Japanese and American Perceptions of the Atomic Bomb Decision—A Reconsideration, 1945–2006." In *Culture Shock and Japanese-American Relations: Historical Essays*, 207. Columbia, MO: University of Missouri Press, 2007.

———. "The Shock of the Atomic Bomb and Japan's Decision to Surrender: A Reconsideration." *Pacific Historical Review* 67:4 (Nov. 1998): 477–512.

Ashworth, Fredrick L. "Dropping the Atomic Bomb on Nagasaki." *Proceedings of the U.S. Naval Institute* 84:1 (1958): 12–17.

Atomic Bomb Disease Institute, Nagasaki University, Graduate School of Biomedical Sciences. 6th ed. Nagasaki: Nagasaki University Graduate School of Biomedical Sciences, 2004.

Atomic Bomb Disease Institute. *The Medical Effects of the Nagasaki Atomic Bombing: 1945–2008*. Nagasaki: Nagasaki University Graduate School of Biomedical Sciences, 2008.

Auxier, J. A. *Ichiban: The Dosimetry Program for Nuclear Bomb Survivors of Hiroshima and Nagasaki—A Status Report as of April 1, 1964*.

Civil Effects Test Operations, U.S. Atomic Energy Commission. Washington, DC: U.S. Technical Services, April 1964. http://digital.library.unt.edu/ark:/67531/metadc13058/.

Barnouw, Erik. "Iwasaki and the Occupied Screen." *Film History* 2:4 (Nov.–Dec. 1988): 337–57.

Beaver, Chris. "Notes on Nagasaki Journey." *Positions: Asia Critique* 5:3 (Winter 1997): 673–85.

Beck, J. S. P., and W. A. Meissner. "Radiation Effects of the Atomic Bomb Among the Natives of Nagasaki, Kyushu." *American Journal of Clinical Pathology* 6 (June 1946): 586.

Beijin kisha no mita Hiroshima Nagasaki [Hiroshima and Nagasaki through the eyes of American reporters]. 7 vols. Akiba Project, 1981–1987. Collection of newspaper and journal articles in English, with Japanese translation. Hiroshima: Hiroshima International Cultural Foundation, 1982–1988.

Berlin, Richard B. "Impressions of Japanese Medicine at the End of World War II." *Scientific Monthly* 64:1 (1947): 41–49.

Bernstein, Barton J. "An Analysis of 'Two Cultures': Writing About the Making and the Using of the Atomic Bombs." *The Public Historian* 12:2 (Spring 1990): 83–107.

———. "Compelling Japan's Surrender without the A-Bomb, Soviet Entry, or Invasion: Reconsidering the U.S. Bombing Survey's Early-Surrender Conclusions." *Journal of Strategic Studies* 18:2 (1995): 101–48.

———. "Introducing the Interpretive Problems of Japan's 1945 Surrender: A Historiographical Essay on Recent Literature in the West." In *The End of the Pacific War: Reappraisals*, edited by Hasegawa Tsuyoshi, 9–64. Stanford, CA: Stanford University Press, 2007.

———. "Reconsidering Truman's Claim of 'Half a Million American Lives' Saved by the Atomic Bomb: The Construction and Deconstruction of a Myth." *Journal of Strategic Studies* 22:1 (1999): 54–95.

———. "Seizing the Contested Terrain of Early Nuclear History." In *Hiroshima's Shadow: Writings on the Denial of History and the Smithsonian Controversy*, edited by Kai Bird and Lawrence Lifshultz, 163–196. Stony Creek, CT: Pamphleteer's Press, 1998.

———. "The Struggle Over History: Defining the Hiroshima Narrative." In *Judgment at the Smithsonian*, edited by Philip Nobile, 127–256. New York: Marlowe and Company, 1995.

———. "Truman and the A-Bomb: Targeting Noncombatants, Using the Bomb, and His Defending the 'Decision.'" *The Journal of Military History* 62 (July 1998): 547–70.

Bird, Kai, and Lawrence Lifshultz, eds. *Hiroshima's Shadow: Writings on the Denial of History and the Smithsonian Controversy*. Stony Creek, CT: Pamphleteer's Press, 1998.

Bix, Herbert P. *Hirohito and the Making of Modern Japan*. New York: HarperCollins, 2000.

Bohlmann, Rudi. Interview with Curt Nickisch. "Nagasaki Aftermath Haunts U.S. Veteran." *All Things Considered*. National Public Radio, August 9, 2007. http://www.npr.org/templates/story/story.php?storyId=12638594.

Braw, Monica. *The Atomic Bomb Suppressed: American Censorship in Occupied Japan*. Armonk, NY: M. E. Sharpe, 1991.

———. "Hiroshima and Nagasaki: The Voluntary Silence." In *Living with the Bomb: American and Japanese Cultural Conflicts in the Nuclear Age*, edited by Laura Hein and Mark Selden, 155–72. New York: M. E.

Sharpe, 1997.

Buck, Alice L. "A History of the Atomic Energy Commission." Washington, DC: U.S. Department of Energy, 1983. http://energy.gov/management/downloads/history-atomic-energy-commission.

Burchett, Wilfred. *Shadows of Hiroshima*. London: Verso, 1983,

Burke-Gaffney, Brian. *Nagasaki: The British Experience, 1854–1945*. Kent, UK: Global Oriental, Ltd., 2009.

Burr, William, ed. *The Atomic Bomb and the End of World War II: A Collection of Primary Sources*. National Security Archive Electronic Briefing Book No. 162. Washington, DC: National Security Archive, 2005. Updated April 27, 2007. http://www2.gwu.edu/~nsarchiv/NSAEBB/NSAEBB162/index.htm.

Buruma, Ian. *Inventing Japan: 1853–1964*. New York: Modern Library, 2003.

Butow, Robert J. C. *Japan's Decision to Surrender*. Stanford, CA: Stanford University Press, 1954.

"Cancer Incidence in Atomic Bomb Survivors." Special Issue. *Radiation Research* 137:2s (February 1994). http://www.rrjournal.org/toc/rare/137/2s.

Carter, Kit C. and Robert Mueller, compilers. *U.S. Army Air Forces in World War II: Combat Chronology 1941–1945*. Washington, DC: Center for Air Force History, 1991. http://www.afhra.af.mil/shared/media/document/AFD-090529-036.pdf.

"Certification of Sufferers of Atomic Bomb-Related Diseases." *Nuke Info Tokyo* 131 (July/Aug. 2009). http://cnic.jp/english/newsletter/nit131/nit131articles/abombdisease.html.

Chinnock, Frank. *Nagasaki: The Forgotten Bomb*. New York: World

Publishing Company, 1969.

Chul, Choi Il. "Three-Fold Hardships of the Korean *Hibakusha*." 1999. American Friends Services Committee. https://afsc.org/resource/hibakusha-h-bomb-survivors.

Clarke, Hugh V. *Twilight Liberation*: *Australian Prisoners of War Between Hiroshima and Home*. Boston: Allen & Unwin, 1985.

Cologne, John B., and Dale L. Preston. "Longevity of Atomic-Bomb Survivors." *The Lancet* 356 (July 2000): 303–7.

Committee for the Compilation of Materials on Damage Caused by the Atomic Bombs in Hiroshima and Nagasaki, ed. *Hiroshima and Nagasaki*: *The Physical, Medical, and Social Effects of the Atomic Bombings*. Translated by Eisei Ishikawa and David L. Swain. New York: Basic Books Inc., 1981.

——, ed. *The Impact of the A-Bomb*: *Hiroshima and Nagasaki, 1945-85*. Translated by Eisei Ishikawa and David L. Swain. Tokyo: Iwanami Shoten, 1985.

Compton, Karl T. "If the Atomic Bomb Had Not Been Used." *The Atlantic Monthly,* December 1946. Accessed 2011. http://www.theatlantic.com/past/docs/issues/46dec/compton.htm.

Cook, Haruko Taya, and Theodore F. Cook. *Japan at War*: *An Oral History*. New York: New Press, 1992.

Coox, Alvin D. "Evidences of Antimilitarism in Prewar and Wartime Japan." *Pacific Affairs* 46:4 (Winter 1973–74): 502–14.

Coughlin, William J. *Conquered Press*: *The MacArthur Era in Japanese Journalism*. Palo Alto, CA: Pacific Books, 1952.

Cousins, Norman. "Hiroshima Four Years Later." *Saturday Review of Literature* 32 (September 17, 1949): 5–10, 30.

———. "The Literacy of Survival." In *Hiroshima's Shadow: Writings on the Denial of History and the Smithsonian Controversy*, edited by Kai Bird and Lawrence Lifshultz, 305–6. Stony Creek, CT: Pamphleteer's Press, 1998. Originally published in *The Saturday Review of Literature*, September 14, 1946.

Craven, Wesley Frank, and James Lea Cate, eds. *The Army Air Forces in WWII, Vol. 5: The Pacific: Matterhorn to Nagasaki, June 1944 to August 1945*. Washington, DC: Office of Air Force History, 1983. Originally published by University of Chicago Press, 1953.

Cwiertka, Katarzyna. "Beyond the Black Market: Neighborhood Associations and Food Rationing in Postwar Japan." In *Japan Since 1945: From Postwar to Post-Bubble*, edited by Christopher Gerteis and Timothy S. George, chap. 6. London: Bloomsbury Academic, 2013.

Daws, Gavan. *Prisoners of the Japanese: POWs of World War II in the Pacific*. New York: William Morrow, 1994.

Days to Remember: An Account of the Bombings of Hiroshima and Nagasaki. Tokyo: Hiroshima-Nagasaki Publishing Committee, 1981.

DeVore, Robert. "What the Atomic Bomb Really Did." *Collier's*, March 2, 1946: 19, 36–38.

Devotion of Nagasaki to the Cause of Peace. Nagasaki: City of Nagasaki, 1985.

Diehl, Chad R. "Resurrecting Nagasaki: Reconstruction, the Urakami Catholics, and Atomic Memory, 1945–1970." PhD. diss., Columbia University, 2011.

Douple, Evan B., Kiyohiko Mabuchi, Harry M. Cullings, Dale L. Preston, Kazunori Kodama, Yukiko Shimizu, Saeko Fujiwara, and Roy E.

Shore. "Long-term Radiation-Related Health Effects in a Unique Human Population: Lessons Learned from the Atomic Bomb Survivors of Hiroshima and Nagasaki." *Disaster Medicine and Public Health Preparedness* 5:S1 (2011): S122–33.

Dower, John W. "The Bombed: Hiroshimas and Nagasakis in Japanese Memory." *Diplomatic History* 19:2 (Spring 1995): 275–95.

———. *Embracing Defeat*: *Japan in the Wake of WWII*. New York: W. W. Norton & Co., 2000.

———. *Japan in War and Peace*: *Selected Essays*. New York: New Press, 1993.

———. "Triumphal and Tragic Narratives for the War in Asia." In *Living with the Bomb*: *American and Japanese Cultural Conflicts in the Nuclear Age,* edited by Laura Hein and Mark Selden, 37–51. New York: M. E. Sharpe, 1997.

———. *War Without Mercy*: *Race and Power in the Pacific War*. New York: Pantheon Books, 1986.

Earns, Lane R. "'Dancing People Are Happy People': Square Dancing and Democracy in Occupied Japan." *Crossroads*: *A Journal of Nagasaki History and Culture* 2 (Summer 1994): 91–102. http://www.uwosh.edu/home_pages/faculty_staff/earns/niblo.html.

———. "The Legacy of Commemorative Disputes: What Our Children Won't Learn." *Crossroads*: *A Journal of Nagasaki History and Culture* 3 (Summer 1995): 99–119. http://www.uwosh.edu/home_pages/faculty_staff/earns/legacy.html.

———. "Reflections from Above: An American Pilot's Perspective on the Mission Which Dropped the Atomic Bomb on Nagasaki." *Crossroads*: *A Journal of Nagasaki History and Culture* 3 (Summer 1995): 1–20.

http://www.uwosh.edu/faculty_staff/earns/olivi.html.

———. "Victor's Justice: Colonel Victor Delnore and the U.S. Occupation of Nagasaki." *Crossroads: A Journal of Nagasaki History and Culture* 3 (Summer 1995): 75–98. http://www.uwosh.edu/faculty_staff/earns/delnore.html.

Federation of American Scientists. "Status of World Nuclear Forces." December 1, 2014. http://fas.org/issues/nuclear-weapons/status-world-nuclear-forces/.

Fitzgerald, Jack. *The Jack Ford Story: Newfoundland's POW in Nagasaki*. St. John's, Newfoundland and Labrador: Creative Publishers, 2007.

Frank, Richard B. *Downfall: The End of the Imperial Japanese Empire*. New York: Random House, 1999.

"Genbaku no kiroku: Soshuhen: 1945 Hiroshima, Nagasaki." *Asahi Graph*. Tokyo: Asahi Shimbun, 1982.

Glasstone, Samuel, and Philip J. Dolan, eds. *The Effects of Nuclear Weapons*. 3rd ed. Washington, DC: U.S. Government Printing Office, 1977.

Glynn, Paul, Fr. *A Song for Nagasaki: The Story of Takashi Nagai—Scientist, Convert, and Survivor of the Atomic Bomb*. San Francisco: Ignatius Press, 2009.

Gordon, Andrew. *A Modern History of Japan from Tokugawa Times to the Present*. New York: Oxford University Press, 2003.

Hacker, Barton C. *The Dragon's Tail: Radiation Safety in the Manhattan Project, 1942–1946*. Berkeley, CA: University of California Press, 1987.

———. *Elements of Controversy: The AEC and Radiation Safety in Nuclear Weapons Testing, 1947–1974*. Berkeley, CA: University of California Press, 1994.

Hammond, Ellen H. "Commemoration Controversies: The War, the Peace, and Democracy in Japan." In *Living with the Bomb: American and Japanese Cultural Conflicts in the Nuclear Age*, edited by Laura Hein and Mark Selden, 100–21. New York: M. E. Sharpe, 1997.

Harris, Benedict R., and Marvin A. Stevens. "Experiences at Nagasaki, Japan." *The Connecticut State Medical Journal* 9:12 (Dec. 1945): 913–17.

Harwit, Martin. *An Exhibit Denied: Lobbying the History of Enola Gay*. New York: Copernicus, 1996.

Hasegawa, Tsuyoshi, ed. *The End of the Pacific War: Reappraisals*. Stanford, CA: Stanford University Press, 2007.

———. *Racing the Enemy: Stalin, Truman, and the Surrender of Japan*. Cambridge: Harvard University Press, 2005.

Hein, Laura, and Mark Selden. "Commemoration and Silence: Fifty Years of Remembering the Bomb in America and Japan." In *Living with the Bomb: American and Japanese Cultural Conflicts in the Nuclear Age*, 3–34. New York: M. E. Sharpe, 1997.

Hein, Laura, and Akiko Takenaka. "Exhibiting World War II in Japan and the United States Since 1995." *Pacific Historical Review* 76:1 (Feb. 2007): 61–94.

Hersey, John. *Hiroshima*. New York: Vintage Books, 1989. Originally published in *The New Yorker,* August 31, 1946.

"History and the Public: What Can We Handle? A Round Table About History After the *Enola Gay* Controversy." *Journal of American History* 82:3 (Dec. 1995): 1029–144.

Honda, Sumihisa, Yoshisada Shibata, Mariko Mine, Yoshihiro Imamura, Masuko Tagawa, Yoshibumi Nakane, and Masao Tomonaga. "Mental

Health Conditions Among Atomic Bomb Survivors in Nagasaki." *Psychiatry and Clinical Neurosciences* 56:5 (Oct. 2002): 575–83.

Hook, Glenn D. "Censorship and Reportage of Atomic Damage and Casualties in Hiroshima and Nagasaki." *Bulletin of Concerned Asian Scholars* 23:1 (Jan.–Mar. 1991): 13–25.

Imanaka, Tetsuji, Satoru Endo, Kenichi Tanaka, and Kiyoshi Shizuma. "Gamma-Ray Exposure from Neutron-Induced Radionuclides in Soil in Hiroshima and Nagasaki Based on DS02 Calculations." *Radiation and Environmental Biophysics* 47:3 (July 2008): 331–36.

"Introduction." *Crossroads: A Journal of Nagasaki History and Culture* 3 (Summer 1995). http://www.uwosh.edu/home_pages/faculty_staff/earns/intro3.html.

Introduction to the Radiation Effects Research Foundation. Hiroshima: Radiation Effects Research Foundation, 2007.

Ito, Narihiko, Fumihiko Komura, and Sadao Kamata, eds. *Literature Under the Nuclear Cloud*. Tokyo: Sanyusha Shuppan, 1984.

Iwamatsu, Shigetoshi. "Japanese Responsibility for War Crimes." *Keiei to keizai* 71:3 (December 1991): 55–92. http://hdl.handle.net/10069/28584.

Iwanaga, Masako, Wan-Ling Hsu, Midori Soda, Yumi Takasaki, Masayuki Tawara, Tatsuro Joh, Tatsuhiko Amenomori, et al. "Risk of Myelodysplastic Syndromes in People Exposed to Ionizing Radiation: A Retrospective Cohort Study of Nagasaki Atomic Bomb Survivors." *Journal of Clinical Oncology* 29:4 (2011): 428–34. doi: 10.1200/JCO.2010.31.3080.

Jacobs, Robert A. "'There Are No Civilians; We Are All at War': Nuclear War Shelter and Survival Narratives During the Early Cold War." *The*

Journal of American Culture 30:4 (December 2007): 401–16.

Jansen, Marius. *The Making of Modern Japan*. Cambridge, MA: Harvard University Press, 2000.

Japan National Preparatory Committee. *A Call from* Hibakusha *of Hiroshima and Nagasaki*: *Proceedings of the International Symposium on the Damage and Aftereffects of the Atomic Bombings of Hiroshima and Nagasaki, July 21–August 9, 1977*: *Tokyo, Hiroshima and Nagasaki*. Tokyo: Asahi Evening News [for the Editorial Committee of Japan National Preparatory Committee for ISDA], 1978.

A Journey to Nagasaki: *A Peace Reader*. Translated by Geoff Neill. Nagasaki: Nagasaki Atomic Bomb Testimonial Society, 2005.

Kamata, Sadao, and Stephen Salaff. "The Atomic Bomb and the Citizens of Nagasaki," *Bulletin of Concerned Asian Scholars*. 14:2 (1982): 38–50.

Kawamura, Noriko. "Emperor Hirohito and Japan's Decision to Go to War with the United States: Reexamined." *Diplomatic History* 31:1 (2007): 51–79.

Kim, Yoshiharu, Atsuro Tsutsumi, Takashi Izutsu, Noriyuki Kawamura, Takao Miyazaki, and Takehiko Kikkawa. "Persistent Distress After Psychological Exposure to the Nagasaki Atomic Bomb Explosion." *The British Journal of Psychiatry* 199 (2011): 411–16.

Kishimoto, Kyoko. "Apologizing for Atrocities: Commemorating the 50th Anniversary of World War II's End in the United States and Japan." *American Studies International* 42:2/3 (June-Oct. 2004): 17–50.

Kitamura, Hiroshi. *Screening Enlightenment*: *Hollywood and the Cultural Reconstruction of Defeated Japan*. Ithaca, NY: Cornell University Press, 2010.

Knowles, A. "Resilience Among Japanese Atomic Bomb Survivors." *International Nursing Review* 58 (2011): 54–60.

Kohn, Richard H. "History and the Culture Wars: The Case of the Smithsonian Institution's *Enola Gay* Exhibition." *Journal of American History* 82:3 (Dec. 1995): 1036–63.

Krauss, Robert, and Amelia Krauss, eds. *The 509th Remembered: A History of the 509th Composite Group as Told by the Veterans That Dropped the Atomic Bombs on Japan*. Buchanan, MI: 509th Press, 2007.

Kristensen, Hans M. "Japan Under the U.S. Nuclear Umbrella." The Nautilus Institute, July 21, 1999. http://oldsite.nautilus.org/archives/nukepolicy/Nuclear-Umbrella/index.html.

Kristensen, Hans M., and Robert S. Norris. "Worldwide Deployments of Nuclear Weapons, 2014." *Bulletin of the Atomic Scientists* 70:5 (Sept./Oct. 2014): 96–108. doi: 10.1177/0096340214547619.

Kuznick, Peter J. "Defending the Indefensible: A Meditation on the Life of Hiroshima Pilot Paul Tibbets, Jr." *The Asia-Pacific Journal*: *Japan Focus*, January 22, 2008. http://www.japanfocus.org/-Peter_J_-Kuznick/2642.

Lanouette, William. "Why We Dropped the Bomb." *Civilization* 2:1 (Jan./Feb. 1995): 28–39.

Lapp, Ralph E. *The Voyage of the Lucky Dragon*. New York: Harper & Brothers, 1958.

Lifton, Robert Jay. *Death in Life: The Survivors of Hiroshima*. New York: Random House, 1968.

Lifton, Robert Jay, and Greg Mitchell. *Hiroshima in America: Fifty Years of Denial*. New York: G. P. Putnam and Sons, 1995.

Lindee, M. Susan. "Atonement: Understanding the No-Treatment Policy of the Atomic Bomb Casualty Commission." *Bulletin of the History of Medicine* 68:3 (Fall 1994): 454–90.

———. "The Repatriation of Atomic Bomb Victim Body Parts to Japan: Natural Objects and Diplomacy." *Osiris* (The History of Science Society) 13 (1998): 376–409.

———. *Suffering Made Real: American Science and the Survivors at Hiroshima.* Chicago, IL: University of Chicago Press, 1994.

Linenthal, Edward Tabor. *Sacred Ground: Americans and Their Battlefields.* 2nd ed. Urbana, IL: University of Illinois Press, 1993.

Linner, Rachelle. *City of Silence: Listening to Hiroshima.* Maryknoll, NY: Orbis Books, 1995.

Lu, David J., ed. *Japan: A Documentary History, Volume 2: The Late Tokugawa Period to the Present.* New York: M. E. Sharp, 1997.

MacArthur, Brian. *Surviving the Sword: Prisoners of the Japanese in the Far East, 1942–45.* New York: Random House, 2005.

Malik, John. *The Yields of the Hiroshima and Nagasaki Nuclear Explosions.* Los Alamos, NM: Los Alamos National Laboratory, 1985.

Magee, Patricia Delnore, ed. *Victor's War: The World War II Letters of Lt. Col. Victor Delnore.* Paducah, KY: Turner Publishing Co., 2001.

Manoff, Robert Karl. "Covering the Bomb: Press and State in the Shadow of Nuclear War." In *War, Peace and the News Media, Proceedings, March 18 and 19, 1983*, edited by David M. Rubin and Marie Cunningham, 197–207. New York: NYU Center for War, Peace and the News Media, 1987.

Martin, Edwin J., and Richard H. Rowland. *Castle Series 1954.* Technical Report DNA6035F. United States Defense Nuclear Agency, April 1982. http://www.dtra.mil/documents/ntpr/historical/T23748.pdf.

McRaney, W., and J. McGahan. *Radiation Dose Reconstruction*: *U.S. Occupation Forces in Hiroshima and Nagasaki, Japan 1945–1946*. United States Defense Nuclear Agency. August 6, 1980. http://www.dtra.mil/documents/ntpr/relatedpub/DNATR805512F.pdf.

Miller, Merle, and Abe Spitzer. *We Dropped the A-Bomb*. New York: Thomas Y. Crowell, Co., 1946.

Mitchell, Greg. *Atomic Cover-up*: *Two U.S. Soldiers, Hiroshima & Nagasaki, and The Greatest Movie Never Made*. New York: Sinclair Books, 2011.

Mizuura, Hisayuki, ed. *The Restoration of Urakami Cathedral*: *A Commemorative Album*. Translated by Edward Hattrick, O.S.A. Nagasaki: Urakami Catholic Church, 1981.

"*Mokusatsu*: One Word, Two Lessons." *National Security Agency Technical Journal* 13:4 (1968): 95–100. National Security Agency Public Information, last modified April 29, 2014. https://www.nsa.gov/public_info/declass/tech_journals.shtml.

Motoharu, Kimura, with John M. Carpenter. "Survey in Nagasaki." In *Living with Nuclei*: *50 Years in the Nuclear Age*: *Memoirs of a Japanese Physicist*, 86–105. Sendai, Japan: Sasaki Printing and Publishing Co., 1993.

Muste, A. J. "Has It Come to This." In *Hiroshima's Shadow*: *Writings on the Denial of History and the Smithsonian Controversy*, edited by Kai Bird and Lawrence Lifshultz, 309–11. Stony Creek, CT: Pamphleteer's Press, 1998. Originally published in *Not by Might*, Harper & Brothers, 1947.

Nagasaki Peace Guidebook: *Handbook of Peace Studies*. Nagasaki: Nagasaki Foundation for the Promotion of Peace, 2004.

Nagasaki Speaks: *A Record of the Atomic Bombing*. Translated by Brian Burke-Gaffney. Nagasaki: Nagasaki International Cultural Hall, 1993.

Nakamura, N., M. Iwasaki, C. Miyazawa, M. Akiyama, and A. A. Awa. "Electron-Spin Resonance Measurements of Extracted Teeth Donated by Atomic-Bomb Survivors Correlate Fairly Well with the Lymphocyte Chromosome-Aberration Frequencies for these Same Donors." Originally published in *RERF Update* 6:2 (1994): 6–7. http://www.rerf.or.jp/library/update/rerfupda_e/dosbio/tooth.htm.

Nakagawa, Nobuaki. "Terror, Taboo and Silence: Speaking out on the Emperor System." *AMPO Japan-Asia Quarterly Review* 21:4 (1990): 57–58.

Nakamura, Nori. "Genetic Effects of Radiation in Atomic-Bomb Survivors and Their Children: Past, Present and Future." *Journal of Radiation Research* 47:SB (2006): B67–73.

National Resources Defense Council. "Global Nuclear Weapons Stockpiles, 1945–2002." NDRC Archive of Nuclear Data, last revised November 25, 2002. http://www.nrdc.org/nuclear/nudb/datab19.asp.

Neel, James V., and William J. Schull, eds. *The Children of Atomic Bomb Survivors: A Genetic Study*. Washington, DC: National Academy Press, 1991.

Nelson, John. "Historical Momentums at Nagasaki's Suwa Shrine." *Crossroads: A Journal of Nagasaki History and Culture* 2 (Summer 1994): 27–40. http://www.uwosh.edu/home_pages/faculty_staff/earns/suwa.html.

Nichols, Kenneth D. *The Road to Trinity*. New York: Morrow, 1987.

Nihon Hidankyō. "Message to the World." Proclamation at the Establishment Meeting of Hidankyō, August 10, 1956. Accessed 2013.

http://www.ne.jp/asahi/hidankyo/nihon/about/about2-01.html.

Nishimura, Sey. "Medical Censorship in Occupied Japan, 1945–1948." *Pacific Historical Review* 58:1 (1989): 1–21.

——. "Promoting Health in American-Occupied Japan: Resistance to Allied Public Health Measures, 1945–1952." *American Journal of Public Health* 99:8 (Aug. 2009): 1364–75.

Nobile, Philip, ed. *Judgment at the Smithsonian: The Bombing of Hiroshima and Nagasaki.* New York: Marlowe and Company, 1995.

Norimatsu, Satoko. "Hiroshima and Nagasaki at 65: A Reflection." *The Asia-Pacific Journal: Japan Focus* (Dec. 27, 2010). http://www.japanfocus.org/-Satoko-NORIMATSU2/3463.

Nornes, Abé Mark. "Suddenly There Was Emptiness." In *Japanese Documentary Film: The Meiji Era Through Hiroshima,* 191–219. Minneapolis, MN: University of Minnesota Press, 2003.

"Nuclear Free Local Authorities in Japan Protest a New Type of Nuclear Weapons Testing by the U.S." *Dispatches from Nagasaki* no. 4. Research Center for Nuclear Weapons Abolition, Nagasaki University, December 25, 2012. http://www.recna.nagasaki-u.ac.jp/en-dispatches/no4/.

Ochiai, Toshiro. "Participation in the First Special Session of the United Nations General Assembly on Disarmament: Recollections of a Student Representative." Presentation at the International Network of Universities (INU) Student Seminar on Global Citizenship: What Is a Global Citizen? Hiroshima University, August 8, 2008. http://ir.lib.hiroshima-u.ac.jp/en/00025548.

O'Donnell, Joe. "A Straight Path Through Hell." *American Heritage Magazine* 56:3 (June–July 2005): 48.

Ohta, Yasuyuki, Mariko Mine, Masako Wakasugi, Etsuko Yoshimine, Yachiyo Himuro, Megumi Yoneda, Sayuri Yamaguchi, Akemi Mikita, and Tomoko Morikawa. "Psychological Effect of the Nagasaki Atomic Bombing on Survivors after Half a Century." *Psychiatry and Clinical Neurosciences* 54 (2000): 97–103.

Okuizumi, Eizaburō, ed. *User's Guide to the Gordon W. Prange Collection*: *Part I*: *Microform Edition of Censored Periodicals, 1945–1949*. Tokyo: Yūshōdō Booksellers, 1982.

Okuyama, Michiaki. "Religious Responses to the Atomic Bomb in Nagasaki." *Bulletin* [Nanzan Institute for Religion and Culture] 37 (2013): 64–76.

Olivi, Fred J., with William R. Watson Jr. *Decision at Nagasaki*: *The Mission That Almost Failed*. Fred J. Olivi (self-published), 1999.

Oughterson, Ashley W., George V. LeRoy, Averill A. Leibow, E. Cuyler Hammond, Henry L. Barnett, Jack D. Rosenbaum, and B. Aubrey Schneider. *Medical Effects of Atomic Bombs*: *The Report of the Joint Commission for the Investigation of the Effects of the Atomic Bomb in Japan*. 6 vols. Oak Ridge, TN: U.S. Atomic Energy Commission Technical Information Service, 1951. Volumes and supplemental material housed at the Otis Historical Archives, National Museum of Health and Medicine, Silver Spring, MD.

Oughterson, Ashley W. and Shields Warren, eds. *Medical Effects of the Atomic Bomb in Japan*. New York: McGraw-Hill, 1956.

Public Papers of the Presidents of the United States: *Harry S. Truman, 1945–1953*. Washington, DC: United States Government Printing Office, 1966. http://www.trumanlibrary.org/publicpapers/.

Putnam, Frank W. "The Atomic Bomb Casualty Commission in

Retrospect." *Proceedings of the National Academy of Sciences, USA* 95:10 (May 1998): 5426–31.

Radiation Effects Research Foundation: A Brief Description. Hiroshima: Radiation Effects Research Foundation, 2008.

Record, Jeffrey. *Japan's Decision for War in 1941: Some Enduring Lessons.* Strategic Studies Institute, U.S. Army War College, Feb. 2009. http://www.StrategicStudiesInstitute.army.mil/.

Records of the Nagasaki Atomic Bombing. Nagasaki: Nagasaki Foundation for the Promotion of Peace, 2004.

Records of the Nagasaki Atomic Bombing and Wartime Damage. Tentative publication of the English translation of *Nagasaki Genbaku Sensaishi* [Records of the Nagasaki Atomic Bombing and Wartime Damage], vol. 1. Nagasaki: Nagasaki National Peace Memorial Hall for the Atomic Bomb Victims, March 2011. http://www.peace-nagasaki.go.jp/sensaishi/itibu.html.

Reischauer, Edwin O. *Japan: The Story of a Nation.* Tokyo: Charles E. Tuttle Company, 1981.

Report on the Problem of the Hibakusha. Japan Federation of Bar Associations. July 1977: 15–50. Copy provided by the Nagasaki Atomic Bomb Museum Library.

Rhodes, Richard. *The Making of the Atomic Bomb.* New York: Simon & Schuster, 1986.

The Road to the Abolition of Nuclear Weapons. Tokyo: Asahi Shimbun, 1999. http://www.asahi.com/hibakusha/english/shimen/book/.

Roeder, George H., Jr. "Making Things Visible: Learning from the Censors." In *Living with the Bomb: American and Japanese Cultural Conflicts in the Nuclear Age,* edited by Laura Hein and Mark Selden,

73–99. New York: M. E. Sharpe, 1997.

Roesch, William C., ed. *U.S.-Japan Joint Reassessment of Atomic Bomb Dosimetry in Hiroshima and Nagasaki*: *Dosimetry System 1986*. Hiroshima: Radiation Effects Research Foundation, 1987. http://www.rerf.jp/library/archives_e/scids.html.

Sadao, Kamata. "Nagasaki Writers: The Mission." In *Literature Under the Nuclear Cloud*, edited by Ito Narihiko, Fumihiko Komura, and Sadao Kamata, 47–53. Tokyo: Sanyusha Shuppan, 1984.

Salaff, Stephen. "Medical Care for the Atomic Bomb Victims in the United States." *Bulletin of Concerned Asian Scholars* 12:1 (Jan.–Mar. 1980): 69–71.

Schubert, Jack, and Ralph E. Lapp. *Radiation*: *What It Is and How It Affects You*. New York: Viking Press, 1957.

Schull, William J. *Song Among the Ruins*: *A Lyrical Account of an American Scientist's Sojourn in Japan After the Atomic Bomb*. Cambridge: Harvard University Press, 1990.

Sherry, Michael S. "Patriotic Orthodoxy and U.S. Decline." *Bulletin of Concerned Asian Scholars* 27:2 (April–June 1995): 19–25.

——. *The Rise of American Air Power*: *The Creation of Armageddon*. New Haven, CT: Yale University Press, 1987.

Sherwin, Martin J. "Memory, Myth and History." In *Hiroshima's Shadow*: *Writings on the Denial of History and the Smithsonian Controversy*, edited by Kai Bird and Lawrence Lifshultz, 343–54. Stony Creek, CT: Pamphleteer's Press, 1998.

——. *A World Destroyed*: *Hiroshima and Its Legacies*. 3rd Edition. Stanford, CA: Stanford University Press, 2003.

Silberner, Joanne. "Psychological A-Bomb Wounds." *Science News* 120

(November 7, 1981): 296–8.

Smith, Charles R. "Securing the Surrender: Marines in the Occupation of Japan." Marines in World War II Commemorative Series, 1997. National Park Service, Marine Corps Historical Center. http://www.nps.gov/parkhistory/online_books/npswapa/extContent/usmc/pcn-190-003143-00/index.htm.

Sodei, Rinjiro. *Were We the Enemy? American Survivors of Hiroshima.* Boulder, CO: Westview Press, 1998.

Stimson, Henry L. "The Decision to Use the Atomic Bomb." *Harper's Magazine* 194:1161 (Feb. 1947): 96–107.

Sweeney, Charles W., Marion K. Antonucci, and James A. Antonoucci. *War's End: An Eyewitness Account of America's Last Atomic Mission.* New York: Avon Books, 1997.

Tajima, Eizo. "The Dawn of Radiation Effects Research." *RERF Update* 5:3 (Autumn 1993): 7–8.

Takahashi, Shinji. "The *Hibakusha*: The Atomic Bomb Survivors and their Appeals." In *Appeals from Nagasaki: On the Occasion of SSD-II and Related Events,* edited by Takahashi Shinji, 29–45. Nagasaki: Nagasaki Association for Research and Dissemination of Hibakushas' Problems, 1991.

——. "Listening to the Wishes of the Dead: In the Case of Dr. Nagai Takashi." Translated by Brian Burke-Gaffney. *Crossroads: A Journal of Nagasaki History and Culture* 5 (Autumn 1997): 23–32. http://www.uwosh.edu/home_pages/faculty_staff/earns/takahash.html.

Toland, John. *The Rising Sun: The Decline and Fall of the Japanese Empire, 1936–1945.* New York: Modern Library, 2003.

Tong, Kurt W. "Korea's Forgotten Atomic Bomb Victims." *Bulletin of*

Concerned Asian Scholars 23:1 (1991): 31–7.

United States Army Corps of Engineers. Manhattan District. *The Atomic Bombings of Hiroshima and Nagasaki*. Washington, DC: U.S. Government Printing Office, 1946. Reprint, Booksurge Classics, Title No. 083, 2003.

United States Defense Threat Reduction Agency. "Fact Sheet: Hiroshima and Nagasaki Occupation Forces." Nuclear Test Personnel Review Program, Sept. 2007. Updated 2014. http://www.dtra.mil/SpecialFocus/NTPR/NTPRFactSheet.aspx.

United States Department of the Army. *Reports of General MacArthur: MacArthur in Japan: The Occupation: The Military Phase*. Vol.1 Supp. Washington, DC: U.S. Department of the Army, 1966. Reprinted by the U.S. Army Center for Military History, 1994. Last updated December 11, 2006. http://www.history.army.mil/books/wwii/MacArthur%20Reports/MacArthurR.htm.

United States Strategic Bombing Survey. *Summary Report: Pacific War*. USSBS report no. 1, Office of the Chairman. Washington, DC: U.S. Government Printing Office, 1946.

——. *Japan's Struggle to End the War*. USSBS report no. 2, Office of the Chairman. Washington, DC: U.S. Government Printing Office, 1946.

——. *The Effects of Atomic Bombs on Hiroshima and Nagasaki*. USSBS report no. 3, Office of the Chairman. Washington, DC: U.S. Government Printing Office, 1946.

——. *Field Report Covering Air-Raid Protection and Allied Subjects in Nagasaki, Japan*. USSBS report no. 5, Civil Defense Division. Washington, DC: U.S. Government Printing Office, 1947.

——. *The Effects of Atomic Bombs on Health and Medical Services in*

Hiroshima and Nagasaki. USSBS report no. 13, Medical Division. Washington, DC: U.S. Government Printing Office, 1947.

——. *The Effects of Strategic Bombing on Japanese Morale*. USSBS report no. 14, Morale Division. Washington, DC: U.S. Government Printing Office, 1947.

——. *Effects of Air Attack on the City of Nagasaki*. USSBS report no. 59, Urban Areas Division. Washington, DC: U.S. Government Printing Office, 1947.

——. *Effects of the Atomic Bomb on Nagasaki, Japan*. Vols. 1–3. USSBS report no. 93, Physical Damage Division. Washington DC: U.S. Government Printing Office, 1947.

Utsumi, Hirofumi. "Nuclear Images and National Self-Portraits: Japanese Illustrated Magazine *Asahi Graph,* 1945–1965." *Kansei gakuin daigaku sentan shakai kenkyūjo kiyō* [Annual review of the Institute for Advanced Social Research, Kwansei Gakuin University] 5 (March 2011): 1–29. http://hdl.handle.net/10236/7245.

Walker, J. Samuel. "Historiographical Essay: Recent Literature on Truman's Atomic Bomb Decision: A Search for Middle Ground." *Diplomatic History* 29:2 (April 2005): 311–34.

Walker, J. Samuel. *Permissible Dose*: *A History of Radiation Protection in the Twentieth Century*. Berkeley, CA: University of California Press, 2000.

Wallace, Mike. "The Battle of the *Enola Gay*." In *Hiroshima's Shadow*: *Writings on the Denial of History and the Smithsonian Controversy,* edited by Kai Bird and Lawrence Lifshultz, 317–42. Stony Creek, CT: Pamphleteer's Press, 1998.

Warren, Stafford L. "The Role of Radiology in the Development of the

Atomic Bomb." In *Radiology in World War II* (*Medical Department, United States Army*), edited by Leonard D. Heaton, et al., 831–921. Washington DC: Office of the Surgeon General (Army), 1966. Accessed 2014. http://oai.dtic.mil/oai/oai?&verb=getRecord&metadataPrefix=html&identifier=ADA286759.

Weller, George. *First Into Nagasaki: The Censored Eyewitness Dispatches on Post-Atomic Japan and Its Prisoners of War*. Edited by Anthony Weller. New York: Crown Publishers, 2006.

Wittner, Lawrence S. *The Struggle Against the Bomb*. 3 vols. Stanford, CA: Stanford University Press, 1993–2003.

——. "Resisting Nuclear Terror: Japanese and American Anti-nuclear Movements since 1945." In *War and State Terrorism: The United States, Japan, and the Asia-Pacific in the Long Twentieth Century*, edited by Mark Selden and Alvin Y. So, 251–76. Lanham, MD: Rowman & Littlefield Publishers, 2004.

Yamashita, Samuel Hideo. *Leaves from an Autumn of Emergencies: Selections from the Wartime Diaries of Ordinary Japanese*. Honolulu: University of Hawaii Press, 2005.

Yamazaki, James N., with Louis B. Fleming. *Children of the Atomic Bomb: An American Physician's Memoir of Nagasaki, Hiroshima, and the Marshall Islands*. Durham, NC: Duke University Press, 1995.

Yavenditti, Michael J. "The American People and the Use of Atomic Bombs on Japan: The 1940s." *Historian* 36:2 (Feb. 1974): 224–47.

——. "John Hersey and the American Conscience: The Reception of 'Hiroshima.'" *Pacific Historical Review* 43:1 (Feb. 1974): 24–49.

Young, Robert W., and George D. Kerr, eds. *Reassessment of the Atomic Bomb Radiation Dosimetry for Hiroshima and Nagasaki: Dosimetry*

System 2002. Hiroshima: Radiation Effects Research Foundation, 2005. http://www.rerf.jp/library/archives_e/scids.html.

Zinn, Howard. *The Bomb*. San Francisco, CA: City Light Books, 2010.

图书在版编目(CIP)数据

长崎：核劫余生/(美)苏珊·索萨德著；康洁译.
—上海：上海社会科学院出版社，2017
书名原文：NAGASAKI：Life After Nuclear War
ISBN 978-7-5520-2118-9

Ⅰ.①长… Ⅱ.①苏… ②康… Ⅲ.①美国对日本广岛、长崎原子突袭(1945)-史料 Ⅳ.①E313.9

中国版本图书馆 CIP 数据核字(2017)第 220858 号

上海市版权局著作权合同登记号　图字：09-2016-803

NAGASAKI：Life After Nuclear War
by Susan Southard
Copyright © 2015 by Susan Southard
Published by arrangement with Taryn Fagerness Agency
through Bardon-Chinese Media Agency
Simplified Chinese translation copyright © 2018
by Shanghai Academy of Social Sciences Press Co., Ltd.
ALL RIGHTS RESERVED

长崎：核劫余生

著　　者：	(美)苏珊·索萨德
译　　者：	康　洁
责任编辑：	王　勤　张　晶
封面设计：	黄婧昉
出版发行：	上海社会科学院出版社
	上海顺昌路 622 号　邮编 200025
	电话总机 021-63315900　销售热线 021-53063735
	http：//www.sassp.org.cn　E-mail：sassp@sass.org.cn
照　　排：	南京理工出版信息技术有限公司
印　　刷：	上海万卷印刷股份有限公司
开　　本：	890×1240 毫米　1/32 开
印　　张：	18
插　　页：	3
字　　数：	339 千字
版　　次：	2018 年 3 月第 1 版　2018 年 7 月第 2 次印刷

ISBN 978-7-5520-2118-9/E·015　　　　定价：49.80 元

版权所有　翻印必究